ボクの韓国現代史

1959-2014

ユ・シミン：著
萩原　恵美：訳

三一書房

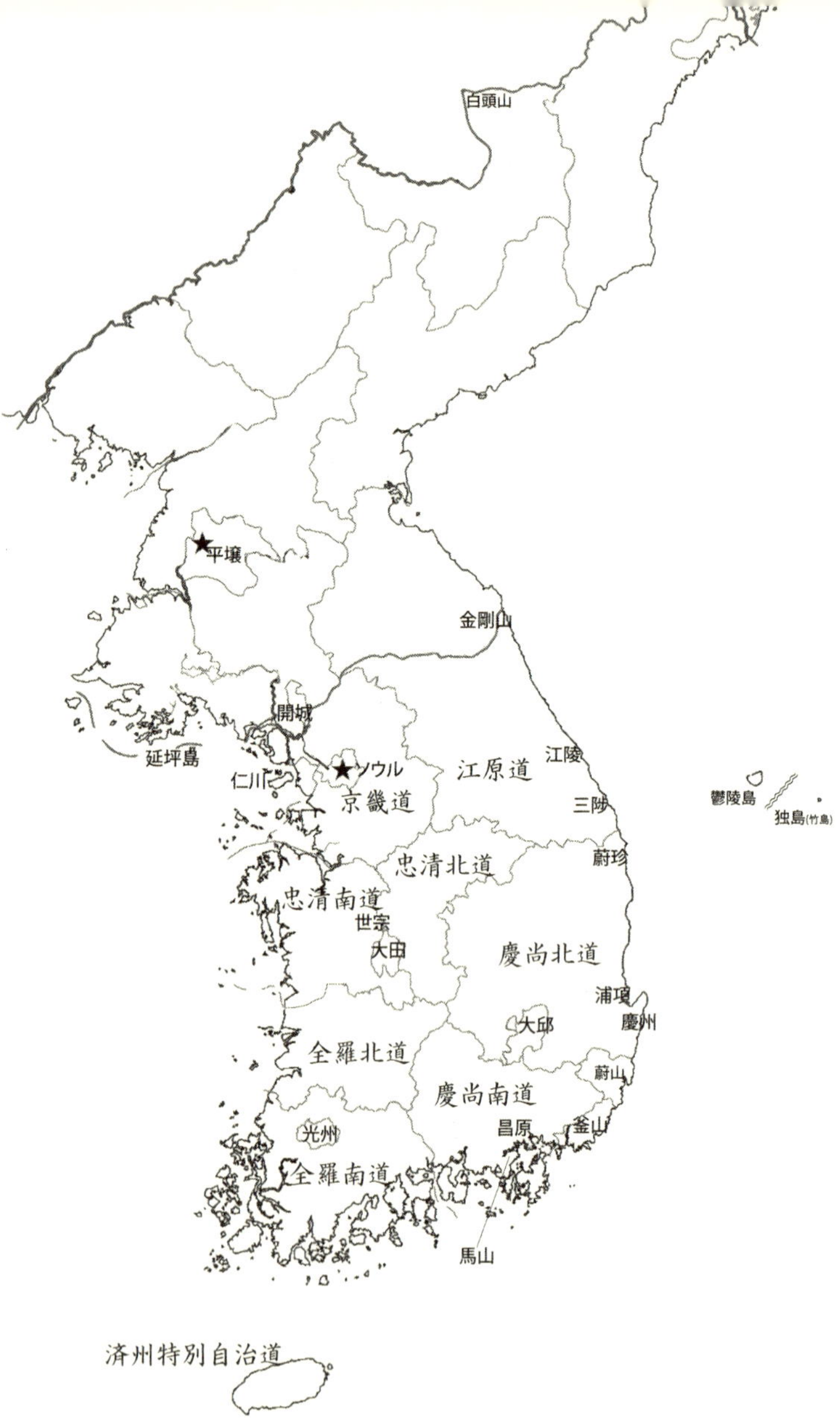

나의 한국현대사 -1959-2014, 55 년의 기록 -
유시민 (©2014)
Original Korean language edition : 돌베개
address: (413-756) 경기도 파주시 회동길 77-20 (문발동)
HP: www.dolbegae.com mail: book@ dolbegae.co.kr

同時代を息を切らしつつ駆け足で生きてきた
すべての友へ

目次

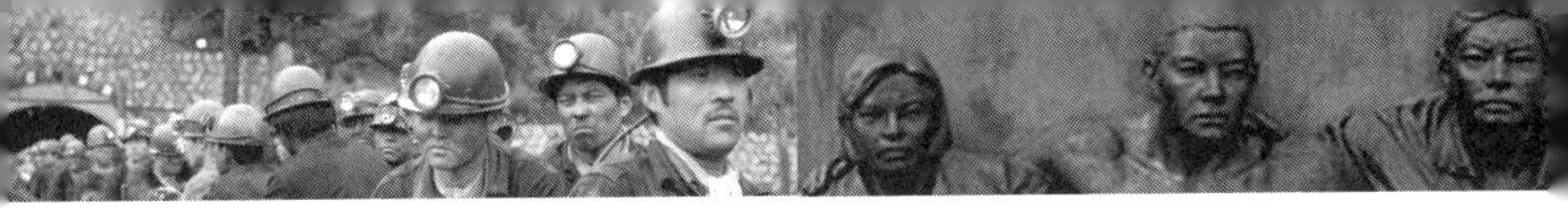

本文中にある、※は、原作者による注であり、●および［］内は、日本語版の訳者による注です。

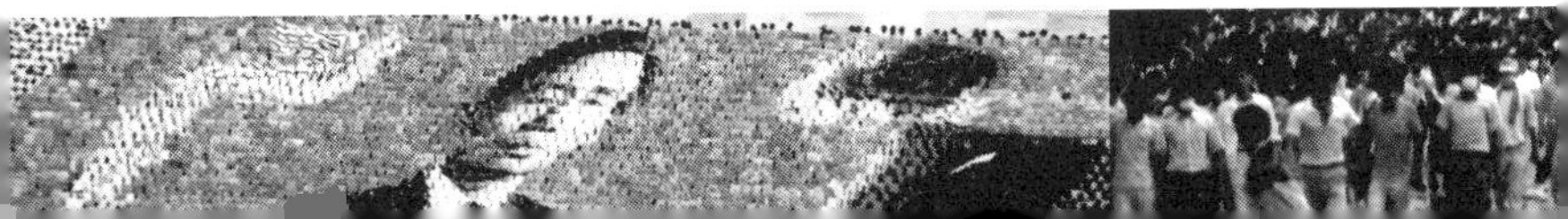

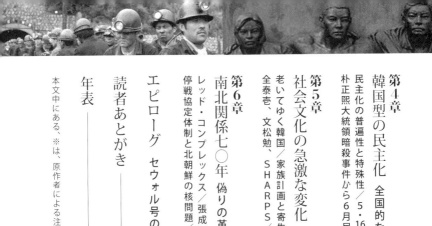

日本の読者のみなさんへ

まずは知ろう、そして愛をはぐくもう

物書きを仕事として30年ほどになります。10年あまり政治の世界に身を置いたこともありましたが、それはつかのま仰せつかった社会奉仕であり生業ではありませんでした。これまで僕の書いた本は20冊ほどあります。でも外国語に翻訳されるのはこの本が初めてです。つまり僕は韓国人にしか知られていない作家でした。サッカー選手にたとえるなら、国内リーグのプレーヤーといえるでしょう。国際試合に出場したり海外リーグのチームに選抜されたりしたことはなかったわけです。

何よりもまず訳者の萩原恵美さんに深く感謝いたします。彼女がこの本を翻訳しようと思わなかったら日本の読者のみなさんにこうしてお目にかかれることはなかったでしょう。Eメールであれこれ意見交換するうちに、日本の出版文化がとても高いレベルにあることにあらためて気づかされました。翻訳出版を引き受けてくださった三一書房の小番伊佐夫代表、そして編集部の高秀美さんはじめ本書の出版でお世話になった皆さんに心よりお礼を申し上げます。

僕は日本のことをよく知っているわけではありません。東京は、もう十数年前になりますが、韓日の国会議員による親善サッカー大会のメンバーとして国立競技場に行ったこと、それから保健福祉相として厚生労働相との会談のため出張したことくらいです。そのときは新幹線で大阪にも行きました。プライベートでは妻と北海道に行ったことがあります。富良野のラベンダー畑、函館や小樽の街並みの散策も楽しみました。

僕が日本の社会と出会ったのはもっぱら本を通してです。特に明治維新と近代化、大正デモクラシー、太平洋戦争、戦後の安保闘争や全共闘など現代日本をかたちづくったさまざまな歴史的事件に大学生のころから興味を持ち、そこそこ勉強したので日本の現代史についてはまあ知っているほうです。安倍政権の最近の政治情勢や軍事外交政策の変化についても重大な関心を払いつつ見守っているところです。

日本と韓国は、地理的、文化的、歴史的にきわめて近い隣人です。人々の顔つきやことばもよく似ています。16世紀と20世紀に二度のとりわけつらく不幸な歴史があったとはいえ、両国は1000年をはるかに超す永い年月にわたって経済・文化の面でさまざまな影響を及ぼし合ってきました。こんにちではかつてとは比べものにならないほど緊密な経済・社会・政治・軍事的な関係を結んでいます。けれど両国の市民はそうした相互関係に見合うほど、お互いのことを知っているかどうかは疑問です。

21世紀は文字どおり「グローバル時代」ですが、この時代に生きる僕らはなお古い時代の「ムラ社会の人」なのではないかと考えたりします。人類の一員として、あるいは地球人のひとりとして何かを感じたり考えたりするより、日本人として、韓国人として感じたり考えたり行動したりしているということです。

韓国には「反日感情」があり、日本には「嫌韓」があります。「ムラ」に閉じこもっているがために芽生える感情ではないでしょうか。けれど多くの人々が相手に対する否定的な感情に囚われたままでいるのは望ましい状態ではありません。両国の市民がお互いによき隣人となるにはそうした否定的な感情をコントロールして乗り越えなければならず、そのためにはお互いのことをありのままに理解できるようになるべきだと思うのです。

韓国と日本の市民はお互いのことをどれほどよく理解しているでしょうか。ある程度は知っているでしょうが、そこには開きがあると思います。日本人が韓国現代史を知っているより、韓国人のほうが日本現代史を知っているんじゃないでしょうか。韓国人は日本について興味深々ですが、日本人は韓国や中国といったアジアの隣人より欧米のほうに関心があるような気がします。「脱亜入欧」は明治時代からこんにちまで日本人の心をとらえて離さない感覚に思えてなりません。

進化心理学者が言うには、人間は見慣れぬモノに対して恐れや敵対感を抱くように進化してきたそうです。よく知らない対象には友好的になれないということです。なるほど当を得た見解だと思います。日本の歴史や日本社会をよく知る韓国人は日本のことを鋭く批判しますが、憎んだり恐れたりはしません。それは日本でも同様でしょう。韓国の歴史や韓国社会をよく知る日本人なら、韓国人と韓国社会のことを批判的に見ているとしても、わけもなく毛嫌いしたりしないはずです。

人の暮らすこの世の中、どこにでも悪はあります。俗に邪悪な人間が悪行をはたらくといいますが、人間社会にほんとうに大きな悲劇をもたらすのは、少数の邪悪さではなく多数の愚かさまたは無知なのかもしれません。自分とは異なる国や異なる民族、異なる人間集団に対する憎しみと敵対感は無知を糧に育ちます。ある対象を好きになり思いを寄せるには、まずその対象を知らなければなりません。知ったからといって好きになれないことはあるでしょう。でも知らなかったらそもそも好きになる可能性すらないのです。

この本はアカデミズムとジャーナリズム、歴史学と文学のちょうど真ん中あたりにある作品です。学術的意味はさほどなく、文学的価値も微々たるものです。それでも日本の読者のみなさんにこんにちの韓国人と韓国社会をありのままに理解していただくうえで、多少なりとも役に立つのではないかと思います。訳者がこの本を翻訳しようと思い立ったのも、きっとそういう願いからだったはずです。

二つの国の市民がお互いのことを「近くて遠い隣人」ではなく「近くの隣人」と思う日のくることを祈りつつ

２０１５年10月
ソウルにて

ユ・シミン（柳時敏）

はじめに

リスキーな現代史

2013年に「ニューライト系」の韓国史教科書の巻き起こした歴史論争はまだ終わっていない。あの論争はまことに感情的かつ政治的なものだった。学者間の討論ではまずお目にかかれないような人身攻撃が飛び交い、政党や政治家、さらには現職大統領までもが時にそれとなく、時にあからさまに介入して対立を煽った。表向きは歴史論争だったが、あの対立の実体は熾烈な精神的・政治的内戦だった。

歴史はすべからく「主観的記録」である。歴史は過去を「本来あったそのままに」示しているわけではない。テレビのニュースや新聞報道が現在を「実際あるがままに」伝えているわけではないのと同じだ。たとえば朝鮮日報とハンギョレ新聞の示す2014年の韓国には大きな隔たりがある。それは新聞を作る人々が、国内外で起こっている数多くの事件から注目すべき価値があると判断したものだけを選択して報道し、それぞれの目的と観点からその事実を解釈しているからだ。たとえばある日なんらかの理由で人類が滅亡し、記録がすべて失われたと仮定してみよう。幸いごくわずかの韓国人と朝鮮日報もしくはハンギョレ新聞の記録だけが残ったとする。長い年月が過ぎたのち、生き残った者たちがその記録をもとに過去を復元したとするなら、どちらの新聞が残ったかによって彼らの記録する歴史はまるで違ったものになるだろう。

歴史家の仕事のやり方もジャーナリストとさしたる違いはない。歴史家にもみなそれぞれ個性や好みがあるし、それぞれの欲望や感情に引きずられ、それぞれの価値観や世界観を有している。歴史家は過去の事実からみずからが注目に値すると判断したものを選択してみずからの観点で解釈する。事実の選択と選択した事実の解釈、歴史叙述の核となるこの二つはいずれも主観的でしかありえないということだ。ゆえに歴史をめぐる論争が生じるのだ。なかでも現代史はとりわけデリケートだ。現代史の重要な事件は現在の僕らの生のありように影響を及ぼしており、その主役たちは存命であることが多い。たとえ故人になっていようとも、その行為によっていわれなく苦しめられた者、正当な、または不当な利益を手にした者はまだ生きている。僕らは李承晩《イスンマン》から朴槿恵《パククネ》までの歴代大統領と彼らの所業について、好きであれ嫌いであれ強烈な感情を抱いている。彼らのことを高麗や朝鮮時代の王のようにのんきにかまえて考えることはできない。

現代史のこのような特殊性は、国どうしの歴史論争においてきわめて鮮明に表出する。日本政府および多くの日本人は、独島《トット》は朝鮮の領土であると記した日露戦争以前の古地図がいくつも存在するという事実に目をそむける。元慰安婦の女性の証言を嘘だと考え、事実を認める場合でも民間業者が売春宿を経営していたのだと主張する。領土への欲望と恥ずべき過去の悪行を否定したいという心理が事実に目隠しをするのだ。一方、韓国の国民は独島が大韓民国の領土だということを、そして日本軍が慰安婦を強制動員したということを確固たる歴史的事実と受けとめ、それを否定する日本政府と日本国民の態度に憤りを覚える。だがよくよく考えれば韓国人も同じ穴のむじなだ。韓国の国民はベトナム戦争への派兵が政治的・道義的に正当な行為だったのかについて論じることを敬遠する。韓国兵がベトナムで民間人を虐殺した事実を否定する者も多い。日本に対しては過去の過ちを直視して反省せよと言いながら、自分たちの歴史の過ちを直視して反省することはかたくなに拒否する。

　現代史における論争は古代史や中世史の論争とは違い、激烈な感情の表出と政治的対立を伴う。唐と結託して高句麗を滅ぼした新羅のやり方は民族への裏切り行為だとか、落花岩《ナクァアム》から身を投げた3000人の宮廷女官の悲劇は百済の義慈王《ウィジャ》を道徳的に貶めるために新羅の権力者がでっちあげた作り話だ、などと誰かが主張したところでつかみあいのケンカになったりはしない。すでに1500年の時を経た事件ゆえ、何を事実と認め、それをいかように解釈しようとも、現在の暮らしが変わる可能性はないからだ。だが李承晩大統領は大韓民国を建国した偉大なる指導者だったとか、朴正熙《パクチョンヒ》大統領が開発独裁の手法で経済発展を成しとげたおかげで今の国民がこうして民主主義を享受できるようになったとか、全斗煥《チョンドゥファン》将軍が国家の一大事を収拾したから赤化統一を防ぐことができたとか、南北首脳会談を実現した金大中《キムデジュン》大統領や盧武鉉《ノムヒョン》大統領は北朝鮮と内通するアカだったとか、李明博《イミョンバク》大統領の4大河川事業は韓国を環境先進国へと躍進させた快挙だった、などと言ったら、酒の席で激烈なパンチの応酬になりかねない。

　ことほどさように現代史を語る際にはリスクが伴う。多勢を占める大衆の判断や情緒にそぐわないことを口にしたりしたら突き上げを喰らう。ニューライト系の韓国史教科書をつくった執筆者たちは「売国奴・

親日分子」と指弾された。権力者の気持ちを逆なでするような事態になれば不利益を被ることもありうる。歴史学者の徐仲錫《ソジュンソク》を特任教授として迎えることにした延世《ヨンセ》大学は、徐仲錫が同大学の初代総長白楽濬《ペクナッチュン》の植民地期の親日的な所業を批判したことがあるとの理由で採用の決定を覆した。そういうリスクがあるから、朴槿恵大統領に指名されて国会人事公聴会に出席した公職の内定者たちは、5・16［第2章参照］をクーデターとみなすかとの質問に対してついに答えることはなかった。

人生において安全であることはきわめて大事だ。だが引き受けるだけの価値のあるリスクをあえて取る人生もそう悪くはないと思っている。僕はそんな思いを胸に僕自身が目の当たりにし、経験し、かかわった韓国現代史を書いた。1959年から2014年までの55年間を扱ったから、「現代史」というより「現在史」または「当代史」というほうが適当な表現かもしれない。冷静な観察者ではなく苦悩する当事者として僕らの世代の生きた歴史を振り返った。ないものをでっちあげたり事実を捻じ曲げたりする権利は誰にもない。だが意味があると考える事実を選んで妥当だと思える因果関係や相関関係でくくって解釈する権利は万人に与えられている。僕はその権利を精一杯の思いをこめて行使した。

この本には読者のみなさんの知らない事実はさほど多くないはずだ。多くの事実をあれこれ収めることより、多くのみなさんが重要だと思っているよく知られた事実に対する僕自身の考えを述べることに努めた。1959年から始めたのは僕がその年に生まれたからで、他意はない。過去を振り返りたいからではなく、現在を理解し、未来を展望したいと思ったからこの本を書いた。いまや50代半ばになった僕らの世代は、まだ人生を回顧するような年齢ではない。まだ来し方より行く末を見据えなければならない。とはいえ、はるか遠い未来まで欲をかく必要もないだろう。僕らに残されている時間の分だけ見渡せればそれでじゅうぶんだ。

僕は韓国現代史55年について「カッコつきのプライド」を覚える。自然と湧き起こる感情である。人は誰しも自分がかわいいし、人から尊敬されたいという思いを持っている。その思いを満たすには、自分自身がプライドを感じられるだけの人生を送っていなければならない。自分という個人に対してだけではない。僕らは家族、故郷、学校、会社、国に対しても恥や誇りを感じる。自分がそのコミュニティの一員であり、自分の行いひとつがコミュニティに善きにつけ悪しきにつけ影響を与えることを知っているからだ。

僕が韓国現代史にプライドを覚えるのは、それがひとえに輝かしい勝利と栄光の記録だからではない。そんな歴史はどこにも存在しない。個人であれ国であれ、あらゆる歴史には明暗がある。韓国の現代史にも光と闇が入り混じっている。そんな歴史に正面から向き合うには当為で現実をばっさり裁きたくなる執着を捨てなければならない。すばらしい理想の国、またはそれに近いと思っている外国のそれと引き比べて韓国現代史をとらえたがる人々がいる。自分たちより立派な対象を見て学ぼうとする姿勢は悪くない。けれど他者と比較することにとらわれすぎると、みずからの歴史の暗く恥ずべき部分にばかり目がいってしまい、ややもすると「自虐史観」へと流される恐れがある。孔子、イエス、釈迦のごとき立派な人間になろうと努めることは尊いが、彼らに及ばないからといって自己卑下するのは賢明な態度ではなかろう。

一方で、韓国の歴史は必ずや輝かしくあるべきだという強迫観念のとりことなり、現代史の明るく誇らしい面ばかり注目したがる人々がいる。自己を肯定しプライドを持とうと努力することは悪くない。だがそれもまたそこにとらわれすぎると客観的な事実を否定し、明らかな不正義までも合理化する「自己陶酔史観」に陥りかねない。自分は孔子、イエス、釈迦と同レベルなのだと主張したからといって、本当にそんな人物になれるわけなどないではないか。

僕らはすばらしい人物を尊敬し、すばらしい歴史にプライドを覚える。ではすばらしいとはどういう状態だろう。すばらしさとは何ひとつ欠点のない完全無欠さや至高至善の境地を指すことばではない。人間はそんな存在ではないのだから人間のつくる歴史もそんなところに到達できるはずがない。僕らはただそうした状態に向かって歩むことができるだけだ。もしある社会が醜く不合理で低劣な状態から、完全とまではいかなくとも、より美しく合理的で高潔な状態に変貌したならば、そのプロセスを記録した歴史はすばらしいといえるだろう。そういった意味で僕は韓国現代史55年はプライドを覚えてもいい歴史だと思っている。2014年の韓国はけっして完璧ですばらしい社会ではない。羞恥や憤慨、悲しみや痛みの感情を抱かせるようなできごとが相も変わらず起きている。けれど1959年の韓国と比べるならばほぼすべての面で変わっただけでなく、ずっとすばらしい。では、いったい韓国のいかなる点が55年前よりすばらしいのか。何がその変化をもたらしたのか。どんな面がいまなおお粗末で醜悪で、今後僕らはさらにどういう変貌を遂げることができるのか。僕はそのことについて語りたかった。

僕はこの本が、みずからの時代を全力で走ってきた同時代のすべての人々にとってささやかな慰めになることを期待している。また、大人たちのつくった今の社会的環境を乗り越え、今日とは違う明日をつくっていく若者たちにとって意味あるアドバイスになることを期待している。
この本の執筆を提案し、執筆作業に際して叱咤激励してくれたトルベゲのハン・チョリ代表、ソ・ウンジュさん、興味深い写真資料を収集してくれたキム・テグォンさん、国会図書館の資料を利用できるよう手はずを整えてくれたソン・ギョンファ、キム・ユギョン、アン・ホグンの各氏、ややこしい雑務を一手に引き受けて処理してくれたイ・グァニさんに感謝の意を表する。

2014年6月
自由人の書斎にて

ユ・シミン

プロローグ

プチブル・リベラルの歴史体験

僕は1959年7月下旬に慶尚《キョンサン》北道慶州《キョンジュ》市北部洞《プップドン》の瓦葺きの古い家で生まれた。けっこう広い庭があり、野菜を作れるちょっとした畑もあった。母は僕を産み落とした直後に正午のサイレンを聞いた。当時は時計を持たない庶民のためにお役所が11時半と正午にサイレンを鳴らしてくれた。ご主人が鉄道庁で列車の機関士をしている隣家のおばさんが僕を取りあげてくれたのだが、母はそのお礼に普段着を一着あげたそうだ。父は慶州女子中学の歴史教師だった。物心がついたときすでに3人の姉と1人の兄が居場所を占めていた。2年後に末っ子の妹が後を追ってやってきた。

生まれたときの身長体重がどれくらいだったのかはわからない。当時はみな自宅で出産し、新生児の体格を測る道具もなかった。血液型は小学校の身体検査のときにはじめて知った。国の血液事業などというものは存在せず病院はカネで血を買っていた時代だったし、輸血を必要とする患者の家族や友人たち、あるいは極度の貧困から自分の血よりほかに売るものがないという者でなければ、あえて血液型を知るべき理由もなかった。僕はあまり泣かない赤ん坊だった。30歳にして5人きょうだいの世話をしなければならなかった母は、僕が泣いても聞こえないところで立ち働いていることが多かった。腹が減ったら握りこぶしをしゃぶり、おむつが濡れても我慢した。退屈なときはひとりグーパーグーパーを繰り返して遊んだ。はじめて寝返りが打てたとき、それに気づいてくれる人はいなかった。ハイハイができたときも、お座りができたときも同じだった。僕が新たに何かできるようになったことを両親はいつも一足遅れて発見した。人生とはそもそも孤独だということに僕は早くから気づいていた。

社会学の専門用語を借りるなら僕は都市プチブルジョアの出身だ。日常のことばを使うなら小市民の家庭で育った。「出身成分」には意味のある情報が含まれている。人間は家庭環境の影響を受けながら人格や個性を形成していくからだ。僕は明らかにリベラルの性向を有しているが、それはプチブルジョア階級の文化的特性であることが知られている。幼いころ食事どきに父から李舜臣《イスンシン》、金庾信《キムユシン》、弓裔《クンイエ》、項羽、岳飛、張子房、諸葛孔明、ナポレオンといった偉人たちの物語を聞かされた。そのせいかどうかわからないが、傑出した人物を慕う傾向があるように思う。自分で計画を立てて最初から最後まで独力で取り組めることが好きだ。誰かに指図されて何かすることも、誰かに指図して何かさせることも、どうも性に合わない。カネや権力を持つ者より知性や知識を持つ者を尊敬し、僕が誰かを不当に傷つけていない限りは国であれ社会であれ誰であれ、僕の自由を侵害すべきでないと信じている。

高校生のころは出世とやらをしようと思って一生懸命勉強した。だが大学に入ってからは勉強より政府とケンカすることのほうに多くの時間を費やした。夜学で同世代の労働者を教え、学生会の役員を務めてクサイ飯を食ったこともある。26歳以降は主としてものを書くことをメシのタネとし、30代半ばでドイツ留学をして経済学をさらに学んだ。40代はコラムニストとして活動していたが、政治に首を突っ込んで国会議員および保健福祉相としてつかのま公職にも就いた。「大邱《テグ》・慶尚南道出身のプチブル知識人エリート、若くして名を売って出世したが、結局は政界で挫折して文筆業に戻ったリベラリスト」。僕は自分のことをそう規定する。

　歴史書を読むときは、まず著者がどんな人物なのか知っておいたほうがいい。そこで自叙伝でもない現代史の本を書くに当たり、まずは僕の自分史を語ったのだ。この本はそういう出身成分と経歴と性向とを有する人間の書いた韓国現代史である。すべての社会がそうであるように、韓国もまたいくつもの顔を持つきわめて複雑な社会であり、僕が見、経験し、研究したことはその一部でしかない。別の環境で別の目標を抱き別の人生を歩み別の経験をした誰かならば、僕とはまるで違う見方で韓国現代史を語るはずだ。

　1959年の韓国では100万人あまりの赤ん坊が生まれた。2014年のいま生きているのはそのうちの80万人足らずだ。[※1] 僕は幼いころの韓国のすべてを知っているわけではない。僕が見たのは当時の社会のほんの一部分でしかないため、重要なのに見聞きすることのなかった事件は多い。誤解したままの事件も少なくないし、見聞きし経験したのにそれが何なのか理解できずにいたできごともある。若い人たちはせいぜい歴史書や映画、テレビのドキュメンタリーで見たことがあるくらいだろう。けれど僕らはみな、韓国の歴史についてある種の感情を抱く。誇り、恥、喜び、憤慨、悔恨、怨み、感謝といった、それぞれに折り合いがつくこともあり、相容れないこともある感情である。

２０１２年12月、朴槿惠《パククネ》候補が大統領に当選した。大統領選がふたたび直接投票で行われるようになって6度目の選挙にしてはじめて過半数を上回る得票数だった。彼女が負けたのは全国16の広域自治体のうちソウル、光州《クァンジュ》、全羅《チュルラ》南北道の四つだけだった。大田《テジョン》、京畿《キョンギ》道、済州《チェジュ》道は僅差の勝利だったが、大邱、釜山《プサン》、蔚山《ウルサン》、仁川《インチョン》、江原《カンウォン》道、忠清《チュンチョン》南北道、慶尚南北道はいずれも圧勝または余裕の勝利だった。だが有権者の心情は複雑そうだった。朴槿惠候補を支持した市民は勝利を心から楽しんではおらず、文在寅《ムンジェイン》候補を支持した市民は敗北をすなおに受け入れなかった。大邱、慶尚北道の一部の地域を除けば勝利集会を開くところはなく、ネット空間にはため息と怒りが噴出した。

この選挙は「世代間の戦争」の様相を呈した。朴正熙《パクチョンヒ》の時代を身をもって経験していない若者たちは圧倒的に文在寅候補を支持した。維新時代に幼年期を送った40代は文在寅候補を控え目に支持した。だが朴正熙の時代に幼年期と青年期を送った50代と李承晩《イスンマン》の時代をも経験した60歳以上の有権者は圧倒的に朴槿惠候補を支持した。大統領選が終わった直後、出版業界では韓国現代史ブームが起こった。80年代、90年代に大学生の必読書だった朴世吉《パクセギル》著「書きなおす韓国現代史」が復活し、歴史書の定番である韓洪九《ハンホング》著「韓洪九の韓国現代史　韓国とはどういう国か」〔高崎宗司訳・平凡社刊〕が飛ぶように売れた。だが現代史熱は長くは続かなかった。もしかしたら既存の歴史書が「独裁者の娘」を大統領に選んだ有権者の行動について納得のいく説明をしてくれていないのではないかという思いを抱いた。

出版界で人気のある韓国現代史ものの多くは左派知識人の作品だ。5・16軍事クーデターや維新体制をこっぴどく批判し、朴正熙の時代を自由と人権と民主主義と正義とを抹殺した闇の歴史と評価する。一方、あの時代を賛美する右派知識人の本はあまり売れない。ネット書店の売上実績は微々たるもので読者評のクチコミもほとんど投稿されない。出版界の雰囲気からすれば、維新政権の「ファーストレディ」だった朴槿恵候補の大統領当選は合理的とはいえない「政治的惨事」のごとく見えた。僕もあの選挙は賢明な選択ではなかったと考える。だが常軌を逸した選択だったということはできない。多数決で権力者を選ぶ民主主義の選挙制度は、よりすばらしい人物の当選を保証する制度ではないからだ。選挙で権力を手にした者がみなすばらしい人物だったわけではないということは、あらゆる国の民主主義の歴史において確認することができる。暴君、詐欺師、嘘つき、天下の好色漢も有権者の歓心を買うことに成功しさえすれば権力を握ることができる。

「理性的なものは現実的であり、現実的なものは理性的である」。「存在するものを概念によって把握することが哲学の課題である。存在するものとはすなわち理性だからだ」。難解なことで悪名高い哲学者ヘーゲルの主張である。通俗的に解釈するなら、現実に起こるできごとにはみなそれなりの理由があり、その理由をわかりやすく説明することが知識人の務めだということだ。朴槿恵政権という「現実」を「理性的」に説明するには、投票所に足を運んで彼女に票を投じた1577万人の、その行動の動機を探らなければならない。有権者はいったいいかなる望みや感情や期待をこめて朴槿恵候補に投票したのだろう。

政治学者は政策や公約を見て政党や候補者を選びなさいと勧める。国と国民にとって望ましい政策、自分に利益をもたらす公約を掲げる候補者に投票するのが理性的かつ合理的だというわけだ。ご説ごもっとも。だが現実の人間は理性とともに感情をも持つ動物である。感情的な好き嫌いがときに理性的な判断や合理的な損益計算を圧倒する。巷間では「女性大統領への期待」とか「革新派のような福祉公約」が朴槿恵候補の当選の要因だなどと論じられているが、はたしてそうなのかはなはだ疑問だ。そんな要因では保守的な中高年の有権者層が大挙して彼女に票を投じた理由を説明することはできないからだ。

2012年の大統領選の実体は「歴史戦争」だったと僕は思っている。両極端に割れた世代ごとの投票行動は、韓国現代史に向き合う感情と態度とのギャップと関係がある。若い有権者は朴正熙大統領を崇めたてたりしないが、激しく憎んだりもしない。経済を発展へと導いた功績をもつ昔の独裁者と思っているだけだ。若い有権者が文在寅候補のほうにより多くの支持を示したのは、より近しい空気を感じる政治家だったからだ。とはいえ、中高年の有権者が過去の独裁を支持していたととらえることもできない。朴正熙政権の経済発展の功を認めようという人々であっても、ふつう鉄拳統治や人権蹂躙までは擁護しないはずだ。

中高年の有権者は、その投票行動を通じて自分たちの生きた時代と生の営みを認めてもらいたかったのではなかろうか。彼らは日本による植民地支配と解放後の混乱、悲惨な戦争と絶対的貧困の苦痛を耐えぬき、長きにわたる軍事独裁の時代を生きぬいてこんにちに至るまで、産業化と民主化を成しとげることで韓国社会を根本的に変えていった。子どもたちに食べものと着るものを与え、教育を受けさせることにすべてを注ぎこみ、何ひとつ手元に残すことなく老後を迎えた。朴槿恵候補に投票することは、自分たちの生の営みと時代を認めてもらいたいという望みを表現する適切な手段ではなかったかもしれない。けれど2012年12月にはそれよりほかに適当な表現方法がなかった。あくまでも仮説にすぎない。けれど僕はこの仮説で2012年の大統領選の結果をある程度「理性的」に説明できると確信している。

朴槿恵がひとえに「朴正煕の娘」だから大統領になったというのはフェアではない。文在寅がひとえに「盧武鉉《ノムヒョン》の盟友」だったから1500万票に迫る支持を得たというのもまた同様だ。2人ともそれぞれ個性と立派な経歴を持つ政治家だった。だが「朴正煕の娘」と「盧武鉉の盟友」でなかったなら、彼らは有力な政党の大統領候補になるのは難しかったろう。そうした点において2012年の大統領選は朴正煕の時代と金大中《キムデジュン》・盧武鉉の時代がぶつかった歴史の戦場だった。それは過去と過去の闘いであると同時に相《あい》異《こと》なる未来を内包する闘いだった。だとすると朴正煕の時代が勝利し、金大中・盧武鉉の時代が敗北したのだろうか。そうではない。候補および政党は勝利と敗北とに分かれたが国民は52対48の割合でどちらも肯定した。僕はあの選挙結果を歴史の逆戻りと決めつける一部の知識人の評価に同意しない。

この歴史の戦場には明確な主体が存在する。ひとつは5・16軍事クーデターと産業化の時代を代表する勢力だ。彼らは韓国社会のあらゆる領域の上層部を握ったまま固く結束している。巨大財閥、大企業の経営者と役員たち、それぞれ地上波総合放送局を擁する巨大新聞社のオーナーと幹部たち、裁判所、検察、軍、警察といった国家による合法的暴力を管理し執行する権力機関の高官、上記の新聞や放送に出演して富と名声を得ている知識人、そしてそれらすべてを政界において代表するセヌリ党だ。彼らはみずから「近代化勢力」、「産業化勢力」、「保守勢力」、「愛国勢力」を名乗っているが、政界の反対陣営からは「維新の残党」、「第五共和国の残存勢力」、「特権勢力」、「冷戦勢力」、「ゴリゴリの守旧派」などと呼ばれる。彼らは1948年の大韓民国政府成立以来こんにちまで韓国の経済・社会・政治における権力をすべて掌握し行使してきた。ところが政治権力に限っては1998年2月から2008年2月まで奪われたことがある。そのことは彼らにとって忘れがたい悪夢となっている。この本で、彼らのことを指すいくつもの表現のうち「産業化勢力」を選択したのは、それが好き嫌いの感情からもっとも遠いと考えたからだ。

もうひとつは4・19革命、光州民衆抗争、民主化の時代を代表する勢力だ。自分たちでは「民主化勢力」、「良心勢力」、「進歩勢力」と呼んでいるが、反対陣営からは「アカ」、「左傾容共」、「従北左派」と呼ばれる彼らは韓国社会のあらゆる領域の低いところに広がっている。人権や社会正義、朝鮮半島の平和や環境保護を実現しようと努力する多数の市民団体、労働組合、協同組合、メディア運動団体を含む大小のコミュニティだ。彼らは主としてオンラインでつながり、ときにオフラインでも大同団結して「BSE牛肉輸入反対キャンドルデモ」や「大統領弾劾糾弾キャンドル集会」、「国家情報院（国情院）[2]選挙介入糾弾キャンドル集会」といった大型キャンペーンを繰り広げる。彼らには自分の働く分野でカネや権力を握っているような人間はあまりいない。ずっと連帯しつづけることもないし、物質的利益をやりとりすることもない。むしろ勢力内で激しく対立する。政治分野では2014年の時点では新政治民主連合という名称を使って

←2013年6月23日、清渓川付近で開かれた保革それぞれの陣営の集会　©東亜日報

경찰
POLICE

いる巨大自由主義政党と、正義党、統合進歩党、[3] 労働党、緑の党といった弱小革新政党が彼らを代表している。民主化勢力は1948年以降できっかり10年間だけ政治権力に限って手にしたことがある。経済権力、メディア権力など他のすべての社会権力はつねに産業化勢力の手中にあった。民主化勢力を支持する市民たちは、あの10年に対して根深い不満と濃密なノスタルジーとを同時に感じている。

韓国現代史はこの二つの勢力の激闘と競争の記録である。ときに血流れ河を成すがごとき様相を呈した争いはいまなお終わっておらず、近い将来に終結する可能性もない。人々が双方とも認めているからだ。相互にいがみあう二つの勢力とそれぞれが代表する二つの時代のいずれをも認めることは、はたして可能なのだろうか。僕は可能だと考える。産業化の時代と民主化の時代はどちらも僕らの過去だ。韓国は朴正煕の時代と金大中・盧武鉉の時代を経て、ここまでやってきた。二つのうちひとつだけを肯定するならば、歴史と現実の半分を否定しなければならない。それは理にかなった歴史認識、現実認識ではありえない。

色あいも見た目も大きく異なる二つの時代は、国民の内面にすでに根を下ろしている。このことは2012年の大統領選のみならず歴代の大統領に対する国民の態度にもまったく同じように表れている。李承晩、朴正煕、全斗煥《チョンドゥファン》、盧泰愚《ノテウ》、金泳三《キムヨンサム》、李明博《イミョンバク》、朴槿恵の各大統領を産業化勢力に分類しよう。金泳三大統領はもとは民主化勢力に属していたが、産業化勢力の庇護のもと大統領職を遂行したのだから産業化勢力に加えるべきだろう。金大中、盧武鉉の2人の大統領を民主化勢力に分類しよう。2014年現在、元大統領に対する国民の人気は二つに分かれ双方拮抗している。[※4] 40代以下では盧武鉉と金大中の合計が圧倒的に高く、50代以上では朴正熙と朴槿恵の合計がはるかに高い。地域別・年齢別の好感度分布は2012年の大統領選で表れた朴槿恵、文在寅両候補の支持度の分布とほぼ重なる。全国で白熱した接戦が繰り広げられた2014年6月の統一地方選の結果も大同小異だった。

産業化勢力を保守、民主化勢力を革新と呼ぶなら、韓国国民の立場は保革の両陣営にくっきりと分かれている。このことは政治的対立にとどまらない文化的、哲学的対立をも内包している。生そのものに臨む姿勢、他者と関係を結ぶやり方、個人と国の関係に対する見解、そして韓国現代史に対する認識といったあらゆる面において両陣営はまるで違う。もちろん保守と革新の対立はどの国にもある。だが韓国の保守と革新はひとつの社会に同時に存在しがたいほどに考え方と目指す方向の隔たりが大きい。それは韓国の社会経済・政治・文化の変化のスピードがあまりにも速すぎたために生じた現象だ。西欧社会で300年かけて進行した変化が韓国ではたかだか50年のあいだに起こった。そのため折衷不可能に見えるような大きな隔たりが世代間の対立というかたちで表れたのだ。2012年の大統領選はたんなる政党間の権力争いではなく、相異なる価値観と人生観の闘いであり、相異なる文化の葛藤であり、相異なる歴史認識の衝突だった。

現在は過去の産物であり、未来は現在の延長である。そう考えるなら未来はつねに長い時間を経てそこにある。明日やってくるものではなく僕らの内面にすでに存在している。僕がこの本で読者のみなさんと分かち合いたいのは、僕らの内なる過去と現在、未来に対する感情と感覚だ。大人のみなさんに尋ねよう。

あなたはみずから生きてきた人生と韓国現代史に思いを致したとき、どんなことを感じますか。その感覚をそっくり次の世代に引き継いでもいいと思いますか。もしよくないと思うなら、どこが問題で何が違っていればよかったと考えますか。若いみなさんに尋ねよう。あなたは親世代の生き方と彼らのつくった歴史を思うとき、どんなことを感じますか。腹が立ちますか。誇らしいですか。大人たちにどうしてほしいと思い、自分たちは何をすべきだと思いますか。

僕自身は忸怩たる思いと憤り、矜持とわくわく感といったちぐはぐな感情を同時に抱いている。大韓民国は「まがまがしくも美しい国」である。韓国現代史が栄光と勝利の歴史だという主張、不正義と汚辱の歴史だという主張は、どちらも正しい。けれど半分だけ正しいにすぎない。光と闇の共存しない歴史は存在しない。そもそも人間が両方を併せ持つ存在なのだから、歴史はさにあらずなどといえようか。高いところから差しこむべき光があり、その光によって次第に薄れゆく闇があるから、民族の歴史も僕らの人生も意味を持ちうるのではないだろうか。

繰り返しになるが、歴史は主観的な記録である。誰が書いたどんな歴史であれ過去を「本来あったそのままに」示しているわけではない。「現在」とは仮想の概念でしかない。現在のあらゆる事実は起きたとたんに過去になる。過去は巨大な臨時収容所のようなものだ。過ぎゆく時の流れに乗って運ばれ堆積したあらゆる事実が、そこで忘却と消滅の運命を待つ。どこかの歴史家が差し伸べた救いの手を取ることのできた少数の事実だけが、幸いにしてその運命の執行につかのま猶予を与えられて「歴史的事実」となる。

事実そのものには選択する権利はない。それは歴史家の仕事だ。それゆえ同じ時代について100人の歴史家が100通りの歴史を書くことができる。ひとつの時代についてひとりの人間が複数の異なる歴史を書くことだってできる。

歴史的事実そのものが客観的な真理を物語っていると信じるのは純真無垢な錯覚にすぎない。事実はみずから語らない。歴史家が許したときのみ何かを語る。歴史家は勝手気ままに事実をでっちあげたり捻じ曲げたりすることはできないが、事実の奴隷でもない。事実と歴史家は平等な関係でお互いを必要とする。自分だけの事実を持てなかった歴史家は根無し草のようであり、自分だけの歴史家を持てなかった事実は死んだも同然だ。E・H・カーも言うとおり「歴史とは歴史家と事実との間の相互作用の不断の過程」である。大学で歴史学を学び学位を受けた歴史研究者の書いた民族史から、平凡な市民の書いた素朴な自分史まで、いずれも同じだ。歴史とはいかなる事実を選択していかなる関係を結んでやるかによって変わってくる。

対立する歴史認識の背後には対立する利害関係や経験、相異なる人生観が横たわっている。ひとり生きていくなら歴史論争などする必要はないはずだ。だが人は他者と交わりながら生き、たえず自分と他者とを比較し評価する。ある人のことは好きで尊敬するが、別のある人のことは嫌いで軽蔑する。けれど日常生活ではそういった感情はできるだけむき出しにしない。すばらしいと思って尊敬の念を表するのはかまわないが、嫌いだとか軽蔑するとかの感情をあらわにするのは困る。たいていの場合、人は指摘や批判より賞賛やおべっかを好むからだ。「あんたは価値観に問題がある。間違った生き方をしてる」などと言われて気持ちいい人間はいない。でも同じことを言うにしても歴史について論じるなら負担は軽くなる。「あんた、歴史を見誤ってる」。これはたんに過去の事実についての認識や見解を批判しているのではなく、その人の生き方に対する非難にもなりうる。「ニューライト系」の韓国史の教科書をめぐる論争が、お互いを「親日派」、「極右」、「左傾」、「従北」と罵り合う感情的かつ政治的な攻防にまで発展したのは、まさにそのためだった。この本にもそんな感情的な争いに巻き込まれるリスクがある。けれど僕にはそれは取るべき価値のあるリスクだという確信がある。

※1 本書で引用する人口統計はすべて国家統計ポータル（http://kosis.kr）から引いてきた統計庁のデータである。紙面の都合上特別な場合を除いて人口統計の出典は特に明記しない。

●2 公安・諜報活動をもっぱら担当する国の機関。名称は、中央情報部（61〜80）→国家安全企画部（81〜99）→国家情報院（99〜現在）と変遷をとげている。

●3 本書出版後の2014年12月に憲法裁判所が「違憲政党」と認定し、強制的に解散させられた。第4章、第6章参照

※4 世論調査会社「リサーチビュー」が2013年10月に実施した携帯電話によるアンケートでは、現職の朴槿恵とそれ以前の4人の前職の大統領が調査対象だった。国民がもっとも好感を覚える大統領は盧武鉉34・3％、朴正熙26・1％、朴槿恵18・5％、金大中15・4％、李明博1・7％の順だった。盧武鉉と金大中を合わせれば49・7％であり、朴正熙、朴槿恵、李明博を合わせると46・3％である。2014年4月の同じ調査では盧武鉉31・5％、朴正熙23・2％、朴槿恵21・7％、金大中14・1％、李明博2・6％だった。二つの陣営に分ければ45・6％と47・5％となる。95％の信頼水準で標本誤差プラスマイナス3・1％ポイントなので、二つの調査の結果はどちらも甲乙つけがたい50対50と考えるのが合理的だ。

第1章 歴史の地層を横断する

1959年と2014年の韓国

1959年亥年

1959年の韓国は人間が人間らしく暮らせる国ではなかった。誰かの過ちのせいでそんな状態だったわけではない。植民地支配から解放されて14年、大韓民国政府成立から11年、朝鮮戦争の砲火が鎮まってからたかだか6年だった。2014年の17年前の1997年、韓国はアジア通貨危機の余波でたいへんな経済難に見舞われた。11年前に盧武鉉《ノムヒョン》大統領が、6年前に李明博《イミョンバク》大統領が就任した。金大中《キムデジュン》、盧武鉉、李明博の3人の大統領の言ったことと為したことは、いまだ忘却の祝福に浴することができていない。救済融資と引き換えに厳しいリストラを迫られた「IMF経済信託統治」、米国産牛肉輸入反対を訴える市民のキャンドルデモの行く手を阻もうとコンテナを並べて築かれた「明博山城」、前職大統領の突然の投身自殺は今なお記憶に鮮やかだが、それらとは比べものにならないほど苛烈を極めた日本による植民統治の抑圧と搾取、解放直後の混乱、朝鮮戦争の影響は、なお鮮血のしたたり落ちる生傷として残っていた。

韓国は虐待、飢餓、疾病で息も絶えだえの幼な子のようなありさまで、表向きには国連が、実質的には米国という隣人がその子どもを救ってくれた。米国は韓国の出生と成長に手を貸してくれた育ての親のような存在だった。韓国は米軍政の監督と保護を受けつつ政府をつくり、米軍は北朝鮮に侵攻されて死の淵をさまよっていた韓国を助けてくれた。韓国は米国の後見と支援とを受けて産業化を成しとげた。米国のためならば何の怨みもないベトナムに大規模な戦闘部隊を送ったし、ブッシュ大統領の大義名分なきイラク戦争への派兵要求も断れなかった。米軍は60年以上も首都ソウルの真ん中に司令部を置いている。良き親だったか否かはともかくとして、米国が育ての親だったということは否定しようのない事実だ。

朝鮮戦争は朝鮮民族どうしの内戦であると同時に東西冷戦の幕開けを告げる国際戦争だった。朝鮮民主主義人民共和国は1950年6月25日に大韓民国に侵攻してきた。北朝鮮は中国の毛沢東主席の同意を取りつけ、ソ連のスターリン首相の支援を得て戦争を始めた。米国の参戦はなかろうと判断した金日成《キムイルソン》は、1か月で「統一戦争」を終える心づもりだった。だが洛東江《ナットンガン》戦線で韓国軍が人民軍の総攻勢を死にもの狂いで食いとめているあいだに国連軍が上陸した。人民軍が鴨緑江《アムノッカン》まで後退したとき中国人民支援軍が介入してきた。最終的には1953年7月に国連軍、朝鮮人民軍、中国人民支援軍それぞれの総司令官が決着のつかないまま軍事停戦協定に調印した。

一時的なうえに不完全だとしても平和はいいものだ。戦争の硝煙が治まると人々はじゃんじゃん子どもをもうけた。100万人あまりの「59年亥年生まれ」はいわば「戦後ベビーブーム」のさなかに生まれ、現代史の荒波をかきわけてそれぞれの人生のストーリーを綴っていった。僕は出生届も出さぬうちに病気で死ぬような不運をまぬかれた。これまでの人生で労災や交通事故に遭うこともなかった。良き親に恵まれ、ちゃんと学校に行かせてもらい、信念と価値観を曲げることなく思うままに生きてきた。僕は同い年のおおぜいの中で初の閣僚になった。盧武鉉政権の最初の組閣で行政自治相を務めた金斗官《キムドゥグァン》は戸籍上では同い年だが、実年齢は1歳年上だ。だから僕はプライベートでも公式の場でも氏のことを「先輩」として遇してきた。僕はめちゃくちゃ運のいい「59年亥年生まれの男」だった。

「国民歌手」の李文世《イムンセ》、「59年往十里《ワンシムニ》」を歌った「一発屋の歌手」金興国《キムフングク》、女子バスケットボール界のスター選手だった朴賛淑《パクチャンスク》、金泳三《キムヨンサム》元大統領の次男金賢哲《キムヒョンチョル》、全斗煥《チョンドゥファン》元大統領の長男全宰国《チョンジェグク》、国会議員沈相奵《シムサンジョン》なんかが同い年だ。さて、やはり同い年の「反共少年」李承福《イスンボク》はわずか9歳で亡くなった。李承福が「僕は共産党が嫌いです」と言ったがために口を裂かれて殺害されたというのが事実かどうかという点についてはややこしい議論がある。けれど１９６８年の秋に蔚珍《ウルチン》・三陟《サムチョク》一帯でゲリラ戦を繰り広げた北朝鮮の特殊部隊員たちが、李承福少年の家族を含めて少なからぬ人数の民間人を殺害したことだけは確かな事実だ。そのことを思うと今も胸が痛む。苦難や試練にぶつかることもあるにせよ、ときめきや歓喜だって感じられる人生の機会をそんなふうに奪われたという事実が胸に迫る。

韓国の今と55年前とを比較するとき感じる圧倒的な感情は「驚き」だ。僕らの日常のほぼすべての面ががらりと変わった。それは量的な変化以上に質のうえでの転換であり、奇跡にも近い変身だった。すべてがいい方向に変わったとはいえない。だが全体的にみるならばいい方向に変わったのは確かだ。歴史は基本的にダイナミクス（動学）である。時間の流れに沿って事件と状況の変化を追跡しなければならない。けれどときにはスタティクス（静学）を活用することもできる。1959年と2014年の韓国の断面を切り取って、何がどれほど変わり、どのような力がいかなる方式で作用してその変化をもたらしたのか見極めるのだ。そうすれば今後起こりうる変化を予測してみることも可能だろう。経済学でよく用いられる研究手法である比較静学を歴史の叙述に応用してみよう。

等しく貧しかった独裁国家

1959年の韓国の人口は2400万人だった。あのころは毎年100万人の赤ん坊が生まれ、人口増加率は3％を上回っていた。経済活動人口は760万人だった。未成年者が多く、女性は家庭にとどまっていたから経済活動への参加率は30％ほどしかなかった。失業率は7％、失業者数は50万人くらいだった。就業人口の63％が農業か漁業に従事して暮らしていた。鉱山や工場で働く者は8・7％、建設業に従事する者は2・5％にすぎなかった。公務員および公共機関の役職員を含む公共サービス、そして民間サービス業の従事者は28・3％だった。※1 国民の3分の2が農漁民とその家族だったわけだ。

国民は等しく貧しかった。1959年の国内総生産（GDP）は19億ドル、1人当たりGDPは81ドルで、インド、パキスタン、バングラデシュ、ウガンダ、トーゴとともに国別順位の底辺にいた。※2 フィリピン、タイ、トルコは韓国の2倍をゆうに超えていた。ヨーロッパの先進国は1000ドル、米国は2000ドルを上回っていた。韓国はGDPの10％にも及ぶ2億ドルの海外援助を受け、戦災孤児を養う能力もないためヨーロッパや米国におおぜいの子どもたちを里子に出していた。GDPは物質的な生活水準を正確に示しているわけではない。非公式取引や自給自足の経済活動は統計の数値には表れない。だが韓国が世界の最貧国グループにいたことは争う余地がない。

1959年の韓国は、何はさておき貧しい国だった。カネをたくさん持っているからといってすばらしい人生だといえるわけではない。だが三度の食事も満足に摂れないとするなら、すばらしい人生だとか品格ある生き方など望むべくもない。住宅は大半が藁葺き屋根だったし、都市地域でもそこそこ余裕のある人々だけが瓦葺きの家に暮らしていた。西洋風の家はまれで、マンションは全国どこにも存在しなかった。大衆は炭と薪をくべて湯をわかし、ごはんを炊き、部屋をあたためた。朝鮮時代後期から破壊されはじめていた「三千里の錦の山河」は、植民地期の収奪と朝鮮戦争とで焦土と化していた。容易に足を踏み入れることのできるところはすべて木1本生えていないはげ山になっていた。電気は都市の一部にしか通じておらず、上下水道はほとんど敷かれていなかった。都市・農村の別なくトイレはほぼもれなく「ボットン式」だった。男たちが肥え桶を吊るした天秤棒を肩にかついで汲み取りにやってきた。70年代になってようやく長いホースを積んで都市の狭い路地を縫ってやってくるバキュームカーが登場した。三度の食事にも事欠く絶対貧困があまねく行きわたっていた。大人も子どもも大多数の国民が寄生虫を腹に宿して生きていた。「寄生虫学博士」として知られる檀国《タングク》大学教授徐民《ソミン》は、寄生虫がいるからといって大騒ぎするほ

朝鮮戦争中、避難先の臨時学校で授業を受ける子どもたち

ソウル清渓川地区の縫製工場で働く女性労働者
© ソウル特別市史編纂委員会

どのことじゃないとはいえ、それもある程度までだと説明する。子どもたちの頭にシラミがわき、お通じのとき肛門のあたりに回虫や蟯虫が随時出没するようなら、実に困ったことだといわざるをえない。

12歳以上でハングルの読み書きができない者は４５０万人いた。そのことを恥じて隠していた者もいたし、当時漢字ハングル混じりで書かれていた新聞や本の読めない者はもっと多かった。その悔しさを痛感していた親たちは、ひもじい思いをしてでも子どもたちを学校に行かせた。朝鮮戦争のさなかにも、教師たちはどぶ川のほとりの砂利だらけの河川敷にテントを張って避難してきた人々の子どもたちを教えた。

１９５９年の全国の学校の生徒数は４５０万人で、小学校では男女の割合に大きな差はなかったが、中学●[3]以上は顕著に男子生徒が多く、読み書きのできない人口は女性のほうがはるかに多かった。「男尊女卑」の性差別意識が蔓延していたからだ。70年代には一家のうち姉が工場で働いて弟を学校に通わせたものだったが、１９５９年には姉の働くべき工場さえなかった。「口減らし」のために幼い女の子をよその家に無給の下働きに出すことも珍しくなかった。僕が大学に入学した１９７８年のソウル大学社会科学系列の新入生は５３０人だったが、女子はたったの１人だった。工学系の学部も似たような状況だった。女子が男子より頭が悪いからというわけではもちろんない。

１００万人あまりの59年亥年生まれのうち約88万人が18歳まで生きながらえた。１９７８年度の大学入試本考査の受験資格を得るために予備考査を受けたのは32万人ほどだった。うち７万人だけが４年制大学に入学し、７万人が２年制の専門大学に進学した。順調に高等教育機関に入れなかった74万人あまりは小学校、中学校、高校を終えて、または中退して産業戦線に投入された。彼らはミシンを踏み、はんだ付けや溶接の仕事をしながらも学びへの情熱を捨てなかった。10時間労働をしたあと、夜は会社の付設学校で勉強した。検定試験を受けて通信制の大学や夜間大学に通った。幼なじみの友人には今も少なからぬ授業料を納めて大学院に通う社会人学生がいる。

こんにち、大学を卒業してもそれに見合うだけの働き口がみつからないという現実を前に、若者を慰め励ます話がいろいろ聞こえてくる。昔はこんなじゃなかったとみな口々に言う。けれどそれは一種の錯覚でしかない。今の若者が特別に厳しい運命に見舞われているわけではない。今は高校を卒業した若者の85％が大学に進学する。専門大学を含む高等教育への進学率が15％にもならなかった時代には大学の卒業証書だけでも報酬や条件の比較的いい管理職、専門職、事務職の仕事にありつくことができた。中小企業や生産職、いわゆる３K労働は大学に行けなかった85％が就く仕事だった。だが今は大学の卒業証書では労働市場における相対的な優位は保証されない。わが国の歴史においてすべての若者に「ディーセント・ワーク（働きがいのある人間らしい仕事）」が与えられたことはただの一度もないのだ。

１９５９年の韓国は巨大な「難民キャンプ」または「救難共同体」だった。大韓民国は38度線の南側に成立したが、国民は南の人間ばかりではなかった。もともと38度線の北で暮らしていたが北朝鮮政府の弾圧や圧力を避けて、共産主義がいやで、自由を求めてなどの理由で南にやってきた人々も大韓民国の国民になった。米軍の爆撃が怖くて逃げてきた人々も数知れない。38度線の北側に成立した朝鮮民主主義人民共和国はそうではなかった。共産主義や社会主義を支持してみずから北に移り住んだ少数の人々を除けば、すべての人々がもとからの地元住民だった。北朝鮮は国家成立のときから今まで、つねにひとつの理念とひとつの権力のもと国民全体を一糸乱れず組織化した「兵営国家」として残っている。

土地と生産手段を国有化し、強力な中央集権を敷く社会主義は、全体主義へと流れるリスクを最初から内包していた。しかも実際に社会主義革命は、個人主義や民主主義の文化的伝統のほとんど存在しなかった国でまず起こった。ソ連の社会主義はスターリンへの個人崇拝と結びつき、中国の社会主義は毛沢東の個人崇拝へと流れ、北朝鮮は「偉大な首領」金日成の個人崇拝へと進んだ。金日成主席は抗日闘争の経歴、共産党の党員資格、ソ連占領軍の後見、大衆的な名声、連帯組織の支持、肉体における活力などいくつかの面で優勢だったため権力を掌握することができた。金日成は朝鮮戦争後に南朝鮮労働党出身の朴憲永《パクホニョン》をはじめとするライバルたちを根こそぎ粛清した。教条主義を清算するといって別のドグマであるチュチェ〔主体〕思想を掲げた。チュチェ思想はマルクス主義とは関係のない極端な観念論だ。3代にわたって生物学的な遺伝子に基づいて権力を継承する国が社会主義を標榜しているという事実を墓の中のマルクスが知ったなら、おおいに憤慨することだろう。

北朝鮮は「米帝の植民地たる南朝鮮の解放」を公然と主張し、戦争を起こすまでに至ったが、韓国はひたすら自分たちを守ることだけに汲々としていた。李承晩《イスンマン》政権は「北進統一」、「滅共統一」を唱えたが、そうするだけの意志も能力もなかった。植民地支配の負の遺産を清算することもなく、憲法に明示された民主主義を実践することもなかった。国民を貧困から救うための事業にも関心がなかった。「国父」をもって自任していたが、李承晩大統領は無能でエゴイスティックな「暴力親父」でしかなかった。国民の暮らしは不安で暗澹としていた。

1959年7月31日、李承晩大統領は政敵曺奉岩《チョボンアム》の死刑を執行した。僕がこの世に生まれて3日目のことだった。若いころ血気盛んな共産主義者だった曺奉岩は、投獄と拷問とを経験しながらも反日闘争と労働運動を繰り広げ、解放後は朝鮮共産党と決別した。政界に身を投じて国会の憲法起草委員となり最初の憲法の制定に寄与し、大韓民国政府の初代農林相を務めた。初の直接投票による選挙が実施された1952年の大統領選で80万票を得て2位につけ、1956年の大統領選では選挙直前に急逝した民主党の申翼熙《シンイッキ》に代わって立候補し、「国連の保障のもとで民主的な方法による平和統一の達成」を公約のトップに掲げて李承晩と激突した。想像を絶するほどの不正投開票が行われたにもかかわらず、有効投票数の25%を超える216万票を獲得した。

曺奉岩は1954年3月に発表した「わが国の当面の課題」という文章で軍事的武力統一とともに選挙方式による政治的統一も検討すべきであり、いかなる場合であれ共産主義に勝利するには民主陣営が団結しなければならないと主張した。荒唐無稽このうえない「北進統一論」を批判し、「平和統一論」を遠まわしに主張したことを容共的とされて絞首刑に処された曺奉岩は、死刑執行の立会検事に語った。「私は共産党でもないしスパイでもない。ただ李承晩との選挙に負けたという政治的理由で死ぬのだ。私はこうして消えてゆくが、これからはかかる悲劇があってはならぬ」。1959年の韓国は、文字どおり命懸けでなければ権力の不正義に対抗したり憲法の保障する基本権を行使したりすることのできない国だった。憲法は民主共和国である旨を謳っていたが、大韓民国に民主主義は存在していなかった。身体の自由、思想や表現の自由、公正な裁判を受ける権利が保障されていなかった。大統領と政府を誉めそやす自由があるばかりで、批判する自由はなかった。政府の発表する政策に追従する権利はあったが、反対したり対案を提示したりする権利はなかった。

当時の政府は国民を保護する最低限の能力も持ち合わせていなかった。1959年9月11日、猛烈な台風が朝鮮半島を襲った。最大風速85メートルの大型台風サラだった。慶尚南道《キョンサン》を中心に猛威を振るったこの台風は、死者行方不明者849人、負傷者2533人、被災者40万人、船舶破損9329隻、流失耕地面積2000平方キロメートル、財産被害額1700億ウォンという甚大な被害をもたらした。政府は台風の進路も勢力も把握できなかった。まだトランジスタラジオも普及していなかったため、情報があったとしても迅速に伝える手立てがなかった。あの日、電気も通じない暗闇の中で、母は生まれてひと月半の僕を抱いたまま身を伏せてブルブル震えながら一夜を明かしたという。

現在、世界181か国に700万人の在外韓国人がいる。中国に257万人、米国に209万人、日本に89万人、ヨーロッパに62万人などである。アフリカにも1万人以上いる。うち150万人ほどが一般の在留者と留学生で、残りはすべて永住権やその国の国籍を持っている。1948年以降の統計によると、

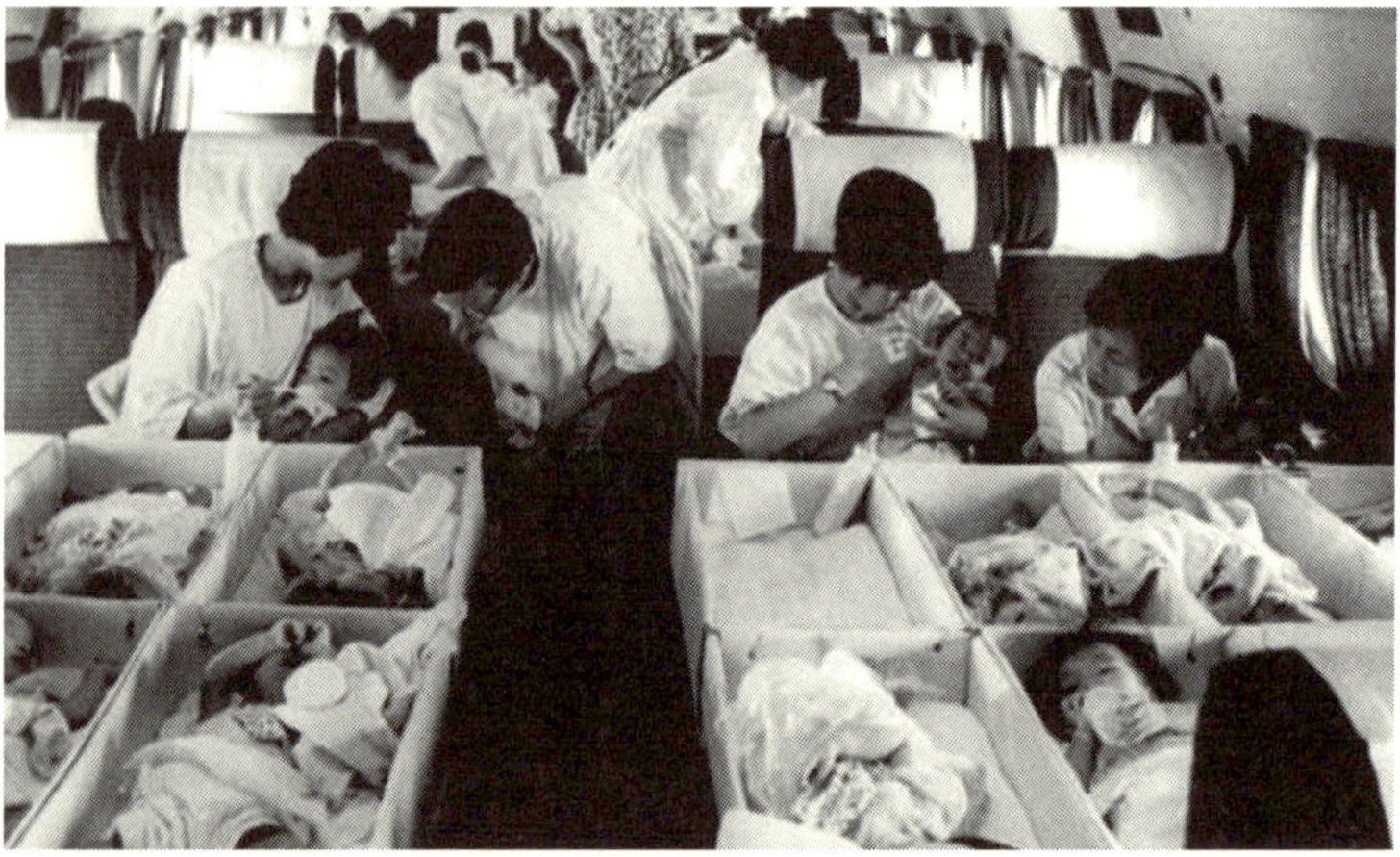

1956年、チャーター機で米サンフランシスコ空港に向かう養子の子どもたち
© ホルト児童福祉会（国家記録院提供）

海外移住者は1986年の3万7000人あまりでピークに達したのち、1988年からは減少に転じている。2013年は8718人にすぎなかった。朝鮮人の中国、ロシア、ハワイなどへの海外移住が始まったのは19世紀後半だった。旧ソ連地域の各国や中国、日本に暮らすのは主として第二次世界大戦終結以前に出国した人々とその子や孫の世代だ。1948年以降の大規模な海外移民は1965年に米国がアジア系の移民を受け入れるようになってからだ。

移民は経済地理学的に見ればごく当たり前の現象だ。水が高いところから低いところへと流れるように、人は暮らしにくいところから暮らしやすいところへと移住する。韓国は人間らしく暮らすのに適した国ではなかったため、多くの人々がことばも通じない外国へと出て行った。おのれの意思とはまるで関係なしに外国に移り住んだ人々もいる。1945年から2012年までに韓国は17万人近い子どもたちを海外に養子に出した。国内での養子縁組（１３８８人）が海外への養子（１２６４人）をはじめて上回ったのは２００７年だ。２０１２年に海外へと養子に出された７５５人には、国内では養子縁組がほとんど整わない障害を持つ子どもたちがおおぜい含まれていた。

韓国人の海外への移民がはっきりと減少に転じたころから、外国人の韓国への流入が大幅に増加した。90年代初めに中国との国交が正常化したのを機に在中同胞の故国訪問が始まり、次いで産業技術研修生制度が導入されて東南アジアや中国の労働者がやってくるようになり、農村の独身男性との国際結婚でベトナムやフィリピン、中国からの結婚移民が数多く入国した。現在、韓国に長期滞在する外国人は１００万人の結婚移民を含めて１５０万人を上回ると推計されている。北朝鮮を脱出してやってきた人々も２万人を超えた。海外に移住する人が減り、逆に韓国に移住するためにやってくる人が大幅に増えたのは、韓国が変わったからだ。安全で幸せに暮らしていけない国から、安心して暮らしていけるチャンスのある国へと変わったのだ。

偏って豊かな民主国家

韓国は１９５９年とはほぼすべての面で違う国になった。食べるもの、着るスタイル、住む場所、余暇のすごし方を含めて市民の日常が根本的に変わった。豊かで華やかな、自由で民主的な国に変わった。２０１４年の韓国の人口は５０００万人をやや超えている。1年に生まれる赤ん坊の数はここ10年間は

40万~50万人のあいだで推移し、2013年は44万人弱だった。人口が2倍に増えるあいだに新生児の数は半減したのだ。年間の死亡者数は30万人ほどだが、高齢化に伴って急速に増えつつあり、人口増加率は0%に近づいている。十数年後には死亡者数が新生児数を上回るだろう。1959年に81ドルだった1人当たりGDPは2013年には2万6205ドル(国民総所得GNI)になった。韓国企業は2013年に約5600億ドルの財貨とサービスを輸出した。石油化学製品、乗用車、自動車部品、半導体、液晶装置、船舶、携帯電話、家電製品などが主要品目だった。輸入は5200億ドルだった。主要品目は原油をはじめとするエネルギーおよび原材料がダントツで輸入総額の60%を超えている。部品や機械類の輸入も多かった。輸入消費財は小麦、牛肉、豚肉といった農畜産品が多かった。衣料品、酒類、乗用車、ゴルフクラブなどの嗜好品も輸入している。国民は海外旅行を楽しみ、外国の消費財やサービスをガンガン消費した。

経済活動人口は2600万人、就業者数は2500万人以上だ。人口は2倍に増え、就業者数は4倍になって雇用率は55年前の2倍になった。未成年者の割合が減り、働く女性が増えた結果だ。失業者は80万人前後で失業率は3%ほどだ。何をもって就業者とするかの基準が実にいい加減だということを考慮すれば、実際の失業者はもっと多いと考えたほうがよかろう。就業者のうち農林漁業に従事する者は7%にもならない。鉱工業は16・5%、建設業は7%ほどだ。就業者の約70%がサービス業に従事している。卸売小売と飲食宿泊業を合わせて22%、事業サービスおよび個人サービス、公共サービスなどのサービス業従事者が35％を超えている。電気・運輸・通信・金融業は12％ほどになる。

住居環境はそれこそ桑田碧海の変わりようだ。藁葺きの家は特別な保護を受ける観光資源としてのみ生き残っている。国民の半分以上がマンションに住んでおり、暖房と炊事は主にガス、電気、石油に頼っている。宅地開発やゴルフ場の建設、工場や倉庫の建築、山火事でもなければ林の木が損なわれることはめったにない。全国の山は木々で覆われて足を踏み入れるのも困難なほどだ。上下水道が備わっていないところはほとんどなく、生活排水を雨水と分離して処理、浄化する施設が全国に普及した。環境保護関連法で規制されて開発が禁じられているところでない限り、トイレはすべて水洗式だ。所得のない人々には国が最低限の生活費を支援し、学校給食は国と地方自治体が費用を賄う方向へと変わりつつある。コレラやポリオ、マラリアといった悪性伝染病や寄生虫はほぼ鳴りをひそめた。大都市では地下鉄とバスの路線が網の目のように張り巡らされている。どんなに遠いところでも鉄道や高速道路を利用して半日で行ける。子どもからお年寄りまでスマートフォンでお天気情報をリアルタイムで確認できるから、サラより強大な台風に見舞われても死者行方不明者があそこまで多く出ることはない。国内外で起こった重大事件は、大統領が報告を受けているその同時刻に平凡な市民もおおよそは知ることができる。

学びの機会を完全に逸した一部の高齢者を除けば、読み書きのできない者はほぼいない。若者の大多数が高等教育機関に進学する。子どもの数が減って財産と所得が増えたおかげで親たちは子どもの教育に実質上無制限に投資できるため、巨大な私教育市場が生まれた。外国留学は特別なぜいたくではなくなった。女の子だからといって教育を受けさせないようなことはまれだ。教員採用試験や公務員試験、司法試験などの各種の公的試験はすでに女性たちの天下となり、あるいは猛烈な勢いで天下となりつつある。物置のようなところに閉じ込められて存在を隠されたまま生きなければならなかった重度の障がい者は、国から支給された電動車いすに乗って世間に姿を現した。

だが韓国は誰にとっても暮らしやすい国というわけではけっしてない。1959年には等しく貧しい独裁国家だった大韓民国は、2014年には偏って豊かな民主国家になっている。産業化の時代に生まれた貧富の格差が、通貨危機以降に押し寄せてきた新自由主義グローバリズムの波の中でさらに深刻化し、韓国は社会経済的な格差拡大の泥沼にはまってしまった。労働者や自営業者では階層内部の所得格差が大きく開き、中産層と呼ばれる層が薄くなった。庶民はいったん貧困に陥るとそこから抜け出すのが難しくなった。リストラを認めアウトソーシングや派遣といった非正規雇用の制度を合法化したためにディーセント・ワークは増えず、そこそこの職場に勤めている人々も雇用不安におののいている。生の営みのすべての領域で競争が激化し、親の学歴と所得水準が子どもに受け継がれる傾向が日増しに色濃くなっている。輸出企業と内需企業、大企業と中小企業のあいだの経済格差が広がるなかで、大資本が中小協力業者を収奪し、系列会社間で不当な取引が行われ、大手流通資本が個人商店の商圏を脅かすといった現象が次々と起こっている。

←国際会議の舞台にもたびたび利用される大型コンベンション・センター、COEX（コエックス）全景

政治も変わった。北朝鮮の味方だと疑われるおそれさえなければ、どんな考えでも自由に口外できるようになった。酒の席で大統領を罵るなど他愛もないことだ。実名でログインしたポータルサイトの掲示板に、現職大統領のことを選り好みせずよく食べる齧歯類や3歩で忘れる家禽と同列に扱う書き込みをしても、たいへんなことになったりしない。政府や政策を痛烈に批判した人間に対して検察がこじつけの法適用を弄して起訴しても、裁判官が無罪を言い渡してくれる。国家の力はなお強大だが、市民が国家権力を相手取って争うことはできるようになった。野党関係者のことがいくら憎らしくても、大統領といえども拷問で証拠をでっちあげて国家保安法やスパイ罪の濡れ衣を着せるといった「古典的な手口」は使えない。別件逮捕した容疑者をそれとなく脅して丸めこみ、ありもしない不正資金を受け取ったかのように誘導して野党政治家を起訴する程度が関の山だ。20世紀の新生国家で、帝国主義の収奪と戦争の爪痕の廃墟から立ち直り、巨大な現代産業と民主主義の政治制度を打ち立てることにここまで成功した国は他にほとんど存在しない。

ところが、いまなおさして変わっていないことがひとつある。休戦ラインの存在と分断の現実、そしてそのことに対する国民の考えと態度だ。1953年の停戦協定は60年たってなおそのままである。南北のイデオロギー的・軍事的な対立を終わらせるための努力がなかったわけではない。南北の当局者は1972年の「7・4南北共同声明」、1991年の「南北基本合意書」、2000年の「6・15共同宣言」、2007年の「10・4共同宣言」において平和共存と交流協力に合意した。一時は南の人々が北にある金剛山《クムガンサン》や開城《ケソン》への観光旅行にも行けた。さまざまな紆余曲折があったが、開城工業団地は今も稼働している。

だが朝鮮半島はいまなお戦争の終結していない紛争地域として残っている。李明博政権のころ金剛山、開城の両観光事業が中断した。哨戒艇天安《チョナン》の沈没事件があり、北朝鮮による延坪島《ヨンピョンド》砲撃事件もあった。韓国の2人の大統領が金正日《キムジョンイル》総書記と合意した文書は、事実上すべて効力を失った。朴槿恵《パククネ》政権になってからは開城工業団地までも一時的に操業を停止したことがあった。北朝鮮の核問題を解決するための6か国協議は2008年以来一度も開かれていない。北朝鮮当局はときに品のないことばで韓国を非難し恫喝する。韓国の反北朝鮮団体は北朝鮮の体制や権力者を非難するビラを撒く。なぜ北朝鮮があああした行動を取るのかについて丁寧に調べあげ、論理的に評価する人物は多くはない。

韓国はもはや「難民キャンプ」ではないのに、国民の多くの胸のうちにはなお「難民キャンプ的メンタリティ」が巣食っている。北朝鮮が好戦的な兵営国家としてある限り、韓国国民の「難民キャンプ的メンタリティ」もまた容易には消えないだろう。戦争を身をもって経験した高齢層に限ったことではない。このメンタリティは文化のDNAに書きこまれてポスト朝鮮戦争世代に受け継がれている。こと北朝鮮に関する限り、僕らは往々にして理性に従うよりは感情に突き動かされる。朝鮮戦争の怨みがある。大統領暗殺を狙った1968年の青瓦台《チョンワデ》［大統領府］襲撃未遂事件や1983年のラングーン事件をはじめ、停戦協定発効以来60年あまりにわたって北朝鮮が引き起こした敵対的軍事行動の傷跡と記憶がある。北朝鮮住民が飢えと病気でバタバタと倒れているというニュースを見るときに感じるやるせない思いがある。強固に維持される独裁体制と3代にわたる権力世襲に対する嫌悪感もある。これらの感情をどうして抱かずにおられようか。けれど大韓民国とて人のことをいえた義理ではない。韓国も北朝鮮に対して似たようなことをやった。国民はそれらの事実を知らされていないだけだ。

欲望の階層

何が歴史の地層を一足飛びに横断してしまうような変化を韓国にもたらしたのか。偉大なる国民の力だとか指導者の卓越したリーダーシップだなどと言われることもままある。だが韓国人が並みはずれて偉大な国民だという証拠などない。本当に偉大な国民だったら過去に国を奪われることも、同じ民族どうし内戦を繰り広げることも、他国の援助を仰いで食いつなぐこともなかったはずだ。権力者がずばぬけて立派だったと主張する根拠もまた希薄だ。李承晩から朴槿恵まで、人それぞれ好きな大統領も嫌いな大統領もいるだろうが、誰ひとりとして「偉大なる指導者」ということはできない。彼らは自分の取り組むべき課題だと信じたことに、自分なりのやり方で取り組もうとしたにすぎない。

韓国現代史をつくりあげた力は欲望だったと僕は思う。欲望という単語の持つ否定的な印象のせいか、人々は欲求ということばを好むようだ。だが何と呼ぼうとかまわない。「大韓民国の奇跡」をつくった力は国民が個別に、あるいは集団で噴出させた欲望だった。社会を変えるのは大衆の行動であり、行動を起こさせるのは欲望である。大衆は満たされない欲望を抱えて生きる。もしすべての欲望があまねく満たされていかなる欠乏も感じなくなったなら、もはや行動する必要はないだろう。けれどそんなことは起こりえない。人間には新たな欲望を絶えずつくりだす能力があるからだ。

心理学者マズローは人間の欲望を5段階の階層に分類した。第1段階は「生理的欲求」だ。人は呼吸し、水を飲み、ものを食べ、眠らなければならない。配偶者を探して性的欲望を満たそうとする。これらはすべての動物に等しく備わった欲望であり、往々にして「動物的」という修飾語がつけられる。生理的な欲望は原始的であり強力だ。ときに他の欲望を圧倒し、理性を失わせて凶悪な犯罪へと駆り立てる。

第2段階は「安全の欲求」だ。人は恐れ、不安、混沌を嫌う。社会性動物である人間は法と秩序と社会制度をつくってこの欲望を満たそうとする。軍隊、警察、憲法、社会保険、権力の分立と相互牽制を含む民主主義の政治制度といったものだ。

第3段階は「所属と愛の欲求」だ。人は孤立と疎外を嫌う。ひとりでは幸せになれないから他人と円満で平和な関係を結ぼうとする。配偶者や家族だけではじゅうぶんでないので無尽講、同窓会、郷友会、同好会をつくる。もっとも戦闘的かつ強力な帰属意識をもたらす共同体は国家だ。人々がお揃いの服装で広場に集まり、リズムに合わせて一斉に身をくねらせてサッカー・ワールドカップの応援をするのも、砲弾の飛び交う戦場へとみずから志願して赴くのも、みなこの欲望のなせるわざだ。

第4段階は「尊重の欲求」だ。僕らは他者から尊敬され、自分のことを肯定的に認識するとき喜びや満足感を味わう。だから力、達成感、自由、独立を求める。一顧だにされなかったり蔑まれたりするとき憤怒、悲しみ、劣等感、恥辱を覚える。他者から認められるには目に見える業績を挙げなければならない。多くの財産、高い地位、尊い献身、優れた学識などである。

第5段階は「自己実現の欲求」だ。自分の気持ちに嘘をつかず、自分に秘められた何かを実現することによって成しとげられる最高地点に到達しようとする欲望だ。それは外側に現れるすべてを超越する最高の内面的・哲学的欲望だ。この欲望を満たすには望む人生をみずから設計し、その人生をみずから正しいと信じるやり方で生きていかねばならない。自己実現が達成できたかどうかは、ほかならぬ当人だけが判断することができる。

人間のあらゆる行動は欲望を満たそうとする合目的的な活動だ。もし満たそうとする欲望に一定の順序があるならば、人間の行動をある程度予測することができるだろう。マズローは欲望には階層があると主張した。その仮説は個人の行動のみならず歴史を理解するうえでも利用できるはずだ。社会を変革するのは、とどのつまりは人間の個別の、または集団的な行動だからだ。

人は物質的な誘惑に惹かれる。着るもの食べるものを持たない人間ならなおさらだ。基本的な生理的欲求を解決するにはカネが必要だ。そのため自分を曲げてでも、法を犯したり他人に害をなしてでもカネを手にしようとする。愛情、尊重、連帯、自己実現のような欲求は二の次だ。「貧すれば鈍する」とか「衣食足りて礼節を知る」といった古くからの言い回しは嘘ではない。飢え死に寸前の人にとって「尊重と尊敬」、「自己実現」など腹の足しにもならないぜいたく品だ。古代ギリシャや中国で人生いかに生きるべきかについて思索した哲学者たちは、みずから生産活動に従事せずとも生きていける貴族や知識人階級だった。社会の平等と人間の尊厳、天賦の人権、自由、平等、連帯といった観念は、産業革命によってかつて存在しなかった富を蓄積した西欧でまず萌芽した。民主主義は経済発展によって分厚い中産層が形成されたところほどうまく定着した。人々の懐具合の豊かな国ほど、生きる意味を探し求め自己実現を目指すうえで参考になる哲学書が多く出版され、読まれている。

人間の受精卵は見た目には他の動物の受精卵とたいした差はない。着床したばかりの胎児はおたまじゃくしに似ている。生まれる前の赤ん坊はへその緒で栄養分を供給してもらいながら羊水の中で育ち、肺はあっても呼吸はしない。ひとつの人間の生命がつくられる「個体発生」は、ホモサピエンスという種が出現するまでに地球上で数十億年にわたって繰り広げられた生物学的進化の「系統発生」の全容を圧縮して再現してみせる。国家の進化も同じ原理に従っている。３・１独立闘争および上海臨時政府の成立から現在までの韓国１００年の現代史は、１万年にわたる国家の進化過程の全容を圧縮して再現したものだ。

１９５９年の国民のもっとも切実な欲望は、いかに食いつなぐかという生存の問題、北朝鮮の脅威や社会の混乱から自分と家族の安全をいかに守るかという問題だった。大衆には、この欲望を満たしてさえくれるならばどんな人物や集団にも服従する気持ちがあった。１９６０年の４・19革命〔以下「４・19」、第２章参照〕から翌年の５・16軍事クーデター〔以下「５・16」、第２章参照〕までの１年間を除き、１９４８年の大韓民国政府の成立から１９８７年までの40年間、国民は国家権力に屈従して生きてきた。李承晩政権は「滅共統一」を、朴正熙政権と全斗煥政権はそれとともに「経済発展」という旗印を掲げて力で民衆を押さえつけた。激しく抵抗した人々もいたが、大多数は自由、人権、民主主義に対する抑圧を喜んで受け入れ、またはしかたなく屈服した。1人当たり国民所得が3000ドル近くまで伸びて生存に必要な物質的資源がある程度確保できてから、ようやく大衆は自由、民主主義、社会正義、人権への要求を目に見える態度で示すようになった。1987年の6月民主抗争［第4章参照］はそんなふうにして起こった。

それから10年たった1997年にはじめて選挙による平和的政権交代が行われ、民主化勢力を代表する金大中・盧武鉉政権が続けて成立した。さらに10年たって、国民はふたたび産業化勢力に政権を委ねることを認める逆向きの政権交代を実現した。李明博・朴槿恵政権は表現の自由に対する抑圧やメディアの統制、国家人権委員会の無力化などによって民主主義の制度と文化を後退させたが、民主化勢力が拡充させた福祉政策だけは後戻りさせることができなかった。大衆の国に対する要求の重心が安全から福祉へと移ったからだ。安保から始まって発展と民主化を経て福祉の国へという歩みは、人類の文明史において普遍的な国家の「系統発生」である。韓国の歴史はそのプロセスを正確に圧縮して再現してきた。国家の進化は「欲望の階層」を反映している。文明の発生以来、ホモサピエンスが生物学的に進化をとげたという証拠はない。1万年前も今も人間は同じ階層を有する同じ欲望を抱いている。人間は一般的にまず「生理的欲求」を満たし、次いでその上の次元の欲望を満たそうとする。人間の共同体である国家も「生理的欲求」の充足を図るところから始まって安全、自由、尊厳という高次の欲望の充足に向かって進んでいく。

欲望の階層という仮説は個人の心理や行動の動機づけを説明する理論的ツールであり、社会や国家にそ

김밥
야외 도시락
등산용 포장
좋은 음식!
드레스터
인도·네팔음식점
INDIAN FOOD
775-8869
RIAHN
2F
수원 왕갈비
삼겹살
명동 占 사주카페 3F
부대찌개
돈부리
どんぶり
푸짐한양 소문난 맛집!!
대왕 돈까스
2292-5892
부동산
명동 김밥전국 2F
777
THE FACE SHOP
대왕 돈까스
松 송탄 炭 부대찌개 3F
松 송탄 炭 공기밥 라면 우동 쫄면 무제한 리필
松 송탄 炭 3F ブデチゲ
専門店 おいしいです
처음처럼 1병 주문시 처음처럼 1병을 더 드립니다!

のまま適用するのは難しい。マズローもそれが「硬直した階層」でないことを認めている。世の中には例外的な人間もいるし変人もいる。人によっては欲望の階層が逆転することもありうるし、みずからの欲求を意識していない人もいる。ある特定の欲求がある特定の行動を引き起こすわけでもない。階層秩序を形成し、分業と協業を行いつつ生きていく社会性動物はいくらでもいるが、知性を持つ存在として自分自身と社会秩序を変えていく能力を備えているのはホモサピエンスだけだ。人間は自分がどこから来たのか、自分を自分たらしめているものが何なのか、生きる意味とは何なのかと苦悩する。つねに疑問を抱いている。いかにして考えや思いを巡らすのか探究し、本能や欲望を去勢したり超越したりすることはできないが、そのことにばかり囚われている奴隷でもない。みずからの欲望を客観的に認識し、本能の独裁を振り払うことができる。人間の自由意思はときとして生物学的条件や社会的環境の制約を乗り越える。

ところで、人間の欲望が完全に満たされることはない。すでに巨万の富を手にしている大企業のトップが、世間からのごうごうたる非難や刑務所送りになる危険を冒してまで会社のカネを横領して裏金をつくる。1兆ウォンを超す財産でも満足できないならば、物欲は無限というほうが正しかろう。腹を満たし快適な寝床で眠りたいという欲望が満たされない限り、より高次の欲望が行動の動機にならないならば、人は死ぬまで生理的欲求と衝動の支配から抜け出せないはずだ。だが現実の人間はそうではない。砂ぼこり舞う道端で海苔巻きを売ってこつこつ貯めたなけなしのカネを大学に寄付するおばあさんは、生理的欲求や安全への欲求がすべて満たされたからそんなことをしたのではない。勤労基準法の遵守を訴え、みずからの体をに火を放って自殺した若き労働者全泰壱《チョンテイル》にしてもそうだ［第5章参照］。命懸けで農場から脱出し、都会に逃げ込んだ19世紀半ばの米国の黒人奴隷もまた同様だ。彼らを突き動かした欲望は、社会からの尊敬、周囲からの尊重、みずからの尊厳、正義、自由、そういうものだった。人間の抱く数々の欲望には厳密な階層など存在しない。人によって、時代によって、環境によって変動する相対的な優先順位があるだけだ。欲望の階層という仮説は、そんなふうにざっくりとならば歴史を理解し解釈するうえで実に有用だ。

グラウンド・ゼロ、そして欲望の疾走

韓国の変化を促した力は大衆の欲望だった。けれどそれだけで韓国現代史をすべて説明できるわけではない。20世紀の世界には多くの新生国があった。どの国の国民もみな同じ欲望を抱えていた。ではなぜすべての新生国で韓国と同じような変化が起こらなかったのだろう。環境と能力が違ったからだ。韓国では「欲望という名の電車」が滞りなく疾走しうるだけの社会的・政治的環境が整っていたうえ、国民も個別に、あるいは集団で欲望を実現する方法をいち早く会得した。

韓国は経済的・社会的・政治的な廃墟から出発した。40年あまりのあいだ帝国主義の収奪に苦しんだあげく、民族と国土が分断され、政府成立の直後に戦争が勃発した。戦争の劫火が吹き荒れていった後の韓国には道徳的・政治的な権威や経済的な力を持つ支配層が存在しなかった。中世の支配層だった朝鮮王朝の王室と貴族階級は植民地支配とともに崩壊し、3・1独立闘争に力を得て上海に臨時政府を打ち立てた独立の闘士たちは朝鮮王朝への復古ではなく新たな民主共和国の樹立を宣布した。[※4] 朝鮮の支配層は植民地

支配の抑圧に屈服し、あるいは協力したことで道徳的な権威を喪失してしまった。革命ではなく植民地支配が封建体制を解体したのだ。多数の民族解放の士が中国やロシアに渡り、祖国解放のために命懸けで闘ったが、残念ながら40年あまりの艱難辛苦を跳ね返すことはできなかった。植民地期に蓄財した企業家もいたが、解放後の政治的・社会的混乱と朝鮮戦争を持ちこたえることはできなかった。植民地期にも封建的特権を維持していた地主階級は土地改革で解体されてしまった。朝鮮戦争後の韓国は、権威と権力を持つ支配層の存在しない「グラウンド・ゼロ」社会だった。

憲法制定に向けて開かれた国会は階級制度を否定する民主共和制憲法を採択したが、国民はそれまで民主共和国とは何なのか、聞いたこともなければ学んだことも経験したこともなかった。ざっくりとした枠組みでとらえるなら初代憲法は欧米の憲法のコピーだった。解放後に敷かれたのが米軍政だったため民主共和国憲法を採択するうえで何の問題もなかった。民主共和国は私有財産制度と法の支配という土台の上に個人の人権と自由を守り、創意と競争を督励する体制であり、政府と議会の指導者を選出し、立法・司法・行政の三権分立のもとに相互に牽制させることによって国家が市民の自由と基本権を侵害できないようにする分権的な政治システムだ。

民主主義は個人主義の基盤の上に成り立っている。他人の自由と権利を不当に侵害しない限り、欲望を表出し追求する自由を無制限に認めている。もちろんそういう憲法を採択したからといって、実際にそういう国になったわけではない。だが国民なら誰でも国に対して自由と基本権の保障を要求できる法的根拠が用意されたことは確かだ。制度は社会に広がる支配的な考え方の産物だが、外部からある制度が「移植」される場合には、逆に制度がそれに見合った考え方をつくりだすこともある。解放後の世代は小学校の教科書で民主主義の原理を学んだ。現実味があろうがなかろうが、民主主義はいいものだ。4・19の発端となった最初の主役たちが高校生だったことはけっして偶然ではない。初代憲法は、民主主義という政治制度を持つ国々が世界の主導権を握った20世紀の文明史から韓国に贈られたプレゼントだった。韓国人は民主主義を勝ち取るために革命を起こしたことはない。封建王政を守ろうと立ちふさがった王や貴族の首を刎ねたこともない。それなのに民主共和国で暮らすことになったのだから、これはもう大いなる幸運といわざるをえない。

韓国は「王侯将相どっちみち種なんかない」新天地だった。けれど自然が真空を許さないように、社会は権力の空白を許容しない。冷戦時代が迫っていることをいち早く予見した「後ろ盾なき亡命者」李承晩が鮮やかな手腕を発揮して大統領になった。米軍政と李承晩政権にコネをつけて日本人の置き土産、いわゆる敵産の払い下げを受けた人々が新興資本家として登場した。自発的に、または心ならずも日本に協力して生きていた軍人、警察、法曹人、教師、公務員らはそのまま残って韓国の権力機関や行政組織を手中に収めた。親日反民族行為者を断罪することによって民族史の正統性を示そうとした国会の反民族行為特別調査委員会（反民特委）は、親日派の逆襲によって解散させられる悲運に見舞われた［第2章参照］。民主主義と法の支配が存在すべき場所を独裁と反則、不正腐敗が占めてしまい、憲法はただの理念としてのみ存在しているにすぎず、現実を支配することはできなかった。大韓民国はそんなふうに最初の一歩を踏み出した。

自由と尊厳への熱望は大韓民国政府が成立して13年たった1960年に4・19として噴出したが、それも長くは続かなかった。すぐ翌年にクーデターを起こして権力を握った軍事政権は、物質への欲望の充足を煽ることで権力を維持する開発独裁という体制を構築した。朴正煕時代の韓国の指導理念は「反共」と「豊かに暮らそう」であり、国家の目標は「輸出100億ドル」と「1人当たり国民所得1000ドル」の達成だった。全国が工事現場のほこりと煙突の煙に覆われ、カネにとりつかれたかのような不動産投機ブームに国じゅうが熱くなった。消費財製造業と重化学工業の巨大業界が形成され、「欲望という名の電車」が「グラウンド・ゼロ」の地、大韓民国を疾走した。その欲望の濁流は誰かがつくりだしたものではなく、もともと大衆の内面に存在していたものだった。朴正煕大統領は堰を壊して水をあふれさせ、その欲望の濁流に乗って危険このうえない「歴史のラフティング」を始めた。

「我に自由を与えよ、しからずんば死を」という4・19の叫びには、自由への渇望とともに、生きるうえでの基本的欲求さえ満たすことのできない状況をつくった李承晩政権の無能さと腐敗への怨みと憤りとがこめられていた。軍事政権はその怨みと憤りにおもねることで25年間の長きにわたって独裁を持続することができた。だが自由、人権、正義、尊厳、平和、民主主義への渇望が消えたわけではなかった。1980年春につかのま顔をのぞかせたそれらの欲望は、1987年6月に火山のごとく爆発したし、最終的には金大中・盧武鉉の革新政権の10年を打ち立てた。2007年と2012年の大統領選は、韓国現代史が二つの異なる欲望という名の電車が衝突してつくりあげたものだということを改めて確認させてくれた。

繰り返しになるが、韓国国民は「グラウンド・ゼロ」社会のなかで個別に、または集団で欲望を満たす方法を短期間のうちに会得した。それは民族史の文化的DNAに関係があると僕は思っている。韓国は世界の最貧国だったが、他の新生諸国に存在しなかった文化的特性を備えていた。僕らは歴史的・文化的アイデンティティと統一性を強く持つ民族だ。統一新羅以来1500年あまりにわたって国はつねにひとつだった。統一新羅から高麗に移行する過渡期に後三国時代と呼ばれる短い内戦期があった。朝鮮王朝の成立初期には太祖李成桂《テジョイソンゲ》が宮廷クーデターで易姓革命を断行したため内戦には至らなかった。朝鮮戦争は後三国時代以降の1000年間ではじめて経験した同じ民族どうし血で血を洗う内戦だった。高麗末期の元の侵略、朝鮮時代の豊臣秀吉による文禄・慶長の役や清国による丙子の乱のように、国全体が巻き込まれた戦乱はつねに外からしかけられたものだった。朝鮮民族は異民族から侵略を受けて戦わずして屈服したことはなく、外国勢力を追い払う機会がきたとき決起しなかったこともない。数億人もの中国民衆が沈黙していたとき、朝鮮人が帝国主義日本に対してまず3・1独立闘争に立ち上がった。朝鮮民族ほど激烈にしたたかに外からの侵略者に立ち向かった民族は、歴史上にそう多くはあるまい。

朝鮮民族はまた伝統的に知識を重んじ、知識人を手厚く遇した。高麗時代にはすでに成均館《ソンギュングァン》という国立の教育機関を設け、高級公務員の公募制度を導入していた。高麗末期の武臣政権期を除けば、つねに知識人の集団が国政を動かしていた。そのうえ朝鮮は独自の言語と文字をもっている。ハングルは容易に覚えられる科学的な文字だ。韓国が産業化の道を歩みはじめた60年代後半には、物理的な力や物質的な資本ではなく、知識と技術が富と権力の源泉となる新たな時代がもう目前に迫っていた。消費財を生産する軽工業から出発した韓国経済が、金属、鉄鋼、自動車、造船、化学といった従来型の重化学工業を経て、電子、情報通信などの先端産業に至るまで、世界経済の技術的変化に時宜を逸することなくついていけたのは、知識を重んじる文化的伝統があったからだといえよう。

また、僕らは歴史的・文化的・人種的にきわめて均質で、中央集権という政治体制に慣れ親しんでいる民族だ。人種や宗教が違ったり、文化や伝統を異にしたりする人々がともに暮らす国は、国民の力をひとつにまとめるのが難しい。イスラム圏とは異なり、宗教と世俗権力が結びついて変化や改革を抑えこむこともなかった。僕らは日本の植民地期に国債報償運動を展開し、通貨危機に見舞われたときは貴金属供出運動を繰り広げた民族だ。共通の社会的目標を達成するために一丸となって資源を動員し団結する集団的能力は、経済統計ではとらえきれない社会的な資源だ。そう考えるなら韓国に起こった変化は奇跡などではない。起こっても不思議でないできごとが実際に起こったにすぎないのだ。

※1　政府が産業別就業者の公式な統計を取りはじめたのは1963年である。1963年の就業者756万人のうち農林漁業が467万人、鉱工業が66万人、建設業を含むインフラ関連およびその他のサービス業が214万人だった。産業化時代の幕開け前なので産業別の就業者の割合には大きな変動はないものと判断して1959年の数値を推定した。

※2　韓国銀行の国民経済計算に関する1969年以前の年間指標は1975年を基準として算出されている。基準年が異なれば数値も

変わる。そのため論文や書籍に掲載されている1人当たりGDPをはじめとするマクロ指標には多少の偏差がある。

●3　韓国で中学教育の無償化は1985年の島嶼・僻地地域から段階的に導入され、国内全域で真の義務教育となったのは2002年新入生から。それ以前は中学教育は有償だった。

※4　1919年4月11日に大韓民国臨時政府が宣布した臨時憲章第1条は「大韓民国は民主共和制とする」、第3条は「大韓民国の国民は男女、貴賤および貧富の階級が存在せず、一切平等である」だった。韓国民族史ではじめて民主共和国を宣明したのだ。韓国憲法が臨時政府の法統継承を謳った歴史的根拠はまさにそこだった。そう考えると韓国の建国は1919年4月11日、政府成立は1948年8月15日ということになる。8月15日を「建国節」とするニューライト系の歴史学者は、いうなれば臨時政府の歴史的意味を否定しているのである。

第2章 4・19と5・16

難民キャンプで生まれた二卵性双生児

冷戦のモデルハウス

僕は1歳になる前に4・19を、2歳ちょっと前に5・16を体験した。とはいえもちろんこの目で見たわけではない。4・19のときはよちよち歩きさえできず、5・16のときはやっとひと言ふた言しゃべれる程度だったから、見ているはずがない。もしこの二つの事件が僕の人生に介入してこなかったなら、僕も気に留めなかっただろう。ところが4・19と5・16は僕のことをほうっておいてくれなかった。長年この二つの問題と格闘したあとで、僕はこの二つが同じ両親のもとに生まれながら見た目も性格も好みもまったく違う二卵性双生児だということを知るに至った。母親は李承晩《イスンマン》大統領の時代の分断国家である大韓民国、父親は大衆の欲望だった。

旧約聖書に兄が弟を殺す話が出てくる。ヤハウェは実の弟アベルを手にかけたカインに殺人者の烙印を押した。韓国では弟が兄を踏みにじり地面の下に埋めた。歴史は5・16に軍事クーデターという烙印を押した。ところが4・19はアベルとは違って死にはしなかった。泥をかきわけて地上に這い上がり、ふたたび立ち上がった。韓国現代史は難民キャンプで生まれた双子の兄弟の繰り広げた奮闘と競争の記録である。なぜ姉妹ではなく兄弟なのか、それは性差別ではないのかと責めないでほしい。姉妹より兄弟のほうが殺気立って争うことがよくあるではないか。

ある種の人々は4・19より5・16のほうがお気に入りだ。別のある人々は4・19には共鳴するが5・16はけしからんと思っている。どちらにも好意的な人もいる。僕個人としては4・19には肯定的で5・16には不満がある。けれど5・16はけっして起こるべきじゃなかったとか、悪い結果しか生まなかったなどとは考えていない。ことによると、どちらも起こらざるをえずして起こった事件だったのかもしれない。僕が4・19に肯定的なのは、4・19を引き起こした欲望と4・19によってもたらされた変化のほうが、5・16を引き起こした欲望と5・16によってもたらされた変化よりすばらしいと思っているからだ。

「民主主義国家は自分のレベルにふさわしい政府を持つ」。フランスの政治家トクヴィルのことばとされている名言だ。まさにそのとおり。自由で民主的な国ならば当然のこととして政府のレベルはその国の民主主義のレベル、言い換えるなら主権者たる国民のレベルを反映している。裏を返せば独裁国家では政府のレベルと国民のレベルは違っているということになる。表現の自由を弾圧しメディアを統制して世論をでっちあげ、政府を誉めそやす教科書で子どもたちを洗脳し、恐怖を煽って大衆を手なづける独裁体制では、政府と国民のレベルは一致するはずがないのだ。学生時代、僕はこのことばに慰められた。「韓国の国民にはもっとすばらしい政府を持つ資格がある。独裁を倒して民主化を実現しさえすれば、僕らも欧米のようなレベルの高い政府を打ち立てることができる」。僕はそう確信していた。

けれど振り返ってみるに、それは勉強も経験もまだまだ足りない青二才の楽観的な思いこみにすぎなかった。トクヴィルのことばは民主主義国にのみあてはまるものではない。もしある社会が独裁者の支配下に置かれているとしたら、その体制は誰のレベルを反映しているのだろう。独裁者と国民、両方のレベルを反映している。国民のレベルには、すばらしい人物を大統領に選出する能力のみならず、民主主義そのものを勝ち取る能力も含まれてしかるべきだからだ。そこで僕は李承晩政権も朴正熙《パクチョンヒ》政権も、いやいや全斗煥《チョンドゥファン》政権までもすべて国民のレベルを反映した政府だったと思う。あのころの韓国の国民には民主主義を手にするだけの意志も能力もなかった。大統領選が直接投票になった1987年以降の6人の大統領とその大統領の率いた政府が、僕らのレベルに見合った政府だったということは争う余地さえないだろう。

僕の人生で李承晩が大統領だった期間はわずか9か月だったが、李承晩は僕が生きていく国の土台をつくって去っていった。その土台は親米主義と反共主義が強大な力を行使する分断国家というものだ。55年のあいだに本当にさまざまなことが変わったが、それだけは変わっていない。僕は朝鮮と中国とを行き来して武装闘争を繰り広げた金九《キムグ》、安重根《アンジュングン》、李奉昌《イボンチャン》をきわめて高くリスペクトしている。米国に亡命していた李承晩の祖国解放への貢献はたいしたものではなかったと考えている。そのうえ李承晩はことあるごとに派閥をつくって権力を私物化しようとし、12年という長期にわたって政権を手放さなかったあげく、独裁と腐敗、不正選挙を繰り返したうえに市民を殺傷した罪で追放された。だが人間李承晩が終始一貫して「悪の権化」だったわけではない。彼もかつてはナイスな人間だった。時代の流れを誰よりも早く読む先見性を持っており、リスクを顧みず権力を掌握する肝っ玉も備えていた。一個人として見れば秀でた能力を有する人物だった。

没落貴族の出身だった青年李承晩は、甲午改革で科挙制度が廃止されると培材《ペジェ》学堂で洋学を学んでキリスト教を受け入れ、言論活動、愛国啓蒙運動にかかわった。旧韓末の市民運動の萌芽であり、それゆえに弾圧された万民共同会運動にかかわって投獄された李承晩は、燃える情熱と愛国心を抱く青年知識人だった。1906年に渡米した彼は、英語に堪能なことを武器に韓国を支配することになる「米国留学派」のトップランナーになった。米国では宣教師たちの支援を受けて歴史学、国際法、政治学を学び、プリンストン大学で博士号を取得した。李承晩は1910年に帰国して一時期YMCAの全国組織をつくるなど教育運動と宣教活動に取り組んでいたが、朝鮮総督府の検束対象になるとふたたび米国に渡った。1913年にハワイに移り住み、移民青年層への教育に力を注ぐ一方、国際情勢の流れに乗った外交活動を展開して祖国独立の道を模索し、武装闘争は望ましい方法ではないと主張した。1934年には最初の妻と離婚して25歳も年下のフランチェスカ・ドナーと結婚し、1939年にワシントンに転居した。後に李承晩大統領が「国父」として君臨したときフランチェスカ夫人も「国母」として遇された。当時のまだ国際感覚の乏しかった国民は、オーストリア出身の夫人のことを勘違いして「豪州さん」と呼んだりもした。

李承晩は1919年から25年まで上海臨時政府の大統領を務めたほど広く認められた独立運動家だった。

ところが闘争より外交に重きを置くあまり、なんら影響力のない国際連盟に朝鮮の委任統治を請願し、そのことを問われて弾劾され臨時政府を追われた。彼は列国政府に朝鮮独立の当為性を訴えることに力を注ぎ、とりわけ米政府の支持を取りつけようと努め、1940年には日本が米国を攻撃するだろうと警告する本を出版して米政界の耳目を集めた。1941年12月に日本軍が真珠湾を奇襲して太平洋戦争が勃発すると、彼はこの戦争が日本の敗北に終わって朝鮮が独立すると予感し、大韓民国臨時政府を事前に承認せよと米政府に請願する一方、内紛によって満身創痍となったうえ日本軍に追われて重慶に逃れていた臨時政府の要人たちに手を差し伸べた。孤独な亡命者ではなく、臨時政府の指導者として帰国するためだった。

李承晩は、大韓民国臨時政府を事前に承認しておかないならば、朝鮮は独立とともにソ連の手の内に取りこまれて東アジア全体が共産化することになりかねないと、米政府および米国民に警告した。だが太平洋戦争で日本と戦ううえでソ連の協力が必要だった米政府は、民族主義者の率いる臨時政府を承認したらソ連共産党を刺激するおそれがあると判断し、この請願を拒絶した。李承晩は米政府が太平洋戦争への支援と引き換えに朝鮮半島をソ連に明け渡すとする密約を交わしたと主張したため、米国務省との関係が悪化した。けれどワシントンの官民の反共主義者のあいだでは注目され、ルーズベルト大統領夫人の接見に浴したこともあった。

太平洋戦争の終結が迫ると、朝鮮半島全体がソ連の手に落ちることを阻止するために、マッカーサーは朝鮮半島の分割占領をソ連側に提案した。ソ連がこの提案を受け入れたため、戦犯国日本はドイツとは違って分割占領を免れ、とばっちりを受けたわが民族と国土がまっぷたつに引き裂かれた。朝鮮半島分断の責任は北緯38度線の南北をそれぞれ占領した米国とソ連にある。そもそも主権を守れずにみずからの力で解放を成しとげられなかったのは朝鮮が力不足だったせいだ。けれどだからといって分断の責任を朝鮮民族に問うのは、強盗の被害者に犯罪の責任を負わせるに等しい。

1945年12月28日、モスクワに集まった米国、ソ連、英国の外相は朝鮮が正統性を有する政府を樹立するまで、中国を含む4か国の信託統治を行うことに合意した。今回も当事者たる朝鮮民族の意思は考慮の対象ではなかった。李承晩は即座に信託統治反対運動の旗を掲げた。信託統治に賛成した朝鮮共産党を売国奴と決めつけ、信託統治と朝鮮の完全独立の問題を扱う米ソ共同委員会への参加を拒否し、38度線以南に単独政府を打ち立てたのちに38度線を越えてソ連軍を追い出し、北朝鮮を手に入れると公言した。李承晩は分断を既定事実とし、南側の単独政府の権力を握ることを決心したのだ。

金九をはじめとする中道派民族主義者たちが分断を阻止しようと38度線を越えて南北を往復しつつ交渉を続けるあいだ、李承晩は着々と分断国家の権力を掌握すべく準備を進めていた。そして信託統治によって左右が共存する統一政府をつくることを断固拒否した。ゴリゴリの反共主義者という立場からすれば、それは合理的な戦略といえた。信託統治を受け入れれば分断を免れることはできるが、統一国家の権力を共産主義者に奪われる危険があったからだ。米国は遠く離れているがソ連は国境を接する隣国であり、植民地期に内外でしぶとく闘争を繰り広げていた共産主義者たちは労働組合や農民団体などイデオロギーで武装した全国組織を持っていた。国内に政治基盤を持たなかった李承晩には信託統治体制のもとで権力を掌握できるという保証はなかった。

政治家李承晩は朝鮮半島に世界の冷戦体制のモデルハウスをつくった。済州《チェジュ》４・３事件[1]をはじめ単独政府樹立に対する根強い抵抗もみられたが、１９４８年５月10日、朝鮮半島の北緯38度以南の地域で国連の監督のもと国会議員総選挙が実施された。李承晩は憲法制定議会の議長を務めた。議会は大韓民国憲法を採択し、７月20日には李承晩を大統領に選出し、李承晩大統領は８月15日に大韓民国政府の成立を宣言した。国連は38度線以南の地域の選挙が自由かつ公正に行われたことを認め、大韓民国政府を承認した。とはいえ大韓民国を「朝鮮半島における唯一の合法政府」と認めたわけではない。「わが祖国」大韓民国の政府はそうやって生まれた。

ソ連軍が占領した38度線以北でも似たようなプロセスを経て別の国が生まれた。１９４８年８月25日に南の国会議員総選挙と似たような最高人民会議代議員選挙が実施された。有権者の大多数が投票し、単独候補への賛成率はほぼ１００％だった。最高人民会議は人民共和国憲法を採択し、９月９日に金日成《キムイルソン》を首相とする朝鮮民主主義人民共和国政府が成立した。

金日成は１９１２年に平壌《ピョンヤン》近郊の万景台《マンギョンデ》で生まれた。父金亨稷《キムヒョンジク》は独立運動にかかわった民族主義者であり、母康盤石《カンバンソク》は敬虔なクリスチャン家庭に育ったキリスト教徒だった。中国の吉林毓文《いくぶん》中学で共産主義者となった金日成は、１９３１年に中国共産党に入党し、中国共産党遊撃隊、満州軍閥部隊、朝鮮人遊撃隊がともに闘った東北抗日連軍で活動した。金日成という名がはじめて朝鮮の民衆に知られるようになったのは、1937年に白頭山《ペクトゥサン》一帯で活動していた東北抗日連軍が祖国光復会と手を結んで鴨緑江《アムノッカン》を渡り、咸鏡北道《ハムギョン》甲山郡《カプサン》普天堡《ポチョンボ》の警察駐在所を襲撃して大打撃を与えた普天堡事件によってだった。東亜日報、朝鮮日報をはじめとする新聞各社が「紅匪［アカの匪賊］」が引き起こしたこの「犯罪」を大々的に報じたため、国じゅうがこの噂で持ちきりになった。金日成は40年代初めに日本の関東軍の攻勢に押されてソ連に退却したが、解放後に北朝鮮に戻り、すでに組織されていた人民委員会を掌握した。

民族の分断は取り返しのつかない現実となった。1949年6月26日、38度線を枕に死のうとも民族の分断を受け入れるわけにはいかないと言っていた金九が、居所としていたソウル市内の京橋荘《キョンギョジャン》で陸軍少尉安斗熙《アンドゥヒ》の手によって暗殺された。李承晩政権の差し金であることを暗示する状況証拠は多かったが、安斗熙は1996年に亡くなるまで固く口を閉ざしたままで、金九暗殺事件の内幕はとうとう明らかになることはなかった。中国大陸では共産党が国民党との内戦に勝利し、1949年10月1日に毛沢東を国家主席とする中華人民共和国の旗を掲げてスタートを切った。ソ連、東欧に次いで中国まで、世界の半分が赤旗に覆われたのだ。米国や西欧諸国は恐怖におののき、第二次世界大戦という熱い戦争の軛から逃れた世界は、イデオロギーの対立と軍備拡張競争に明け暮れる冷たい戦争へと巻き込まれていった。

反民特委の悲しき末路

国会議事堂の本会議場前ロビーを通り過ぎて議員食堂へと上がる階段の左手には、1999年にハンナラ党所属議員によって建てられた李承晩の銅像がある。「大統領・李承晩」ではなく「国会議長・李承晩」

だと主張して銅像を建てた議員たちは何が言いたかったのだろう。李承晩大統領が南に大韓民国を建国することによって朝鮮半島全体の共産化を阻止したのだから、独裁という過ちは過ちとして批判するにしても、業績もまた業績として認めようということか。僕はその考えに同意しないが、そういう主張もありうると思う。歴史に「もしも」はいらないというが、ときに「もしも」が歴史を理解するうえで役立つこともある。もし南が信託統治を受け入れて左右の共存する統一政府をつくっていたならば、朝鮮半島全体が共産化しただろうか。断定することはできないが、可能性を排除することもできない。潜在的なリスクはあったと考えるほうが妥当だろう。

選択肢には共産化するリスクを冒してまでも統一国家へと向かう道と、半島の北半分を共産主義者に明け渡して南半分に民主主義国家を打ち立てる道の二つがあった。どうあろうと分断は拒否すべきと考えた民族主義者たちは前者を選択したが、ゴリゴリの反共主義者たちはいっそ後者のほうがましだと判断した。その代表格がまさに李承晩だった。李承晩にしてみれば分断国家とするほうが「合理的な」選択だった。独裁、腐敗、不正選挙に手を染め、多くの市民の命を犠牲にしたが、李承晩は分断国家を打ち立てることで朝鮮半島全体の共産化を断固阻止した。数々の批判に耳も貸さず国会内に李承晩の銅像を建てた国会議員たちが言いたかったのはまさにそのことだ。

李承晩大統領が韓国を正統性のある国にしたというのなら、その主張にもある程度の説得力があるだろう。だが、李承晩は民主共和国の大統領として当然取り組むべきことにはろくに手もつけず、けっして犯してはならないことをあまりにも多くやりすぎた。国の正統性は外部からやってくるものではない。「国連の認めた朝鮮半島に唯一の合法政府」という主張は政治的レトリックにすぎず、南北そろって国連に加盟してからはその意味さえ喪失した。国の正統性は特定のイデオロギーから生まれるものでもない。いくら輝かしいイデオロギーを掲げたからといって、社会の成員の多数が認め受け入れなければ意味がない。国の正統性は内部からかたちづくられる。掲げたイデオロギーがどんなものであれ、国民が、民衆が、人民が、または大衆がその国の国民であることを喜んで受け入れるとき、国の決定に自発的にかかわり従うとき、外部からの攻撃や内部の無秩序に対抗して共同体を守るべく献身しようという態度を示すとき、その国は正統性のある国になり、おのずと国際社会からも認められる。

1960年4·19の1週間後、タプコル公園から撤去される李承晩の銅像

植民地支配から解き放たれてつくられた新生国は、少なくとも三つの条件を満たしたときはじめて正統性を獲得する。第一は歴史における大義名分だ。新生大韓民国の喫緊の課題は、日本の置き土産を一掃して民族史の正統性を獲得することだった。そのためには祖国解放を目指して努力し献身した人々が国を打ち立てて運営しなければならなかった。第二に経済面における効率性だ。民衆を貧困から解放し物質面で暮らしを改善しなければ、国民はわずかなりとも期待を抱いて国の方針に従っ

たり協力したりしない。第三は民主的な正当性だ。憲法によって自由と人権を保障し、主権在民の原理を実現して政治的正当性を有する政府を打ち立てなければならない。ところが李承晩大統領とその取り巻き連中はひたすら権力の甘い汁を吸うことにのみ没頭するばかりで、どれひとつとして実現できなかった。

李承晩時代の韓国が正統性なき国だったという怒りをあらわにする人々がいる。「そんなこと言うやつは北に行け！」などと声を荒らげる。そういう話ではないのだ。現代史55年のあいだ僕ら国民は当初ゼロだった大韓民国の正統性をみずからつくりあげた。鼻高々に自慢してもいいことだ。なのになぜ腹を立てるのだろう。一方、朝鮮民主主義共和国は正統性の一部を手にして出発したが、結局はすべて失ってしまった。まともな価値観と判断力を持つ人なら誰も北朝鮮の体制を高く評価したりしないだろうし、北朝鮮に行って暮らそうと思わないはずだ。統一運動のために北に入った人々もまた、北朝鮮がすばらしいからそうした行動に及んだわけではない。

たしかに李承晩大統領は独立運動家だった。人間的な、または政治的な好き嫌いはあるだろうが、民族史の正統性を打ち立てるべき国家元首としてのキャリアに問題があったとはいえない。特に日本に対しては嫌悪にも近い反感を示した。極端な例が１９５４年、ワールドカップサッカー・スイス大会の予選の試合だ。ＦＩＦＡは本大会への16枚のチケットのうち１枚だけをアジアに割り振ると発表し、韓国と日本だけが名乗りを挙げた。両国のあいだにはまだ国交がなく、選手が相手国に入国するには政府の許可を受けなければならなかった。李承晩大統領は、日本人に韓国の地に足を踏み入れさせるわけにはいかないと言った。不戦敗の危機にさらされた韓国サッカー界は、当初はホームで試合ができるよう請願していたが、後になって2試合とも日本でのアウェーでいいから試合をさせてほしいと泣きついた。代表チームの李裕瀅《イユヒョン》監督は李承晩大統領から出国許可を受けるに当たって「日本に勝てなかったら選手団全員が玄界灘に身を投じる所存」と言った。東京で行われた2試合で韓国チームは1勝1分けとして本大会への出場権を手に入れた。48時間かけて飛行機を何度も乗り継ぎ、本大会前日の深夜にやっとこさスイスのチューリヒにたどりついた韓国チームは、予選リーグでハンガリーに9ゴール、トルコに7ゴール決められて日程を終えた。たいへんな思いで出場を果たした韓国チームの事情を伝え聞いたスイスの市民たちから贈られた激励の手紙とプレゼントが、満身創痍となった代表チームの宿舎に殺到したという。

ところが、そんな大統領が政治においては反民族的な行為に及んだ親日派と手を組んだ。自発的に、または心ならずも日本に協力し、解放後は「親米」、「反共」の旗を掲げて生き延びた者たちを政府の側に引き入れるためだった。日本軍で将校だった者は韓国軍将校になり、朝鮮総督府のために働いていた特高刑事たちは警察幹部になった。裁判官、検事、公務員、教師、知識人、財界人もみな独立韓国の支配層となって以前にもましてふんぞり返って生きていくことになった。それらの事実を立証するためにいくつもの根拠を示す必要はない。独立運動家を追い詰め逮捕し拷問にかけた植民地期の朝鮮人特高警察官の代表的人物、盧徳述《ノドクスル》を救うために国会をコケにした事実ひとつでじゅうぶんだ。

国会は1948年9月に反民族行為処罰法（反民法）を制定し、反民族行為特別調査委員会（反民特委）

および特別警察隊、特別検察、特別裁判所を設置した。日本の軍、警察、行政機関の高官を務めた者、地位は高くなくとも独立運動の弾圧で名を馳せた者、官職に就いていなくとも名の知れた知識人で天皇や総督府を誉めそやして徴兵や徴用、勤労挺身隊などに志願せよと扇動した者、企業家で日本の軍費調達に大金を寄付したりした者が容疑者だった。反民特委は動機がどうであれ客観的に明らかになった地位と活動内容を基準に調査対象を選んだ。

反民特委はまず628人を調査して559人を特別検察に送致した。そのうちの一部を特別検察が起訴すると特別裁判所で裁判が行われた。ところが李承晩大統領は、憲法に定める三権分立の精神を国会が脅かしているとして反民特委の活動を妨害するようになった。その最たるできごとは1948年1月に反民特委が盧徳述を逮捕した事件だった。李承晩大統領は盧徳述をただちに釈放し、反民特委の関係者を処罰せよと指示した。李承晩にとって盧徳述は数多くの独立運動家を逮捕して暴虐の限りを尽くして拷問した日本の特高刑事ではなく、仮借なき反共精神で共産党を叩きのめす大韓民国の警察官だった。国会なんかより盧徳述のほうが大事だったのだ。こうして生き延びた盧徳述は、のちに民主化運動を弾圧し罪なき人々を拷問して国家への反逆者かスパイに仕立てあげる拷問捜査のノウハウを警察や情報機関に伝授した。1985年に民主化運動青年連合議長の金槿泰《キムグンテ》を凄絶な拷問にかけた李根安《イグナン》や、1987年にソウル大学の学生朴鐘哲《パクチョンチョル》を拷問死させた治安本部対共分室の刑事たちはみな盧徳述チルドレンだと考えていいだろう。

親日派の反民族行為者たちは反民特委の解体と政府要人の暗殺を企てたが、それが失敗すると反民法の制定と反民特委の活動に積極的に取り組んでいた若い国会議員にスパイの疑いをかけて逮捕した。いわゆる「国会工作員事件」だ。これに憤慨した国会側は政府の逮捕した国会議員を釈放せよという決議案を可決した。すると数百人の群衆が反民特委の事務所に押しかけて「反民特委の共産党を粛清せよ」と叫んだ。反民特委はこの騒乱事件を起こしたソウル市警査察課長崔雲霞《チェウナ》ら首謀者を逮捕した。すると親日派はすぐさま逆襲に転じた。内務次官張暻根《チャンギョングン》と治安局長李澔《イホ》、市警局長金泰善《キムテソン》がソウル市中部警察署の警官たちを動員して反民特委の事務所を襲撃し、特別警察隊長呉世倫《オセリュン》を逮捕し、特別検察部長権承烈《リオンスンニョル》の拳銃を奪った。江原道《カンウォン》や忠清北道《チュンチョン》といった地方でも特別警察隊員が地元警察に武装解除されるありさまだった。ソウル市警査察課所属の警官440人は反民特委幹部の交代と特別警察隊の解散、警察の身分保証を要求して集団で辞表を提出した。さらにソウル市警の警官9000人全員が辞表を出すといって政府に迫った。

国会は反民特委を原状回復して特別警察隊を襲撃した責任者を処罰せよと政府に要求した。だが李承晩大統領は特別警察隊の襲撃を指示したのは自分だと言い、さらに反民特委の活動は民心を混乱させているとして特別警察隊を解散する意向を示す談話まで発表した。警察が特別調査委員と特別検察官の自宅を捜索し、事務局と裁判部の書類を押収した。一連の動きにおそれをなして腰が引けてしまう国会議員が増えていった。とうとう国会は控訴時効の期間を短縮する反民法改正案を可決するに至った。仕事をさせてもらえなくなった反民特委調査委員長金尚徳《キムサンドク》と特別調査委員全員、特別検察官と特別裁判官の一部は辞表を提出した。国会は親日派擁護勢力を軸とする新たな特別委員会を組織した。反民特委はこうして幕を下ろし、国会は1951年に反民法を廃止した。処罰された人間はひとりもいなかった。

親日派の処断も日本の置き土産の一掃もできなかったことは、のちのちまで韓国にとってアキレスの踵となった。北朝鮮の権力中枢は、金日成を中心とする共産主義者が獅子奮迅の勢いで抗日武装闘争を繰り広げ、自分たちの手で祖国を解放したかのように喧伝し、枯葉で舟を作り松ぼっくりで手榴弾を作ったという類の武勇伝を吹聴した。だが北朝鮮がソ連共産党の支援を受け、中国共産党と手を結んで抗日武装闘争を展開したことはいずれにせよ事実だった。北朝鮮の権力中枢は、親日的な行為をしていた者が韓国政府の中枢にいるという事実を、自分たちの体制の優越性を宣伝する材料に利用した。「南朝鮮」は「日帝の植民地」から「米帝の植民地」へと変わっただけだと主張した。こうした道徳的優越感は、「南朝鮮を解放」して祖国を統一するためなら同じ民族どうし戦争するのは正当だという認識とも通じるものだった。

2013年6月に国情院が公開した2007年の南北首脳会談対話録を見ると、金正日《キムジョンイル》総書記が盧武鉉《ノムヒョン》大統領に「南に自主性が欠如しているから」南北関係が進展しないのだと繰り返し批判するくだりが出てくる。「自主」という理念はいま現在に至るまで北朝鮮の最後のプライドとして残っている。一方、南の民族主義者たちは親日派を一掃できないまま米国に従属して生きているというコンプレックスから逃れられずにいる。経済の繁栄と政治的独裁という光と闇の共存していた80年代の韓国社会のただなかで北朝鮮を信奉する「主思派《チュサパ》［チュチェ思想派］」が誕生した背景には、まさにこの根深い民族主義的コンプレックスが横たわっていた。

親日派の一掃問題は、反民特委が解散して65年たってなお解決できていない。2005年12月に親日反民族行為者財産の国家帰属に関する法律（親日財産還収法）が制定されたが、親日派の2世3世は親や祖父母の世代が民族を裏切って手に入れた土地を取り戻すための訴訟を諦めていない。２０１３年には満州軍将校の出身で朝鮮戦争の英雄でもある白善燁《ペクソニョプ》●2の銅像設置をめぐって論争があった。李承晩大統領のおかげで処罰を免れた親日反民族行為の容疑者たちの多くは天寿をまっとうして安らかな死を迎える祝福に浴した。親日的な行為をしていた者への「天の報い」はとうとうまったくなされずじまいというわけだ。いまでは政府、国会、権力機関はもとより、財界、学界、芸術界でも親日行為に携わった本人が権力を握っていることはほとんどない。いま僕らにできることは、韓国が民族史的な正統性を欠いたまま出発した理由とプロセスを厳しい目で評価し、哲学的に消化することのみである。

２００９年に民族問題研究所が市民たちとともにそれに値する行動を起こした。民族問題研究所の以前の名称は「反民族問題研究所」だった。同研究所は、「親日文学論」で知識人社会に息づく日本の名残を赤裸々に暴き出し、さらに「親日人名事典」発行を計画していたものの道半ばで斃れた林鍾国《イムジョングク》の墓前で設立の発議がなされた機関だ。１９８９年11月のことである。民族問題研究所が親日派の2世3世たちから提起された名誉棄損訴訟および発行禁止仮処分訴訟、深刻な財政難のすべてを乗り越えて「親日人名事典」の発行に至るまでに姜萬吉《カンマンギル》、白楽晴《ペクナッチョン》、尹慶老《ユンギョンノ》、廉武雄《ヨムムウン》、崔炳模《チェビョンモ》ら２００人あまりの歴史学者、評論家、弁護士、宗教者らが編纂委員会にかかわった。１０００人を超える研究所会員をはじめ10万人が募金に応じた。民族問題研究所が２００９年11月に発行した「親日人名事典」には、反民特委が適用したのとほぼ同じ基準に従って選んだ親日反民族行為者４７７６人の氏名と職位、活動内容が記載されている〔邦訳なし〕。

未完の革命、４・19

国の正統性の第二の要素は経済における効率性だ。国が民衆に持続的な承認と服従を要求するならば、平穏に暮らせるようにしてやらなければならない。ところが李承晩政権は絶対貧困に陥った国民の経済生活を改善できなかった。それはひとり李承晩大統領のみの過ちではなかった。植民地期には製造業、鉱業、電力など産業の中心が38度線以北の地域にあったため、分断直後の産業基盤は北朝鮮のほうが圧倒的に優勢だった。そのうえ北朝鮮はソ連の支援を受けて戦争を遂行するのに必要な軽工業、重化学工業を急ピッチで整備した。一方、李承晩大統領は経済発展計画を策定して生産力を高めることで国民生活を改善するという政策を拒否した。産業化が本格的に成果をあげるようになった70年代初めまで、韓国は経済面では北朝鮮に後れを取っていた。この問題については第3章で詳しく扱うことにする。

国の正統性の第三の要素は民主的な正当性だ。民主主義国であるなら「主権在民」の原理と合法的な手続きにのっとって政府を組織しなければならず、政府は憲法と法律に基づいて権力を行使しなければならない。多数の国民が望むときは平和的・合法的に政権交代が行われなければならない。それが実現したとき、国は民主的な正当性を獲得する。ところが李承晩大統領は憲法を踏みにじり、国会と法律を顧みず、不正選挙を繰り返した。最初こそ国会で選出されたが、国会を弾圧して支持基盤を失うと憲法を改正して大統領選を直接選挙制とし、その選挙であらゆる不正な手段を用いて再選に成功した。大統領の3選禁止条項を廃止する憲法改正案が国会で1票差で否決されると、可決に必要な票数は小数点以下を丸めた数字だとこじつけて結果を覆す奇妙奇天烈な反則にまで及んだ。いわゆる「四捨五入改憲」だ。

民族史における大義名分もなく、経済面における効率性もなく、民主的な正当性さえ持たない政府の治める国は、正統性のある国などありえない。国民はとうとう抵抗権を行使する決意を固めた。歴史における大義名分と経済面の効率性は当座どうすることもできないとしても、少なくとも民主的な正当性だけでも有する政府を望んだからだ。それが4・19だった。

すでに12年も政権の座にあった李承晩大統領は、齢80歳を超えてなお3度目の大統領選に立候補した。投票日は1960年3月15日だった。ところがもっとも有力なライバルだった民主党の趙炳玉《チョビョンオク》候補が選挙直前に病死してしまった。候補者は現職ただひとりになったので選挙は実施するまでもなかった。問題は自由党の李起鵬《イギボン》候補と民主党の張勉《チャンミョン》候補の一騎打ちとなった副大統領選だった。4年前の副大統領選で李起鵬は張勉に負けていた。高齢の大統領の健康に問題が生じた際には副大統領が権限を代行することになるだけに、自由党はどんな手を使ってでも勝ちたかった。そこで党組織のみならず国の行政組織まで総動員しての不正選挙に踏み切った。こんにちの選挙観では想像も及ばないような投開票のでっちあげに手を染めたのだ。

革命の最初の兆候が現れたのは大邱《テグ》だった。1960年2月28日の日曜日、寿城《スソン》川の河川敷で民主党副大統領候補張勉の演説会が開かれた。ところがこの日、大邱市内の国公立高校には登校令が出された。映画鑑賞やうさぎ狩りを名分にしていたが、日曜日の登校令の真の目的は生徒たちを張勉候補の演説会に行かせないことだった。慶北《キョンブク》高校、大邱高校、慶北大学教育学部付属高校、慶北女子高校、大邱女子高校、大邱工業高校、大邱農業高校、大邱商業高校に通う市内のほぼすべての高校生が、教師の制止を振り切って学校外へと飛び出していった。高校生は口々に独裁と不正選挙を糾弾する喊声をあげながら大邱市内の中心街を飛び回った。これが大邱市民の誇る「２・28学生義挙」である。

１９６０年の大統領選はたんなる不正選挙ではなく完全なでっちあげ選挙だった。金品で有権者を買収するのは当たりまえだった。政治ゴロを動員して野党の選挙運動を妨害し、３人、５人といったグループで投票に行かせて誰に票を投じるか念押しさせた。野党側の立会人[3]を締め出したうえで公開投票を強いた。李起鵬と記票された投票用紙を大量に持ち込んで投票箱に入れた。これらすべての過程に内務省職員や警察官が関与していた。あまりに熱心に不正に取り組んだため李起鵬の得票率は１００％に迫り、李起鵬の得票数が有権者数より多くなった投票所がいくつも現れた。内務相崔仁圭《チェインギュ》は緊急指示を出して李起鵬の得票率を79％に「調整」した。

民主党はこの選挙を国民主権を強奪するに等しい不正選挙と断じ、全面的に無効だと宣言した。各地で不正選挙を糾弾する集会が開かれた。３月15日に慶尚《キョンサン》南道馬山《マサン》市で行われたデモがとりわけ激烈だった。この日デモに参加するといって出かけた高校生金朱烈《キムジュヨル》が行方不明になった。27日後の４月11日、金朱烈は馬山中央埠頭付近の海上に遺体となって浮いていた。ロケット様の形状をした催涙弾が目から後頭部を貫

1960年4·19当時のデモの現場　© 民主化運動記念事業会

通するように刺さったままだった。これに激怒した市民は激しいデモを繰り広げ、警察署の武器庫から手榴弾を奪取して署長室前で爆発させる事件まで起きた。不正選挙と人権蹂躙を糾弾するデモが全国に広がると、政府はそのデモを「共産党組織が裏で手を引く暴動」だと非難した。

4・19の革命の火を燃え上がらせたのは高校生たちだった。大学生は多くの中高生が逮捕され殴られ負傷し命を落としたあとで、ようやく集団で闘いに加わった。その代表的なケースが高麗《コリョ》大学の学生行動だった。4月18日午後、高麗大学の学生3000人あまりが現在はソウル市議会として使われている当時の国会議事堂前で連帯集会を開催した。平和的な集会だった。ところが隊伍を組んだ大韓反共青年団のならず者どもが、集会を終えて大学に戻る学生たちを鍾路《チョンノ》4街の天一《チョニル》百貨店付近で襲撃した。それぞれ手にした凶器を振り回して狼藉をはたらき、流血の惨劇が繰り広げられた。この日の闘いの記憶をとどめておくために、高麗大学の学生たちは今も毎年4月18日に国立4・19民主墓地のあるソウル市水踰洞《スユドン》一帯をコースとするマラソン大会を開催している。

4月19日の朝、当時大統領官邸だった景武台《キョンムデ》●4と、西大門《ソデムン》にある李起鵬の自宅前に小中学生も含む数万人の市民が詰めかけた。デモ隊は李承晩大統領との面談と金朱烈事件の責任者の処罰を求め、景武台の正門を押し開けてなだれ込もうとした。李起鵬の自宅も似たような状況だった。警察はこれに対して発砲した。双方の現場で21人が死亡し172人が負傷した。そうなるとデモはたんなる不正選挙糾弾にとどまらず政権の退陣を要求する政治革命へと突き進んだ。午後3時、政府は戒厳令を宣布したが市民は警察から銃を奪い、あちこちで銃撃戦が繰り広げられた。日が暮れるとソウル市内に戒厳軍が姿を現した。ところが戒厳司令官宋堯讃《ソンヨチャン》将軍は軍の先制発砲を禁じた。軍に李承晩政権を守る意思のないことを表明したのだった。市民は両手を広げて戒厳軍を歓迎し、戦車の上にむらがって太極旗を振り回した。

デモは連日続き、李承晩大統領の下野はもはや時間の問題と思われた。4月25日には大学の教授たちも街頭へと飛び出した。駐韓米大使マカナギーが李承晩大統領のもとを訪れて下野を勧告した。法務相権承烈、外務相許政《ホジョン》も下野を要請した。4月26日午後、ついに大統領の談話が発表された。李承晩大統領は「国民が望むなら大統領職を辞する所存」とし、「38度線の北側からわが方に侵入しようと共産軍が虎視眈々と狙っていることを肝に銘じてほしい」と付け加えた。4月28日、李起鵬の実子にして李承晩の養子だった陸軍少尉李康石《イガンソク》が同日早朝に父李起鵬、母朴瑪利亜《パクマリア》、弟李康旭《イガンウク》を拳銃で射殺したうえで自殺したとの発表があった。マカナギー米大使の手引きで秘密裏にハワイに逃れた李承晩は、その後静かに余生を送り1965年7月にこの世を去った。

1960年4月29日、国会は全会一致で責任内閣制へと移行する改憲を決議した。4・19の渦中で辞職した張勉副大統領に代わって首席国務委員だった許政外相が大統領権限代行の職に就いた。国会は内閣制への改憲案を処理し、総選挙を実施して新たに二院制の国会を組織した。大統領に尹潽善《ユンボソン》、首相に張勉を選出して第二共和国は船出した。

4・19は未完の革命だった。不正選挙糾弾から始まって民衆の力で独裁者を追い出し、新たな政府を打ち立てたという点ではたしかに政治革命として成功したが、その革命を完成させる能力と意志を持つ主体が存在しなかったため、政治的には既存の政治勢力である民主党に政権を委ねるという線に帰着した。自由党が消滅すると、政治の中心は民主党新旧両派による路線をめぐる党内の覇権争いへと移った。張勉内閣は民衆の支持を得ることができず軍事クーデターに直面して崩壊し、革命は完成されないまま歴史の1ページに残ることとなった。だが4・19が韓国の歴史ではじめて民衆が決起して権力者を追放し、政権を交代させた偉大なる事件だったという事実に変わりはない。4・19は新生国である韓国が正統性を有する国民国家へと向かって踏み出した第一歩だった。4・19を経験することで韓国国民は自由と民主主義の価値を身をもって知った。次に掲げる引用はこの革命の一翼を担った学生たちの精神的な覚醒がいかなるものだったかを如実に示している。

見よ！　我われは喜びに満ちて自由のたいまつを掲げる。見よ！　我われは漆黒の闇夜の沈黙に自由の鐘を打ち鳴らす打ち手の一翼たることを誇る。日帝撤退のもと狂おしいばかりに自由を歓呼した我が父、我が兄とともに。良心に恥じることはない。孤独でもない。永遠なる民主主義を死守せし者たちは栄光に満ちている。見よ！　現実の裏路地で意気地なく自虐をかみしめる者まで我われの隊列に伍している。進まん！　自由の秘密はひとえに勇気のみである。

――ソウル大学文理学部学生会4・19宣言文

時間がないのでお母さんに会うこともかなわぬまま、私は行きます。お母さん、デモに出ていく私のことを責めないでください。私たちでなければ誰がデモをするのでしょう。自分はまだ世間知らずだってことくらいわかっています。けれど祖国と民族のための道とはどんなものか知っています。私も命を捧げてでも闘うつもりです。デモのさなかに死のうとも思い残すことはありません。お母さん、私を愛する気持ちから悲嘆にくれることでしょうが、民族の未来と解放のために喜んでください。どうか健康におすごしください。繰り返しになりますが、この命、すでに捧げようと決心したのです。

――漢城《ハンソン》女子中学校2年生陳英淑《チンヨンスク》の遺した手紙

成功したクーデター、5・16

1961年5月16日未明、第2軍司令部副司令官だった朴正熙少将が3500人あまりの武装兵力を率い、漢江《ハンガン》を渡ってソウル市街地に進入、政府庁舎やマスコミなどの主要施設を占拠した。大統領、政府、国会などあらゆる国家機関の憲法の定めによる権限と機能を暴力で封じる軍事クーデターが起こったのだ。

反共、反米同盟、社会の腐敗と政治の旧悪の一掃などを列挙した革命公約が発表されたが、そのポイントは2点だった。「絶望と飢餓線上であえぐ民生苦をすみやかに解決し、国家自主経済の再建に総力を傾注（第4項）」することによって国民に希望を与え、革命の「課業が成就されれば斬新にして良心的な政治家にいつでも政権を移譲し、我われは本然の任務に復帰する（第6項）」ということだ。

「民生苦の解決」を掲げたのはおそらく朴正熙の本音だったろう。だが「兵営への復帰」という約束は意図的なウソだった。朴正熙はかつて南朝鮮労働党に籍を置いていたため、そのことに不信感を抱く張勉内閣から重用されることはなく、軍内部には軍部が政治に介入することに反対する将校も多かった。米国の行政府や在韓米軍司令部も同様だった。革命を成功させるには敵をなるべく減らし、大衆の信頼を得るための時間を稼がなければならない。そこで純粋な愛国心から挙に及んだように見せかけるためのウソをついたのだ。

陸軍参謀総長張都暎《チャンドヨン》将軍を軍事革命委員会議長として担ぎ上げていたが、クーデターのリーダーは朴正熙少将だった。米大使館と米8軍はクーデターの情報を事前に入手しており、尹潽善大統領と張勉首相は数度にわたって報告を受けていた。だが政権の側は米軍がいるんだからクーデターなどできるはずがないとたかをくくっていかなる措置も講じず、いざクーデターが起きると、今度は待っていましたとばかりの行動に出た。張勉首相は内閣総退陣とともにさっさと辞任してしまい、尹潽善大統領のほうは、兵力を動員してクーデター軍を鎮圧すべきという強硬路線を取る米8軍マグルーダー司令官の進言を拒否した。北朝鮮とのイデオロギー的・軍事的対立が続く南北分断の状況下で、韓国軍どうし内戦にでもなって流血の事態が起きることを恐れたからだ。尹潽善は軍事革命委員会が下野を引き留めると、そのまま何の実権も持たない大統領職にとどまり、クーデターを事実上黙認した。軍事革命委員会は国会、地方議会、政党、社会団体をすべて解散し、政治活動を一切禁じた。

朴正煕は軍事革命委員会を国家再建最高会議へと改編し、張都暎を押しのけてみずから議長の座に着き、軍部の反対派を次々と除去していった。中央情報部を設置して情報工作を利用した政治運営の体制を整え、国会で足場を固めるために民主共和党を創設し、憲法を改正して議院内閣制を廃止、大統領中心制を導入した。そのうえで兵営に復帰するとした革命公約第6項を破棄し、1963年の大統領選に出馬して大統領に就任した。尹潽善との得票率の差は1・5％にすぎなかった。朴正煕は次の1967年の大統領選でも尹潽善を破って再選された。

朴正煕大統領は李承晩大統領の歩んだ独裁と長期政権の路線をそのまま踏襲した。憲法の大統領3選禁止条項を廃止し（3選改憲）、1971年に金権・官権を動員した不正選挙で3期目も当選した。1972年には「10月維新」と呼ばれる親衛クーデターを企てて朝鮮時代の王より強大な権力を手中に収め、大統領緊急措置を9度にわたって発動して野党および批判勢力の息の根を止め、野党指導者金大中《キムデジュン》を拉致して殺そうとした。直接選挙制から代議員投票制に変更された72年と78年の大統領選は、単独出馬したうえで自分の息のかかった代議員だけを体育館に集めて賛成率ほぼ100％で信任された。

5・16はたんに第二共和国を崩壊させただけではなく、4・19のつくりあげたすべてを破壊してしまった。だが4・19そのものまで抹殺することはできなかった。少なくともことばのうえでは4・19を認めていた。1962年12月26日に公布された第三共和国憲法の前文はこう始まっている。「悠久の歴史と伝統に輝くわが大韓民国は、3・1運動の崇高なる独立精神を継承し、4・19義挙および5・16革命の理念に立脚する新たなる民主共和国を建設するに当たって……」。4・19は義挙であり、5・16はそれより意義深い「革命」だというのだ。

そう主張しうる根拠がまったくないわけではない。4・19は民衆が決起して権力を交代させた民主主義政治革命だったが、新たな権力主体をつくれなかったため、自由が与えられた以外に変わったことはたいしてなかった。それとは異なり5・16の主体は朝鮮戦争を経て10万人規模から60万人規模へと大幅に数を増やした軍隊を力の源泉としていた。貧しい農業国韓国には、技術的効率性と合法的暴力機構を有する軍隊組織の圧倒的な力に対抗しうるだけの社会集団が存在しなかった。朴正熙将軍はこの組織の力で権力を奪い、国の運営に必要な政治勢力を糾合した。朴正熙は国民の関心と支持を得る方法を知っていた。大衆がさしあたって体感できるわかりやすい変化を見せるために「旧悪の一掃」を題目に掲げた「革命公約」

のうちもっとも容易なものから実行した。

自由党政府の庇護を受けて幅をきかせていた政治ゴロ李丁載《イジョンジェ》、人気俳優たちから恐れられていた映画界と政界のフィクサー林和秀《イムファス》、伝説の暴力団の頭目申廷湜《シンジョンシク》、政治ゴロを動員して不正選挙を画策した内務相崔仁圭、李承晩時代に権勢を振るい4・19の際には景武台前で市民への発砲を命じた大統領警護室長郭永周《クァクヨンジュ》らの裁判が5・16の影響で中断したままだった。国家再建最高会議はこれら犯罪者を「革命裁判」に付して死刑を確定させたうえで「市中引き回し」にした。死刑囚の面々は「私はヤクザです」などお笑い草な文言の書かれたプラカードを持たされ、ソウル市庁舎のすぐそばの徳寿宮《トクスグン》から出発してソウルの中心街を行進させられた。これは北朝鮮の人民裁判や中国の文化大革命のときに行われたのと同じような野蛮な行為だったが、憲法や法律に沿って手続きに厳正を期したために裁判が遅々として進まなかった張勉内閣のころのやり方と比べれば、当時の国民の目にははるかに小気味よく映るお仕置きだった。

ところで、革命なのかクーデターなのかを区分する基準は「結果」ではなく「過程」だ。クーデターは革命とは違って民衆の同意や支持や参加を必要とせず、暴力で国家秩序を転覆し権力を掌握する行為だ。軍隊を動員してそうしたことを行うのが軍事クーデターだ。これは一般的に通用する学術的な概念である。朴正煕大統領のことが好きな人々が5・16のことをあえて革命だと主張したい心情は理解できる。経済発展を成しとげたから5・16は「結果的に」いいことだったし、いいことだったから軍事政変とかクーデターと呼ぶより革命と呼ぶほうがふさわしいではないかというわけだ。だが朴正煕大統領の国の運営のしかたが優れていたから国民の支持を得たのだといったところで、5・16が軍事クーデターだったという事実は変わらない。

朴正熙大統領は一方で「民族中興を成しとげた偉大なる指導者」、もう一方で「民主主義を破壊して人権を蹂躙した独裁者」という相反する評価を受けている。ひとりの歴史上の人物がこれほど極端な好悪の感情の対象になることはそう多くはない。朴正熙は複雑で矛盾する特性を持つ人物であり、波乱万丈の人生を送るなかで大いなる善と途方もない悪とをやってのけた。どちらの面を重視するかによって評価が分かれざるをえないのだ。

朴正熙は、東学党の接主〔地区リーダー〕として活動したことのある貧農朴成彬《パクソンビン》の5男2女の末っ子として1917年11月に慶尚北道善山《ソンサン》郡亀尾《クミ》面で生まれた。母親が45歳のときの子だったこともあって幼い朴正熙はあたたかなぬくもりや愛情を注がれることなく育った。中道左派系のジャーナリストであり独立運動にもかかわっていた次兄朴相熙《パクサンヒ》は、1946年に米軍政への不満を背景に起きた人規模民衆蜂起の発端となる大邱での抗争のさなかに警官の発砲によって死亡した。少年朴正熙は勉強もよくできて統率力もあった。読書家で李舜臣《イスンシン》やナポレオンのような軍人を崇拝していた。亀尾公立普通学校を卒業して大邱師範学校に入学し、成績は優秀とはいえなかったが軍事教練科目と体育は得意だった。周囲からの勧めを断りきれず金浩南《キムホナム》と結婚したが、この妻とは実質的に家庭生活を送ることはなかった。1937年から聞《ムン》慶《ギョン》公立普通学校の教師として働いていたが、「忠誠の血書」を同封した志願書を提出して満州国陸軍軍官学校の入学許可を受け、1940年に第2期生として入学、1942年に首席で卒業して日本の陸軍士官学校3年次に編入した。そのころ創氏改名で名乗っていた高木正雄という日本名を岡本実へと変更した。当時、平凡な朝鮮人にとって創氏改名は特別なことではなかったが、2度の改名はざらにあったわけではないはずだ。陸軍士官学校を3位の成績で卒業して将校になった朴正熙は1944年に満ソ国境地帯の関東軍635部隊に配属されたが、すぐに河北地方の熱河省の満州軍歩兵第8団に転属となって中国共産党八路軍と戦った。満州国は日本が中国大陸を侵略してつくった傀儡国家だった。だがほどなく日本が敗戦したため満州軍は解散された。

所属部隊を失った朴正熙は、韓国臨時政府軍である光復軍を重慶に訪ねていって第3支隊第1大隊第2中隊長になり、1946年5月に米軍の輸送船に乗って帰国した。その後、陸軍士官学校の前身である朝鮮警備士官学校の短期課程を終えて大韓民国陸軍少尉に任官した。1948年10月に軍内左派の反乱事件から多数の民間人にも犠牲者を出した麗水《ヨス》順天《スンチョン》事件が起き、それを機に翌11月から左派に対する粛軍の動きが強まると、陸軍本部作戦情報局に勤務していた朴正熙もそのあおりを食うことになった。次兄朴相熙の友人で南朝鮮労働党の軍事部門の責任者だった李在福《イジェボク》に勧誘されて南朝鮮労働党に入党していた事実が明らかになったのだ。西大門刑務所に収監された朴正熙は、自身の知る南朝鮮労働党関係者の人脈を洗いざらい打ち明けて捜査に協力したおかげで、一審で重刑を言い渡された被告人のうち唯一釈放された。陸軍本部情報局長白善燁と米軍事顧問ハウスマンが恩人だった。2人は李承晩大統領の免罪承認を取りつけて朴正熙を救い出した。朴槿恵《パククネ》大統領が白善燁将軍に最上級の礼を尽くして遇するのにはそれなりの理由があるのだ。予備役に編入されて前途に暗雲の垂れこめていた朴正煕だったが、朝鮮戦争が勃発すると少佐として現役復帰し、戦争さなかの1950年12月に金浩南と離婚して陸英修《ユクヨンス》と再婚した。もし金日成が戦争を起こさなかったなら朴正煕がクーデターに及ぶことも、大統領になることもなかっただろう。

朴正煕は1957年に少将に昇進し第7師団長、陸軍第6管区司令官、釜山《プサン》軍需基地司令部司令官を歴任した。張勉内閣は朴正煕の「親日派」としての前歴ではなく「左翼」としての前歴を気にして彼を重用しなかった。朴正煕少将は第2軍司令部副司令官として勤務しながら1961年5月16日以前にも3度にわたってクーデターを起こそうとしていた。最初は1960年の大統領選前後の時期だった。次は1961年4月19日だった。4・19からちょうど1年後、民主党政権に不満を抱く学生たちが反政府デモを企図して混乱が生じたら、それに乗じてクーデターを起こそうと考えていたのだ。だが予想に反してその日は目立ったデモは行われず、2度の日程調整を経たうえで5月16日にクーデターを実行した。

5・16に関連してあと2人の人物について語っておく必要があるだろう。まずは新人政治家金大中だ。1924年に全羅南道《チョルラナムド》新安《シンアン》郡荷衣《ハイ》島で生まれた青年実業家金大中は、政界への進出を狙って8年のあいだに3度も落選した末に、江原道麟蹄《インジェ》郡から当時つかのま二院制をとっていた国会の下院に当たる民議院の補欠選挙に、民主党候補として出馬してやっとのことで当選した。ところがそのわずか2日後に5・16が起きて国会が解散されたため、国会議員として宣誓さえできぬまま議員職を失った。中央政界ではまだ無名だったこの不運な30代の新人政治家が、わずか10年後に有力な野党大統領候補となって独裁者の肝胆を

1961年5月18日、5·16を支持して街頭パレードをする陸軍士官学校の生徒たち

寒からしめることになると考えていた者はいなかった。

もうひとりは青年将校全斗煥だ。1931年に慶尚南道陜川《ハプチョン》で生まれた全斗煥は、9歳のとき家族とともに満州に移り住んだが1年後に帰国して大邱に定着し、6年制の大邱工業中学校を卒業したのち、1952年に朝鮮戦争の影響で鎮海《チネ》に移っていた陸軍士官学校に第11期生として入学した。5・16当時ソウル大学文理学部で学生向け将校養成課程である学軍団の教官をしていた全斗煥大尉は、矢も盾もたまらず翌17日に陸軍本部の朴正熙少将のもとに押しかけて直談判した。さらにクーデター軍の大物気取りで陸軍士官学校長姜英勲《カンヨンフン》に圧力をかけ、生徒たちを扇動してクーデター支持のパレードを仕組んだ。5月18日午前、陸軍士官学校の生徒と所属将校、卒業生1000人あまりが東大門《トンデムン》、南大門《ナムデムン》を経てソウル市庁舎前広場までパレードした。全斗煥大尉が朴正熙少将と面談した際に陸軍士官学校生にパレードさせるよう焚きつけたという話が事実だと断言することはできないが、のちに朴正熙国家再建最高会議議長が全斗煥を秘書官に抜擢したことを考えると、このとき2人になんらかのパイプがつながったのは確かだ。だが、いずれ全斗煥がハナ会という陸軍士官学校出身将校の私的グループを組織して韓国軍首脳部を掌握し、軍事反乱と大虐殺によって権力の座に登りつめることになると想像していた者はいなかった。

朴正熙大統領は暴力で権力を奪取したが、暴力だけに頼って統治したわけではなかった。みずから進んで追従し支持した国民も多かった。18年の統治期間に朴正熙政権は農業中心の伝統社会を重化学工業を保有する産業社会へとつくりかえた。高速道路、港湾、飛行場をはじめとするインフラを建設し、赤はだかのはげ山を林へと変えた。全国に上下水道と電気を普及させ、寄生虫や伝染病を退治した。僕はそれらは「大いなる善」だったと考える。朴正熙大統領はけっして高潔な人間ではなかったが、独裁者としては大成功したのだ。

4・19と5・16のいずれも一定の成功を収めた。4・19という革命は失敗に終わったように見えたが、50年という長い年月をかけて漸進的に勝利を収めた。ただし、10年で幕を閉じた革新勢力の政権、そして深刻なほどぐらついているこんにちの民主主義は、4・19の勝利がいまだ完成していないことを示している。5・16というクーデターも成功した。朴正熙将軍は18年間も権力を享受し、その後継者たる全斗煥、盧泰愚《ノテウ》の両大統領がさらに12年も権力を握った。没後33年たった時点で実の娘が国民に選ばれて大統領になり、理由が何であれ朴正熙は国民がいちばん好きな大統領として数えるうちのひとりとして残っている。世界の歴史にこれほど成功した軍事クーデターはそうはない。だが朴正熙大統領がいちばん好きだという人々が本当に好きなのは、実は朴正熙の人格や行為ではなく、あの時代を生き抜くなかで自分たち自身が注ぎこんだ情熱と苦労して手に入れた成果、自分たち自身の人生なのだろうと僕は推測している。

●1　1948年4月3日、南の単独政府樹立に反対する左翼勢力が済州島で蜂起。軍警によると鎮圧過程で多数の島民が拷問、処刑された。弾圧は数年に及び、3万人以上が犠牲となったとされる。

●2　陸軍参謀総長、陸軍大学総長などを歴任。退役後は外交官、企業家としても活動した。2015年10月現在、95歳でなお存命中。

●3　韓国では候補者の利害関係者が投票立会人を務め、相手側に有利にならないよう相互に監視するシステムを採用している。

●4　植民地期に景福宮後苑内に朝鮮総督官邸として建築され、解放後は米軍政庁長官官邸、その後大統領官邸として使用され、李承晩のイメージ払拭のため1961年に青瓦台と改称された。1990年に現在の青瓦台が新築され1993年に撤去された。

第3章　経済発展の光と影

絶対貧困、高度成長、格差社会

漢江《ハンガン》の奇跡

朝鮮半島に定住することになって以来、朝鮮民族が今ほど物質的に豊かな暮らしを営んだことはない。物質的な豊かさへの渇望は人間のあらゆる欲望のうちでも飛びぬけて強力だ。この欲望をそこそこにでも満たしてやれない国は民衆の自発的な協力や服従を手にすることができない。韓国が正統性ある民主共和国として発展することのできた決定的な要因のひとつが経済発展だった。国民は半世紀ものあいだ息つくひまもない「速度戦」を繰り広げた末に、50年前には想像も及ばなかったような現代的な国民経済をつくりあげた。けれどそのことについて誰もが判で押したようにそっくり同じ評価を下しているわけではない。

ある人はそれを「漢江《ハンガン》の奇跡」と呼び、朴正熙《パクチョンヒ》大統領を無から有を創造した「神のごとき偉大なる指導者」だと褒め称え、金大中《キムデジュン》・盧武鉉《ノムヒョン》政権の時代には民生が破綻して国民経済が成長エネルギーを失ったと批判する。けれど別のある人は韓国経済を不平等と反則の乱舞する弱肉強食の「ジャングル資本主義」だと批判し、その責任を朴正熙大統領に求める。そして民主主義を推し進めつつ経済発展を成しとげていたならば、誰もが等しく豊かな国になりえたはずだと主張する。深刻な貧富の格差と殺気立った競争社会、財閥や大企業の貪欲と横暴、厳しい雇用不安と非正規職の広がり、世界トップ水準の長時間労働と自殺率、深刻な環境破壊など、韓国社会の負の現象はすべて朴正熙の独裁から始まり、新自由主義に屈服した金大中・盧武鉉政権の時代に本格化したと指摘する。

どちらの言い分が正しいのだろうか。僕はどちらも正しく、またどちらも正しくないと判断する。朴正熙政権は産業化と経済発展の土台を構築した。それは否定しようのない事実だ。だがそのプロセスを支配したのは、機会均等や公正な競争ではなく弱肉強食のジャングルの法則だった。それもまた否定できない事実だ。必ずしもそれが唯一の取りうる道だったわけではない。他のやり方で発展を成しとげれば今とは大きく異なる社会になっていたかもしれない。だが歴史は二つの道を同時に歩むことはない。韓国は朴正熙政権から後は開発独裁と財閥中心の資本の蓄積、輸出主導型の産業化の道を歩んだ。民主化を成しとげたものの古い経済構造を刷新することはできず、アジア通貨危機を経て過去とは様相の異なるジャングルの法則の支配のもとに置かれることとなった。何が問題なのか理解し解決するために努力したが、10年間の革新政権は「歴史における経路依存性」を克服することはできなかった。そうまとめるのが事実に即していると考える。

歴史には練習や実験はありえず、すでに過ぎ去ってしまったできごとは取り換えようがない。5・16が起こらなかったなら？　4・19後に成立した第二共和国がかなりの期間存続していたなら？　朴正熙将軍が革命公約のとおり兵営に復帰していたなら？　3選改憲を行わなかったなら？　10月維新［第4章参照］を断行せず1975年に大統領を辞任していたなら？　そうだったとしたら韓国経済がいかなる道を歩み、いまどんな姿でどこに到達していただろうか。何とも答えようがない。せいぜい一種のシミュレーションが可能なだけだ。だがそのシミュレーションにしても結論が妥当かどうか検証するすべはない。僕らにできること、僕らのすべきことはそんなことではない。客観的な事実を根拠に韓国経済の発展のプロセスと現状を点検し、その延長線において今後成しとげるべき変化の道を模索することだ。

韓国経済は70年代に「離陸」した。それは事実だ。けれど事実はたんに事実でしかない。その事実をただちに特定の価値判断やありがちな評価に置き換えることはできない。「産業化のためには必ず独裁体制を敷かなければならない」、「民主主義と経済発展は同時に成しとげることはできない」、「独裁のおかげで経済が発展したからこそ民主化が可能になった」、そんなふうに言えるはずはないのだ。朴正煕大統領は民主主義と産業化に同時に取り組むチャンスをみずからの手で葬り去ってしまった。もちろんそんなチャンスに恵まれても失敗したかもしれない。だが輝かしい成功を収めた可能性を否定する根拠もまたどこにも存在しない。独裁的な方法で産業化を成しとげたという事実は、さまざまな角度から解釈し評価することができる。僕らはみな人それぞれの哲学や人生観を持ちつつ生きている。まったく同じ経験をしても、ものの見方が違うならその解釈は変わってくるし、経験が異なるならなおさらいうまでもない。

僕らの世代は開発独裁の成功がもたらした経済生活の急激な変化を体験した。だがその体験は断片的にして一面的なものだった。この目で見て身をもって経験してもそれが何なのか、なぜそんなことが起きるのかわからなかったことも多い。ことによってはそもそも認識すらできなかった。小学校に上がるころ、僕は自分の暮らす町にその日の食事にさえ事欠くような人たちがいることをはじめて知った。ある日、母が脱脂粉乳の固まりをいくつかと黒糖を紙袋に入れて近所のおばさんに手渡すところを見た。黒糖は国産で脱脂粉乳は援助物資だった。父はときおりどこかからそんなものを手に入れてきた。なぜうちのものを人にあげるの？　と母に尋ねた。あの家のお嫁さんに赤ちゃんが産まれたんだけど食べるものがなくてお乳が出ないって言うから、こんなものでよかったら食べさせてあげてってあげたのよ、母はそう言った。そのとき感じた漠然とした悲しみは、いまなおこの胸の内に残っている。僕の友だちは、家で麺を茹でて家族で夕食をとっているときに藁葺きの屋根が崩落して大ケガをした。小説家金薫《キムフン》は大手総合商社の輸出担当職員になるのが夢だったという。金薫は僕より11歳年上だ。僕なんかよりずっと厳しい貧困を体験し、目撃したはずだ。そんな夢を抱いたのもわかる気がする。

慶州《キョンジュ》の小学校の校門わきの塀の内側にセメント造りの給食所があった。午前の授業が終わって家に帰るころになると、おいしそうなトウモロコシ粥の匂いがした。弁当を持参できなかった高学年のお兄さんお姉さんたちが空っぽの弁当箱を持って集まり、そこで「配給」をもらっていた。そばを通りながら生唾を飲んだものだったが、僕自身は味見する機会にはありつけなかった。3年生になると放課後にトウモロコシパンの配給があった。外側は硬かったが中はふかふかのサイコロ型のパンだった。その粥とパンはどちらも米国からの援助物資のトウモロコシで作られたものだった。

１９６８年の小学校３年の夏休み、大邱《テグ》の中学に転勤になった父とともに一家で引っ越した。今でこそ高級マンションが林立する地域だが、当時は田畑が四方に広がる町はずれだった。冬にはストーブ当番があった。当番の日は朝早く登校して倉庫から豆炭を運んで火を点けた。そのストーブで弁当をあたためたものだから、教室は一日じゅうおかずの匂いが充満していた。当番の日は鼻の穴が煤で真っ黒になることが多かった。

大邱は慶州とは違い、賑やかな都心部と貧しい人々の暮らす郊外とにくっきり分かれていた。寿城《スソン》区の大鳳《テボン》橋の向こうの現在は大邱百貨店のあるあたりは、当時は朝鮮戦争で避難してきた人々の住むバラック街だった。友人たちと一度だけ足を踏み入れたことがある。路地は迷路のようでアンモニア臭に別の悪臭が合わさって息がつまりそうだった。人々はそんな場所で暮らしつつ川向こうの繊維工場や染色工場で働いていた。僕らの夏の遊び場は梅雨どき以外はいつもきれいな水の流れる新川《シンチョン》だった。砂利や砂に覆われた広々とした河川敷は大統領選の際には候補者の遊説場所として使われた。１９７１年に朴正熙候補と金大中候補が演説会を開いたとき、河川敷は文字どおり人波で埋めつくされる大混雑となった。仮設トイレが用意されておらず、男たちは堤防の先の工場の塀際で用を足した。排水路を黄色い小便が川となって流れた。ところがいつの日からか川の水がときには赤く、ときには黄色く染まった。川底の小石に真っ黄色な沈殿物がこびりつき、悪臭がした。上流にできた染色工場や製紙工場の廃水が原因だった。当時は廃水は浄化してから排出すべきなどという概念そのものがなかった。

小学校を卒業するころ、僕は韓国に何やら大きな変化が起きつつあることに気づいた。１９７０年に京釜《キョンブ》高速道路が開通した。韓国が13億ドルを輸出する「偉業」を達成した。今では高速道路網が全国くまなく張り巡らされている。13億ドルは韓国企業の1日の輸出額にも及ばない。けれど当時は10億ドルの輸出は国を挙げて祝うべき一大快挙だった。学校の塀という塀に輸出実績、経済成長率、主要輸出品目を示すグラフや数字が貼り出された。校長先生は感激的な精神訓話を垂れた。いまに全国どこへでも日帰りで往復できるようになるし、一家に1台自動車のある「マイカー時代」が到来するだろうと語った。胸がドキドキした。キラキラ光る未来が僕らを待っているように思えてならなかった。

1972年の春に中学に進学した。中学入試が廃止されたおかげで、小学校時代をひたすら遊びまくってすごしたのに進む中学は抽選で割り当てられた。中学で水洗式トイレという世にも不思議な設備をはじめて見た。2年生になると間食として「三角牛乳」が出された。正四面体の厚手のパックに詰められた高温殺菌牛乳だった。代金が払えなくて牛乳をもらえない子もいた。学食にラーメンが登場し、自転車で登校する子が増え、カセット再生機能付きのラジオが普及しはじめた。勉強しながらラジオの深夜放送を聞くのが流行した。サッカーボールを蹴っても破れない国産の運動靴が発売された。ゴムシン●1を履いて学校に来る子は珍しくなった。ほどなく国産テレビも発売された。

1975年に高校に入学した。その年から大邱地域も高校入試が実施されなくなり、これまた抽選で学校が決まった。中学、高校と次々と入試制度が撤廃されたのは1年上に大統領の息子［朴槿惠の弟・朴志晩《パクチマン》］がいるからだという噂が流れた。理由が何であれ、僕らにとってはうれしいことだった。大邱市全体がひとつの学群なので遠くから通ってくる生徒も多かった。僕は3年間ずっと自転車通学だったが、わずか数年で自転車はごくありふれたモノになっていた。どの家にも電話が設置されるようになったし、電気屋さんの大きなガラス窓には画面をおもてに向けて何台ものテレビが並べられていた。高校野球が熱狂的な人気を博したころだった。２０１１年に55歳の若さで惜しまれつつ世を去った張孝祚《チャンヒョジョ》選手の大活躍を、僕は電気屋さんのショーウィンドウでよく見たものだった。わが家にはテレビも電話もなかった。輸出品として出荷することを条件に免税の輸入原料で製造された衣料品をこっそり国内市場に流通させる「保税服」が女性たちの心を捉えた。ミニスカートが大流行した。１９７６年1月、現代《ヒョンデ》自動車が韓国初のブランド乗用車「ポニー」を発売した。その年の夏休みに自営業をしていた従兄が赤いポニーを運転して田舎の祖父母の家にやってきた。降りしきる雨の中、水たまりにしぶきを上げつつ農道を走るポニーの姿は実に感動的だった。

１９７８年1月、入試のために行ったソウル大学冠岳《クァナク》キャンパスには校門がなかった。デモをさせないようにと街なかの東崇洞《トンスンドン》にあったキャンパスを冠岳山のふもとのゴルフ場跡地に移転させたとかいう話を耳にした。当時は登山客もめったにおらず、冠岳山渓谷から新林洞《シルリムドン》へと流れるどぶ川のあちこちにバラックが立ち並び、大学から新林の交差点までの道は未舗装だった。何か月もしないうちに浦項《ポハン》製鉄の鉄鋼生産能力を誇示するかのような巨大な鉄製の校門が建てられた。国立ソウル大学（국립 서울 대학교）のイニシャル「ㄱㅅㄷ」を幾何学的に組み合わせて

初の国産テレビ金星《クムソン》（現LG）VD-191

デザインされた校門を、僕らは「共産党（공산당）」や「女・酒・タバコ（계집・술・담배）」のイニシャルだといって茶化しあったものだ。大学前のどぶ川は暗渠になり、バラックは撤去され、新林の交差点までの道もきれいに舗装された。保証金10万ウォン、月家賃2万ウォンで奉天洞《ポンチョンドン》のスラムに借りた部屋はブロック造りだった。夏は暑く冬は冷気がもろに吹き込んだ。練炭でオンドルをあたため、石油コンロでごはんを炊いた。ホットカーペットや電気炊飯器は売られていたが、電気料金が支払えそうもないので使えなかった。それでも国民の平均的な経済生活は、僕が小学校時代に経験した暮らしとは大きく変わっていた。程度の差こそあれ国民の大半が10年前よりはるかに豊かな暮らしを営むようになった。

　これが第1次経済開発5カ年計画の始まった60年代半ばから朴正熙暗殺事件の起きた70年代後半までに僕の見た経済生活の変化だった。59年亥年生まれでも僕とはまるで違うことを記憶している人はおおぜいいると思う。中学の新入生のころ、同じ学年の成績上位10位以内は慶北《キョンブク》大学付属小、大邱教育大学付属小、暁星《ヒョソン》女子大学付属小をはじめ特別な学校の出身者で占められていた。そういう子たちはサッカーをしたり凧揚げをしたりバッタを捕まえたりしながら小学校生活を送っていた僕とはさまざまな面で違っていた。父親が弁護士という友だちの家に遊びに行き、生まれてはじめてリンゴのうさぎとコーヒーを出され、4本脚の分厚い碁盤を見た。両親とも工場で働いていていつも家で独りぼっちの友だちもいた。その子の家で遊んでいると、お母さんが工場から糸の残ったままのポンデギ「カイコのさなぎ」を新聞紙にくるんで持ち帰ってきてくれたものだ。鮮度抜群のポンデギをさっと茹でて口にほおりこむと、プチッとした食感とと

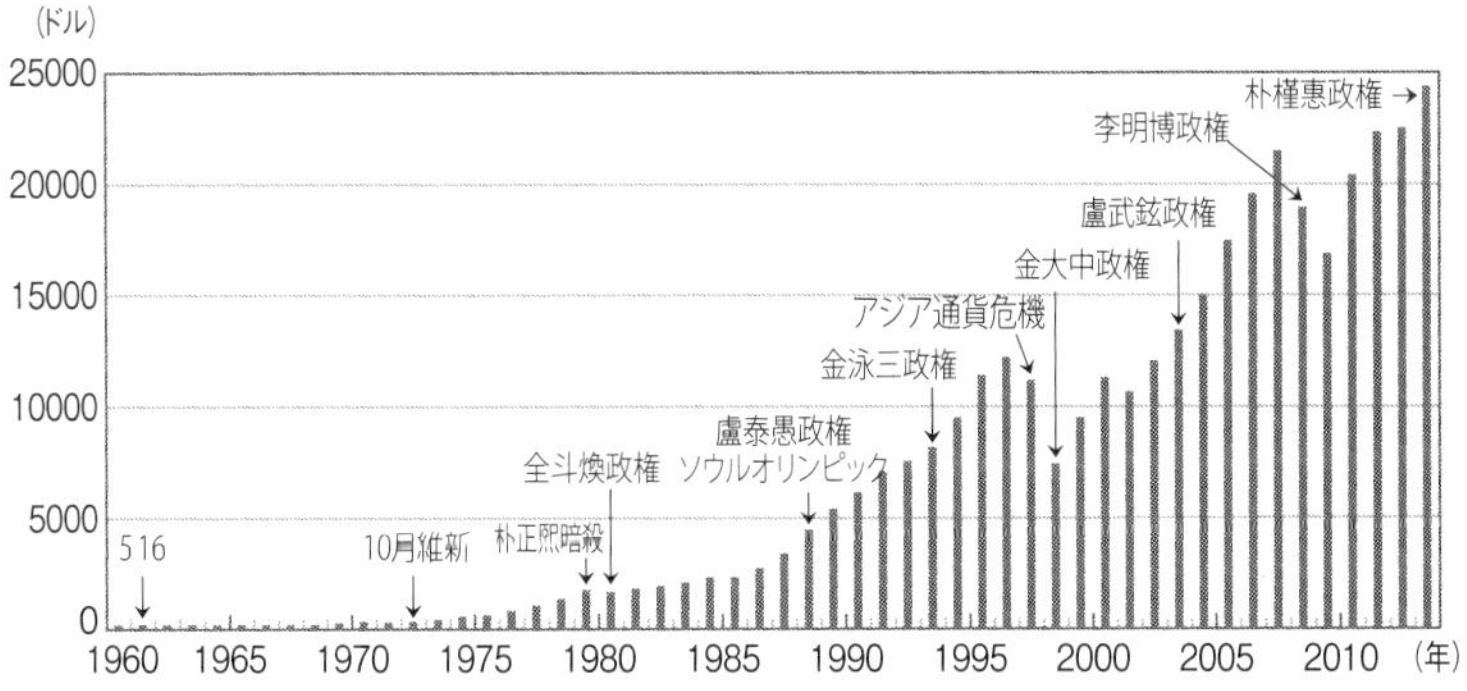

〈図1〉韓国の年度別1人当たりGDP(1959～2013)

もに独特の滋味が広がった。55歳になった韓国の熟年世代の振り返る子ども時代の経済生活の変化のさまは、それぞれ色あいもかたちも異なるはずだ。それぞれが目の当たりにした韓国の顔が違っていたからだ。

離陸から大衆消費社会へ

こんにち僕らの享受する経済面での豊かさの第一歩は微々たるものだった。10億ドルの輸出など実際たいしたものではない。けれどまずは10億ドルの輸出があり、そこから100億ドル、1000億ドルの輸出が可能になる。1人当たり国民所得もまずは100ドルを達成しなければ1000ドル、1万ドルへと伸びていけない。上の〈図1〉は1959年から2013年までをドル建てで示した国民1人当たりの年平均名目所得の棒グラフだ。[※2]〈図2〉は〈図1〉の棒グラフの頂点を線で結んだ折れ線グラフだ。この線が何に見えるだろうか。いろいろと想像できるだろうが、僕の見立ては飛行機が滑走路を走ってゆき、離陸して空中へと飛び

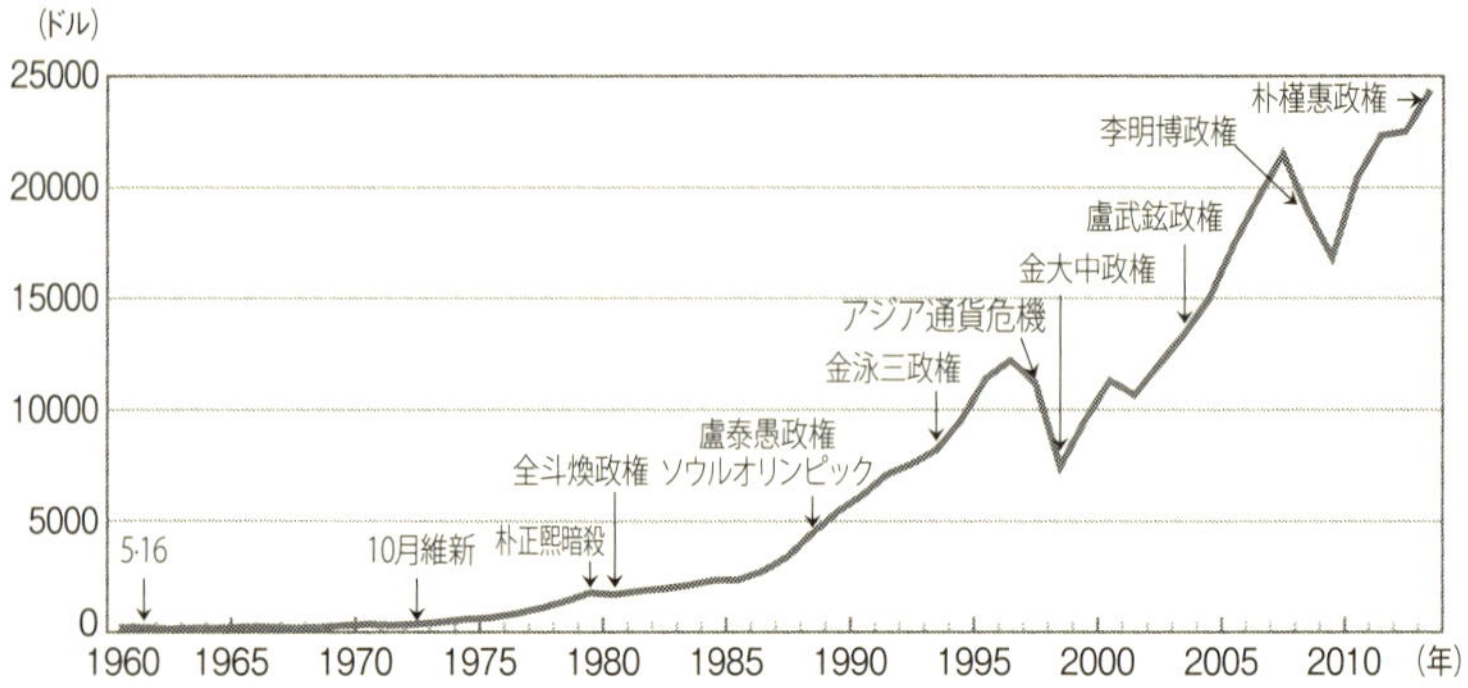

〈図 2〉 韓国経済の飛行軌道 (1959 ～ 2013)

立ったときの軌跡だ。

国民経済を飛行機にたとえて考えてみよう。４・19と5・16が立て続けに起こった60年代の初め、韓国経済はエンジンをかけられずにいる飛行機だった。燃料も滑走路もなかった。「10月維新」という親衛クーデターが起きた１９７２年あたりで飛行機は加速度を増しつつ滑走路を走っていた。朴正熙暗殺事件の起きた１９７９年に車輪が地面を蹴って浮き上がったものと思われる。80年代にどんどん上昇したもののなお低空飛行だった。本格的に高度を上げた時期は民主化後の盧泰愚《ノテウ》・金泳三《キムヨンサム》政権のころだった。ところが90年代の急激な上昇は１９９７年に突然終わった。飛行機は墜落するかと思えるほど急降下して飛行高度は一気に半分ほどにまで下がった。アジア通貨危機だった。１９９９年に反騰した韓国経済は金大中・盧武鉉政権の10年間に不安定ながらも徐々に上昇を続けた。李明博《イミョンバク》政権初期の08～09年の下降はリーマンショックと為替相場管理の失敗が原因だった。２０１０年になると乱気流を克服して高度を回復したが、かつてのような勢いを取り戻すことはできていない。

これは韓国経済の飛行軌道にすぎない。ドル建ての1人当たり名目所得の変化が国民の実質的な経済生活の変化を正確に示しているわけではない。1948年の大韓民国政府成立以降90年代半ばまで米ドルと韓国ウォンとの為替レートは一貫してドル高の方向で推移してきた。つまり韓国の通貨価値が下がりつづけているということだ。もしこの図をウォン建てで表示するなら90年代半ば以前の名目所得の伸びはもっと急カーブを描くはずだ。通貨危機直後に国民所得が半減したのはそれとは反対に見るべきだ。国際金融危機が起きればその影響をもろに受ける韓国の貨幣価値は大きく下落する。ウォン建て表示なら1980年と97～98年、そして08～09年の下落曲線は図ほど急激ではなかったはずだ。名目所得ではなく実質所得を示すなら上昇曲線も下降曲線も全般的にゆるやかになるだろう。つまりこの図は実質所得の変化をありのままに表してはいない。それでも韓国経済がいつ離陸してどんなふうに飛行し、深刻な危機に何回くらい直面したのか、その流れをおおまかに理解するにはじゅうぶんだろう。

他のことはさておき、こと経済成長に関しては独裁、権威主義、保守政権のほうが民主、自由主義、革新政権より腕ききだと主張する人々がいる。〈図2〉はそれが実証的根拠のない思い込みだということを証明している。韓国経済は朴正熙政権のとき離陸した。それは確かだ。だが1人当たり国民所得の伸び幅は民主化後の10数年間のほうがそれ以前より大きい。79～80年の不況や1997年の通貨危機、08～09年のリーマンショックはすべて保守政権が引き起こした。金大中政権がアジア通貨危機の際のIMF救済金融の荒波を収拾してから盧武鉉政権最後の年である２００７年までの革新政権10年間は、盧泰愚政権や金泳三政権のころと似たような伸び率だった。リーマンショックが落ち着いた後の10～13年の伸び率は、革新政権のころと比べて特段いいわけでもない。結局、経済成長に関する限り、保守と革新のどちらのほうが有能だったと判断するだけの根拠はないのだ。

〈図2〉のグラフはどこか見覚えがあるような気がする。40数年前、高校の社会の先生が黒板に描いた図とよく似ているのだ。米国マサチューセッツ工科大の教授で統計分析の権威だったロストウは、産業革命前後の英国の経済統計を分析して特定の経済成長のパターンを探り当てた。そしてそれが英国のみならずすべての国民経済の成長を説明しうる普遍的パターンだと確信した。ロストウは東西冷戦の真っただ中の１９６０年に「経済成長の諸段階」という本を発表して世界的な名声を手にした。ケネディ大統領はロストウを国家安全保障会議顧問および経済政策担当特別補佐官に抜擢した。ゴリゴリの反共主義者だったロストウは、ケネディ大統領暗殺後はジョンソン大統領のもとでも引き続き国務省で働き、米国のベトナム戦争推進に大きな影響を及ぼした。

ロストウはどんな国であれ適切な政策を実施すれば経済発展は可能だとした。彼の理論によれば、産業化は飛行機を空中に浮き上がらせるのと似ているという。農業を中心とする伝統社会は変化のスピードが遅く成長率も低い。だがある時点で特定の条件がそろうといきなり急ピッチで経済が成長する。それが「離陸」だ。ひとたび離陸に成功した国民経済は成熟段階を経て高水準の大衆消費段階へと進む。ヨーロッパの産業国は産業革命の時期に離陸した。離陸期には投資率が高水準を維持したまま上昇を続け、製造業と鉱工業が急速に成長し、同時に農業の生産性も上がる。この理論の前提のポイントは「離陸」だ。離陸に成功しさえすればそれからは比較的順調にいく。だがこの離陸が容易ではないのだ。

ロストウはマルクスとは違い、経済を動かし社会を変えていくのは階級闘争ではなく人間の普遍的欲望だと主張した。肌の色や気候の違いは問題にはならない。ロストウはマルクスを乗り越えたかったのだと思う。冷戦時代のイデオロギーの闘いに勝利するには軍事力のみならず経済力、そして経済理論でも勝たなければならなかった。ロストウは自分の発見した経済成長の普遍的パターンに関する理論をもってすれば、資本主義体制の必然的崩壊と共産主義社会の到来を予言したマルクスの歴史理論に打ち勝てると信じた。そこで著書「経済成長の諸段階」に「共産党宣言」をパロディ化したサブタイトルをつけた。「非共主義宣言（A non-communist manifesto）」である。

後進国、低開発国または開発途上国の政治的野心家たちにとってロストウの理論は偉大なる福音だった。どんな国であれ離陸のための先行条件が備わりさえすれば必ず空へと飛び立てるというのだから。ヨーロッパでなくとも可能だ。キリスト教国である必要もない。自分たちにも空が飛べる！　自分たちも豊かになれる！　絶対貧困にあえぐ人々にとってそれはたしかに胸ときめく夢だ。20世紀後半の地球上にはマルクスの示した道を歩んでいた国々が多かった。その道から離陸に成功したように見えた国もあった。かつてのソ連が代表例だろう。チェコ、ハンガリー、ポーランド、東ドイツなどは共産化以前にすでに離陸に成功していた国だったが、ソ連の影響力のもと社会主義体制を受け入れた。ところがそれらの国々はやがて墜落の危機に直面し、その危機から脱するために中央の統制による計画経済を捨てて市場経済の体制へと戻った。ベトナムや中国は体制崩壊の兆候が本格化しないうちに先手を打って路線を変更して成功を収めた。歩んでいた道を最後まで貫いたキューバと北朝鮮はついに離陸できなかった。

だが理論はあくまでも理論でしかない。どんな理論も現実の成功を保証してはくれない。ロストウの示した道を歩んだ新生国もまたすべて成功したわけではなかった。チリのピノチェトやフィリピンのマルコスをはじめ資本主義的開発独裁を選択した野心家たちの大半は失敗した。現実は理論よりはるかに複雑だ。ロストウの経済発展論だけでは韓国経済の成功は説明することができない。だが、だからといって理論が意味を失うわけではない。理論は成功の十分条件ではないが必要条件であることは確かだ。朴正熙大統領は1961年と1965年に米国を訪問した際にロストウと面会した。朴正熙はロストウを師と仰いでいたが盲目的な追従者ではなかった。人間朴正熙はいかなる「主義者」でもなかったのだと僕は思う。民族主義、社会主義、民主主義、反共主義、軍国主義、自由主義、いずれの理念も朴正熙の心を捉えることはできなかった。その生涯全体を見渡したとき、朴正熙が一貫して追い求めたのは権力ただひとつだった。

朴正熙大統領は市場と自由競争が離陸の先行条件を用意してくれるはずだとは信じていなかったから、民主的な政府ならけっして選択しえないようなやり方でその課題に挑んだ。朴正熙は成功した事例を知っていた。日本は明治維新によってすべての権力を中央政府に集中させ、その力でヨーロッパに追いつくだけの産業化に成功した。ヒトラーはナチの独裁を確固たるものにするなかで国家による計画に従ってアウトバーンを建設し、重化学工業と軍需産業を集中的に育成する戦時計画経済を実行することで大量失業と超インフレを解消した。結末は侵略戦争の敗北による体制の崩壊だったが、短期的には両国とも目覚ましい経済発展を遂げた。

李承晩《イスンマン》とは違って「元南朝鮮労働党員」の朴正熙は、自由主義イデオロギーに捉われてはいなかった。国の主導する中央統制式の計画経済がロシア共産党の発明品だという事実など、彼にとっては痛くも痒くもなかった。ボルシェビキ革命の指導者レーニンが社会主義者としてはじめて国家権力を握ったときにぶつかった第一の課題は、人民の経済生活を安定させ、重化学工業をいち早く育成して資本主義列強に包囲されたソ連の「一国社会主義」を守ることだった。だが参考にできるような前例がなかった。マルクスの理論は社会主義国家を建設するうえではたいして役立たなかった。レーニンは共産主義者の嫌悪してやまない私的所有を一部許容したうえで、国の戦略的産業を政府が計画し組織し統制する折衷型の新経済政策（ネップ）を実施した。レーニンの死後に権力を引き継いだスターリンは、生産手段と土地を完全に国有化し、生産過程を集団化するなど全面的な中央統制式の計画経済体制を構築した。

ソ連は1941年6月、ボルシェビキ革命から24年目にしてはじめてヨーロッパ東部戦線に姿を現した。ヨーロッパ戦線で連合軍から支援を受けてドイツ軍と戦い、太平洋戦線では最終盤になって米国と手を組んで日本を挟み撃ちにした。ツァーリズムのもとのロシア軍とは違い、ソ連軍は重火器で武装した現代的軍隊として国際舞台に登場した。ソ連共産党の中央統制式の計画経済が、少なくとも短期的にはかなり効率的だという事実を証明してみせたわけだ。朴正熙時代の韓国経済は、米国、英国、フランスといった資本主義先進国と帝国主義の日本・ヒトラーのドイツ・スターリンのソ連を半分ずつ模した体制だった。言い換えるなら私有財産を認める資本主義の基本秩序に中央統制式の計画経済を結合させた混合型経済体制だったのだ。こんにちの中国の経済体制もそれと似ている。中国共産党の経済官僚が韓国経済の発展のプロセスをつぶさに研究したのはけっして偶然ではない。社会主義であれ資本主義であれ開発独裁はいずこも同じ開発独裁だ。中国政府の首脳部が朴槿惠《パククネ》大統領に示している人間的好感は、そんな脈絡から理解するのが正しい見方だろう。

1977年、韓国はついに「輸出100億ドル」と「1人当たり国民所得1000ドル」を達成する。朴正熙大統領その人にとっても人生の目標を成しとげたことになる。朴正熙はさまざまな場所にその揮毫を残しており、「民族中興」とか「国論統一」とかいった軍国主義の匂いが鼻につく漢字の揮毫も多いが、ときには素朴なハングルの揮毫もある。代表的なものが「為せば成る（ハミョンデンダ）！」だった。おそらく幼年時代をすごした植民地期に「朝鮮人はなっとらん」みたいなことを何度も言われたのだろう。「為せば成る」という揮毫には他人からの蔑視や自己卑下を振り払おうとする意志がこめられている。大学生のころ僕らは奉天洞市場の路地裏の飲み屋に集まっては朴正熙政権を打倒するための「逆賊謀議」を開いたものだ。「70年代の大学生活動家」の主食だったラーメンとマッコリを飲み食いしたその店にも印刷された大統領の揮毫の額が飾ってあった。僕らはそれをこう読んだ。「ラーメンできる(ラミョンデンダ)！」。

〈図2〉は50年あまりかけて数千万人の国民一人ひとりが取り組んだ奮闘の記録だ。僕はそこに、それだけの年月を耐えて生き抜いた人々と斃れていった人々が覚えたであろう喜びと悲しみ、自負と憤怒、歴史が彼らの人生に刻んだ成功と挫折の痕跡を見る。歴代大統領の抱いた野心や抱負を読みとる。はるかドイツのルール地方や中東リビアにまで赴き、炭鉱の地下坑道や砂漠で煤や砂ぼこりにまみれて働いた、機械に巻き込まれて指や手足を切断し命を落とした、重金属中毒でさまざまな職業病に苦しんだ労働者たちの苦痛と希望を感じとる。スマートフォン、住商複合マンション、フルオプションの乗用車、壁掛け型の大画面テレビ、KTX〔超高速鉄道〕、ナショナルフラッグ、ステルス駆逐艦、仁川《インチョン》国際空港の海外旅行者の列、多島海《タドヘ》国立公園の快速船、こんにち僕らが享受しているどれひとつとっても天からタダで授かったものではない。若い人たちにはそれらはみな最初からそこにあったように思われるかもしれないが、韓国経済の50年の軌跡を身をもって動かしてきた人々はそれらを見てまるで夢まぼろしのように感じることもあるのだ。

経済開発5カ年計画

経済という観点から見るなら、よき国とは国民が等しく豊かに暮らす国だ。そこに異論はないだろう。だが経済成長と所得の分配との関係については異論紛々だ。所得の分配にばかり腐心していては経済成長は難しいという主張もあれば、持続的な経済成長のためには所得の分配はなるべく均等にすべきだという主張もある。現実に目を転じれば、そのいずれもうまくいっている国もあるしそうでない国もあるわけだが、韓国はそうでないほうだとするのが大方の見方だ。韓国の所得格差は他の国と比べてことにひどいわけではないと主張する人々も、格差が以前より広がったという事実は認めている。なぜそうなったのだろうか。

国の主導する経済開発計画の発端を最初に提供したのは国連だった。国連は植民支配と分断という戦争の惨禍に巻き込まれた不幸な新生国の自立を支援するために「韓国復興機構（UNKRA）」という組織をつくった。韓国復興機構は1953年春に韓国経済の再建を期するための経済開発計画報告書を発表した。李承晩政権の経済政策担当者がこれを参考にして「経済開発7カ年計画」を策定した。だが李承晩大統領には計画経済は共産党のやることだという思い込みがあったため、その計画を受け入れなかった。「経済開発7カ年計画」はしばらくのあいだ宙に浮いたままだったが、4・19の4日前になってようやく閣議決定された。イデオロギー的偏見に捉われて経済発展に対する国の責任と役割を放棄したことは、李承晩大統領の犯したいくつもの過ちのうちもっとも愚かなことだったといえる。それは大衆の抱く切実なる物質的欲望に目を背ける行為だったからだ。

張勉《チャンミョン》内閣は1961年2月に「経済開発7カ年計画」を修正した「経済開発5カ年計画策定要綱」を発表した。確固たる信念をもって急ぎ作成されたものの、与党民主党と内閣から社会主義的ではないのかという批判の声が上がった。計画経済が嫌いだったのは何も李承晩大統領だけではなかったのだ。張勉首相は公共財やインフラといった最低限の必要な部分だけにとどめるとして計画を推進し、やっとのことで最初の「経済開発5カ年計画」を確定して発表した。ところがすぐその翌日に5・16が起きた。「経済開発5カ年計画」は軍事政権の手に落ちたのだ。

韓国経済史においてもっとも注目すべき価値のある事件が二つある。経済成長に関するものでは第3次経済開発5カ年計画（72〜76）であり、所得の分配に関するものではアジア通貨危機（97）だ。韓国は各種消費財を製造する軽工業だけでなく鉄鋼、自動車、金属、石油化学、造船といった従来型の重化学工業に加え、世界最高レベルのコンピュータ、半導体、移動通信機器といった先端産業をも保有している。輸出入の合計額がGDPに匹敵するほど貿易依存度が高い。主要産業のほぼすべての分野を少数の財閥が握っている。こうした財閥大企業と輸出中心の経済構造の原形が、まさに第3次経済開発5カ年計画の期間に誕生したのである。

韓国の賃金労働者の半数以上を非正規職が占めている。非正規職の賃金は正社員の60％にすぎず、雇用も不安定で労働環境もきわめて劣悪だ。企業は事実上自分たちに都合よく労働者を解雇できるようになっており、労働組合の組織率は10％を割り込んでいる。中産層が減少し貧富の格差は拡大している。外国資本は特別な規制も受けずに国内市場に参入することも撤退することもでき、大手企業は生産施設の一部を外国に移転して部品や中間財を外国から調達している。大企業と中小企業、輸出企業と内需企業の格差は日々広がる一方だ。こうした格差拡大は1997年のアジア通貨危機を契機に一段と進んだ。

国民経済が離陸するには滑走路と燃料が不可欠だ。伝統的な経済理論によるならば生産の必須要素は資本と労働力だ。韓国には労働力はいくらでもあったが、資本は足りないどころではなくそもそも存在しないに等しかった。産業化を進めるには工場、機械、原料、中間財といった実物資本を蓄積しなければならない。

マルクスは資本主義の生産様式を稼働するうえで必要なおおもとの資本を形成することを「資本の本源的蓄積」と呼んだ。英国をはじめとする資本主義先進国は二つの方法でこの課題を解決した。第一は封建的特権を資本化することだった。ヨーロッパ貴族は中世以来農民の持っていた耕作権を全面的に否定することによって土地に対する封建的特権を資本主義的な意味での所有権に転換した。羊毛が値上がりすると農民を領地から追い出して農地を牧草地に変え、農業資本家に賃貸するいわゆる「エンクロージャー」である。土地を追われた農民たちは都市に移動して労働者になった。

第二は帝国主義の侵略と植民地の収奪だった。英国、フランス、オランダ、スペイン、ポルトガル、ドイツといった先進国は軍事力で他の伝統社会を征服して富と労働力と資源を略奪することによって資本を蓄積した。ソ連と中国は別のやり方で資本の本源的蓄積を成しとげた。つまり封建的特権を私有財産ではなく国家資本へと転換したのだ。消費財産業よりもまずインフラと重化学工業を先に育成した。市場競争という社会的な強制や物質的な富へと向かう個人の欲望ではなく、革命のイデオロギーによって大衆を動員して国家資本を蓄積した。冷戦の時代に資本主義と社会主義はイデオロギー的・政治的・軍事的な面で鋭く対立したが、経済面では相通じる点があった。現実の社会主義国は、生産手段の所有権と生産物の処分に関する権限を資本家ではなく共産党の官僚が行使する一種の国家独占資本主義ととらえることができるのだ。経済政策の重点は短期間に大量の国家資本を蓄積することに置かれていた。

韓国は西欧の国々とは違っていたし、社会主義国でもなかった。資本化できるような中世的特権はほとんど存在せず、他の国を収奪する能力もなく、イデオロギーで大衆を動員することも不可能だった。日本人の残していった生産施設がわずかにあったが、それも朝鮮戦争で大半が破壊されてしまった。朴正熙大統領はそんな実情のなかで実行可能な方法を採用し、資本を海外から借り入れて企業に荒稼ぎさせることで資本の本源的蓄積を成しとげたのだ。当初の海外資本の借入主体は政府だった。そのうちに企業にも海外からの借入の門戸を少しずつ開いていった。政府は独占企業が市場支配力を利用して暴利をむさぼれるよう誘導し、労働組合や労働運動を徹底して弾圧した。消費者と労働者を搾取することによって企業は短期間に莫大な資本を蓄積することができた。だが韓国で進められた資本の本源的蓄積がとりわけ非人間的だったとか残酷だったとかいうわけではない。マルクスがいうように、どこであれ「資本は、頭から爪先まで毛穴という毛穴から血と汚物をしたたらせながら生まれてくる」。

経済開発5カ年計画は「資本の本源的蓄積」または「離陸のための先行条件整備」のためのものだった。第1次5カ年計画（62～66）のかなめは電力、石炭などのエネルギーの確保、国家基幹産業の拡充、鉄道・道路・港湾などのインフラへの投資拡大、農業生産力の向上、輸出の増大、技術の振興だった。公共財の供給と基幹産業の育成に重点を置いた張勉内閣の計画の引き写しだった。それは飛行機を飛ばす前に滑走路を整地する作業に当たるものだった。

第2次5カ年計画（67～71）の目標は食糧の自給、国土緑化、化学・鉄鋼・機械工業の建設、7億ドルの輸出、雇用拡大、国民所得の増大、科学技術の振興、技術水準と生産性の向上などだったが、最重要課題は化学・鉄鋼・機械といった重化学工業の育成だった。第1次5カ年計画の目標が達成できもしない

1976年6月9日、浦項製鉄第1高炉で初の出銑　© 聯合ニュース

うちに重化学工業を育成するなど無理なことだった。もっとも悩ましい問題は計画を実行するうえで必要な資本がないということだった。重化学工業を育成するには他のいかなる産業より厖大な設備投資をしなければならない。投資から利潤獲得までにかかる時間はきわめて長い。だが韓国には蓄積した資本がなかったから外から取り込む以外には短期的な解決策がなかった。政府は日韓国交正常化とベトナム戦争への派兵を契機に日本や米国の資本を取り込んで重化学工業の建設作業に本格的に取り組み、第3次5カ年計画の期間に目に見える成果を手にした。

産業化勢力の主たる面々は産業化の成功にかかわる物語をいくつも残した。国民には金鍾泌《キムジョンピル》、李厚洛《イフラク》、車智澈《チャジチョル》、金炯旭《キムヒョンウク》、金載圭《キムジェギュ》、金成坤《キムソンゴン》といった陰湿な情報工作政治の責任者どものほうが名を知られているが、その名を記憶にとどめておく価値があるのは朴正煕時代の高級経済官僚のほうだ。経済開発計画の立案と執行を総括した副首相兼経済企画院長官は張基栄《チャンギヨン》（在職64〜67）、朴忠勲《パクチュンフン》（同67〜69）、金鶴烈《キムハンニョル》（同69〜72）、太完善《テワンソン》（同72〜74）、南悳祐《ナムドグ》（同74〜78）、申鉉碻《シンヒョナク》（同78〜79）だった。産業政策と輸出政策を担当した商工相は朴忠勲（在職64〜67）、金正濂《キムジョンニョム》（同67〜69）、李洛善《イナクソン》（同69〜73）、張礼準《チャンイエジュン》（同73〜77）、崔珏圭《チェガッキュ》（同77〜79）だった。これらの人物はおおむね裕福な家庭に生まれて国内の名門大学か海外で学び、公職を勤め上げた後も何不自由なく老後を送った。秘密結社を組織し、街頭デモを先導して独裁政権と闘った民主化勢力の主たる面々が指名手配、潜伏、逮捕、拷問、投獄と続く波乱万丈の人生を歩みつつ数々の武勇伝や人間ドラマを残したのとは違い、彼らの人生には大衆の好奇心をくすぐったりヒューマニズムあふれる感動を呼び起こしたりする要素は特にない。けれど彼らが産業化初期の国家政策決定の過程において残した記録には知的好奇心を刺激する物語が少なくない。

　朴正熙大統領は１９７３年の新年記者会見で重化学工業化を宣言した。80年代の初めまでに輸出１００億ドルと１人当たり国民所得１０００ドルを達成し、輸出品の50％以上を重化学工業製品にすると豪語した。輸出第一主義、足掛け10年を超える大規模長期計画、産業機械・造船および運送機械・鉄鋼・化学・電子の5大産業の集中発展といったものが宣言の主要な内容だった。大統領は重化学工業推進委員会を設立してみずから委員長を務め、１００億ドルの投資財源調達計画に基づいて最初の3年間に31億ドルの投資資金をつぎこんだ。朴正熙大統領のほか青瓦台《チョンワデ》経済首席秘書官呉源哲《オウォンチョル》、秘書室長金正濂がその主役だった。重化学工業化は防衛産業を増強して国軍を現代化するうえでも必要な政策だった。朴正熙大統領にとってこの事業は戦争にも等しかった。少なくとも参謀たちの目にはそう映った。重化学工業化のために国の内外から100億ドルを投入すべきとの報告を受けた大統領はこう言った。「私が戦争を起こそうとしているわけでもあるまいに。日本は国の命運をかけて戦争を起こしたが日本国民は喜んで従った。結果的に太平洋戦争で敗戦して国民に多大なる被害を与えたのにだ。この程度の事業に協力できぬなどということがあるものか」。

第3次経済開発5カ年計画の期間に韓国経済は離陸のための先行条件を整えた。国際的な経済環境はかんばしくなかった。ベトナム戦争遂行のために通貨を発行しすぎたことから米ドルが暴落すると、米政府は1971年、ドルと金との兌換制度を一時停止すると電撃的に発表した。金本位制と固定相場制を軸とする戦後の国際金融秩序が崩壊し、世界経済の不確実性が増大した。そのうえイスラエルとアラブ諸国が戦争を繰り広げた1973年秋、中東の産油国がイスラエルを支持する国への原油供給を停止する「石油戦略」に打って出た。1バレル2ドル水準だった国際原油価格は一気に5倍以上へと跳ね上がり、それにともなって物価も天井知らずの勢いで上昇した。そんな状況でも政府は相変わらず大規模な政府借款を繰り入れて企業にばらまいた。海外市場での国家債務の規模が急増すると国内外で「外債亡国論」が巻き起こった。だが、原油価格の暴騰で天文学的規模にふくれあがった「オイルダラー」を手にした中東諸国の建設ブームに乗って大量の出稼ぎ労働者を送りこむことで韓国経済は年平均10%に迫る成長率を記録した。飛行機が滑走路を走りつつ次第にスピードを上げ、ついに車輪が地面から離れた。

第4次5カ年計画(77〜81)のさなかの1979年10月26日に朴正熙大統領暗殺事件が起きた。保安司令官全斗煥《チョンドゥファン》を中心とする新軍部が粛軍クーデターと非常戒厳令拡大措置によって権力を掌握したが、5カ年計画はそのまま生き延びた。第4次5カ年計画の目標に自力成長構造の確立、技術革新と能率向上などとともに「社会開発による均衡の増進」を盛り込んだところをみると、朴正熙政権の経済官僚は韓国経済がすでに離陸に成功したと判断していたようだ。離陸の際は推進力と加速度が重要だが、離陸後に順調に飛行するにはバランスをとらなければならない。そこで経済政策との関連ではじめて「均衡」という目標を掲げたのだ。

第4次5カ年計画1年目の1977年に韓国経済は輸出100億ドルと1人当たり国民所得1000ドルを早ばやと達成したが、庶民の暮らし向きはなお厳しかった。不動産投機ブームで住宅価格が暴騰し、生活必需品は相変わらず供給不足の状態だった。1978年にイランのイスラム革命とサウジアラビアの内戦、ソ連のアフガニスタン侵攻といった一連の事件で第2次オイルショックが起きると物価はまたもや上昇した。そんな時期に追い打ちをかけるように、国家財源を安定的に確保できるようにと新たに税率10％の付加価値税が導入されたため、消費者物価はさらに高騰した。国民感情は悪化せざるをえなかった。第4次経済開発5カ年計画の目標に「均衡」を盛り込んだのはタイムリーだったといえるが、政府は経済面での不平等と物価高騰に対する庶民の不満を解消することができなかった。1979年10月の朴正熙暗殺事件、翌年5月の光州民衆抗争を経て、1980年夏は異常なまでの冷夏で農業が大凶作に見舞われると、韓国経済は経済開発計画に取り組んで以来初のマイナス成長を記録した。それは産業化時代を迎えてからはじめて直面した深刻な経済危機だった。

経済開発計画はその後も3度にわたって策定されたが、その意味はそれまでと同じではなかった。1982年から始まった第5次5カ年計画の目標からは「成長」がはずされた。盧泰愚政権の第6次、金泳三政権の第7次計画では自律、競争、開放、国際化、企業競争力の強化といった新たな目標が登場した。それらの目標は国家主導型の資本主義的計画経済のゆるやかな解体を意味していた。そのうえ80年代末には世界の冷戦構造が終わりを告げ、米国型の新自由主義、グローバリズムが世の主流となった。韓国の財閥大企業はすでに莫大な富を蓄積していたため、政府が投資財源を調達して企業に割り当てる必要もなかった。ついに1997年のアジア通貨危機とともに国家主導型の経済開発計画の時代は完全に幕を閉じた。

韓国型経済成長の秘訣

経済成長とは国の富が増えることだ。では国の富とは何なのか。国民が毎年生産し消費する財貨とサービスの量を指す。それを測定するために国民総生産（GNP）、国内総生産（GDP）、国民総所得（GNI）といった指標を用いる。GNPは1年間に国民が生産した付加価値の総量を集計したものだ。だがそこにはいくつかの重大な欠陥がある。何よりも生産をするために自然や環境を破壊することで国民の福祉や厚生を損なう負の外部効果を反映していない。自給自足の生産と消費も含まれない。市場で取り引きが行われても、それが不法だったり脱税目的で故意に資料を残さない「地下経済」だったりする場合も抜け落ちている。だがそうした欠陥があってもそれよりましな測定指標がないため、各国がGNPを国富の指標として使っている。

　ＧＮＰを増やす方法には四つある。第一はより多くの労働力を生産に投入することだ。そのためには人口を増やさなければならない。人口が増えないならば雇用率を上げなければならない。第二はより多くの資本を生産に投入することだ。それには投資を行わなければならない。投資とは今日生産したものの一部を消費せずに資本を形成するほうに回すことだ。投資が多ければ次の生産量が増加する可能性が高くなる。第三は生産技術水準の向上だ。技術水準が高ければ同じ量の労働力と資本でより多く生産することができる。第四は信頼という「社会的資本」だ。合理的な規則があり、資本家と労働者、政府と企業、供給者と需要者、そして市民一人ひとりがみなこの規則を守り、他の者もみな守るはずだという信頼が醸成されている社会は、そうでない社会に比べてより多くの富を生産することができる。

　１９５９年の韓国には労働力はあったが、資本と生産技術はなかった。不正腐敗と独裁がのさばる世なのだから信頼は形成されうべくもなかった。張勉内閣はそうした状況で最初の経済開発計画を策定した。経済を発展させるには誰かがリーダーシップを執って経済活動への参加を促し、生産技術を教育し、物的資本を形成し、互いに信頼しあって一致協力できるように仕向けなければならない。張勉内閣がその課題を成しとげえなかったことを論拠に5・16を擁護するのはフェアではない。それを成しとげようとして最初の経済開発計画を立てたところでクーデターが起きて権力を失ってしまったのだから。

　前述したとおり、産業化の最優先課題は資本の本源的蓄積だった。だが国民はあまりにも貧しく蓄積する余裕がなかった。国も同様で生産が消費に追いつかず外国からの援助に頼らなければならなかった。朴正熙大統領は手段を選ぶことなく資本の本源的蓄積を図った。植民地期の搾取と虐殺に対する日本への賠償請求権を3億ドルという二束三文の代償で手放してしまった。若者をベトナム戦争に送って5000人あまりの命を犠牲にした。西ドイツには炭鉱労働者と看護師を送った。1963年から8000人が派遣された炭鉱労働者の学歴は高卒が50%、短大以上の高学歴者が24%だった。看護師の派遣は1966年に西ドイツのマインツ大学病院の李修吉《イスギル》博士がドイツ病院協会と韓国海外開発公社との橋渡しをしたことから始まった。1969年に両機関が協定を結んで1万1000人あまりの看護師が西ドイツへと渡った。

渡独した人々はそれぞれ自分の意思で給料の一部を韓国の家族に送金し、それが結果的に外貨獲得におおいに役立った。このとき韓国政府が出稼ぎ労働者の給料を担保に商業借款を手にしたという噂にはいかなる根拠もない。西ドイツの法律は労働契約に基づいてドイツ企業が韓国人労働者に支払う給料を担保として政府借款を提供することを認めていない。西ドイツは多くの政府開発援助（ODA）を実施している国で、韓国に対しても米国に次いで多くの通常の政府借款を提供したまでだ。70年代には中東地域が外貨獲得の重要な現場だった。1973年の三煥《サムアン》企業によるサウジアラビアでの道路建設工事に始まった中東の建設ブームは南光《ナムグァン》土建、新韓《シナン》機工建設、大林《テリム》産業のヨルダン、アラブ首長国連邦、クウェートにおける建設受注を経て、1976年の現代《ヒョンデ》建設のサウジアラビア港湾工事というふうに爆発的な勢いで増えていった。1979年に中東地域に派遣されていた韓国人労働者は10万人に迫るほどだった。

性売買は厳然たる不法行為だ。だが政府は日本人観光客の相手をさせるいわゆる「キーセン観光」を公然と容認した。１９６５年に日本との国交が正常化してからは日本人観光客が急増した。１９７３年の外国人観光客68万人の80%が日本人だったが、その大半がキーセン観光を楽しむためにやってきた日本の男たちだった。「外貨獲得」のためなら許されないことなどなかった。ソウル中心部の鍾路《チョンノ》の10軒をはじめソウルだけで14軒、釜山《プサン》に7軒、慶州に4軒、済州《チェジュ》島に2軒の観光料亭があった。もっとも規模の大きかった三清閣《サムチョンガク》●3と大元閣《テウォンガク》●4だけで観光客をもてなす芸妓である妓生《キセン》が８００人もいた。旅行代理店・観光料亭・ホテルが手を組んだこの国際的性売買事業は１９７３年の１年間だけでも２億ドルの観光収入をもたらしたと推定される。

　政府は重化学工業への投資のためにみずから大規模借款を導入し、鉄道、道路、通信、鉄鋼、石油化学、金属といった基幹産業を直接または政府系企業を設立して運営した。それでも足りずに馬山《マサン》をはじめいくつかの場所に輸出自由地域を設定して外国資本の直接投資を誘致した。「家庭儀礼準則」を制定して国民の消費生活を抑制し、児童生徒すべてに預金通帳を作らせた。私的貸金業者を徹底的に取り締まって銀行の成長を助けた。政府が中央銀行である韓国銀行からジャブジャブと資金を借りて市場に流すやり方で物価高を誘発することによって現金や預金を持っている国民からカネを搾り取り、多額の負債を抱える金融機関や企業に莫大な利益をもたらした。

　朴正熙大統領も当初から海外資本の借入に依存しようと思っていたわけではなさそうだ。朴正熙は国家再建最高会議議長だったころ、国内資本を産業化に動員するための極秘作戦を展開したことがある。米大使館にも知らせずに英国で新紙幣を印刷して国内に持ち込み、電撃的にデノミを断行したのだ。１９６２

年6月9日午後10時のことだった。新貨幣の単位を10対1の比率で「ファン」から「ウォン」へと変更したこの作戦の目的は、ヤミ資金を顕在化させて投資財源へと振り向けることだった。政府は100ファン以上の貨幣の流通をただちに禁止し、50ファン以下の小額貨幣については一定期間に限って新貨幣との併用を認めた。金融機関の債務支払い行為を全面的に禁止し、預金額の一部のみ新紙幣への交換が認められ、残りは封鎖勘定に繰り入れて凍結した。封鎖勘定の資金はまだ設立してもいない産業開発公社の株式へと転換された。華僑が現金で保有している旧紙幣だけでも1000億ファンにのぼるはずとの報告を当てこんでデノミに踏み切ったのだが、期待はずれの結果に終わった。「華僑資金」はとんだガセネタだった。封鎖対象になった資金の総額は970億ファンにすぎなかった。だが副作用のほうはかなり深刻で中小企業の稼働率が半分以下に落ち込むほどだった。そのうえ米国務次官補が駐米韓国大使丁一権《チョンイルグォン》を呼びつけて強制凍結した預金を解除しなければ援助を中断すると迫った。政府予算の半額を米国からの援助に頼っていた軍事政権は、とうとう降参せざるをえなくなった。このデノミの失敗を経験して、朴正熙議長は国内資本で産業化を推進するのは不可能だという結論に達したものと思われる。民族資本で基幹産業を建設し、輸入代替産業と輸出産業を確立しようという発想は力を失った。そんなことから外資導入、加工貿易、輸出立国といった対外開放路線が主流をなすこととなったのだ。

　朴正熙政権は、「共産党宣言」で「近代国家の執行権力とは、ブルジョアジー全体に共通する問題を管理する委員会にすぎない」と述べたマルクスの見解が少なくとも一面の真実をとらえたものだということを証明してみせた。1972年8月3日に発表された「経済の安定と成長に関する大統領の緊急命令15

号」、いわゆる「8・3緊急措置」が代表的なケースだ。それは失敗したデノミよりさらに露骨な私有財産の侵害行為だった。高利の貸金業者から多額の借入をしてデフォルトの危機に陥る企業が増えると、全国経済人連合会（全経連）はその負債を凍結して金融機関の貸付に転換する方向での制度化を政府に提案した。朴正熙大統領はそれを受け入れて8・3緊急措置を発表した。

この命令のポイントは、貸金業者と企業との債権債務関係をただちに無効とし、債務者が借入額を届け出れば、3年据え置き後に通常の貸金業の3分の1ほどの月1・35％の利率を適用して5年分割で返済できるというものだった。債権者が求めるなら貸付を出資金に転換し、2000億ウォンの特別資金枠を設けて企業の短期貸付金を長期低利の貸付金に転換できるようにした。ふつうの資本主義社会では想像の及ばないような措置だった。1週間の届出期間のうちに各企業は銀行の貸付総額の42％にも及ぶ3456億ウォンの借入金を届け出た。このうち会社の経営者が会社資金として借り入れたようにみせかけて着服する「偽装借入」が1137億ウォンにものぼった。政府が1億ウォン以上の偽装借入のある企業への支援を停止すると、それらの会社はほぼ破産した。件数の90％、金額の32％を占める300万ウォン未満の少額借入について、政府は据え置き期間を短縮する宥和措置を講じた。債権者の私有財産を奪い、そこに国民の税金を上乗せして企業に提供する8・3緊急措置が企業の財務構造を改善するうえで効果てきめんだったのは当たりまえのことだ。

韓国の経済は市場経済体制ではなかった。市場の原理に従うなら資本はおのずと収益性の高い投資プロジェクトを有する産業や企業へと流れていく。ところが産業化以前の韓国には正常に作動する資本市場も金融市場も存在しなかった。外国から、または韓国銀行から借りた資金で整備した投資財源を政府が企業にじかに配分していたのだ。その政府の実体は朴正熙大統領とその側近の参謀たちだった。いくら収益性のある投資プロジェクトを有する者でも政府にコネがなければ資金を手にすることはできなかった。権益のあるところには政財界の癒着と腐敗が生じるのが必定だ。そのようにして財閥体制が誕生した。

　大統領と側近の信任を得た企業家たちは物価上昇率よりはるかに低い金利で政策資金を受け取った。各種特典と行政上の優遇措置を提供され、国内市場の独占的または寡占的な供給者となって消費者である国民を搾取した。そうやって儲けたカネでいくつもの産業分野に進出し、巨大なコングロマリットを形成した。サムスングループの李秉喆《イビョンチョル》、現代グループの鄭周永《チョンジュヨン》、鮮京《ソンギョン》［現ＳＫ］グループの崔鍾賢《チェジョンヒョン》ら、巨大コングロマリットを形成した財閥の創業者はそういった方面に優れた能力を発揮した者たちだった。政府は財閥大企業が輸出によって外貨を稼げるように資金面でも税制面でも支援を惜しまなかった。財閥トップたちは大統領とその取り巻き連中に「統治資金」という名目の賄賂をたんまりと差し出した。

　１９６１年の５・16の直後、軍事革命政府は財界の上位10位圏の企業家を一斉に逮捕した。日本に出張中だったため逮捕を免れたサムスングループ会長の李秉喆は、国家再建最高会議の不正蓄財処理委員長に手紙を送って５・16を支持するとともに不正蓄財者処罰の方針に異議なしと伝えた。だが朝鮮戦争のころに制定された不合理な税法のもとで雇用を創出し税金を納めて国の運営を支えた企業家と、なりふりかまわぬ悪徳企業家とは区別すべきで、財界人を処罰して企業活動を委縮させたりしては貧困の追放はできなくなると主張した。軍事政権の説得に応じて帰国した李秉喆は１９６１年６月27日に朴正熙少将と面会した。李秉喆はあのような法律に従って税を納めていたら生き残れた企業はなかっただろうし、そんな環境でも大企業へと育てた企業家を処罰したりしたら税収が減って国家財政も打撃を被ることになると主張した。身柄を拘束されていた企業家たちは「祖国近代化事業」に協力すると誓約したうえで全員釈放され、それぞれ一定額の追徴金を納めた。李秉喆は次に朴正熙と会った際に、企業家たちから罰金を徴収するより工場を作らせて政府に差し出させるほうが上策だと提案した。国家再建最高会議はこの提案を採用し、政府が企業に投資を命じることのできる法律を制定して基幹産業の施設を設置させることとした。

　朴正熙と李秉喆の出会いは「国と財閥の発展のための同盟」のきっかけとなった。5・16の直後に逮捕され釈放された企業家たちで結成された団体が「全国経済事犯連合会」と皮肉たっぷりに呼ばれる全経連[※5]だ。その後も財閥トップたちの大半は一度ならず不法な裏金作りや会社資金の横領、不正な政治資金の提供に贈賄、粉飾決算、脱税などの犯罪をはたらいては司直の手を煩わせた。とはいえ起訴までいかないケースは数知れず、犯罪の疑いが明々白々な場合でもせいぜい懲役3年執行猶予5年で済むのだった。しかもしばらくすると大統領は「国民経済の活性化と企業の発奮を促すために」恩赦を適用してやった。「企業の脱税や不法行為は不合理な制度に起因するもので、企業家を処罰すると経済が委縮して景気が沈滞する」という李秉喆の見解は大統領、検事、裁判官、マスコミがこぞって追従するイデオロギーとなった。

　労働力の投入量を増やすことは資本の蓄積に比べればはるかに造作ないことだった。政府は都会に仕事を供給し、農村では農地整理を実施した。60年代から70年代にかけて北漢江《プッカンガン》水系の昭陽江《ソヤンガン》ダム、南漢江《ナマンガン》水

1971年8月10日、広州大団地事件の様子　©ソウル特別市（ソウル特別市情報公開政策課提供）

系の忠州《チュンジュ》ダム、洛東江《ナットンガン》水系の安東《アンドン》ダムといった大型多目的ダムを建設し、貯水池や農業用水路などの灌漑施設を拡充することによって農業の生産性を向上させた。当時、農村には「潜在的失業者」が広く存在していた。「潜在的失業者」とは就業者に分類されているものの実際には生産にほとんど寄与していない者のことだ。朝鮮戦争以降の農業は、有償没収・有償分配の原則による農地改革で大地主がいなくなり、小規模農家が圧倒的多数を占める経営形態になった。世帯当たりの農地面積は狭く、家族労働と近隣農家どうし持ちつ持たれつの相互扶助で成り立っていた。農地面積が限られているため現状以上の労働力を投入しても生産性が上がるわけではなかった。いわゆる「限界生産力逓減の法則」が作用していたのだ。そのため農村人口が減っても農業生産量は減少せず、それらの人々が工場で働くようになると世帯所得もGNPも増加した。

労働力の移動配置のために特に政府が何かしたわけ

ではなかった。「豊かに暮らそう」というスローガンを唱えるだけでじゅうぶんだった。物質的な豊かさへの欲望が人々を突き動かした。食っていくのが苦しい農民たちが一家そろって農村を離れた。新たな生き方を望む若者たちが働き口とよりよい暮らしを求めてひとり都会へと移り住んだ。「やみくも上京」ブームが起きて農村人口が急激に減少し、都市人口が急増した。ソウルをはじめとする大都市やその周辺地域に貧民街、スラムが形成されていった。離農してやってきた労働者、水害などで家を失った被災者、不動産投機ブームや都市再開発で立ち退きになった人々がそういった地域に寄り集まってきた。上下水道、道路、住宅、学校といった都市インフラのまったくない場所に人口が密集すると、深刻な問題が生じた。1971年に起きた広州《クァンジュ》大団地事件[6]が代表的な例といえる。事件が起きたのは現在の城南《ソンナム》市寿井《スジョン》区、中院《チュンウォン》区の旧市街地に当たる地域だ。

韓国経済の成長は生産技術の向上を伴っていた。労働者を生産に投入するには技術教育を受けさせなければならない。縫製、繊維、合板、食品、電気製品組立といった産業化初期の単純製造業の分野では企業がみずから問題を解決した。小学校や中学校も終えていない年端もゆかぬ労働者を「シタ」[7]として採用して低賃金でこきつかった。青年労働者全泰壱《チョンテイル》［第5章参照］が勤労基準法の冊子を抱えて焼身自殺した清渓川《チョンゲチョン》地区の被服工場や、今は加山《カサン》デジタル団地へと変貌を遂げた九老《クロ》工業団地の縫製工場はどこもそんな状況だった。けれど金属、電子、電気、自動車、造船、鉄鋼といった付加価値の高い製造業や重化学工業ではより高水準の知識や技術を身につけた労働者が必要だった。

政府は実業系高校を助成する一方で全国各地に職業訓練院を設置した。高校を終えた若者がそこで2年間、刑務所の受刑者より低予算で提供される給食を食べて軍隊と似たような集団生活を送りながら技術教育を受けると、蔚山《ウルサン》や昌原《チャンウォン》の大規模工場に集団で投入された。職業訓練院は現在ではより高度な技能教育を担う韓国ポリテクク大学へと改編されている。大学や短大には新しい産業に関連する学科を新設した。政府は研究開発のための国立の研究所を設立し、民間企業にも研究所を置くことを奨励した。韓国の産業化は戦争にも似ていた。社会主義計画経済の道を選んだ北朝鮮が革命のイデオロギーを刷りこんで「千里馬運動」や「明けの明星を見る運動［早朝出勤奨励運動］」に労働者を動員していたその同じころに、資本主義計画経済の道を選んだ韓国では物質的に豊かなよりよい暮らしへの欲望と資本家どもの利潤追求の欲望が、労働者を「万里馬運動」や「星も見ず夜っぴて働く運動」へと駆り立てていた。労働者は眠気を振り払うために「タイミング」という錠剤を飲みながら徹夜作業をし、工場の現場管理者は疲れ果てて居眠りをする女性労働者の腕を安全ピンでつついては起こして回った。

これは資本の本源的蓄積と生産能力の拡大に関する話だ。だがそれがすべてではない。やみくもに生産能力をつけさせたからといって経済成長できるわけではないからだ。経済成長とはさらに多くの生産を意味する。経済が成長しつづけるには企業が増産した分を売って利潤を残し、その利潤を再投資して生産能力をさらに拡大し、いっそう増産した分を売ってさらに大きな利潤を上げられなければならない。経済成長は自転車と同じで走りつづけなければ倒れてしまう。成長が止まれば現状維持というわけではない。成長のスピードが鈍っただけでも景気は急降下し、ときに崩壊の危機に陥る。ところが60年代から70年代の韓国は、国民所得の水準が低すぎて国内の消費だけでは経済成長を支えきれなかった。しかも外債の元利金を返済するためには何としてでもドルを手に入れなければならなかった。結局のところ輸入を抑制し、輸出を奨励する以外に道はなかった。政府は極端な輸出奨励と輸入抑制の政策を推進し、「愛国的消費」を訴える大規模キャンペーンを繰り広げた。

原油をはじめとするエネルギーや原材料、工作機械や部品といった生産設備や中間財の輸入は停止するわけにはいかない。それらを使って生産しなければ輸出もできないからだ。だが消費財の輸入は規制してもかまわない。政府は高い関税障壁と厳しい非関税障壁とを張り巡らせた。外国産のタバコや乗用車を「公共の敵」に仕立てあげた。遠くから煙を見ただけで洋モクかどうか判別できる専門家を食堂や飲み屋や喫茶店に送りこんで消費者、密輸業者、流通業者を摘発した。外車に乗っていると国税庁が資金の出どころを追跡して特別税務調査に乗り出した。路上に駐車しておいた外車に釘で引っ掻き傷をつけるという犯罪行為に及ぶことで愛国者のプライドを示す輩さえ現れた。韓国が経済開放の初期にあった80年代半ばにソウルにやってきた欧米の自動車メーカーの経営者たちは、共産圏よりひどいと舌打ちしたものだ。韓国における輸入車のシェアは限りなくゼロに近く、ソ連や東欧の社会主義国より低かったのだ。消費財の輸入を事実上禁止していた韓国で市場をほしいままにしていた財閥大企業は思う存分利潤を独り占めしていた。

輸出は褒め称えられるに値する愛国行為になった。政府は「産業報国」だの「輸出立国」だのといったスローガンを掲げて輸出に励んだ企業と企業家に金塔・銀塔・銅塔・鉄塔・石塔の各産業勲章と多額の税制上の優遇措置を提供した。輸出企業の経営者、労働者には「輸出の英雄」とか『産業戦士」といった栄えある呼称を授与した。それら企業の守るべきもっとも重要な規範は外国為替管理法に基づいて輸出代金を管理することだった。海外への迂回的な資金移転は最悪の反社会的・反国家的犯罪とみなされた。さまざまな噂はあったが、海外から取りつけてきた借款や企業家から受け取った「統治資金」を朴正熙が海外に移転していた証拠はついにみつからなかった。20世紀の世界にはスイスの秘密口座に公然とカネを迂回させるような開発独裁者がゴマンといたが、朴正熙は違っていた。そのスタイルは韓国型開発独裁の文化的伝統となって後任者たちに受け継がれた。全斗煥、盧泰愚両大統領は在任期間中に財閥トップから明るみに出ただけでも1兆ウォンを超える裏金を受け取って「統治資金」に当てていたが、残金を海外に移転せずに国内の金融機関に預け入れておいたため足がついて逮捕された。当時僕はドイツに留学中だったが、タンザニアからの留学生だった友人にこう尋ねられた。「なあ、そんな大金をなんで韓国の金融機関に置いといたんだ？　スイスに銀行がいくらでもあるのに、お国の独裁者どもはなんか変わってるよな」。

貿易政策や産業政策をみると、朴正熙大統領は19世紀ドイツの経済学者にして愛国者だったフリードリッヒ・リストの忠実な弟子だったといえる。古典的自由主義が人気を博していた19世紀半ば、リストは自分はドイツ人なるがゆえに自由貿易論を拒むと言った。リストは産業基盤の弱いドイツが自由貿易に手を染めれば、経済面で英国の覇権のもとに組み込まれてお粗末な産業しか持たない二等国に成り下がるだろうと看破した。そこでまずは高い貿易障壁を設定して自国の産業を育成したうえで、じゅうぶんな実力が備わってから国内市場を開放すべきだと主張した。リストはドイツ産業を保護するために輸入工業製品に高い関税をかけるべきだと提案し、そうした目的で賦課する関税に「保育関税」というシャレた呼び名をつけた。産業化の立ち遅れた国には保護貿易主義者リストの戦略が妥当だということを韓国の貿易政策が裏付けたことになる。

70年代の韓国の経済成長の秘訣は「要素投入量の増加」だった。政府は海外から借款を取りつけ、独占や寡占の地位を享受していた国内の大企業は急ピッチで資本を蓄積した。家計の貯蓄率は30％を上回った。最近はその10分の1にも満たない。農村を離れた人々は製造業や建設業、サービス業に流れ込んだ。人口が急増し、経済活動への参加率が50％を超えた。労働力の投入量が大幅に増えたのだ。生産技術向上への努力がなかったわけではないが、それはまだ経済成長の主たる要素ではなかった。特権と腐敗、政財界の癒着、不動産投機、経済力の独占と不公正な取引が大手を振ってまかりとおるなか、政府が労働者の権利はもとより市民の一切の自由を弾圧していただけに、信頼という社会的資本はほとんど蓄積されていなかった。

そんなふうにして韓国経済は60年代後半から90年代半ばまで世界史でも類を見ないほどの高度成長を遂げた。成長のスピードにおいて韓国を追い抜いたのは中国だけだ。朴正熙大統領はこの成長を成しとげるために18年間にわたって鉄拳統治を敷いた。脅迫と暴力が恒久的かつ効率的な統治の手段ではないということ、国民が国の目標をみずからの個人的目標ととらえて自発的に協力すれば政府が暴力を行使する必要などないということを、朴正熙が知らなかったはずはない。だからこそ彼は教育とマスコミを統制し、世論をでっちあげることによって国民を洗脳しようとした。社会主義であれ資本主義であれ、中央統制式の計画経済は必ずや全体主義の独裁を招く。

韓国の産業化はきわめてダイナミックだった。産業革命以降、西欧諸国は20〜30年周期で主力産業の交代を経験した。ところが韓国では主力産業の交代周期はたったの3〜4年だった。韓国の主力産業は食品、繊維、縫製、製靴、合板製造といった単純消費財の生産から出発し、電気、家電といった耐久消費財産業、鉄鋼、金属、石油精製、造船、原子力、自動車といった重化学工業を経て、電子、半導体、コンピュータ、移動通信といった付加価値の高い先端産業へとめまぐるしいスピードで移り変わっていった。その早すぎるスピードは適応不良の原因となる。ある産業が栄えるとその産業に必要な技能をもつ人々は労働市場で優遇され、その技能を学べる学科が大学入試の際にもてはやされる。僕の7歳年上の兄は繊維産業が盛んだったころに化学工学科に入学した。だが徴兵を済ませて大学を卒業したころには繊維産業はすでに傾きかけていた。機械工学、造船工学、原子核工学などいくつもの学科が似たような道をたどった。

そうした急速な主力産業の交代が行われた秘訣は何だろうか。あらゆる面で先進国に追いつこうとした政府の産業政策が第一の要因だ。だがその政策が成功しえた背景には財閥体制という特殊な要因がある。財閥とは、ある個人を中心に家族をはじめとする特殊関係人が経営の意思決定を行う大規模な企業集団をいう。財閥がコングロマリットを形成したのは事業の多角化を図ったからだ。第一精糖や第一毛織といった消費財産業から出発したサムスングループが、金融業、家電産業を経て半導体、電子、保険、レジャー、情報通信産業へと進出していったのが代表的なケースだ。財閥は当初は政府の提供する産業資金に依存していたが、やがて金融機関の貸付、証券市場を介しての資金調達、営業利益の社内留保などによって巨大な資本の城砦を築いた。

法律のうえでは財閥とは「同一人が事実上事業内容を支配する会社の大規模集団」である。公共企業は除外して民間企業に限ってみていくと、２０１３年４月現在でサムスンは76の系列会社、資産総額３０６兆ウォンという規模で、57の系列会社、資産総額１６７兆ウォンで2位につける現代自動車に大きく水を開けた圧倒的な1位だ[8]。金融保険分野の系列会社を除いても売上、当期純利益などのあらゆる経営指標で2位の現代自動車の2倍ほどのレベルだ。サムスンの２０１３年の当期純利益は、現代自動車からＳＫ、ＬＧ、ロッテ、ポスコ、現代重工業、ＧＳ、韓進《ハンジン》、ハンファの2位から10位までの9社の民間財閥グループの合計額に近い水準だった。

公共企業を含む資産総額の基準でみると、韓国電力公社と韓国土地住宅公社がサムスングループに次いで2位と3位だ。韓国道路公社と韓国ガス公社、農協が11位、12位、13位で、ＧＳグループと韓進グループに挟まれた位置にいる。民営化されたものの公共企業のごとく運営されているＫＴ〔前・韓国電気通信公社〕が16位、韓国水資源公社が18位、韓国鉄道公社が22位だ。

サムスングループの歴史は韓国経済の発展のプロセスを圧縮して見せてくれる。前会長李秉喆は植民地期には精米業と運輸業を営んでいた。李承晩政権の時代に三星《サムソン》物産公司を設立し、朝鮮戦争のころに避難先の大邱で製造業への進出に備えた。まず第一精糖を、次いで第一毛織を設立した。消費財の独占的なサプライヤーという地位を利用して儲けたカネで国内の銀行株の半分ほどを取得して金融業への足固めをした。5・16の後は日本の資本も引っ張ってきて蔚山に韓国肥料を設立し、東洋放送、龍仁《ヨンイン》自然農園〔現エバーランド〕というふうにメディア、レジャー産業にも参入した。70年代にはエレクトロニクス、造船業、プラント事業、石油化学、防衛産業へと手を広げ、生命保険、百貨店、ホテル事業にも進出した。半導体とコンピュータ産業は1983年に着手した。米国、日本の企業から技術を導入して超大規模集積回路（VLSI）64KDRAMと16KSRAMの生産を始めたのだ。当初はウエハーを輸入して回路を転写し、それをダイシングして中間財を作る単純な工程から始まった。だが何年もしないうちに前後の工程の関連技術を開発して半導体結晶の成長から完成品の製造までの全工程を行えるまでになった。ついにサムスン電子は米国や日本の企業を凌駕する世界最高水準の集積技術を手にした。

手短にいうならば、製糖、毛織といった輸入品の代用品になる消費財を製造する産業からスタートしたサムスングループは、電気・石油化学・造船・機械などの重化学工業、精密機器を軸とする防衛産業、半導体・コンピュータ・産業用電子機器・遺伝子工学といった最先端の輸出産業分野へと次々と主力業種を転換していった。李秉喆の三男李健熙《イゴニ》が会長職に就いてから自動車産業への参入を試みて失敗したことを除けば、サムスングループはハードウェア産業のみならず情報処理などのソフトウェア、移動通信機器、コンテンツ産業、医療サービスと医療機器、燃料電池など再生可能エネルギー産業へと、引き続き主力業種を転換するうえで一定の成功を収めている。韓国経済が経験してきた主力業種の交代の様相と一脈相通じるのである。

財閥の「事業多角化」は「タコ足経営」と非難される。だがそれは単純に評価を下すことのできる問題ではない。経済面で先進国に追いつくには韓国も高付加価値の重化学工業や先端産業を保有しなければならない。とはいえ鉄鋼、金属、自動車、化学、プラントのような重化学工業や電子、通信、半導体、航空などの先端産業には莫大な設備投資が必要だ。その投資財源が調達可能な主体は国や財閥以外には存在しなかった。国営企業を設立して重化学工業や先端産業を育成する場合、国家中心の計画経済または国家独占資本主義を続けなければならない。民間にやらせるなら結局は既存の財閥以外に引き受け手となる主体がいない。ところが国家独占資本主義も民間独占資本主義も望ましいとはいいがたい。どちらも拒めば主力産業の交代スピードが鈍化する。結局わが国は「コレラとペストとの選択」に直面したわけだ。

もし財閥体制が不可避の選択だったならば、タコ足経営の望ましからざる副作用を軽減するしか方法はない。一方で財閥がいたずらに中小企業や零細自営業者の事業領域を冒せないよう規制し、もう一方で強大な市場支配力を悪用して消費者や協力業者を搾取するようなことをさせないようにする。それは理論のうえでは可能だ。だが実際にはきわめて難しい。国が財閥を統制するのではなく、財閥が国を管理する世の中になっているからだ。

産業化の成功は政府と財閥との関係を変えてしまった。最初は政府が「甲」で財閥が「乙」[9]だった。政府から事業許可と資金の割当を受けられなければ事業ができないので、企業家たちは不正な裏金をこしらえては大統領や政府高官に差し出した。大統領に取り入っておかなければいかなる企業も生き残ることはできなかった。だが80年代に韓国を好況に導いたドル安・原油安・金利安のいわゆるトリプル安と高度成長の恩恵を受けて財閥が莫大な資本を蓄積し、政治的にも民主化が達成されると、政府が権力で企業を管理するのではなく、財閥がカネで政治権力を管理するようになった。財閥は大統領や政府高官のみならず野党政治家にも「政治資金」と「選挙資金」を提供した。政権側にはたっぷりと、野党には「保険」とし

1970年4月10日、臥牛市民アパートの崩壊現場　©ソウル特別市（ソウル特別市情報公開政策課提供）

てそれなりに渡した。「サムスンXファイル」事件〔本章原注※5参照〕からもわかるように、サムスングループのような財閥は大統領や国会議員ばかりか経済官僚や検察など国家権力の行使にかかわる意思決定権を持つ人々をあまねくカネで管理するに至った。資本権力が国家権力と政治権力を手中にしたのだ。

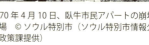

人の暮らす世の中、いたるところに不正腐敗がついてまわる。中央統制式の計画経済を進める独裁国家であるほどその度合いは増す。権力が集中しているために監視や牽制を受けにくいからだ。そんな場所では権力を持つ者たちが法の網の外で私利を追い求める「国家の私有化」が起きる。不当な権力の行使を批判して闘う人々もいるが、より多くの人々がそういう風潮に適応したり便乗したりして自分もおこぼれにあずかろうとする。道徳的に正しくないとわかっていても、みんなそうしているから生き残るためには自分もそうするしかないと、みずからの行為を合理化する。それが産業化時代の韓国の現実であり、そうした現実はこんにちまで続いている。

1969年に「元祖ブルドーザー」といわれたソウル市長金玄玉《キムヒョノク》が市民アパート2000棟建設事業に着手した。だが1970年4月8日、完成したばかりのソウル市麻浦《マポ》区倉前洞《チャンジョンドン》の臥牛《ワウ》市民アパートの1棟が崩壊して70人あまりの死傷者の出る事故が発生した。当時は大型の共同住宅などほとんどない時代で、国民にとって衝撃的な事件だった。１９７１年12月25日にはソウル市忠武路《チュンムロ》にある21階建ての大然閣《テヨンガク》ホテルで火災が起きた。コーヒーショップのプロパンガスの爆発が原因で、炎はあっというまにビル全体を呑みこんで１６６人が亡くなり68人が負傷する悲劇となった。軍に警察、米軍ヘリが出動したが、救助できたのはわずか８人だけだった。この二つの事件が何の落ち度もない人々の犠牲という汚点を韓国現代史に残す大惨事の第一幕となった。

数えていてはきりがないほどたびたび起きる大惨事を振り返ってみよう。１９９３年10月10日、旅客船西海《ソヘ》フェリーが全羅《チョルラ》北道扶安《プアン》沖で沈没して２９２人が亡くなり、生存者70人の大半が近くにある蝟島《ウィド》の漁船に救助された。１９９４年10月21日朝の出勤時間帯にソウル市の漢江にかかる聖水《ソンス》大橋が崩落して50人あまりの死傷者を出した。１９９５年６月29日午後にはソウル市瑞草洞《ソチョドン》にあった三豊《サンプン》デパートが崩壊して５０８人もの死者・行方不明者と９００人を超える負傷者が出た。１９９９年６月30日深夜に京畿《キョンギ》道華城《ファソン》郡のシーランド青少年修練院で火災が発生し、幼稚園児19人と引率教師４人が死亡した。２００３年２月18日、大邱の地下鉄で放火による火災が発生し、停車した車両から乗客の多くが避難した。ところが反対方向から接近してきた車両が火災現場の横で停車したことから延焼し、機関士が車両のドアを閉めたままマスターコントロールキーを持って先に脱出してしまったために閉じ込められた１９２人が亡くなり、１４８人が負傷する大惨事となった。そして２０１４年４月16日、仁川から済州島に向かっていた旅客船セウォル号が全羅南道珍島《チンド》沖で転覆し、京畿道安山《アンサン》市の檀園《タヌオン》高校の生徒と教師のほか一般乗客ら３０５人の死者・行方不明者を出した。

韓国の建設会社が中東諸国をはじめとする外国で建設したビルや橋が崩壊したことはない。なのに国内で建設した物件はたびたび崩壊している。いくつかの原因があるだろうが決定的なのは不正腐敗だ。韓国の財閥グループの多くがその系列内に建設会社を擁している。建設会社がなければ設立したし、設立できなければM＆Aで手に入れた。その目的が不正な裏金づくりだということは公然の秘密だった。土木建築事業は環境、交通、安全にかかわる許認可を受けなければならない部分が多い。きちんと法律にのっとって許認可を受けるには費用も時間もかかりすぎる。許認可権を握っている役人にカネを渡して解決するほうがはるかに割安な方法だ。とりあえず建設してしまえば外観からでは鉄筋やセメントが基準どおりに使われているかどうかを見分けることは困難だ。基準を満たしているように書類を偽装したうえで資材を削って費用を浮かせたり、下請に振って工事費の一部をキックバックさせたりすれば、巨額の裏金をつくることができる。

その裏金の一部は許認可権を握る高級官僚や実務を担当する現場の役人、設計や監理や安全診断を行う専門家の懐に入り、財閥トップ個人の金庫を経て大統領や側近たち、国会の有力政治家や政党へと流れた。1995年12月に前職の2人の大統領、全斗煥、盧泰愚が軍事反乱と内乱目的殺人の容疑で逮捕されるきっかけとなった目のくらむような額のいわゆる「統治資金」の大半は、複数の財閥トップがそうやってひねり出して差し出した賄賂だった。川上の水が濁っていれば川下の水も濁る[10]のは推して知るべしで、韓国社会全体が腐敗文化にどっぷりつかっている。何も政界や政府に限ったことではない。企業、マスコミ、大学、文化芸術界さえも私的な目的をかなえるために公的権力を濫用する「腕章文化[11]」に感染していたのだ。

すべて財閥のせいだとはいえないが、腐敗文化の根源が財閥と政治権力の癒着であることは間違いない。

韓国人にとって財閥は愛憎相半ばする対象だ。財閥のない日常など考えられない。国民は財閥企業の建設したマンションに住み、財閥企業の生産したテレビや冷蔵庫、エアコンを使い、財閥企業の製造したクルマに乗っている。財閥企業の作った服を身にまとい、財閥企業の生産したスマートフォンを利用し、財閥企業の経営するプロ野球やプロサッカーの試合を楽しむ。財閥企業の開発した化粧品を肌に塗り、財閥系列のデパートやスーパーでショッピングを楽しみ、財閥企業の取り扱う生命保険に加入している。若者は安定した条件のいい財閥企業への就職を夢見る。わが子が財閥企業に就職すれば親は大喜びする。財閥は韓国人の日常生活を身も心も支配しており、ともすると韓国人の未来さえ支配することになるかもしれない。財閥が新たな支配階級として憲法の上に君臨する事態を阻止しうる方法は、国家権力による政治的・民主的介入と統制だけだ。僕はそれが「経済の民主化」のキーポイントだと思う。

通貨危機、原因と結果

全斗煥の「第五共和国」はすべての面において維新体制を無駄に延長しただけだった。当時は国際的な経済環境がすこぶる良好だったために政府も企業も国民も変化の差し迫った必要性を感じずにいた。80年代半ばは好況を後押しするいわゆる「トリプル安」の時期だった。ドル安・原油安・金利安という環境にあって韓国経済は急ピッチで成長を続けていた。米行政府は巨額の貿易赤字を圧縮するためにドル安政策に打って出た。韓国ウォンはいつの世もドルにぴったり連動して変動する。そのため円高に振れて国際市場で日本と競っていた韓国製品の価格競争力が相対的に強まり輸出が急増した。中東情勢は安定して原油価格が下がった。国際金利が下がって海外からの借入がしやすくなり、利子負担が減った。資本の借入と商品輸出に依存する韓国企業の経営実績は大幅に改善し、投資も増えた。韓国企業が海外で資産を取得するようになった。政府は事実上禁止されていた一般国民の海外旅行に対する規制を解いた。「外債亡国論」は鳴りをひそめた。あのころがいちばんよかったという声もまんざら嘘ではない。そういう人々が実際にいたのは確かだ。

だが1987年6月の民主抗争の勝利とあいまって国内の経済環境に重大な変化が起こった。労働者たちは組合活動の自由の保証と賃金および労働条件の改善を求めて7月から8月にかけて大闘争と呼ばれる闘いを繰り広げた。同年12月の大統領選では1979年の粛軍クーデターと1980年の光州民衆抗争鎮圧の主導者だった民正党の盧泰愚候補が36％の得票率で当選したものの、1988年4月の総選挙では国会で野党が多数を占めるねじれ状態となり、民主化はさらに進んだ。労働組合の組織率が上昇して交渉力を強め、各種所得分配指標が大きく改善した。盧泰愚大統領はソ連、中国、東欧の旧社会主義諸国と修好を結び、巨大な輸出市場を新規開拓した。盧泰愚の「北方外交」は、世界規模の冷戦構造の解体による国際経済環境の変化を新たな機会として活用する積極的かつ能動的な対応だった。

90年代半ばは「檀君《タングン》［建国の祖とされる神話の人物］以来最大の好況」とまでいわれるほど民間の消費と企業の設備投資が活況を呈した。金泳三政権は「世界化［グローバリゼーション］」というスローガンを掲げて韓国人の経済秩序、企業経営のスタイル、取引慣行をグローバルスタンダードに合わせようと努めた。冷戦時代に築き上げた「資本主義的計画経済」を「開放的市場経済」へと転換するために、政府は外国為替取引や民間企業の対外金融債務に関する金融規制を大幅に緩和した。第二次大戦以来、世界貿易機関（WTO）が発足するまでは1948年に発効した関税および貿易に関する一般協定（GATT）が国際通商秩序の規律だった。韓国は第2次経済開発5カ年計画の実施初年度の1967年にGATTに加盟し、1995年1月には世界を関税や貿易障壁のない単一市場へと統合することを目標に発足したWTOに加盟した。1人当たりGDPが1万ドルを超えた1996年には先進国クラブとも呼ばれる経済協力開発機構（OECD）の加盟国となった。金泳三大統領は政権初期に大統領緊急命令という非常手段を用いて電撃的に金融実名制を導入し、公職者の財産登録制度を実施した。国民経済を透明化し、政財界癒着のしがらみを断ち切るための思い切った制度改革を断行したのだ。韓国経済のゆくえを楽観視する風潮が広まり、その好況の裏側に経済危機のリスクがひそんでいることに気づいていた者はほとんどいなかった。

90年代の韓国経済は新たな課題に直面していた。労働力と資本の投入量を増やすやり方から生産技術を向上させ社会的資本としての信頼を蓄積するほうへと経済成長の質的転換を図り、世界のトレンドとなった新自由主義と情報通信革命の波に乗って小国開放経済である韓国経済の安定性を確保し、産業化の時代に形成された経済や社会における不均衡を緩和するという課題だ。だが企業や国民はもとより、政府も何をどう変えるべきなのか正確に認識できずにいた。

さらに根本的な問題は少子高齢化に伴う人口の変化だった。政府は60年代以降「家族計画」という名の徹底した出産抑制政策を推進した。所得水準が上昇し女性の社会進出が進むと、80年代半ばから少子化現象が現れはじめた。少子化現象は労働力の投入量増加による経済成長の時効が切れたことを意味していた。そうした状況で国際的な資本移動の自由化が進んだ。資本が国境を越えて自由に移動すると希少性を失う。労働力の増加のスピードが鈍り、資本に国境がなくなった状況では、生産技術と社会的資本（信頼）とが国民経済の繁栄を左右する。ところで、それはどちらも人間の中に、人間どうしの関係に蓄積するものだ。人間の認知的・精神的・情緒的能力や人間どうしの関係が経済繁栄のカギとなる時代がやってきたのだ。

通貨危機という失速の原因は、飛行機にたとえるなら機体の欠陥と操縦技術の未熟さの両方だった。韓国内の金融産業に対する規制と民間企業の資本輸入の規制を大幅に緩和すれば韓国銀行の通貨管理能力が大きく損なわれるということを、金泳三政権はじゅうぶんに考慮していなかった。規制の足かせを解かれた韓国の金融機関は、先進国で利子率の比較的低い短期外債を取得して金利の高い東南アジア企業に長期貸付することによって利ざやを稼いだ。鉄鋼業をはじめとする韓国企業の長期投資プロジェクトに対しても似たようなやり方で営業した。ところが90年代半ばにタイ、マレーシア、インドネシアといった東南アジア各国が相次いで通貨危機に見舞われた。韓国でも政財界の癒着による不正貸付事件が次々と発覚し、1997年夏までに韓宝《ハンボ》、三美《サンミ》、真露《チルロ》、大農《テノン》、韓信《ハンシン》工営、起亜《キア》といった大手財閥グループが続けざまに経営破綻に陥った。アラームが鳴ったのだ。

財閥グループの相次ぐ経営破綻で金融機関は莫大な不良債権を抱えることとなった。金融機関の財務健全性が悪化すると韓国経済への信用度も地に落ちた。外国の金融機関は短期債の債務返済期限の延長を拒否するようになった。韓国経済が破綻する前に債権を回収しようとしたのだ。当時幅をきかせていた国際投機資本が韓国経済を餌食にして韓国ウォンとウォン建て資産を売り叩いた。ソウル外国為替市場では一気にドル高となり、政府は相場安定のために保有していたドルを大量に放出した。外貨準備高はまたたくまに激減し30億ドル水準まで落ち込んだ。その程度の外貨準備高はゼロも同然といえる額だった。ムーディーズやスタンダード&プアーズなどの国際格付け会社はたちまち韓国の信用度を格下げした。さらなるドル高を予想した輸出企業は輸出代金を韓国内に持ち込まず、国外で塩漬けにしておいた。そうするほどにドル高はますます進み、韓国経済はいっそう不安定になった。

ソウル外国為替市場でドルの供給がストップすると、企業も金融機関も海外決済ができなくなった。総合株価指数は500を割り込み、その後300前後まで下落した。1ドル800ウォン台だった為替レートは1000ウォンを軽く突破した。国がデフォルトに陥る危機が目の前に迫っていた。1997年11月21日、韓国経済は土台がしっかりしているから通貨危機などありえないと豪語していた政府は国際通貨基金(IMF)に資金支援を要請し、11月29日にIMFは救済金融を提供すると発表した。12月3日に林昌烈《イムチャンニョル》経済担当副首相とIMFのカムドシュ専務理事は210億ドルの救済金融の協定書に署名した。さらにカムドシュ専務理事は、協定を忠実に履行するとの誓約書に金大中、李會昌《イフェチャン》、李仁済《イインジェ》という3人の有力な次期大統領候補にも署名させた。IMFの「経済信託統治」はこうして始まった。

IMFの求めた目標は明確だった。朴正熙政権以来残っていた中央統制式計画経済の要素を一掃し、米国型の新自由主義経済システムを導入する一方で、ＩＭＦが救済金融で投下した資金に加えて米国、ヨーロッパ、日本の金融機関が韓国の金融機関や企業に提供した貸付金とその利子を完済させることだった。韓国政府は外国資本を呼び込むために外国人の直接投資に対する制限を撤廃し、資本市場を全面的に開放した。総合金融会社10社を営業停止とし、不良金融機関を市場から撤退させる作業に着手した。収益性の低い破綻寸前の企業を整理するために金利を大幅に引き上げ、政府の財政支出を縮小した。労働市場の柔軟性を確保するとの名分で労働者の大量解雇を可能にする道を開いた。それらはすべて中南米や東南アジアの国々で救済金融と引き換えにＩＭＦが突きつけた標準的な処方箋だった。失業者はたちまち１３０万人を超えた。

１９９８年は企業倒産の嵐の吹きすさぶ1年だった。羅山《ナサン》、現代、極東《クットン》、居平《コピョン》、韓一《ハニル》といった名だたる財閥グループが経営破綻したり大規模なリストラを迫られたりした。リストラとは大量解雇とほぼ同義語だった。政府は鉄道、通信、電力の基幹産業を担う公共企業を民営化する作業にも取りかかった。結局、南海《ナメ》化学、大韓教科書、韓国総合技術金融、大韓送油管公社、浦項《ポハン》製鉄、韓国総合化学、韓国重工業、韓国電気通信公社、韓国たばこ人参公社が民間に売却された。金融機関も撤退やＭ＆Ａの大波に巻き込まれた。大東《テドン》・東南《トンナム》・同和《トンファ》・京畿・忠清《チュンチョン》の各銀行が撤退を余儀なくされ、それら銀行の株券は紙くず同然となった。ポラム銀行、長期信用銀行、江原《カンウォン》銀行は他の金融機関に吸収された。さらに第一銀行が、次いで韓国外換銀行が外国資本の手に落ちた。

サムスンや現代をはじめとする5大財閥は政府と構造調整協約を結んだ。サムスンは自動車事業から手を引いた。かなり後になってからフランスのルノーがサムスン自動車を引き受けた。起亜自動車は現代自動車が買収した。大宇《テウ》グループは行き過ぎたM&Aによって天文学的レベルにまでふくれあがった負債に持ちこたえられず解体され、大宇自動車は米国のGMに譲渡された。政府はIMFの緊縮財政要求に屈服してインフラを国際投機資本に開放した。でたらめな交通量予測をもとに事業を発注して高い収益率を保証した民活型の高速道路は国際投機資本の餌食となった。経営破綻した四つの生命保険会社はアリアンツ生命、サムスン生命、大韓生命、教保《キョボ》生命に移譲された。破綻しかけた銀行や企業を再生させるために巨額の公的資金を投入したことから国の債務は急増した。そのような混乱と苦痛を味わったが、2001年に救済金融の全額を返済して韓国はIMFの経済信託統治をしめくくった。

韓国経済という飛行機の欠陥は「死なせるには巨大になりすぎた」財閥が国民経済の中心に存在するということだった。サムスン、現代、LG、大宇、SKといった大手財閥グループが破綻したら、おびただしい数の協力会社と資金を貸し付けている金融機関が破綻に追い込まれ、そこで働く労働者は失業してしまう。財閥トップが会社経営を誤って破綻の危機に陥っても、国民経済を生きながらえさせるためには政府が会社を救済しなければならない。財閥からすればリスキーな投資に打って出て儲かれば自分のものになり、放漫経営をして問題が起きたら国と国民にその荷を負わせることができる。そういうやり方で利益を「私物化」し損失を「社会化」する行動様式を経済学では「モラルハザード」と呼ぶ。財閥大企業は保険料をビタ一文支払わないまま、破産に備える最後の保険者として国を利用したのだ。そういう「セーフティネット」があるからこそ財閥は怖いものなしでリスキーで放漫な借金経営を行うことができたのだ。

通貨危機の第二の原因は政府の為替相場管理の失敗だった。機体に欠陥のある飛行機をおぼつかない技術で操縦したのだ。為替相場は三つの要因で変動する。第一に長期的には為替相場は物価上昇率に左右される。物価上昇率が高ければその国の通貨価値は下落する。80〜90年代の韓国の物価上昇率は米国、ヨーロッパ、日本より高かった。長期的にウォン／ドル相場はウォン安に振れて当然だった。第二に短期的には為替相場は経常収支に左右される。つねに経常赤字ならその国の通貨価値は下落する。そのため輸入価格が上昇し、輸出価格が下落すれば経常収支の赤字は解消する。90年代半ばまで韓国はつねに経常赤字を記録していた。にもかかわらず1997年夏までの数年間はわずかながらドル安に動いていた。韓国の通貨価値が上昇しつづけていたのだ。それは為替相場変動の超短期的要因である資本収支が黒字だったからだ。韓国の企業と金融機関は海外から大型の借入を行い、外国資本の直接投資も増加傾向にあった。ソウル外国為替市場においてドルの供給量が増えたためドル相場は低く抑えられていたのだ。ウォンが過大評価されたおかげで、90年代半ばには韓国人は安上がりに東南アジアやヨーロッパや米国に旅行できたし、さしたる負担を感じずに輸入品を買うことができた。「檀君以来最大の好況」は錯覚だった。実際は借金をしてマイホームを買いパーティや旅行を楽しんでいただけだった。もちろん国民は、その事実を知りつつあえてそうしていたわけではなかった。

新自由主義にのっとったＩＭＦの標準的な処方箋は激烈な副作用を引き起こした。家計の消費支出と企業の投資支出が激減して景気が急速に冷え込んだなか、政府までもが財政支出を引き締めたため景気はますます悪化した。企業の借金経営バブルの泡消しと称して金利を消費者金融並みに引き上げたため、一気に流動性の危機に陥った優良企業がバタバタと倒れていった。株価が底値になったところで強行された公共企業の民営化は膨大な国家資産の損失を生んだ。労働市場の流動化という名のもと、事実上企業が自分たちに都合いいように労働者を解雇できるよう認める整理解雇制を導入し、競争力の強化を名分に年俸制やインセンティブ制度を広く認めた。労働組合は弱体化し、実質賃金は下落し、雇用不安は高まった。

ＩＭＦの要求を全面的に受け入れた韓国政府とは違い、似たような時期に通貨危機に陥っていたマレーシアのマハティール首相はＩＭＦからの救済金融の申し出を拒否し、外国為替市場と金融市場を国による厳しい統制のもとに置くことで問題解決に成功した。専門家の中には韓国もそうすべきだと主張する者もいた。そうしなかったのは間違いだったと批判する人々はいまなおいる。だが僕は、韓国政府はそうしなくてもできなかったのだと思う。金大中は大統領選の候補者だったころから救済金融を受けることに賛成していた。大統領就任後は可能な限り迅速に返済しようと努めた。金大中がマレーシア方式で通貨危機に対応することができなかった理由は明らかだ。韓国は経済の海外依存度が高すぎたし、原子力発電所以外には国内にエネルギー源がほとんど存在しない。救済金融を拒む道を選んだ場合、韓国企業は対外決済ができなくなる。エネルギー、原料、部品を必要に応じて時宜適切に輸入できなければ輸出も滞ってしまう。それればかりではない。エネルギーを確保できなければ国民の日常生活に必要なすべてが立ちゆかない。都会の高層マンションのエレベーターや冷暖房が稼働停止になったところを想像してみてほしい。人々はそういう状況にどこまで我慢できるだろう。韓国は、暖房の必要がないうえに国内で原油を生産するマレーシアとはまるで違う自然環境、気候、生活様式の国なのだ。救済金融を受けずして全面的な破局を免れる道はなかった。

韓国はとにかく大急ぎでＩＭＦの経済信託統治から脱出した。２０００年には成長率、物価上昇率、経常収支といった主要なマクロ経済指標がおおむね通貨危機以前の水準に回復した。株価は通貨危機以前を上回り、金利は下がり、ウォン／ドル為替相場も安定した。１９９８年に大幅なマイナス成長を記録したが、１９９９年には予想よりずっと早く回復軌道に乗り、10％近い経済成長率を示した。１９９８年には貿易収支が３９０億ドルの黒字と過去最高を記録したのに続き、１９９９年にも２３９億ドル、２０００年には１１７億ドルの黒字だった。製造業が顕著な伸びを見せ、半導体、情報通信、造船、自動車の各業界は好況に沸いた。８４００ドルに落ち込んでいた1人当たり国民所得が２０００年に1万１２９２ドルに回復した。だが危機は去ったわけではなかった。通貨危機直後に９％へと跳ね上がった失業率は、破綻企業の撤退とＩＭＦの要求に応じたリストラで11％へとむしろさらに上昇したのだ。

金大中政権は政府、企業、金融、公共の各分野のリストラに巨額の公的資金を投入し、情報通信インフラの建設と短期的な失業対策、公共勤労事業[12]の拡大をはじめとする各種非常手段を講じて危機を収拾し、景気のテコ入れを図った。公的資金管理委員会によると、通貨危機以降、政府は１６８兆７０００億ウォンの公的資金を投入し、２０１３年末現在63・２％に当たる１０６兆７０００億ウォンを回収した。通貨危機直後には３５０万人の市民が参加して貴金属供出運動を繰り広げるなど、国民も危機克服に奮闘した。

だが救済金融を返済したからといってすべての問題が解決したわけではなかった。通貨危機を克服する過程でやむをえず受け入れざるをえなかった制度が、新自由主義と表現される国際的な経済環境の変化とあいまって社会経済面における格差という社会悪を助長したのだ。

格差拡大の時代

経済危機は資本主義の歴史において幾度となく繰り返され、そのたびに経済力の集中の度合いを高めてきた。マクロ経済の混乱と不確実性は弱者を追い落とし、弱者が消えたことで生じた市場の空白はより強き者が占める。韓国も例外ではなく、アジア通貨危機はいくつかの重大な結果を残した。いっそう進んだ経済力の集中、整理解雇制の導入と非正規職の拡大、そしていわゆるトリクルダウン効果の顕著な後退だった。その結果、中小企業と自営業者が没落し、労働者の地位は不安定化し、所得格差が拡大した。

通貨危機の渦中でいくつかの財閥グループが解体された。だがサムスン、ＬＧ、ＳＫ、現代自動車、ロッテ、ハンファ、韓進、東洋《トンヤン》、大林《テリム》、暁星《ヒョソン》、コーロン、斗山《トゥサン》、大象《テサン》、ハンソル、錦湖《クモ》、東部《トンブ》、ＣＪグループはさらに巨大なコングロマリットへと成長した。整理解雇制の導入によって大量失業の恐怖が労働市場に重くのしかかると労働組合はさらに弱体化し、実質賃金は下がった。「工場の仕事をわが仕事のように、社員を家族のように」という産業化の時代のスローガンはすっかり鳴りをひそめ、終身雇用や生涯一社で勤め上げるなどという概念も消え失せた。企業の裁量による整理解雇が事実上可能になり、派遣や請負といった間接雇用が浸透した結果、賃金労働者全体の約半数が非正規職となり、賃金労働者内部の賃金格差がさらに開いた。

金大中政権が通貨危機の拡大をくいとめ、IMFからの支援資金を完済したのに次いで、盧武鉉政権は韓国経済をふたたび安定基盤の上に押し上げた。だがその10年間の革新政権の期間に韓国は格差社会の深い谷間にはまりこんでしまった。通貨危機から脱し、新たな発展戦略を求めて政府は二つの方向で努力した。第一は、米国型の新自由主義が主流をなすグローバルな経済環境を受け入れ、機会均等と公正な競争の行われる市場経済を形成することだった。第二は、経済面における不平等と格差を緩和するために福祉政策またはセーフティネットを強化することだった。だが結果を見ると革新政権10年間ではいずれも満足できるような成果を挙げられなかった。

革新政権は国民経済をそこそこ首尾よく管理した。金大中政権と盧武鉉政権はそれぞれ5年間で平均4％以上の経済成長率を示した。1人当たりGNIは1998年に7355ドルだったのが2007年には2万2000ドルに迫った。物価上昇率も3％水準で安定した。経常黒字が続いたおかげで2007年末には外貨準備高も2500億ドルを超えた。失業率は3％台まで下がり、ウォン／ドル為替レートは900ウォン前後で通貨危機以前とさして変わらなくなった。格付け会社による韓国経済の信用度も通貨危機以前と同じAランクに戻った。総合株価指数は盧武鉉政権のときにはじめて2000の大台に乗った。

だが国民の実質的な経済生活はマクロ経済指標ほどには改善しなかった。中産層と低所得層の経済状況はむしろ悪化した。そういった状況はいくつかの簡単な統計だけでも確認することができる。所得の不平等または不均衡を測定する指標としてもっとも広く使われるのがジニ係数と五分位階級の所得倍率だ。ジニ係数は全国民が完全に均等な所得を手にするなら0になり、1人が全所得を独占するなら1になる。ジニ係数が0・3未満なら比較的良好なほうであり、0・4以上になると社会不安に火の着くおそれが高まる。五分位階級の所得倍率は上位20％の平均所得を下位20％の平均所得で割った値だ。所得格差が開くほどこの値は大きくなる。

韓国の所得分配に関する統計には不十分な点が多い。所得分配関連データの収集がいい加減で調査機関や調査方法によって数値にばらつきがある。たとえばジニ係数にしてもいくつもの種類がある。全世帯を対象としたものがあり、2人以上の都市勤労者世帯のみを対象としたものもある。市場所得のジニ係数があるかと思えば、納税額を差し引いて補助金を含めて算出した可処分所得のジニ係数もある。企業が当期純利益のうち株主に配当せずに積み立てた「社内留保」を所得に含めたものもあれば含めていないものもある。そうした事情もあってメディアでは往々にしてまちまちのジニ係数をごちゃまぜにして使っていたりする。

統計庁が国内の全世帯を対象とした所得分配指標をはじめて発表したのは2006年だ。2006年の市場所得のジニ係数は全世帯で0・330、2人以上の非農家が0・312、2人以上の都市世帯が0・305だった。可処分所得のジニ係数はそれぞれ0・306、0・291、0・285だった。可処分所得のジニ係数と市場所得のジニ係数の差が0・02程度にしかならないのは、税制と福祉制度による国の再分配機能がきわめて脆弱だということの証左だ。2006年の市場所得による五分位階級の所得倍率は全世帯

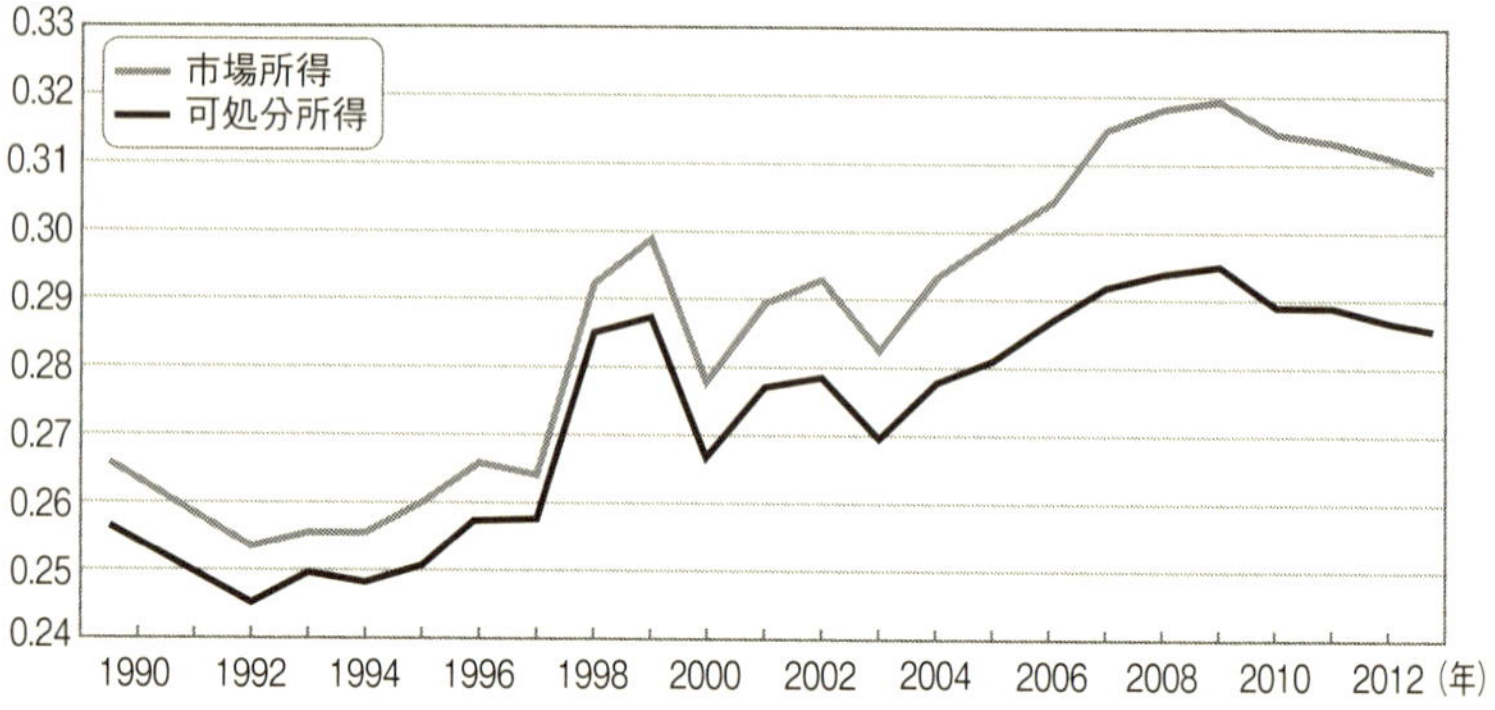

〈図３〉通貨危機以後のジニ係数の変化

が６・65、２人以上の非農家が５・74、２人以上の都市世帯が５・39だった。可処分所得による五分位階級の所得倍率はそれぞれ５・38、４・83、４・62だった。市場所得の倍率と可処分所得の倍率の差もまたさほど大きくない。全世帯の市場所得のジニ係数は２００８年と２００９年の０・３１４がピークで、２０１１年には０・３０７へと若干下がった。全世帯の市場所得の五分位階級の所得倍率は上昇しつづけて２０１１年に７・86でピークとなり、２０１２年には７・51とやや下がった。全世帯を対象に調査した所得分配に関するすべての指標が２００６年以降も悪化の一途をたどっているのだ。調査方法が変わればジニ係数も変動する。統計庁、金融監督院、韓国銀行が「家計金融福祉調査」の結果をもとに算出した２０１２年の全世帯のジニ係数は０・３５７と過去の調査方法による数値の０・３０７よりずっと高くなっている。[※13]

格差拡大の傾向を知るには同じ対象を同じ方法で調査した時系列データが必要だ。そうでないと通貨危機以前と以後の

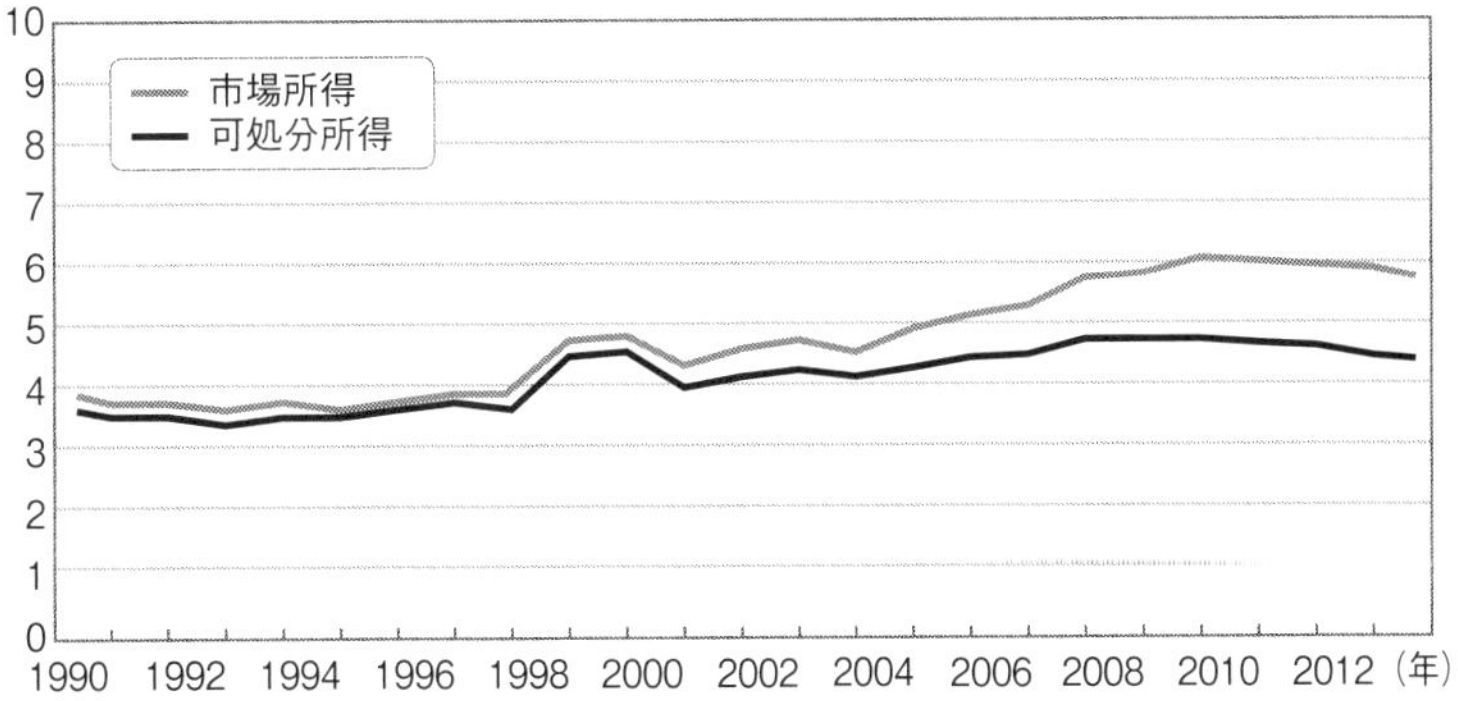

〈図４〉通貨危機以後の五分位階級の所得倍率の変化

所得分配の状況を比較することができない。残念ながらそれにかなった分配指標は全世帯ではなく２人以上の都市世帯を対象に調査した分配指標しか存在しない。〈図３〉および〈図４〉は１９９６年から２０１２年までの２人以上の都市世帯のジニ係数と五分位階級の所得倍率の変化を示したものだ。参考までに１９９０年からの数値も併せて示した。１９９０年から１９９６年まではさしたる変化はなかった。この図を見ると、90年代を通じて市場所得のジニ係数は０・27以下、市場所得の五分位階級の所得倍率は４・０前後の水準にとどまっていた所得分配指標が、通貨危機の降って湧いた１９９７年以降顕著に悪化し、その傾向は現在まで続いていることがわかる。そして市場所得の分配指標と可処分所得の分配指標の開きはジニ係数が０・01から０・０２５前後に、五分位階級の所得倍率は０・２から１・０以上へと拡大している。わずかとはいえ革新政権による福祉支出の増加は可処分所得の不平等な分配を緩和する効果があったといえる。

２０１０年以降の分配指標が悪化していない理由について

は研究が必要だ。市場所得の分配指標の悪化に歯止めがかかったのは、非正規職関連法の経過措置期間が終わって部分的に非正規職が正社員や無期契約職に転換されるなど労働市場の格差が緩和されたことが原因かもしれない。可処分所得の分配指標の悪化に歯止めがかかったのは、基礎老齢年金、老人長期療養保険〔介護保険〕、学校給食の無償化、保育料の助成といった福祉関連の新制度が導入されたり、既存事業が拡大されたからかもしれない。もしそうした推測が正しいなら次のように言えるだろう。「通貨危機以降現在まで市場所得の分配は悪化の一途をたどってきた。政府は税制と福祉政策によって可処分所得の格差を縮小しようと努めたが、市場所得の分配の急激な悪化を相殺するまでには至っていない」。

データをもう少し詳しく見てみよう。通貨危機直前の1996年の2人以上の都市勤労者世帯の市場所得のジニ係数は0・285だった。それが1999年には0・304に上昇し、2007年には0・312になった。五分位階級の所得倍率は1996年の4・34から1999年には4・88へと跳ね上がり、2007年まで5・0水準を維持した。市場所得の格差拡大が可処分所得の格差拡大へとつながらないようにするには、高所得層からより多くの税金を徴収して教育、福祉、保健、住居の分野で低所得層のための補助金やサービスに振り向けなければならない。だが革新政権は所得税や法人税といった累進税の増税に失敗した。盧武鉉大統領は就任直後から国会との対立は避けたいとの思いがあり、2003年にハンナラ党が多勢を占める国会で可決した法人減税法案に対して拒否権を行使しなかった。国民基礎生活保障〔生活保護〕制度や老人長期療養保険制度、基礎老齢年金といった新たな制度を導入したものの、進行する市場所得の格差拡大をくいとめるには至らなかった。革新政権の10年間に賃金労働者に占める非正規職の割合が急速に増加した。集計方法によって違いはあるが、非正規職の割合は２００７年に40％を超える水準にまで増加した。早期退職や整理解雇で職場を去った人々が自営業者に鞍替えしたことから、就業者全体に占める自営業者の割合が急増して35％水準になった。ところが財閥大企業が消費財産業や流通業に参入したために個人商店が基盤としてきた地元の商圏が浸食され、零細自営業者は深刻な打撃を被った。

革新政権の10年間に年平均４％水準の経済成長率を記録したにもかかわらず、所得分配が悪化し、中位および下位所得層の経済生活が苦しくなったのには、前述のとおり経済力のさらなる集中、整理解雇制の導入、非正規職の拡大、トリクルダウン効果の後退などさまざまな要因がある。財閥大企業は一方的に単価を下げさせることで協力業者を搾取している。内部取引によって系列会社に不当に儲けさせ、系列会社と競争関係にある企業の経営を圧迫している。中小協力業者の支払い能力の悪化は労働者の賃金や労働条件の悪化、雇用の縮小に直結している。そのうえ大企業は消費財産業や流通業に参入して零細企業や個人商店を窮地に追い込んでいる。

盧武鉉政権の導入した各種非正規職関連法は期待はずれで、非正規職の拡大や非正規職制度の悪用を防ぎきれていない。中小企業のみならず財閥大企業までもが非正規職制度を賃金削減や労働組合潰しのために悪用している。同じように働いているのに請負社員、派遣社員という立場に置いて直接雇用を拒否し、雇い止めをちらつかせて非正規職の労組結成を阻んでいる。

トリクルダウン効果の後退も無視するわけにはいかない。かつては大企業が儲かればそのおこぼれにあずかって原料や中間財、部品を供給する関連産業や協力業者もともに潤った。だが輸出関連の大企業がより安価な外国業者の中間財や部品を直接調達して使う「グローバル・ソーシング」を本格化させるとともに、トリクルダウン効果は急速に失われた。

韓国国民は2007年12月の大統領選で企業家出身の李明博候補を選択することで、それまでの政権への不満を表明した。多くの国民が経済成長率7%、1人当たり国民所得4万ドルを実現して世界7位の経済大国にしてみせるという、いわゆる「747公約」に期待した。有権者は2012年にも保守政権の継続を選択した。各世論調査会社の発表した数値を見ると、所得水準の低い有権者ほど高い割合で保守政党の候補者を支持していた。それにはさまざまな理由があるだろうが、経済成長率が伸びれば庶民の経済生活も改善するはずだという思い込みも少なからず影響したものと思われる。けれど前述のとおり保守政権のほうが革新政権より経済成長を成しとげる手腕があるという証拠は存在せず、経済成長率が伸びたからといって低所得層の所得が上向くわけでもない。

李明博政権の経済政策は次の四つに要約することができる。第一が富裕層への減税だ。李明博大統領は法人税率と所得税率を引き下げることによって在任中の累積効果が100兆ウォンに迫る減税を断行し、その恩恵の大半は大企業の株を保有する人々と高所得層が浴することとなった。自営業者や賃金労働者の半数はそもそも所得税の免税基準より低い所得しか手にしていないため、それらの階層の人々には減税の恩恵はまったくなかった。大企業の投資と富裕層の消費を誘導するという目的を掲げていたが、減税にさしたる投資促進効果はなかった。第二は不動産取引の規制緩和で、短期的な景気のテコ入れを図るものだった。だが不動産価格はむしろ下落した。不動産バブルがまだ名残をとどめている状況では規制緩和によって不動産景気を上向かせることはできないという事実を確認しただけだった。第三は4大河川事業だ。超大型の土木工事プロジェクトを展開して景気を刺激しようとしたが、環境を破壊し、カネを国庫からゼネコンの金庫に移し替えただけで、雇用拡大や景気浮揚効果はほとんどなかった。第四は輸出拡大を狙って為替相場に介入しドル高を誘導する政策だ。この政策はリーマンショックとあいまって暴騰ともいえるドル高を招き、ドル建てで表示される1人当たり国民所得は急激に落ち込むこととなった。格差拡大の原因だった経済力の集中と誤用・濫用、整理解雇と非正規職の拡大、トリクルダウン効果の後退については事実上いかなる対策も講じられなかった。

朴槿惠政権の経済政策は李明博政権の経済政策の焼き直しにすぎない。朴槿惠政権は富裕層への減税政策を撤回していない。政権1年目に編成した2014年度予算案では、基礎老齢年金の受給額を2倍に引き上げることを除けば福祉支出の拡大に関する政策は皆無だった。そんな状況で政府は鉄道民営化にブレーキをかけるとの批判もものともせず、高速鉄道KTXの新路線を運営する韓国鉄道公社の子会社を設立し、非営利の医療法人が営利目的の子会社を設立できるようにする医療法改正案を推進している。公共部門の私有化または市場化政策を強行したのだ。非正規職の正社員への転換を促す立法や政策はゼロで、財閥への経済力集中の弊害を是正する経済民主化の公約もどこかに消えてしまった。2014年に入ると規制を「増殖した癌細胞」、「叩き潰すべき敵」と決めつけて大々的な規制撤廃作業に取りかかっている。要するに朴槿恵政権の経済政策は２００７年の大統領選の予備選で李明博候補と競った際に掲げていた「減税、規制緩和、法秩序の確立」という公約に回帰したわけだ。李明博政権の経済政策から4大河川事業を除けばそっくり朴槿恵政権の経済政策になる。所得分配の改善や格差解消に関する限り、とりたてて期待していいだけの根拠を認めることができない。

●1　伝統的な履物シンをゴムで大量生産したもの。安価でぬかるんだ道でも履けるので日常の履物として重宝された。

※2　これは韓国銀行が毎年発表する「国民経済計算」の1人当たり国民所得を棒グラフで表示したものだ。原則として時系列データはひとつの基準に従って作成したものでなければならない。ところが韓国銀行の「国民経済計算」は基準年がたびたび変更される。ここで示された59～69年の統計は75年基準である。70～12年は05年基準である。基準年の変更は統計の作成方法の変化を伴うため、同じ年の1人当たり国民所得でも基準年が変われば数値が異なる。たとえば75年基準では70年の1人当たり国民総生産（GDP）は２４３ドルだが、05年基準による70年の1人当たり国民総所得（GNI）は２５５ドルだ。そのため70年以前の数値を05年基準に合わせて補正すべきなのだが、絶対額の差がわずかなので補正は行わなかった。ところが14年3月26日、韓国銀行は研究開発費を資産に含ませるなどの修正を加えた統計作成方法を適用した10年基準の「国民経済計算」を発表した。すると05年基準で2万２７０８ドルだった12年の1人当たりGNIが10年基準では2万４６９６ドルになった。２０００ドルは無視するには大きすぎる差なので補正せざるをえない。過去の統計をすべて10年基準に補正するのは実に手間のかかる作業だが、13年の1人当たりGNIのみを05年基準に合わせて調整するのは簡単だ。12年の1人当たりGNIが基準年の変更によって増加した割合だけ13年の1人当たりGNI2万６２０５ドルを差し引くと2万４０９５ドルになる。このグラフで13年の1人当たりGNIを韓国銀行発表の数値より２１１０ドル低く表示しているのはそうした理由からだ。

●3　高級レストラン、宴会場、結婚式場として現存する。

●4　妓生出身でのちに成功してオーナーになった金英韓《キムヨンハン》が法頂《ポプチョン》和尚に寄贈して改修され、現在は吉祥寺《キルサンサ》として運営されている。

※5　全経連を「全国経済事犯連合会」と言ったのは政治家魯會燦《ノフェチャン》だ。サムスングループが政官界関係者をカネで管理してきた実態を綴ったサムスングループ副会長李鶴洙《イハクス》とサムスン系列新聞社である中央日報会長洪錫炫《ホンソキョン》の会話を国家安全企画部が盗聴した「サムスン

Xファイル」事件が発覚したとき、魯會燦はそこに登場する検察幹部の実名を公開した。そのため通信秘密保護法違反を問われて有罪とされ、2013年に議員辞職となった。その補欠選挙で国会進出を果たしたのが2012年の大統領選で台風の目となった安哲秀《アンチョルス》である。

●6　ソウル郊外に35万人規模の団地を造成してバラック街の住民を移住させたものの、インフラも雇用もないうえに土地払い下げ代金、支払い期間が当初の話と大幅に食い違い、支払えなければ処罰するとの通知が住民たちに届く。反発した住民が1971年8月10日に開いた決起大会が暴動へと発展し、多数の負傷者と逮捕者を出した。ソウル市は要求に応じて住民の勝利となった。

●7　補助的作業をする労働者のこと。語源は日本語の「下」。植民地期に持ち込まれた日本語は最近まで卑近な日常語に残っていた。

●8　2015年4月現在では資産総額は351兆ウォンとなお不動の1位だが、系列会社数は67社に減り、他社がSK82社、ロッテ80社、GS79社と増やしたためサムスンは4位に転落した。

●9　大手企業役員の横暴なふるまい、フランチャイズや下請における発注企業側の不当要求などが相次いだことから、2013年春以降「甲乙関係」という概念が急速に定着した。契約書で雇用・発注側を「甲」、被用・受注側を「乙」とすることからこう呼ばれる。長幼の序や社会的上下関係は古くから韓国社会に存在していたが、その副作用や反発がSNSを通じて拡散することで一気に社会問題化した。大韓航空元副社長のナッツリターン問題も同じ脈絡にあり、職場のパワハラ、教育現場のモンスターペアレント、商取引のクレーマーなど立場上「上」であることを振りかざして「下」を屈服させる行為はすべて「甲的ふるまい」とされる。

●10　「川上の水清くして川下の水清し＝下の者に過ちを犯させないためには上に立つ者こそ正しい行いをすべき」ということわざを念頭に置いたもの。

●11　腕章に表示された地位を見てそれを着用した人物に屈服する風潮を揶揄する表現。訳注9「甲乙関係」問題の表面化はこれに対する乙側からの異議申し立てとも考えられる。ここでいう「腕章」は日本風にいうなら「葵の御紋の印籠」に似た権力のシンボルだ。

●12　失業対策の一環として自治体が失業者や低所得者を対象に一定期間臨時雇用する制度。

※13　過去のジニ係数は標本を都市と農村を合わせて1万2000世帯を対象とし、再投資、貯蓄などの留保分を除いている。新しいジニ係数は2万世帯を標本とし、世帯の留保分を含めた純収益全体を基準に算出したものだ。再投資や貯蓄などの留保分の多い高所得層の所得が以前より多く繰り入れられるため、新方式で算出するといずれの分配指標でも所得格差が開くことになる。

第4章　韓国型の民主化

全国的な都市蜂起による民主主義政治革命

民主化の普遍性と特殊性

1984年秋のプロ野球韓国シリーズでロッテ・ジャイアンツのピッチャー崔東原《チェドンウォン》が前人未到のレジェンドとなった。彼はサムスン・ライオンズを相手に7試合中5試合に先発・中継ぎ・抑えで出場し、完封を含む完投で3勝、救援で1勝の4勝をあげてチームを優勝に導いた。僕はその第7戦の試合を冠岳《クァナク》警察署の留置場のテレビで観戦した。そしてその年の冬を永登浦《ヨンドゥンポ》拘置所の0・7坪の独房ですごした。実のところ僕は人生の中で誰かを殴ったことは「ほとんど」ない。小学生のとき憎まれ口をたたいてしつこくつきまとった妹に一発喰らわせたのが一度、それから兵役最後の年の兵長時代に常習的に後輩兵士をいじめていた上等兵をスリッパで叩いた、それですべてだ。そんな僕があのとき「暴力行為等の処罰に関する法律」に違反したかどで獄中生活を送った。「なんでこんな国に生まれたんだろう、フランスやドイツ、イギリスやアメリカみたいな国に生まれてればよかったのに！」。そんなふうにおのれの運命を嘆いた。欧米の国々がカネ持ちだからではなく、自由の国だから羨ましかったのだ。僕らの世代は社会や人生に対する考えをありのまま表現させてもらえぬまま育った。そのせいか僕は何よりも自由に焦がれていた。

民主主義の先進国も最初からそういう国だったわけではない。中世ヨーロッパには厳格な身分制度があり、教会や貴族階級が宗教的ドグマと血も涙もない暴力で民衆を抑圧していた。米国には19世紀半ばまで奴隷制度があった。いずこの国とて血が川のごとく流れる暴動、反乱、革命や反革命、内戦や戦争を経験していた。西欧諸国が棚ぼた式で自由と民主主義を手に入れたわけではないことを僕はよく知っていた。僕らの前には分かれ道があった。一方は韓国を離れてもっと自由で豊かな国に行き、よりよい生の機会を模索する道だった。多くの者がその道へと進んだ。もう一方は韓国をそういう国に変える道だった。より多くの者がその道を選んだ。そこには僕もいた。

80年代まではまだ、他の国の人々がどんなふうに生きているのか僕らはよく知らなかった。海外で暮らしたことのある者はまれだったし、政府がマスコミの報道を厳しく検閲していたからだ。特に全斗煥《チョンドゥファン》政権は、マスコミ各社に毎日「報道指針」なるものを申し渡していた。政府が新聞社や放送局の編集局長の役割まで果たしていたのだ。外信報道もまた検閲の魔の手から逃れることはできなかった。政府の許可がもらえなければ海外旅行に行きたくても行けなかった。けれど今は違う。その気になりさえすれば韓国国内はおろか地球の裏側で起きていることまで何でも知ることができる。2013年12月、鉄道労組の執行部を逮捕しようとして警察が全国民主労働組合総連盟（民主労総）本部のある京郷《キョンヒーン》新聞本社ビル玄関のガラスを粉々に打ち砕くシーンを、大学のキャンパスから始まって街角の電柱のそこここへと貼り出された「アンニョン壁新聞」[1]の素朴な内容を、僕らはリアルタイムで目撃した。インターネットやSNSを通じて、学校に通っているというだけの理由で銃撃されたムスリムの少女の顔を、オバマ大統領がホワイトハウスの清掃員とにこやかにグーをぶつけて挨拶を交わす姿を見た。僕らはスウェーデンやドイツでは大学の授業料がタダだということを知っている。他の国の人々の生きる姿と引き比べて自分たちの生やコミュニティの現実を認識し省察する。

　僕は死ぬまで韓国で暮らしたい。けれども他の国に行って別の暮らし方をする機会を手にするのも悪くない選択だと思う。ある移民コンサルティング会社の実施した調査を見ると、韓国人が「生まれたいと思う国」はオーストラリア、カナダ、米国の順だった。ある世論調査会社のアンケートでは韓国人の半数ほどが「生まれ変わるならどこの国がいいか」という質問に韓国を挙げた。次いで米国、オーストラリア、スイス、カナダ、英国、ニュージーランド、フランスだった。就職支援ポータルサイトの運営会社が社会人に尋ねたところ、「住んでみたい国」にはオーストラリア、スイス、日本、カナダ、フランス、英国、米国、ニュージーランド、フィンランド、スウェーデンが選ばれた。大陸でいうとヨーロッパが圧倒的だった。人々はなぜそれらの国々に住みたいのか。それらの国は何といっても所得水準が高い。子育て、教育、老後の問題を国や社会が手厚く支援してくれる社会福祉制度が整っている。自然環境に恵まれている。個人の自由と権利がしっかりと保障されている。ロシアや中国のように土地が広く人口も多くて大きな影響力を有している国を除けば、21世紀の世界の主役はどれもまがりなりにも民主主義の定着した豊かな国々だ。

どちらが先なのだろう。民主主義を成しとげたから経済が繁栄したのだろうか、それとも経済が発展したから民主主義を手にすることができたのだろうか。どちらが先でもない。この二つはポジティブ・フィードバックの関係にある。ある特定の時点では経済発展と民主主義が対立するように見えることもある。だが長期的にみれば経済の繁栄と民主主義はいつの世も共存共栄してきた。このポジティブ・フィードバックの関係は何によってもたらされるのだろうか。それはみずからの望む生を正しいと思うやり方で生きていきたいという欲望だ。そんなふうに生きていくには何よりもまず自由がなければならない。自由を享受するには物質の欠乏からくる抑圧を克服しなければならず、不当な制度や古臭い観念の束縛から逃れなければならない。選択を個人の利己心に委ねて国家の干渉や強制を排除すれば経済の繁栄がもたらされるとしたアダム・スミスの見解が、特殊な状況で一時的にしかあてはまらないことはすでに理論的に立証済みだ。だが長期的な観点からみるとアダム・スミスも間違ってはいない。個人の自由を不当に抑圧する社会は経済の繁栄を長期間維持することはできない。

産業化を成しとげた原動力が物質の欠乏からくる抑圧から逃れようとする欲望だったとするなら、民主主義を打ち立てた力は外部からの不当な強制や制度の抑圧から逃れて自由と尊厳を求めようとする欲望だった。民主主義の要諦とは何だろう。第一に主権在民だ。権力の正当性または正統性は国民に由来する。多数の国民の同意を得ずして成立した権力はこれを認めることはできない。第二は国家権力の制限と分散、相互牽制だ。民主主義は国家権力の誤用や濫用を防ぐために立法権、司法権、行政権を分立させ、選出された公職者の任期を制限し、権力機関を相互に監視、牽制させる。第三は法の支配だ。市民の自由と権利はもっぱら法によってのみ制限可能であり、政府は憲法の付与する権限の範囲内で法律に従って国家を運営しなければならない。被治者ばかりか統治者をも、法律は万人を等しく縛らなければならない。韓国の国民は民主主義を実現するために何十年間も国家権力と血を流して闘い、今も闘っている。

「民主化」とは、専制政治または独裁体制を民主主義の体制に取って替えることだ。民主化を成しとげるための個別の、または集団による努力と行動が「民主化運動」だ。民主化の歴史をひもとくにはまず民主主義と独裁とを峻別する基準を明確にしなければならない。前章で産業化の歴史を述べるに当たってマルクスとロストウの経済理論を引き合いに出した。民主化の歴史を述べるには20世紀の代表的自由主義哲学者カール・ポパーの政治理論を用いるといいだろう。ポパーはある国が民主主義体制なのか専制政治体制なのかを見分ける基準をひとつの方法にまとめた。多数の国民が決意したとき政権を平和的に交代することができるなら、その国は民主主義国家である。それが不可能な国は独裁国家である。平和的な政権交代を可能にする法律と制度がそもそも存在しなければ民主主義ではない。そういう制度があったとしても正常に機能せず平和的な政権交代が事実上不可能ならば、それもまた民主主義ではない。

1959年の韓国は民主主義国家ではなかった。平和的な政権交代を可能にする制度はあったが、まともに機能していなかった。何よりも自分なりの見解を自由に考えたり表現したりする自由がなかった。自由かつ公正な選挙が行われてもいなかった。政府は、思想と表現の自由、集会と結社の自由をはじめ、大韓民国憲法の保障する国民の自由と基本権を踏みにじっていた。ありとあらゆる方法で不正投票を行い、それでも飽き足らず開票結果さえ捻じ曲げた。多数の国民が望んでも平和的・合法的に政治権力を交代することができなかった。李承晩《イスンマン》時代のすべての選挙がそうだった。

民主主義はたんなる制度の寄せ集めではない。制度と行動と意識が一体化したものだ。合理的な制度があっても行動が歪められたらその制度は力を失う。権力集団と有権者の行動は欲望や感情、意識、慣習をはじめとするさまざまな要素に左右される。よき憲法があるだけではじゅうぶんではない。執権勢力または統治者は憲法と民主主義の基本原理を尊重しなければならず、市民は自分の権利を正しく理解し行使しなければならない。そうしてこそ民主主義を実現することができるのだ。統治者が憲法や法律の上に君臨し、市民がそのことを問題とも思わずに受け入れたり屈従したりしているようでは、憲法はたんに紙に書かれた文字の羅列にすぎない。

カール・ポパーは特定の計画や目標に基づいて社会全体を改造する社会革命にあくまでも反対した。ポパーは人間の能力を全面的に信頼することはなかった。人間には現実さえありのままに認識する能力がなく、未来を正しく設計する能力にいたってはいうまでもない。特定の目標や価値を実現するために社会全体を組み立てなおそうとする革命家たちの動機は高尚かもしれないが、彼らの青写真が正しくすばらしいものだという証拠はない。革命家が国家権力を握ったあと、その青写真に沿って組み立てなおした社会が革命前の社会より確実にすばらしいものになるという保証もない。正義、平等、人間解放など、革命家の掲げる目標が何であれ、ある抽象的な善を実現するために暴力で社会を組み立てなおそうとする革命は、必ずや全体主義の独裁へと帰結する。それがポパーの主張だった。不幸にも20世紀の世界史はポパーが正しかったことを告げている。ゆえにポパーは抽象的な善を実現するために革命を起こすより、現実にある具体的な悪を取り除くための社会的改革と開放に集中すべきだと訴えた。

だからといって彼があらゆる種類の革命に反対していたわけではない。専制政治を打倒して民主主義を打ち立てる政治革命だけは熱烈に擁護した。民主主義は最善の人物が権力を掌握して最大の善を実現させる制度ではない。最悪の人物が権力を握っても思いどおりに好き勝手に悪行を犯せないようにする制度だ。民主主義は現実に存在する具体的な悪を最小化させることによって社会を改良しつづけるうえで必須不可欠の前提条件だ。そのようにとらえるならば、専制政治を打倒して民主主義を実現するために民衆が暴力を行使することは、不可避にして正当な行為になる。ただし、民衆の抵抗権の行使は独裁を打倒して民主主義政治体制を打ち立てるところでとどめなければならない。それがポパーの主張だ。韓国の政治革命はまさにそういう革命だった。4・19と6月民主抗争は、民主主義政治体制を打ち立てる、まさにその地点でとどまった。

専制政治を打倒する民主主義政治革命の唯一の方法は、民衆が抵抗権を行使することだ。人々がみずからを組織し決起して、警察や軍隊、司法機関や情報機関を動員する権力集団の暴力を力で制圧しなければ、政治革命を行うことはできない。抵抗権を行使しうる効果的な方法は、その国の環境や特性によって違ってくる。韓国は国土が狭く人口が都市部に集中している。歴史的・文化的・人種的な均質性がきわめて高い。四季の変化がはっきりしており、冬は寒く暖房施設なしには生存することができない。ジャングルも広大な山岳地帯も存在しない。北は鉄条網で断絶され、あとの三面は海に隔てられた事実上の島国だ。中国やベトナム、中南米とは違って特定の地域を拠点として長期抗戦を繰り広げるのは不可能だ。中東諸国のように隣接国に武装闘争の基地を設けることもできない。しかも国は並々ならぬ規模の常備軍と警察力を保有している。こうした条件のもとで民衆が抵抗権を行使しうる方法は「連続的・同時多発的・全国的な都市蜂起」しかない。それが僕らにとって唯一の、そして最適の抵抗権行使の方法だった。

　民主化運動の活動家や80年代の社会主義運動の活動家がテロを闘争の手段として使わなかった理由もそこにある。「南朝鮮民族開放戦線（南民戦）」の活動家たちも資金を手に入れるために東亜建設会長崔元碩《チエウォンソク》の自宅に押し入ったにすぎず、誰かを傷つけることが目的ではなかった。釜山《プサン》米文化院放火事件〔本章230ページ参照〕東義《トンイ》大学事件●2では市民や警察官が巻き添えとなって命を落としたが、故意に人を殺そうとして起こした事件ではなかった。ドイツや日本の赤軍派が犯した施設破壊、要人暗殺、航空機乗っ取りのような事件は韓国の民主化運動の歴史には一度も起こらなかった。連続的・同時多発的・全国的な都市蜂起を起こすには大衆の支持を得なければならないが、テロはそれにそぐわない方法だ。韓国の民主化運動の活動家は他人の命を狙うのではなく自分自身の命を捨てた。みずから命をなげうつことによって大義が何なのか明らかにし、大衆の関心と覚醒を呼び起こそうとしたのだ。テロや暗殺ではなく焼身や投身を選択した闘争方式は世界の歴史でもきわめてまれなものだった。

　そうやって命をなげうった人々のことを記憶にとどめるのが歴史と人間に対する礼儀だと思う。全泰壹《チョンテイル》

1986年5月6日、ソウル大学で行われた故キム・セジンの葬儀　©聯合ニュース

の焼身があって以来、彼らの選択した方法は大半が焼身か投身であり、彼らの望むものは民主化、光州《クァンジュ》民衆抗争の真相究明、独裁政権への米国の支援中断、労働組合活動の自由の保障、賃金や労働条件の改善などだった。身分は主として大学生か労働者だった。ソウル清渓川《チョンゲチョン》地区の平和《ピョンファ》市場の労働者全泰壱（70年）、ソウル大学の学生金相鎮《キムサンジン》（75年）とキム・テフン（81年）、タクシー運転士パク・チョンマン（84年）、江原《カンウォン》大学の学生ソン・グァンヨン（85年）、九老《クロ》工業団地シヌン精密の労働者パク・ヨンジン、ソウル大学の学生イ・ジェホ、キム・セジン、イ・ドンス、パク・ヘジョン（以上86年）、ソウル教育大学の学生パク・ソニョン、河南《ハナム》シヌン精密の労働者ピョ・ジョンドゥ（以上87年）、城南《ソンナム》高麗《コリョ》皮革の労働者チェ・ユンボム、バス運転士イ・ムンチョル（以上88年）、（株）統一《トンイル》の労働者イ・ヨンイル、労働運動活動家チェ・ドン（以上90年）、全南《チョンナム》大学の学生パク・スンヒ、安東《アンドン》大学の学生キム・ヨンギュン、江原大学の学生チョ

ン・セヨン、全国民族民主運動連合（全民連）の社会部長キム・ギソル、城南皮革の労働者ユン・ヨンハ、光州市民イ・ジョンスンとチャ・テグォン、宝城《ポソン》高校の生徒キム・チョルス、仁川《インチョン》のタクシー運転士ソク・クァンス（以上91年）らが広く知られている。焼身、投身自殺事件は１９８６年と１９９１年がもっとも多かった。１９８６年は全斗煥政権の人権弾圧が熾烈をきわめ、民主化運動が爆発的に広まった時期だった。光州民衆抗争の真相が次第に明らかになり、全斗煥および米国に対して若者たちが憤りを募らせた時期でもあった。盧泰愚《ノテウ》政権の中ごろだった１９９１年は、民主化への期待がもろくも崩れ去った時期だった。とりわけ明知《ミョンジ》大学の学生姜慶大《カンギョンデ》が集会鎮圧のために投入された警官隊に殴り殺されるという事件が起きると、学生たちの反政府闘争は激しくなり、「焼身政局」ということばが生まれるほど多くの若者がみずからの死をもって政府を糾弾した。

「連続的・同時多発的・全国的な都市蜂起」によって民衆がはじめて抵抗権を行使したのは１９１９年の３・１運動だ。３・１運動の目的は民主化ではなく植民地支配からの民族解放だったが、そのやり方は民主化運動にもそのまま適用できるものだった。第二の闘いは４・19だ。４・19は民主主義政治革命の韓国版の典型だった。韓国国民は「連続的・同時多発的・全国的な都市蜂起」によって独裁者を追放し、初の政権交代の実現という歴史的偉業を成しとげた。第三の例は１９８７年の６月民主抗争だ。勝利した６月民主抗争と悲劇に終わった光州民衆抗争の違いはたったひとつだった。光州民衆抗争は「局地的な都市蜂起」だった。もしあのときソウル、釜山、大邱《テグ》、蔚山《ウルサン》、大田《テジョン》といった他の都市の住民たちが勇気を奮ってともに立ち上がっていたならば、新軍部が光州という一都市だけにあれほどの兵力を集中投入して市民を殺傷することはできなかったはずだ。

韓国の民主化の歴史をつぶさに知りたい読者には民主化運動記念事業会研究所編の「韓国民主化運動史」をお奨めする。本文だけでも計2300ページに及ぶ全3巻の大著だ［邦訳なし］。1948年の大韓民国政府成立から盧泰愚政権まで、広い意味で民主化運動といえるすべての事件を体系的にまとめてある。だがこの本を読んでいると、まるで同じ事件が果てしなく繰り返されているような印象を受ける。それは民主化運動が数十年のあいだ同じ「パターン」を繰り返してきたからだ。そのパターンをできるだけ手短に要約すると次のような「アルゴリズム」になる。

権力を握った者もしくは政府が独裁、人権弾圧、不正腐敗をはたらく。野党と在野の人々が真相究明と責任者の処罰を要求する。ここで在野の人々とは政治家以外の知識人、宗教者、文化人など影響力のある市民社会のリーダーを指す。大衆がたいして反応しなければ権力者は気にも留めずに同じことを繰り返す。すると野党と在野による闘争の隊列に学生ら若者が加わってくる。学内で糾弾宣言を発表し、抗議集会を開き、やがて街頭デモへと繰り出す。そこに市民が合流しなければ、政府は真相については適当にごまかして何人かの責任者を処罰するふりをする。警察を動員してデモを鎮圧し、デモの主導者を逮捕する。そうやって闘争が収束すると権力者はまたもや独裁と不正腐敗をはたらく。同じパターンの闘争がまた繰り広げられる。それが一般市民のあいだに広がりそうな気配を察知すると公安当局の出番だ。騒擾事件のウラに不穏な勢力や北朝鮮がいると主張してスパイ団事件、容共利敵団体や反国家団体の組織事件を発表する。政府に批判的なメディア報道を統制し、御用メディアを動員して国の一大事だとでもいうように市民を洗脳する。たいていはこの程度で状況は収まる。それでも収まりがつかない場合は催涙弾と棍棒で武装した警察力を投入してデモ参加者を手当たり次第に連行、逮捕する。疲れ果て怖気づいた市民は怒りの矛先を収めて日常へと戻っていく。権力者はまたぞろ独裁と不正腐敗に明け暮れる。

ときに桁外れに多くの市民が義憤に駆られて野党と在野、学生たちの闘いに呼応するようなことが起こる。そんなとき民主化運動の全国組織が生まれる。野党、在野、学生団体、労働団体、農民団体といった各界の代表らが集まった全国組織には「国民協議会」、「国民運動本部」といった名称がつけられる。略して「国本」、韓国人にとっておなじみの言い方だ。国本は闘争目標を示し、スローガンを決め、地方へと組織を拡大し、集会の場所と時間、行動綱領を発表する。これらすべての行動の戦術的目標は「連続的・同時多発的・全国的な都市蜂起」を起こすことであり、戦略的目標は独裁政権を打倒し、民主主義を打ち立てることだ。実際にそういう事態に立ち至るかもしれないと予測すると、権力者は打てる手段の限りを尽くして対応する。国本の主要メンバーを逮捕し、活動家たちを予備検束する。警察兵力を投入して集会の予定場所を封鎖し、蟻の這い出る隙もないほどの検問を実施する。大統領か首相が談話を発表して騒擾事件の主導者は厳罰に処すと脅しをかける。公安機関と御用メディアを動員してウラに不穏な容共勢力や北朝鮮がいると非難する。そうやってなんとか鎮圧に成功すると権力者もしばらくは慎重になる。人心を一新するといって内閣改造を行い、懐柔策を発表する。

それでも闘争の熱気が冷めやらないとなると事態は実に深刻だ。複数の都市で同時に大規模な街頭デモが行われたら政府はお手上げだ。たとえば全国の10の都市で100万人ほどの市民が同時にデモをおこなった場合、全国の警察官を総動員しても制圧は難しい。デモ隊は大通りを占拠してシュプレヒコールを叫び、形勢不利とみたら路地を抜けて別の場所に移動してふたたび道路を占拠する。警官隊は楯に棍棒、防毒マスクなどの重装備で身を固めているので機動力が弱点だ。アニメの「トムとジェリー」を彷彿させる闘いだ。デモ隊の規模が大きくなると、本隊とはぐれた警官のほうが逆に包囲されて装備を奪われたりボコボコにされたりするようなことも起こる。結局、警察は主要施設の周辺を集中的に固めて長期戦に突入する。ソウルだったら青瓦台《チョンワデ》や世宗路《セジョンノ》の政府庁舎に通じる大通りと付近の路地に人員を集中配備し、デモ隊と対峙することになる。都心を掌握したデモ隊はゆうゆうと政府を糾弾する街頭集会を開く。するとさらに多くの市民がどんどん集まってくる。

そうなった場合、政府の使える武器はひとつしか残っていない。戒厳令を宣布して軍を投入するのだ。だがそれはきわめて危険だ。デモ隊の鎮圧能力に限っていえば、軍も警察も似たり寄ったりだ。唯一の違いは銃が撃てるということだ。1964年の春から秋にかけての日韓条約反対運動（6・3事態）や、維新体制に反対して繰り広げられた1979年の釜馬《プマ》民主抗争では、政府は軍を投入してデモ隊を鎮圧することに成功した。そうなれば危機を乗り切ることができる。けれど4・19のときのように戒厳軍の上層部が鎮圧を拒否することもありうる。軍が発砲しても闘争を鎮圧できなければそれこそたいへんだ。4・19のときは警察に発砲を指示した幾人かが死刑になった。一時的に鎮圧に成功しても、のちのち問題になることもある。光州民衆抗争の際、陸軍特殊戦司令部の兵力に発砲命令を下した連中はその責任を逃れ

←6月民主抗争当時、明洞一帯に繰り出した学生・社会人たち（1987年6月10日）　©東亜日報

한성투자금융
조흥은행

ようとあらゆる証拠を隠滅し、最後まで事実を否定しとおした。1987年6月に全国の数十の都市で100万人以上が同時に街頭デモを繰り広げたとき、全斗煥大統領は戒厳令を宣布することができなかった。その代わり民正党の大統領選候補者盧泰愚を前面に押し出して民主化宣言を発表させ、大統領直接選挙制に向けての改憲と民主化を約束した。軍を投入するのはあまりにも危険な選択だと判断したのだ。

「連続的・同時多発的・全国的な都市蜂起」はさまざまな不法行為を伴う。道路占拠、投石、火炎瓶の使用、夜間デモなど、デモ隊のあらゆる行為が実定法違反だ。だが多くの国民がそれを最高法規たる憲法を守り民主主義を実現するために不可避な行動だとして受け入れる場合、それらすべては不法ではあるが正当な行為になる。主権在民という民主主義の大原則を実現する民衆の抵抗権の行使だからだ。韓国型の民主化の道すじは、「連続的・同時多発的・全国的な都市蜂起」によって民主主義政治革命を起こすことだった。

6月民主抗争の勝利とともにその道のりは終着点に到達した。そこからは別のルートと戦略を模索しなければならなかった。けれど長い歴史を経てかたちづくられた考え方や行動様式が一夜のうちに消えたり変わったりするはずはない。人々は「連続的・同時多発的・全国的な都市蜂起」によって政治的要求を示し貫徹する戦略を、民主化を成しとげた後もそのまま利用した。それはときには効率的ではなかったが、ときには大きな威力を発揮した。人は誰しも成功した経験を大事にする。そこで過去とは性格の異なる挑戦にもかつて成功したやり方で対応したくなるものだ。ポスト民主化の民主主義に見合った新たな戦略と行動様式が登場するまでには、それはそれは長い時間を要せざるをえなかった。

韓国の民主化の歴史は三つの段階を経てきた。4・19から10月維新までは民主主義の赤ん坊時代だったといえよう。4・19はすぐに5・16と朴正熙《パクチョンヒ》政権という冬の時代にさらされたが、なんとか命を落とすことなく少しずつ生命力を育んでいった。10月維新から6月民主抗争までの維新体制の9年間と第五共和国の7年間は成長期だった。そのちょうど真ん中に光州民衆抗争があった。この時期に国民は民主化を成しとげるうえで必要な熱き志と能力とを蓄積した。市民の力で国家暴力に打ち勝たずして民主的な政治制度を打ち立てることはできないので、成長期の民主化運動は民主主義政治革命を目指すしか道はなかった。6月民主抗争から現在までは民主主義の成熟期だ。僕らは二度の平和的な政権交代を経験した。憲法の精神に沿って国を運営するように権力集団のふるまいを改めさせた。市民はさらに高いレベルにおける「ポスト民主化の民主主義」を実現するためにさまざまなやり方で政治にかかわっている。

ところが最近、韓国の民主主義がはたして成熟しつつあるのかという疑問の声が上がっている。歴史が逆戻りして民主主義が危機にさらされていると嘆く声さえ聞こえる。だが2014年の韓国が民主主義国だということに疑いの余地はない。民主主義がほぼ完成したかのように思えたこともあった。検閲と統制が消え失せ、言論の自由と表現の自由を謳歌でき、大統領や政府は節度ある権力の行使に努めている。人々は民主主義を昨日降った雪のごとく目新しくもありがたくもないものと感じるようになった。けれど2008年以降、それが勘違いにすぎなかったと思い知らされるようなできごとが明るみに出た。韓国の民主主義は大統領、政府、権力者が憲法を尊重しようと努力するときにしか機能しない。まだじゅうぶんには成熟していないのだ。

憲法を無視して法の支配を破壊する政府は犯罪組織と似たような行動を取る。たとえば2012年の大統領選では、国情院、国軍機務司令部[●3]、国家報勲庁など複数の国家機関でインターネット上にやらせの書きこみを投稿する手口で世論を誘導しようとした事実が白日のもとにさらされた。それだけでも問題だが、さらに深刻なのは大統領と政権与党の対応だった。朴槿恵《パククネ》大統領と政府は、憲法の精神を踏みにじり法律に違反した官庁の組織的な不法行為を、関係者の「個人的な逸脱」として片づけた。青瓦台と国情院は、国情院長元世勲《ウォンセフン》ら大統領選不法介入事件の首謀者に選挙法違反容疑を適用した検察庁長官を除去すべく画策し、検察庁長官の「隠し子」とされた子どもの個人情報を不正に入手してメディアにリークした。2014年には、ソウル市職員だった華僑の脱北者をスパイにでっちあげるために、国情院と検察が中国政府の公文書を偽造して裁判所に提出した事実が明らかになった。国情院長も検察庁長官もなんら責任を問われることなく、何人かの実行犯の逮捕と辞任で幕引きを図ろうとした。最初から最後まで犯罪組織のやり方そのものだ。

すべての権力には集中と拡大を追い求める傾向がある。革新であれ保守であれ根本的には違いはない。監視と牽制が甘くなれば誰しも権力を濫用したくなる誘惑に駆られる。そんなとき市民がかかわって批判し抵抗しなければ、民主主義の制度はただのお飾りに転落してしまう。ところがこんにち、多くの国民が朴槿恵大統領と政府与党のやり方を容認している。大統領が国政の舵取りを無難にこなしていると考え、長きにわたって政権与党に高い支持率を許している。[※4] 民主主義の成熟度は主権者たる市民の意識と行動が左右する。権力者の反民主的なふるまいは大統領と与党政治家の傲慢と未熟な市民意識の反映だ。

李承晩政権のころ、ある外信記者が韓国に民主主義を期待するのはゴミ箱でバラの花が咲くのを期待するようなものだと言った。在韓米軍司令官を務めた米軍将校は、韓国国民は強き者に盲従するネズミの群れのようだと言った。だが韓国はゴミ箱ではなかったし、国民はネズミの群れではなかった。世界が注目するなか、僕らはそら見たことかといわんばかりに自由を勝ち取り、民主主義を打ち立てた。平和的な政権交代が可能な制度を整えてそれに見合った市民意識と行動様式を発展させた。韓国の民主化の歴史は自由への欲望と夢、正義を目指す情熱と献身、尊厳を守るための奮闘と犠牲で綴られた苦難と栄光の道のりだった。だが僕らはまだその道程の半ばにいる。混沌としたこんにちの現実は、民主化の歴史がまだ完成していないことの証だ。

5・16から10月維新まで

子どものころ、僕らにとって「朴正煕」は固有名詞ではなく「大統領」と同じ意味の普通名詞だった。朴正煕はすなわち大統領であり、大統領イコール朴正煕でなければならなかった。大統領という語を他の名前の後ろにつけたり朴正煕という名前に大統領をつけずに呼んだりすることは、どちらも不敬に値する行為だった。僕がほんの赤ん坊のころに権力を握った朴正煕は、僕が大学生になってもなお大統領だった。僕らの世代は幼児期と少年期、そして青年期の入り口をずっと朴正煕大統領のつくった政治社会的環境で送った。僕ら一人ひとりの個人史には多かれ少なかれ大統領朴正煕の人格と趣向が刷りこまれている。

1961年の5・16から1972年の10月維新まで、民主化運動の目標は朴正熙政権の打倒というより、政府の過ちを批判し正すことだった。政府はつねに主導権を握り、すべての闘いに勝利していた。とはいえ楽勝ではなかった。4・19の狼煙を上げた中学生、高校生が成長して大学生や社会人になっていた。そういう人々が在野勢力とともに民主化運動の前衛になったのは自然な流れだった。民主化運動の後衛は数十年の山あり谷ありの紆余曲折を経て現在は「新政治民主連合」という名称を掲げている野党だった。運動の主力は組織されていない市民だった。前衛は厳しい弾圧を受けつつも政府に立ち向かって闘うことで大衆の関心を呼び覚まし、勇気を鼓舞して市民の参加しうるような政治的空間を用意した。そこに大勢の市民が合流して主力がかたちづくられると、闘いは広がりを見せた。野党は闘争の成果を取りまとめて事後処理を担当した。このような民主化運動の隊伍は4・19のころからこんにちまでほぼ同じかたちで維持されてきた。

すべての国民が「軍人朴正熙」のクーデターと「大統領朴正熙」の長期政権に反対したわけではない。5・16、3選改憲、10月維新を歓迎し支持した国民も多かった。当時は一般家庭にはまだ電話が普及していなかったため、5・16に対する国民の判断を客観的に確認できる世論調査資料は存在しない。けれど一般市民はもとより大学生や知識人のあいだでも軍事政権に何がしかを期待するような雰囲気はあった。5・16が起きたとき、4・19の主役たちは民主党の張勉《チャンミョン》内閣を守ろうとして立ち上がったりしなかった。朴正熙将軍は繰り返し公言していた民政移譲および兵営復帰の約束を反故にしたが、国民は1963年の大統領選で朴正熙に軍配を上げた。

７人もの候補者が出馬したこの選挙で、朴正熙候補は強硬な反共主義とともに経済の自主と自立を強調する「民族的民主主義」を理念として掲げた。だが有力なライバルだった尹潽善《ユンボソン》候補は朴正熙が南朝鮮労働党員だったという前歴を暴露し、民族的民主主義を共産主義もしくは結果的に共産主義陣営を利する中立主義だと決めつけて非難する論陣を張った。朴正熙大統領の業績を絶賛する産業化勢力が「従北主義」のレッテル攻勢に出て民主化勢力がそれに歯ぎしりするこんにちの現実と比べるとウソのように思われるかもしれないが、当時はそうではなかった。朝鮮戦争の停戦協定が締結されて10年しかたっていない時点で、「アカ狩り」の威力がいかばかりだったか想像してみてほしい。大詰めなって野党系の許政《ホジョン》、宋尭讃《ソンヨチャン》らが辞退して尹潽善が事実上の野党統一候補になった。民主化勢力の候補一本化問題は、ポスト民主化の時代の専売特許ではない。李承晩政権のころから２０１２年の大統領選に至るまで、つねにもっとも重大な政治の懸案のひとつだった。当時も今も反共、反北、経済成長を掲げる政治勢力が圧倒的な優位を占める現実は変わらないからだ。

朴正熙は４７０万票を獲得し、４５５万票だった民主党の尹潽善をなんとか抑えて当選した。けれど胸を張れる勝利ではなかった。軍事政権は全羅《チョルラ》道地方を中心に凶作だった農村に援助物資の小麦粉を大量に配った。中央情報部による政治工作を利用し、公務員を組織的に選挙運動に動員し、軍部隊での不在者投票でも多種多様な不正をはたらいた。だが朴正熙が当選したのはひとえに不正選挙のおかげというわけではなかった。朴正熙は全羅道で圧勝し、１９５６年の大統領選では進歩党の曺奉岩《チョボンアム》候補の得票率の高かった選挙区でも勝利した。都市部では全般的に敗北したが、比較的教育水準の高い都市サラリーマン層や進歩的青年層からは少なからず支持された。もし僕が当時の若い有権者だったらどちらに投票しただろう。クーデターの首謀者に当選してほしくもなかったが、尹潽善も支持できなかったと思う。経済の自主・自立という公約を米国からの援助を拒否する反米主義とみなし、民族的民主主義を共産主義の肩を持つ中立主義だと非難する愚かさに、どうして1票を投じられようか。[※5]

朴正熙は米国の援助資金が52％を占める6000億ファン規模の1961年度の追加予算を「対米隷属経済」だと批判した。1959年の施設部門の米国の援助額2億8000万ドルのうち工業化のための施設の割合は22％にすぎないという事実を挙げて、米国は韓国の経済発展に関心がないのだと指摘した。また、援助総額の30％を占める米国からの余剰農産物の受け入れによって国内の農産物価格が暴落し、農家の経済状態が悪化している現状を嘆いた。厖大な企業負債の規模と年間5000万ドルに及ぶ貿易赤字について言及し、民族経済を再生させると約束した。それらはいずれも妥当な現実認識だった。

朴正熙の参謀でもっとも重要な人物は、ソウル大学教育学部教育学科から陸軍士官学校へと進学して軍人になった後、准将で予備役に編入された金鍾泌《キムジョンピル》だった。金鍾泌は5・16後に中央情報部を設立して初代部長を務め、1963年には共和党の議長になり、2004年まで9期にわたって国会議員を務めた。不正蓄財を問われて辞任して政治活動を禁じられていた全斗煥政権の時期を除き、朴正熙政権から金大中《キムデジュン》政権の時代まで40数年の長きにわたって政権の「ナンバー2」の役割を果たした。酒とゴルフと読書をこよなく愛した金鍾泌は、韓国政治史においてもっとも興味深い人物のひとりだ。大統領選直後の1963年

11月初め、金鍾泌は高麗《コリョ》大学で講演したのに続き、ソウル大学文理学部で学生たちとの討論会に臨んだ。後に日韓条約反対運動つまり6・3事態を主導することになるソウル大学民族主義比較研究会(民比研)に所属する学生たちの出席したこの討論会で、まだ40歳にもならないこの若き政治家は、外国資本の支配から脱して経済の自立を成しとげ、守旧的な思想、事大主義、急進的西欧思想や自由放任主義的な退廃を排し、情緒的には「ヤンキーイズム」を排撃することが民族的民主主義の核心だと主張した。共和党と朴正熙を「民族的民主主義」に沿った祖国近代化の推進主体だと持ち上げた。共和党は直後の総選挙で議員定数の60%を超える110議席を獲得した。軍事クーデターの主役にして大統領の右腕だった人物が反政府闘争を繰り広げている学生代表との公開討論に臨んだところをみると、金鍾泌はロマンチストにしてやり手の政治家だったようだ。最近の保守政党には金鍾泌に匹敵するような政治家は見当たらない。

朴正熙政権は日韓国交正常化問題で最初の危機を迎えた。日韓国交正常化交渉は1951年に始まった。韓国政府は1910年以前に大韓帝国と日本とで締結した日韓併合条約を含む一切の条約は無効だとし、植民地期の収奪と搾取に対する賠償や徴用された朝鮮人の未払い賃金などの「対日請求権」を行使するつもりだった。李承晩大統領は日本に圧力をかけるために朝鮮半島周辺50〜60海里の海域に李承晩ライン〔韓国では「平和線」と呼んだ〕を設定し、これを侵犯した日本漁船を拿捕した。だが日本は韓国の要求を何ひとつ受け入れなかった。大韓帝国と結んだ条約は合法的であり有効だと主張した。植民地期の収奪に対して賠償する意思もまるでなかった。むしろ日本人が韓国内に残していった財産に対する請求権を主張し、

1964年3月1日、横断幕を掲げてデモをする京畿高校の生徒たち　©民主化運動記念事業会

韓国政府の設定した李承晩ラインを撤回せよと要求した。交渉はまったく捗らなかった。ところが1960年になると米国が日本と新安保条約を締結し、日本を東アジア軍事同盟の中心に据えて韓国もそこに組み込もうとした。張勉内閣は日本政府とのあいだで請求権問題についての実質的な論議を始めた。

その成果を土台に1961年暮れから金鍾泌が日本の外相大平正芳と交渉を重ねた末、1962年秋に「無償3億ドル、政府借款2億ドル、民間借款1億ドル以上」を日本側が提供することで請求権について合意した。それが有名な「金・大平メモ」だ。韓国政府はこのカネを請求権だとしたが、日本政府は「経済協力であり独立の祝い金」とした。野党および在野の人々はこの合意は屈辱外交だとして汎国民闘争委員会を結成し、全国を巡回して集会を開いた。1964年3月、ソウル市内の主要大学の学生たちが5・16以来はじめてとなる街頭デモを繰り広げた。集会やデモは全国の大学、高校へと広がった。反政府闘争というよりは対日外交に堂々たる態度を示せと要求する集団的な意思表示だった。

1964年3月30日に朴正煕大統領はソウル市内の大学の学生代表団と面談し、翌日には全国の大学の学生代表に、非公式なかたちとはいえ「金・大平メモ」の閲覧を認めた。政府を批判して街頭デモを繰り広げている大学生の代表に大統領が直接会って話し合うなどということは、ポスト民主化の時代でもなかなかお目にかかれないシーンだ。朴正煕大統領は軍人から政治家に変身すべく努める姿勢を持っていたわけだ。けれどそれには我慢強さが不足していた。おりしも日本の企業が共和党に数千万ドルの結党資金を提供したのではないかという疑惑が持ち上がった。政権の実力者たちが国有地の不正な払い下げに加担して巨額の資金を着服する事件が起きた。そのうえ中央情報部が大学生たちを監視し内偵していた事実が発覚した。大学生の目には朴正煕政権と共和党は腐敗した親日勢力と映った。5月20日、ソウル大学文理学部の学生たちが「民族的民主主義の葬儀」と銘打って糾弾集会を開催し、朴正煕政権の「祖国近代化」の理念をおおっぴらに否定し攻撃した。

すると政府は対話に見切りをつけて力で対応しはじめた。警察が街頭デモを暴力的に鎮圧し、武装軍人が裁判所に乱入してデモの主導者を拘束せよといって裁判官を脅迫するような事態も起こるようになり、中央情報部はデモの主導者を不法に連行して拷問にかけた。6月3日には朴正煕大統領の下野を求める街頭デモが全国各地で行われた。それが「6・3事態」あるいは「6・3抗争」と呼ばれる大衆闘争である。数万人のデモ隊が政府庁舎のあるソウル市世宗路一帯の街頭を埋め尽くし、そこここで催涙弾が炸裂する激烈な投石戦が展開された。4・19にも似た光景だった。政府はソウル市一帯に戒厳令を敷いて首都警備司令部の兵力を投入し、大学に対しては休校令を発表した。
政府は野党および革新系の主要人物を闘争の黒幕とみなしてレッテル貼り攻勢に打って出た。１９６４年8月14日、中央情報部は「人民革命党（人革党）事件」を公表した。都礼鍾《トイエジョン》、李在汶《イジェムン》、朴玄埰《パクヒョンチェ》、金重泰《キムジュンテ》、金正剛《キムジョンガン》、玄勝一《ヒョンスンイル》、金正男《キムジョンナム》、金道鉉《キムドヒョン》ら記者、教師、大学生らが人民革命党という地下組織をつくって国に対する反乱を画策し、北朝鮮の指令を受けて日韓会談反対闘争を繰り広げたとして47人を逮捕した。だがソウル地検の部長検事李龍薫《イヨンフン》および捜査担当検事金秉禼《キムビョンニ》、張元燦《チャンウォンチャン》は良心に誓って起訴できないとして訴状への署名を拒否した。結局、都礼鍾が反共法違反で最高懲役3年の刑を言い渡されるなど一部有罪となったものの、北朝鮮とのかかわりについて証拠が明らかになった者はひとりもいなかった。これが中央情報部のでっちあげた「第1次人革党事件」である。

１９６５年2月に日韓会談の実務者による「日韓基本条約」の仮調印が行われ、その後6月22日に両国の外相が「日韓基本条約」および四つの協定書に正式署名した。「日韓基本条約」は、大韓帝国と大日本帝国で締結した日韓併合条約を含む一切の条約・協定が無効であることを宣言し、日本が韓国政府を国連決議第１９５号に基づく朝鮮半島における唯一の合法政府と認めるという基本に立って外交関係を樹立するものとした。四つの協定書とは、略奪された文化財の一部の返還に合意する「文化財及び文化協力に関する協定」、沿岸を起点とする12海里の水域の排他的管轄権を認める「漁業に関する協定」、解放前に日本に住んでいた韓国人とその家族の永住許可を規定する「在日韓国人の法的地位及び待遇に関する協定」、無償3億ドル、長期低利の借款2億ドルをもって両国国民間の請求権問題を完全かつ最終的に解決したことを確認する「財産及び請求権に関する問題の解決並びに経済協力に関する協定」だ。こんにちまで日本政府はこの協定を根拠に徴用、徴兵、女子挺身隊、従軍慰安婦の強制動員被害者に対する個別の請求権はすべて消滅したと主張してきた。

日韓基本条約の調印と国会での批准の手続きが進められていた夏まで余震は続いた。2学期が始まると、政府はすぐさま大学を閉鎖して学生運動のリーダーたちを連行する一方、政府に批判的なジャーナリストに対して拉致監禁、暴行を繰り返し、また報道を徹底的に検閲し統制した。ソウル市内に衛戍令を宣布し、さらに軍を投入した。9月25日、中央情報部は反共法違反、内乱陰謀罪、内乱扇動罪を適用してソウル大学の民比研の学生たちをごっそり連行した。日韓会談反対闘争はそうやって終わりを告げた。1000人を超える者が逮捕され、350人あまりが内乱陰謀罪や騒擾罪で連行された。朴正熙政権と2年以上にわたって闘いを繰り広げてきた若者たちは「6・3世代」と呼ばれた。当時、学生運動のリーダーとして名を上げた人物、政界・学界・マスコミで活躍した代表的な人物には金重泰、孫鶴圭《ソンハッキュ》、李在伍《イジェオ》、金徳龍《キムドンニョン》、玄勝一、李明博《イミョンバク》、鄭大哲《チョンデチョル》、李富栄《イブヨン》、徐清源《ソチョンウォン》、朴寛用《パククアニョン》、河舜鳳《ハスンボン》、金景梓《キムギョンジェ》らがいる。あのとき街頭デモにかかわっていた20代の若者たちが、今では70代になって朴槿恵大統領とセヌリ党を金城鉄壁のごとく守っているのだ[6]。

6・3事態の闘いは4・19の精神が生きつづけていたことを示すものだった。朴正熙政権は中央情報部を中心に情報政治とマスコミ統制、大学と在野の人々に対する監視体制を大幅に強化したが、学生運動、野党、在野勢力のほうも闘争の力量を蓄積していった。1964年、政府はまず医療支援団と工兵団をベトナム戦争に派兵し、次いで65年の輸送団と工兵からなるピドゥルギ［鳩］部隊と海兵の青竜《チョンニョン》部隊、66年の白馬《ペンマ》部隊と猛虎《メンホ》部隊に至るまで、延べ30万人以上を派兵した。駐屯兵力は最大5万人にも及んだ。その対価として米国は韓国軍の現代化を支援し、米韓経済協力を大幅に拡大した。盧武鉉《ノムヒョン》政権が3000人の兵力を非戦闘任務に限定してイラクに派兵した2004年には全国的に大規模な反対デモが繰り広げられたが、ベトナム派兵には野党も反対せず、国民の反対世論もさして広がることはなかった。40年のあいだに社会は変わり、世界平和と米韓関係に対する国民の考え方も変わったのだ。

けれど権力にからむ不正腐敗事件については、当時の国民のほうが今よりも敏感だったような気がする。1966年9月に京郷新聞がサムスンのサッカリン密輸事件を特ダネ報道した。事件の核心は日本の三井物産が蔚山の韓国肥料の工場建設事業に関連して100万ドルのリベートを提供したことだった。朴正熙大統領の複数の側近とサムスンの関係者は、現金の代わりに大量のサッカリン原料を建設資材に偽装して持ち込ませ、それを換金して政治資金と工場の建設費、韓国肥料の運営費に充てようと謀議した。今の若い人たちは口にしたこともないだろうが、僕らの世代は砂糖ではなくサッカリンで甘味をつけた菓子や「アイスケーキ［アイスキャンディ］」を食べて育った。政財界の癒着と密輸の真相が明るみに出るとサムスン会長李秉喆《イビョンチョル》は韓国肥料を国に移管するとして経営の第一線から退き、次男李昌熙《イチャンヒ》が身代わりとなって逮捕された。野党は密輸財閥を処断せよと強く要求した。国会本会議場で国会議員金斗漢《キムドゥハン》が密輸財閥擁護の立場を取る閣僚に糞尿を浴びせかける事件も起きた。ソウル市中心部の孝昌《ヒョチャン》運動場で野党が開催した糾弾大会には数万人の市民が集まった。朴正熙大統領のことを「密輸の頭目」と非難した在野の大物ジャーナリスト張俊河《チャンジュナ》が国家元首名誉棄損容疑で逮捕された。各大学は政府と財閥の癒着、不正腐敗を糾弾する集会で沸きかえった。

朴正熙は尹潽善とのリターンマッチを繰り広げた1967年5月の大統領選で4年前とは比べものにならない116万票の大差で再選に成功した。政府・共和党は続いて6月の国会議員選挙では改憲に必要な議席数の確保に乗り出した。大統領や閣僚が全国を飛び回って開発をエサにバラマキ公約の大風呂敷を広げ、第一線の公務員を選挙運動に動員した。中央情報部と検察はあらゆることをネタに言いがかりをつけて野党候補を拘束し、選挙運動員を拘禁した。共和党陣営はマッコリ、ゴムシン、コメ、小麦粉、現金を各戸に配った。公開投票をさせようとして発覚した投票所もあったし、記入済みの投票用紙を大量に持ち込んだ投票所もざらにあった。あちこちで野党側の立会人が暴行されたり追い出されたりし、開票の際には野党候補の票がごっそり無効票に回された。その結果、共和党は議員定数の74％の130議席を獲得した。

不正選挙の無効を訴える糾弾集会と街頭デモが全国の大学に広がっていった。大学ごとに休校や夏休みの前倒しの措置が取られたが、デモは高校にまで拡大した。そのタイミングで中央情報部長金炯旭《キムヒョンウク》が衝撃的な事件をぶちあげた。「東ベルリンを拠点に活動していた北朝鮮の指示を受ける対南赤化工作団」事件、俗に「東ベルリン事件」と呼ばれる事件だった。この事件は西ドイツのフランクフルト大学への留学中に北朝鮮大使館員と接触して北朝鮮への入国を繰り返していた大学助教授の林錫珍《イムソッチン》が、朝鮮日報西ドイツ特派員李基陽《イギヤン》の行方不明事件に関して良心の呵責を覚え、朴正熙大統領に宛ててみずからの行為について告白したことが発端だった。中央情報部はフランスのパリで活動したことのある作曲家尹伊桑《ユンイサン》、画家李応魯《イウンノ》をはじめとする関係者30人あまりを韓国に帰国させ、あるいは在外大使館に召喚してから韓国に強制送還した。1967年7月8日に捜査結果を発表した中央情報部は、林錫珍、鄭河龍《チョンハヨン》、黄性模《ファンソンモ》、崔昌鎮《チエチャンジン》ら大学教授、鄭奎明《チョンギュミョン》らヨーロッパ各地の留学生、中央日報パリ特派員チョン・ドクサンら、実に66人を送検し、23人にスパイ罪またはスパイ未遂罪を適用した。国会議員で新民党6・8総選挙無効化闘争委員会の張俊河や同執行委員夫琓爀《プワニョク》も巻き添えになった。だが最終的にスパイ罪で有罪になった者はひとりもいなかった。鄭奎明、鄭河龍、趙栄秀《チョヨンス》らが死刑、無期懲役を言い渡されたが、全員1970年のクリスマス特赦で釈放された。真実が明らかになるには時間がかかったが、スパイ団事件の政治的な威力はたちまち現れた。夏休みに入ると大学の不正選挙糾弾闘争は勢いを失い、選挙無効を訴えて国会外闘争を繰り広げていた新民党は国会へと戻った。

60年代後半、ヨーロッパや米国でベトナム戦争反対と社会文化改革への要求とがないまぜになった若者たちの「68年革命」が噴出した。だが韓国はなお反共主義というイデオロギーのカベに閉じ込められていた。1968年1月に北朝鮮ゲリラによる青瓦台襲撃未遂事件、北朝鮮軍が米海軍情報収集艦を拿捕したプエブロ号事件が、同年10月から11月にかけては蔚珍《ウルチン》・三陟《サムチョク》武装工作員侵入事件が起きると、反共・反北朝鮮の熱気が充満し、全国で官製糾弾大会が開かれた。7月20日に中央情報部は「統一革命党事件」を発表し、158人を逮捕、うち96人を起訴した。[※7] 朴正熙大統領が「兵営国家」北朝鮮に対抗するためには韓国もまた「兵営国家」に改造すべきだと決心したのはこの時期だと思われる。兵営の基本は人員の点検だ。政府は国民全体を組織的に統制するために住民登録制度を導入した。郷土予備軍を創設して徴兵を終えた男性250万人を定期的に召喚して訓練し、大学入試科目に反共道徳を加えた。小中高校の課程で反共教育を実施し、全国の高校生、大学生に軍事教育を受けさせた。

朴正熙大統領は1969年初頭から3選改憲に向けての作業に取りかかった。技術的には「大統領は一度に限って再任することができる」と規定している現行憲法の条項の「一度」を「二度」に変更する簡単な作業だった。まず内部の改憲反対論者たちを懐柔・孤立させたうえで、共和党議員が一致協力して3選改憲案を可決した。新民党と在野の人々は反対闘争に立ち上がり、事態は日韓条約反対闘争や不正選挙糾弾闘争のときと同様に大学生による学内集会、街頭デモ、中高校生の合流、休校令の発動の順で動いていった。新民党と在野勢力は「3選改憲反対汎国民闘争委員会」を結成して全国各地で反対集会を開催した。

中央情報部は執拗な工作を繰り広げて一部の野党議員から3選改憲への支持声明を取りつけ、夏休みが終わっても大学に門を開けさせなかった。一部の大学生は電気や水道の供給を止められた大学図書館を占拠して長期の立てこもり闘争を繰り広げた。学生たちは詩の朗読、歌、演劇公演などを通じて闘いの絆を深めたが、こうした新しい闘争のかたちが時を経るにつれて市民運動の文化イベントやキャンドル集会へと発展したのだ。共和党は1969年9月14日未明、国会議事堂本会議場ならぬ別館で改憲案および国民

1971年、三陟で遊説する新民党の大統領候補、金大中

投票法を強行採決した。大学はふたたびデモの熱気に包まれ、政府は休校令で対抗した。10月17日に行われた改憲を問う国民投票には77・1％の有権者が参加し、65・1％が賛成した。朴正熙大統領はこれで長期政権の態勢をすっかり整えたのだ。

1971年4月27日に大統領選挙が実施された。選挙期間のあいだじゅうキャンパスは軍事教練撤廃闘争で沸き返り、連日のように休講、学内集会、街頭デモが繰り広げられた。投票日が間近に迫った4月20日、国軍保安司令官金載圭《キムジェギュ》がソウル大学と高麗大学に通っていた在日韓国人学生を含む50人あまりの関係する「在日僑胞留学生スパイ団事件」を発表した。民衆蜂起を計画して政府を転覆しようと暗躍していた留学生の複数のスパイに対し、北朝鮮が教練反対闘争を企てるよう指示していたというのだ。学生たちはただちに教練撤廃闘争を中断する「作戦上の後退」を実施した。このときの大統領選で朴正熙は政界ではほぼ新人といえる金大中候補に苦戦を強いられた。何度も死の淵に追い詰められながら粘り強く闘った末に初の平和的な政権交代を成しとげた政治指導者金大中は、まさにこのときの選挙で誕生したのだ。

新民党の候補者を決める予備選で金泳三《キムヨンサム》、李哲承《イチョルスン》と三つ巴の争いを繰り広げて逆転勝ちした「40代の騎手」金大中は、日・米・中・ソの4大国の朝鮮半島平和保障論、3段階統一論、自立経済と格差縮小のための大衆経済論で話題をさらい、郷土予備軍や学生の軍事教育を廃止するとの公約を掲げた。金大中は、韓国の政治社会においてはじめて真の政策選挙とはどういうものかを示してくれた。4月18日には100万人の大観衆の集まったソウル市内の奨忠壇《チャンチュンダン》公園における遊説で、金大中候補は「今回も政権交代が実現しなければ朴正煕氏の永久政権総統時代がやってくる」と予言した。在野勢力は「民主守護国民協議会」を結成して全国で投開票の立会と不正選挙の監視運動を組織し、教練撤廃闘争を中断していた大学生たちが投開票立会運動を始めた。政府がそれを禁じると数千人が新民党側の立会人として登録し、全国の山間地や僻地の投票所へと散っていった。

これが大学生が政党と組織的に連帯した初のケースだった。学生運動の純粋性を守るためには特定の政党と手を組むべきではないという固定観念を果敢にも打ち破ったのだ。金大中候補は得票率にして8%、90万票の差で敗れた。公務員を動員した官権選挙と金品のバラマキ、軍部隊での不在者投票における不正、野党側立会人の買収と不正な投開票といったとてつもない不正選挙の結果だということを考慮すれば、事実上金大中の勝利といえた。直後に行われた総選挙で共和党は得票率にして4・4%の差で新民党を抑えた。けれど議席の3分の2の確保には失敗したため、合法的に改憲して朴正煕大統領の永久政権を狙う道は閉ざされてしまった。10月維新という現職大統領の親衛クーデターは、この総選挙の結果からもたらされたのである。

朴正煕大統領が3選に成功すれば選挙制度そのものを廃止して総統になるつもりだろうといった金大中の予言はまさに図星だった。朴正煕政権は誰はばかることなき独裁の道へと突き進んだ。何にもまして言論の検閲とジャーナリストへの弾圧を大幅に強化した。70年代初期の民主化運動の「トップスター」は何といっても詩人の金芝河《キムジハ》だった。財閥、国会議員、高級官僚、軍将校、閣僚および次官を盗賊に見立てた風刺詩「五賊」を発表した金芝河は逮捕された。その後、保釈中に次の作品「蜚語」を発表すると、ただちに反共法違反でふたたび逮捕され、作品を掲載した雑誌「思想界」、「シアレソリ［種の声］」●8は登録抹消処分とされ、雑誌「タリ［橋］」の執筆者や編集者たちは反共法違反で逮捕された。メディア各社の記者たちが「言論自由守護宣言」を発表したが、政府は各社の経営陣や編集幹部を脅迫・懐柔して報道統制を強めた。さらに政府は司法をも掌握しようとした。公安事件に無罪判決を言い渡した現職判事に対して検察が収賄容疑で逮捕状を請求すると、判事たちは集団で辞表を提出して法官独立宣言を発表した。だが結局、判事たちは中央情報部の統制下に入り、憲法の定める三権分立に関する条項は効力を失った。

1971年後半になると、権力型の不正腐敗を糾弾し教練廃止を要求する学生デモがふたたび盛んになった。政府は衛戍令を発動し、ソウル市内の主要大学に軍を投入して2000人あまりもの学生を逮捕した。デモの主導者を除籍処分とし、サークルは解散させ、学内の刊行物を廃刊とした。さらに除籍された学生、教練の受講を拒否した学生を強制的に徴兵対象として軍に入隊させた。中央情報部は司法修習生だった趙英来《チョヨンネ》とソウル大学の学生沈載権《シムジエグォン》、李信範《イシンボム》、張基杓《チャンギピョ》、金権泰《キムグンテ》らが政府機関の襲撃、革命委員会の結成など9段階にわたる国家転覆の陰謀を企てたとして「ソウル大生内乱予備陰謀事件」を発表した。それでも世論は鎮まらないため、大統領は「北朝鮮による南への侵入策動の強化」を理由に国家非常事態を宣言し、「国家安保に関する特別措置法」を国会で強行裁決し、大統領が言論・出版・集会・結社の自由や労働三権といった憲法の定める基本権を制限できるようにした。1972年の10月維新の予行演習といえよう。

1972年、朴正煕大統領は二つの劇的な事件を演出した。第一は7月4日に南北当局が同時に発表した「南北共同声明」だ。中央情報部長李厚洛《イフラク》と北朝鮮関係者が秘密裏に南北間を行き来して交渉を重ね、朴正煕大統領と金日成《キムイルソン》主席の命を受けて代理署名した共同声明だった。自主・平和・民族大団結の3大原則に立脚して統一を推進するとしたこの声明が発表されると、国民は20年にわたる軍事的・イデオロギー的な対立が終わって南北が平和共存する時代がやってくるという希望に胸を躍らせた。第二の事件はそれから3か月後に起こった。10月17日夜、朴正煕大統領は非常戒厳令を宣布し、特別宣言を発表した。大統領は、南北の対話と統一というこれまでにない歴史的課業を遂行するには冷戦時代に制定された憲法を改正し、新たな政治体制を打ち立てるべきだと主張した。光化門《クァンファムン》前に何台もの戦車を集結させ、政府機関およびメディア各社など主要な民間施設に軍を投入した。国会を解散し、一切の政治活動を禁止し、憲法の効力を停止し、非常閣議をもって国会の機能に取って替わらせた。

朴正熙はあらゆることをきっちり準備していた。戒厳令宣布から10日目の10月26日に非常閣議に改憲案を審議させると、翌27日にはもう改憲案を公告した。そして11月21日に戒厳令のもとで国民投票を実施した。討論や事前の運動が完全に封じられたなかで実施された国民投票で有権者の91・9％が投票し、その91・5％が賛成した。3選改憲に全面的に賛成していたわけではなかった国民が、終身政権への道を開く憲法改正案にこれほどまで圧倒的な賛成票を投じたのは、戒厳令という恐怖の雰囲気にすっかり呑まれてしまったからだ。半分だけの成功に終わった反革命5・16とは違い、10月維新は平和的な政権交代の可能性を完全に遮断する完成型の反革命だった。かくして韓国は中途半端な民主主義国から完全な独裁国へと転落した。

維新憲法の中心となる内容はいくつかの点に圧縮することができる。第一に、国民は統一主体国民会議の代議員を選出し、統一主体国民会議の代議員が大統領を選出する。朴正熙は野党寄りの候補者の出馬を封じ、支持者のみを代議員に据えることによって永久政権の夢を実現したのだ。第二に、国会議員定数の3分の1を大統領が指名し、1選挙区から2人の国会議員を選出するよう選挙法を改正する。与党議員と大統領の任命した維新政友会所属の国会議員とを合わせれば議員定数の3分の2になるようにしたのだ。しかも国政監査権さえも廃止してしまい、国会を大統領の命令に従って法案を通過させるだけの立法の府ならぬ「通法の府」へと転落させてしまった。第三に、大統領に国会の解散権と憲法の効力を停止することのできる緊急措置権を付与する。大統領が何の縛りもなく権力を行使できるようにしたのだ。

10月維新は現職大統領の起こしたクーデターだった。第三共和国憲法には大統領の国会解散権はなかった。国会議員の3分の2の賛成を得られなければ憲法改正案を確定させることもできなかった。そこで暴力で国会を解散するしかなかったのだ。維新憲法の草案を作成したのは中央情報部や青瓦台に出向して働いていた検事の金淇春《キムギチュン》だといわれている。それから20年たった1992年の大統領選の際に、金淇春は釜山地域の公務員や公共機関のトップたちをふぐ料理店に集め、地域感情に訴えて選挙戦を有利にもっていけるよう裏工作を指示する「チョウォンふぐ店事件」を起こした。[※9]さらに20年あまりたった2013年には朴槿恵大統領の秘書室長になって国政運営をほしいままにし、旧韓末に国政を牛耳った大院君になぞらえて「淇春大院君」という別名を頂戴した。

戒厳令を解除した直後の12月15日に統一主体国民会議の代議員選挙が行われた。中小行政区分である邑《ウプ》・面《ミョン》・洞《ドン》から各ひとりずつ、計2359人を選出したが、代議員は政党への加入が認められず、特定の政党や政治家に対する支持や反対の意見を明らかにすることも許されなかった。12月23日に朴正煕は選挙遊説も公約の発表もしないいまままだひとり出馬して100%の賛成で大統領に当選した。任期6年の大統領となったのだ。1978年にも同じやり方で大統領になった。維新体制は選挙制度そのものを廃した完璧な独裁だった。したがってそれ以降の民主化運動は、国民が主権在民の原理に基づいて抵抗権を行使する以外のやり方はなくなった。民主化運動は、連続的・同時多発的・全国的な都市蜂起を起こして力で政権を打倒する民主主義政治革命運動にならざるをえなかった。

10月維新から朴正熙大統領暗殺事件まで

大邱市の寿城池《スソンジ》公園裏の山裾に立つホテル寿城《スソン》は、朴正熙大統領が大邱を訪れた際に宿泊していた部屋を保存している。刺繍を施した八曲の屛風や調度が70年代そのままに飾られている。大邱空港からそのホテルに向かう道路は新川《シンチョン》という川と並行して走っており、僕はその道沿いにある中学に通っていたため、折りに触れイベントに動員された。両手間隔で沿道に並ばされ、黒塗りのセダンの車列が通ったら手を振ったり拍手したりした。大統領がどの車に乗っているのかわからないので、最後尾の車が通り過ぎるまで、「だらだらしない！」で熱烈に拍手したものだ。予定が変更になってヘリコプターで行くときは空に向かって手を振った。あのころ社会科の先生は維新体制のことをこう説明した。「私たちは西洋人とは体格が違うから洋服を着るには裾上げしなければなりません。民主主義も同じです。維新体制は西洋の民主主義を私たちの現実に合わせて手なおしした『韓国的民主主義』なのです」。何やらうさんくさかったが、そんなものなのかなあと思った。テストの問題が変わっただけで日々の暮らしには特段の変化はなかったからだ。

ところが1975年に高校に入るとすべてが変わった。週に3日は教練服を着て登校し、軍事教練を受けさせられた。迷彩柄の教練服に白いマフラーをして、すねには植民地期の軍人みたいにゲートルを巻いた。木銃を手に基本姿勢や動作を身につける基本教練、銃剣術、カービン銃を1分以内に分解して組み立てなおす方法を学び、36度を超す炎天下で1時間も腕立てをさせられることもあった。春の遠足は春季行軍大会、秋の遠足は秋季行軍大会になった。木銃を担いで4時間行軍し、昼の弁当を食べてまた4時間行軍して学校に戻った。秋には「検閲官」の前で分列行進をしたり銃剣術の模範演技をしたりした。小中学校の9年間やってきた学級委員長選挙がなくなった。生徒会は学徒報国団に変わり、クラス委員長は小隊長、生徒会長は連隊長になった。学徒報国団の幹部は学校から任命され、愛国朝礼の際に行う「校長先生に敬礼！」は「臨席上官に捧げ銃《つつ》！」に変わった。髪の長さは2センチメートル以下でなければならなかった。やるべきことは学校の方針に服従しつつひたすら大学入試に備えてがんばることだけだった僕らにとって、維新体制は学校が軍隊に似ていくことだった。

変わったのは学校だけではなかった。僕らが校長先生に歯向かえなかったように、国民は大統領に逆らうことができなかった。学校であれ社会であれ、あったのはただ服従する自由だけだった。10月維新から1979年10月の「釜馬抗争」までの7年間、大衆的な反政府闘争はただの一度も起こらなかった。ただ野党、在野、知識人、大学生が最低限の人間の尊厳を守ろうと抵抗しては拘束され迫害される事件があったのみだ。維新政権の鉄拳統治は苛烈だった。中央情報部は「予防的目的」の見地から組織事件を立て続けに発表した。国民大衆の不満がふくれあがっても雷管を抜いてしまえば火薬庫は爆発しないことを相手はじゅうぶんに知りつくしていた。1973年に起こった事件としては高麗大学労働問題研究所の金洛《キムナッ》中《チュン》を中心とする「高麗大浸透スパイ団事件」、内乱陰謀の疑いをかけられた高麗大学の「黒い10月団事件」、詩人金南柱《キムナムジュ》と歴史学者朴錫武《パクソンム》が巻き込まれた「全南大学『喊声《ハムソン》』事件」、朴炯圭《パクヒョンギュ》・権晧景《クォンホギョン》・金東完《キムドンワン》らキリスト教の牧師たちが逮捕された「南山《ナムサン》復活祭連合礼拝事件」などがあった。逮捕された者たちのやったことといえば、維新体制を批判するビラを作ったとか民主化を求める政治的な意思表示をしたとかいった程度だった。逮捕状もなく数十日も不法に拘禁したうえに拷問して引き出した供述書以外には、北朝鮮に関係したり内乱を謀議したりした証拠は何ひとつなかった。

　1973年8月には金大中拉致事件が起きた。中央情報部長の李厚洛が策を講じて金大中を東京のホテルから拉致して玄界灘に沈めようとしたのだ。この事件の実行犯だった駐日大使館勤務の外交官はのちに潤沢な現金を手渡され米国に移り住んだ。中学1年生だったその外交官の息子ソン・キム[10]は35年たった2008年に駐韓米国大使となってソウルに戻ってきた。中央情報部は金大中を亡き者にすることができず、自宅の近くで解放した。大学ではふたたび維新撤廃闘争の雰囲気が盛り上がった。10月2日にソウル大学文理学部から始まった学内デモは慶北《キョンブク》大学をはじめとする他の大学へと広がっていった。すると中央情報部は10月25日に「ヨーロッパ拠点大規模スパイ団事件」を発表した。この事件の参考人として中央情報部に連行されたソウル大学法学部教授崔鍾吉《チェジョンギル》が死亡した。崔鍾吉はスパイ団の総責任者イ・ジェウォンにオルグされて北朝鮮に行き、工作資金と引き換えに情報を提供するなどのスパイ行為をはたらいたと供述し、取り調べ中に投身自殺したと中央情報部は発表した。だが2006年2月、裁判所は国に賠償を命じる判決を下し、同事件が中央情報部による拷問殺人および死体遺棄だったことを事実上認めた。1973年11月になると授業ボイコットと学内デモが全国の大学に拡大し、ソウル市内の京畿《キョンギ》高校や大光《テグァン》高校、光州市の光州第一高校などの高校にまで広がっていった。

記者たちは言論自由守護決議大会を開き、在野の人々の時局宣言も相次いだ。民主守護国民協議会が「改憲請願100万人署名運動」を始めると新民党が合流し、文学者らも一斉に加勢した。朴正熙大統領はついに維新憲法によって付与された非常時の強権を振りかざした。1974年1月8日、大統領緊急措置1号および2号を発動したのだ。政府は維新憲法を批判したり改憲を請願したりする行為を禁止し、改憲請願署名運動の主導者たちを次々と逮捕して軍法会議にかけた。大学生らは連続的・同時多発的な維新反対闘争を展開するために全国的な連帯を模索した。1974年3月の新学期と同時にいくつもの大学で集会が開かれて民青学連（民主青年学生連盟）という名称の記載されたビラが撒かれた。4月3日に朴正熙大統領が特別談話を発表し、「民青学連なる反国家団体」を根こそぎにするための緊急措置4号を発動した。民青学連への加入、連絡・宣伝、授業ボイコット、集会や座り込みへの参加はおろか、それらに関する事実の報道さえも処罰の対象とした。違反者は令状なく逮捕拘束されて非常軍法会議に付され、量刑は最低懲役5年から死刑までとされた。非常軍法会議では李哲《イチョル》、柳寅泰《ユインテ》、金秉坤《キムビョンゴン》、羅炳湜《ナビョンシク》、金芝河、李賢培《イヒョンベ》、呂正男《ヨジョンナム》に死刑が、柳根一《ユグニル》ら7人に無期懲役が言い渡された。死刑求刑後の最終陳述で「光栄です」と語った彼らは1年もたたないうちに全員が刑執行停止によって釈放された。大統領も彼らに罪のないことを知っていたのだ。

だが1974年5月27日に非常軍法会議検察部によって発表された、10年前の人民革命党事件にかかわって地下に潜伏した関係者が反国家団体の再建を試みたとされる「人民革命党再建委員会事件」、またの名を「第2次人革党事件」はそうはいかなかった。政府は、この連中が在日の朝鮮総連のスパイとともに民青学連を背後で操っていたと主張した。軍法会議では民青学連の関係者まで含めて14人もに死刑が宣告された。事件の実態を明かしたのは詩人金芝河だった。民青学連事件で連行され1975年2月に釈放された金芝河は、東亜日報に連載した獄中手記「苦行1974」で河在琓《ハジェワン》、李銖秉《イスビョン》ら人革党事件の逮捕者から聞いた中央情報部の過酷な拷問と虚偽の自白捏造の真相を暴露した。この手記は金芝河の再逮捕、東亜日報の白紙広告事件、同紙記者の大量解雇へとつながっていった。政府から圧力をかけられた企業が東亜日報への広告掲載をキャンセルし、同紙は広告紙面を白紙のまま発行した。すると市民がカンパを募って東亜日報を激励する広告を掲載した。僕の憶えている限り、最後まで残った企業広告は安国《アングク》薬品の風邪薬「トゥスコチン」だった。「東亜日報万歳、トゥスコチンも万歳!」と書かれた読者からの広告も思い出す。

　民青学連事件は反政府闘争を根こそぎにしようとした政府の意図をよそに、民主化運動が大衆へと広まる起爆剤となった。1974年12月25日に民主化勢力は「民主回復国民会議」を結成した。尹潽善、白《ペク》楽濬《ナッチュン》、兪鎮午《ユジノ》、金在俊《キムジェジュン》、金壽煥《キムスファン》、鄭一亨《チョンイリョン》、姜信明《カンシンミョン》、金大中、尹亨重《ユンヒョンジュン》、咸錫憲《ハムソコン》、李丙璘《イビョンニン》、千寛宇《チョングァヌ》、李熙昇《イヒスン》、李兌栄《イテヨン》、金泳三、洪性宇《ホンソンウ》、咸世雄《ハムセウン》、韓勝憲《ハンスンホン》といった著名な政治家や在野の人々が中心だった。金泳三を総裁に選出した新民党は全国的な改憲闘争へと立ち上がった。朴正熙大統領は間髪をおかず逆襲に出た。維新憲法への信を問うために国民投票を行うという特別談話を発表したのだ。朴正熙は国民投票に自信があった。報道の自由と討論を全面的に封じ込め、行政組織を動員して賛否を問う国民投票を実施するなどたやすいことだったからだ。野党がボイコットを表明したが1975年2月12日に国民投票は強行された。

投票率79・8%、賛成票が73・1%を占める結果となった。1972年の維新憲法制定時の投票率91・9%、賛成91・5%に比べると明らかに低下していた。

1975年4月8日に最高裁（裁判長閔復基《ミンボッキ》）が人革党関係の被告人のうち大学生でなかった8人、つまり徐道源《ソドウォン》、金鏞元《キムヨンウォン》、李銖秉、禹洪善《ウホンソン》、宋相振《ソンサンジン》、呂正男、河在琓、都礼鍾の控訴を棄却して死刑が確定し、翌日未明に死刑は遅滞なく執行された。スイスのジュネーブに本部を置く国際法律家委員会はこの日を「国際司法史上暗黒の日」と規定した。咸世雄神父らカトリックの司祭が葬礼ミサを執り行おうとすると、警察はクレーンを持ち出して霊柩車を奪取、火葬してしまった。文正鉉《ムンジョンヒョン》神父は遺体を守ろうと立ちはだかったが警察車両にひかれてしまった。文神父が足を引きずっているのはそのときの負傷が原因だ。民青学連および人革党の関係者はポスト民主化の時代になって開かれた再審で全員無罪判決を勝ち取った。裁判所は再審判決に当たって司法府の過ちを謝罪し、国に賠償金を支払うよう命じた。

1975年春、ベトナムに社会主義統一政府が成立した。5月13日に朴正煕大統領は緊急措置9号を発動して流言飛語の捏造、流布、憲法に対する否定・反対・歪曲・誹謗、憲法改正の請願宣伝・扇動、緊急措置に対する誹謗をすべて処罰の対象とした。学生の集会、示威、政治への関与を禁止し、これに違反した学生および学校と団体については主務官庁の長が除籍、解任、解散、閉鎖の措置を取ることができるようになった。そのうえこうした措置は司法的審査の対象にはならないと明示してあった。緊急措置違反事件を許可なく報道することも緊急措置違反とされた。目を閉じ、耳を覆い、口をつぐんで暮らさなければ誰しもが犯罪者になりえた。１９７９年10月までの4年半のあいだに緊急措置9号違反で拘束された者は１４００人あまり、うち１０００人あまりが有罪を宣告された。ポスト民主化の時代になって憲法裁判所は1号から9号までのすべての緊急措置は違憲だったとの判決を下した。

政府は大学生を手当たり次第に除籍処分にして刑務所または兵営送りとし、大学教授や記者をごっそり解雇した。韓国神学大学の安炳茂《アンビョンム》、文東煥《ムンドンファン》、延世《ヨンセ》大学の徐南同《ソナムドン》、李桂俊《イゲジュン》、楊仁応《ヤンイヌン》、金奎三《キムギュサム》、高麗大学の李文永《イムニョン》、金容駿《キムヨンジュン》、金潤煥《キムユヌァン》、イ・セギらの教授を解職した。さらに教授再任用審査制度を導入して梨花《イファ》女子大学のキム・ユンスク、徳成《トクソン》女子大学の廉武雄《ヨムムウン》、漢陽《ハニャン》大学の李泳禧《リヨンヒ》、延世大学の成来運《ソンネウン》、ソン・リソンら４００人以上の教授の再任用を拒否した。東亜日報と朝鮮日報の経営陣は言論自由守護闘争を繰り広げた記者たちを大量解雇して政府にひれ伏した。検察は１９７６年の3・1節［独立運動記念日］に明洞《ミョンドン》聖堂で行われた記念ミサで民主救国宣言を発表した李愚貞《イウジョン》、文東煥、尹攀熊《ユンバヌン》、李文永、安炳茂、徐南同、殷明基《ウンミョンギ》、文益煥《ムンイクァン》、李兌栄、咸世雄、金勝勲《キムスンフン》らの聖職者、金大中・李姫鎬《イヒホ》夫妻、鄭一亨を連行し、「政府転覆扇動」の容疑で20人を拘束した。植民地期に日本に徴兵されるも脱走し、臨時政府を訪ねてはるばる２４０キロの道のりを歩き「永遠の光復軍」と呼ばれたジャーナリスト張俊河は、１９７５年8月17日に京畿道《キョンギ》抱川《ポチョン》の薬師峰《ヤクサボン》渓谷で遺体となって発見された。２０１３年に墓地改葬の際に掘り起こされた彼の頭蓋骨にはハンマー大の丸い穴があった。転落死ではなく他殺だったのだ。

民青学連事件以降、大学では小規模の学内集会が開かれるにとどまった。キャンパスには私服刑事ばかりか戦闘警察［機動隊］が常駐し、集会の主導者は開会宣言の冒頭の一文を読み終わりもしないうちに逮捕された。１９７５年４月11日に開かれたソウル大学農学部の時局糾弾討論大会で、金相鎮は維新体制を批判する演説を終えると反独裁民主化闘争の断固たる決意を示すとして割腹した。５月22日にはソウル大学冠岳キャンパスで学生たちが追悼式を開き、緊急措置９号の発動後として初のデモをおこなった。80人が逮捕され、29人が有罪を言い渡された。このような殺伐とした雰囲気の中でも、１９７６年秋の大学祭の終了後にデモをおこなったソウル大学を皮切りに、１９７７年には韓国神学大学、ソウル大学、監理教神学大学、梨花女子大学、成均館《ソンギュングァン》大学、高麗大学、延世大学、全北《チョンブク》大学、国民《クンミン》大学で反政府学内デモが行われた。１９７９年までにこれらの大学とともに啓明《ケミョン》大学、嶺南《ヨンナム》大学、江原大学、慶熙《キョンヒ》大学、釜《プ》山《サン》大学、東亜《トンア》大学、全南大学、韓国外国語大学、馬山《マサン》大学、慶南《キョンナム》大学の学生たちが学内デモを繰り広げた。だがデモのニュースは新聞やテレビではただの１行も報道されなかった。デモにかかわった学生たちが裁判で有罪判決を受けたというベタ記事が出て、はじめて国民は何かがあったのだと知った。中央情報部は１９７９年３月に労働者、農民、女性を対象に市民教育をしていたクリスチャン・アカデミーの幹事韓明淑《ハンミョンスク》、李佑宰《イウジェ》、黄漢植《ファンハンシク》、蒋尚煥《チャンサンファン》、金世均《キムセギュン》、辛仁羚《シンイルリョン》と大学教授鄭昌烈《チョンチャンニョル》、金炳台《キムビョンテ》、劉秉黙《ユビョンムク》、アカデミー院長姜元龍《カンウォルリョン》牧師、さらにそこで学んでいた農民団体や労働組合の活動家を一斉に拘束し、それらの人物が社会主義社会の建設を画策していたと発表した。いわゆる「クリスチャン・アカデミー事件」だ。

　政府が大学生や在野の人々を取り締まろうと躍起になっていた70年代後半、別のところから火の手が上がった。農民運動と労働運動だった。１９７６年秋、全羅南道ではサツマイモが豊作だった。だが農協は約束を違えてサツマイモの全量買い上げを拒み、農家では残されたサツマイモが腐っていった。カトリック農民会がサツマイモの主要産地だった咸平《ハンピョン》郡でサツマイモ被害補償対策委員会を立ち上げて被害補償要求闘争を始めた。咸平郡のサツマイモ農家の被害額は1億ウォンほどにすぎなかったが、農協が補償を拒否したため闘いは全羅南道全域に広がっていった。１９７７年4月、農民たちは光州で街頭デモをおこなったのに続き、ソウルをはじめ全国の大都市を巡回して理不尽な農業政策の実情を暴露する闘いを繰り広げた。それはおそらく朝鮮戦争後で初となる大規模な農民闘争だった。その後、カトリック農民会をはじめとする各農民団体が力をつけて１９９０年には全国農民会総連盟を結成した。こんにち韓国で「全農」と呼ばれている団体だ。

もう一方では労働運動が力を蓄えつつあった。１９７９年8月、新民党本部に立てこもっていたＹＨ貿易の女性労働者たちのグループが警察によって強制排除された。のちに民主労働党から国会議員になった崔順永《チェスニョン》が委員長を務めていたＹＨ貿易労組の組合員たちが、資金を海外に迂回させたうえで労組潰しを狙って偽装廃業した悪徳経営者を処罰して会社を救ってほしいとの要求を掲げて新民党に泣きつき、新民党指導部は彼女たちをかくまっていたのだ。だが警察は野党第一党の本部で狼藉の限りを尽くし、労働者たちを逮捕して新民党の職員や国会議員にも容赦なく暴行を加えた。顔の腫れあがった新民党スポークスマン朴権欽《パククォヌム》の写真は今でもはっきりと憶えている。このときＹＨ貿易の労働者金景淑《キムギョンスク》が4階から転落して死亡した。そんな状況で与党との内通疑惑がささやかれてヤリ玉に上がった国会議員李哲承を抑えて新民党総裁になった金泳三は、「鮮明野党」の旗を掲げて断固たる反政府闘争を宣布した。

政府は手のこんだ政治工作をしかけ、裁判所に手を回して新民党総裁団に対する職務停止の仮処分判決を下させた。金泳三総裁はニューヨーク・タイムズとのインタビューで維新政権を手厳しく批判した。そのことをタテに本会議場の周辺をこわもての警備員で固めたうえで与党共和党とその院内会派の維新政友会の議員たちがグルになって金泳三議員を国会から除名した。1979年10月4日のことだった。時局がただならぬ様相を呈してくると、警察が「南朝鮮民族解放戦線（南民戦）事件」の捜査の進捗状況を唐突に発表した。77人にものぼる逮捕者を出した大型組織事件が降って湧いたのだ。

公安当局は、東亜建設会長崔元碩の自宅への強盗事件を捜査する過程でそれがたんなる強盗事件ではないと確信するに至り、ローラー作戦を繰り広げて南民戦事件をでっちあげた。李在汶、申香植《シンヒャンシク》らが維新政権を打倒するために地下組織を結成し、青年学生委員会を組織しようとしたことを「北朝鮮共産集団の対南戦略に従って国家変乱を企図した事件」と決めつけて国家保安法と反共法を適用したのだ。李在汶は拷問の後遺症で獄死し、申香植は死刑になった。それ以外の関係者は最長10年の懲役刑だった。メンバーの一部に北朝鮮につながる人物のいた可能性もあったが、そのことを知らないまま民主化闘争の組織だと思ってかかわった人々は、のちに民主化運動関連者と認められた。この事件にかかわったとして詩人の金南柱が拘束され、貿易会社の駐在員としてフランス滞在中だった洪世和《ホンセファ》は亡命が認められて「コレアン・ドライバーはパリで眠らない」［みすず書房刊］身の上となった。

1979年10月16日、釜山大学の学生たちが学内デモを開いたあと続々と街へと繰り出していった。それまでも繰り返されていた学生デモだったが、状況はまるで思いも寄らぬ方向へと動きだした。仕事終わりの会社員や市民がどんどん合流して釜山市内が巨大な集会の場へと変わってしまった。金泳三の地元ともいえる釜山の人々の思いがたぎったのだ。釜山大学の学生運動と市民運動とを結ぶ中心的な役割を果たしたのは600人あまりの会員を擁する「良書協同組合」だと、公安当局は判断した。1981年に全斗煥政権のでっちあげたいわゆる「釜林《プリム》事件」は、この良書協同組合の関係者を反国家団体に仕立てあげた事件だった。映画「弁護人」●11で描かれたように、商工業者を相手に税務関係で稼いでいた弁護士盧武鉉が人権派弁護士へと生まれ変わるきっかけとなったのがこの事件だった。

集会が昼夜の別なく続くと、政府は10月18日未明に釜山に戒厳令を敷いて空挺特戦団の兵力を投入した。釜山での集会は落ち着いたものの、慶南大学の学生たちの始めたデモに市民が合流して広がった馬山地域ではさらに勢いを増していった。隣接する昌原《チャンウォン》の歩兵第39師団を投入したが、10月19日の夜になってもデモは続けられた。第5空挺旅団が馬山に入った。軍と警察は釜山、馬山両地域一帯で1600人あまりを逮捕した。

釜馬抗争と呼ばれるこの闘いは局地的な都市蜂起だった。僕らの側にはまだ「連続的・同時多発的・全国的な都市蜂起」によって民主主義を勝ち取るだけの力量がなかった。けれど釜馬抗争の衝撃は権力の側の内紛の火に油を注ぎ、維新体制を突き崩した。1979年10月26日の夜、ソウル市宮井洞《クンジョンドン》にある「安全家屋［公安の秘密指揮所］」での晩餐の席で中央情報部長金載圭が朴正熙大統領と大統領警護室長車智澈《チャジチョル》を射殺したのだ。軍法会議における金載圭の陳述によると、朴正熙大統領はこう言ったそうだ。「事態がさらに悪化すれば俺が直接発砲命令を出してやる。自由党のときは崔仁圭《チェインギュ》や郭永周《クァクヨンジュ》が発砲命令を出したから銃殺されたんだ。[12]俺が発砲命令を出したら、誰に俺が銃殺できる」。車智澈は「カンボジアでは300万人も殺されたのに、こっちが100万や200万犠牲にするくらい何が問題だ」と相づちを打った。金載圭は「閣下」と「自由民主主義」は両立しえないと判断し、「野獣の心情で維新の心臓を撃った」。大統領暗殺は民主革命であり、5・16が正当だとするなら今回のことも正当だと主張した金載圭は、しかし1980年5月24日に絞首台に立つこととなった。

朴正熙大統領は「みずからの成功の犠牲者」だといえる。彼の人間としての生命を奪ったのは銃弾だったが、政治生命を奪ったのは彼自身の達成した成功だった。朴正熙は物質的な豊かさを求める大衆の欲望を無制限に噴出させ、その濁流に寄りかかって権力を維持した。だが産業化の成功によって絶対貧困の泥沼から這いずり出た大衆は、別の欲望に惹かれていった。自由、正義、民主主義、人間の尊厳を求めたのだ。朴正熙大統領がその欲望を尊重しないとなると、多くの国民が胸の内で朴正熙を見捨てた。金載圭にピストルの引き金を引かせたのはそういう世論に対する恐れだった。僕は朴正熙暗殺事件のことをそんなふうに理解する。

朴正熙大統領暗殺事件から6月民主抗争まで

1979年10月27日の早朝だった。サークルの勉強会に使っていた奉天洞《ポンチョンドン》の坂を登りつめたスラム街の部屋で「大統領有故」と「戒厳令宣布」を知らせるラジオニュースを聞いた。朴正熙が死んだ! 僕らは喜びに沸きかえってお互いの肩を抱きしめあった。軒先にイシモチを吊るして干物づくりをしていた下宿のおばさんが大喜びしている僕らをたしなめた。「あんたたち、そんなにはしゃくもんじゃないよ。どうであれ人が死んだんだから」。それでなくとも晴れやかな気分ではなかった。独裁者とて人ではないか。人が死んだというのに喜ぶのはどこか人の道理にもとるような気がした。何もかもが歪んだ時代だったし、僕の気持ちもそんなふうに歪んでいたのだ。

11月下旬に休校令が解除になると、総学生会の活動再開に向けて学科代表の会議に出かけた。3年生の代表が欠席だというので2年生の代表だった僕が経済学科の代表として出席したのだ。キャンパスに常駐していた警官隊の姿は見当たらなかった。会議の開かれた講義室には学生部の職員も私服刑事も現れなかった。夜も更けて会議を終えて大学からの坂道を下りながら大声で叫んだ。「自由だ！　万歳！」。すぐにいい世の中になると思った。けれどはかない期待だった。ある日、部屋に集まって勉強会をすることになっていたサークルの友人たちが、日付の変わるころになってようやくやってきた。漢江《ハンガン》大橋が封鎖されて通れないのでバスの運転士が楊花《ヤンファ》大橋のほうを回って行こうとしたけれど、そっちも通れないからバスを降りて歩いてきたというのだ。「クーデターが起きたんだ！　じゃなかったら漢江の橋が封鎖されたりするもんか！」。1979年12月12日の夜だった。数日後に僕らは全斗煥、盧泰愚、鄭鎬容《チョンホヨン》、朴熙道《パクヒド》、張世東《チャンセドン》らいわゆる新軍部が反乱を起こして陸軍参謀総長鄭昇和《チョンスンファ》を逮捕し、軍の指揮権を掌握したとの事実を知った。目の前が真っ暗になった。

1980年5月15日午後、僕はソウル駅前広場にいた。何万人いるのかもわからないほどの大学生が隊伍を組んで座り込んでいた。広場の端っこや近くの高架道路には見物人がびっしり詰めかけていた。見物人たちは不安げな表情で黙ったままただ見ているだけだった。僕にはそう感じられた。警察は南大門《ナムデムン》付近の道路を封鎖した。日が傾き夕闇の迫りくる広場で自由と正義と民主主義が実現する大韓民国のことを想像した。さざめくようなときめきが胸に去来したが、一方ではおののきもあった。この混沌からいったい何が出てくるのか。血が川のごとく流れ屍が山をなすおぞましい悲劇が待っているのではないのか。

恐ろしかった。その同じ時刻にどこで何が起きているのか知る由もなかった。当時は携帯電話もカカオトークもツイッターもなかった。南大門の近くで誰かがバスで警官隊に突っ込んだという知らせが伝えられた。龍山《ヨンサン》区の孝昌運動場や松坡《ソンパ》区の蚕室《チャムシル》運動場あたりに重火器と装甲車で武装した軍兵力が続々集結しているとの情報がもたらされた。各大学の総学生会長がどこかで対策会議を開くという。マイクロバスの上に立って集会の音頭を取っているのがどこの誰なのかも知らなかった。ろくなマイクやスピーカーもなく、集会の目的を知らせるビラも残っていなかった。僕らにあったのは「全斗煥は引っ込め」、「戒厳令を解除せよ」といったスローガンを書きなぐったプラカードにこの握り拳、そしてちっぽけなハンドメガホンだけだった。

この広場に武装した軍人たちが突入してきたらどんなことになるのか。僕はおそらく死ぬだろう。21歳の誕生日まであと2か月だけど、もう死ななければならないのか。自分自身の信念に従って集会を主導してきたんだから悔いなどないさ。民主主義は血を糧に育つ木だというではないか。その血が僕の血ってこともあるだろう。そう考えた。けれど全員が僕と同じではなかった。大学に入学して3か月もたっていないあそこの新入生たちはどうなるんだろう。自分と社会との関係について、権力と歴史について、生と死について深く考えたこともないまま先輩たちに連れられてここにやってきて、すなおな子どもみたいに並んで座っているあの若者たちの死に誰が責任を負うべきなのか。そもそも責任を負えるようなことなのか。この広場が死屍累々たる血の海になったら民主主義政治革命が達成されるのか。その可能性もあるけれどそうならない可能性もあると思った。学生たちの命を長らえさせるにはいったん集会を切り上げてキャンパスに戻るべきだが、そんなことをしたらろくに闘いもしないまま惨めに敗北を喫することになるような気がした。

そのとき「地下指導部」の先輩たちに、ここで徹夜の座り込みを提案する演説をしろと言われた。「地下指導部」とは80年末のいわゆる「霧林《ムリム》事件」で一網打尽になったソウル大学の学生運動の秘密組織の指導ラインである77年入学組の4年生だった。学会という名のもとで活動していた勉強会でももっともエネルギッシュな者たちの集まりだったこの組織は、総学生会の活動再開を準備し、会則を作って主たる役員候補を内定して実際に当選させていた。複数の学生組織のうちでもソウル大学総学生会に大きな影響力を行使した組織だった。沈在哲《シムジェチョル》も僕もその組織の決定に従ってそれぞれ総学生会長と代議員会議長になった。先輩たちがあの混乱の中からどうやって僕をみつけ出したのか不思議だった。

マイクロバスの屋根に上がってハンドメガホンを握って演説した。「我われの兄であり国民の息子である軍人が我われに向けて銃を撃つことはないでしょう。軍人がやってきたら拍手をもって歓迎し、衷心から訴えましょう。我われは今夜、この場所を守らなければなりません。この集会を解散したら新軍部の

1980年5月15日、全国から10万人あまりの大学生が参加したソウル駅前広場の集会　©聯合ニュース

逆襲に打ち勝つことはできません。学友諸君、歴史の大義と国の未来とが我われにかかっているのです」。だいたいそんなことを言った。この演説のせいで僕は強硬な闘争を主張する「タカ派」として知られることとなった。けれどあれは正直な演説ではなかった。僕は恐怖と煩悶とを押し隠し、「組織の命令」を遂行したにすぎない。だがあちこち転々としながら会議を続けていた総学生会長たちは集会の解散と各大学の学内での座り込みを決定した。もっとしっかり準備してより多くの市民の理解と支持を得ることによって、さらに大きく成功しうる闘争を展開しようという趣旨だった。政府から休校令が発せられたときは全国の大学生は

一斉に街頭闘争に立ち上がろうという決議が付け加えられた。あちこちから抗議と罵声が噴出したが、学生たちは隊伍を組んでそれぞれの大学へと戻っていった。これが1980年5月15日の「ソウル駅の回軍〔転進〕」と呼ばれたできごとの顛末だ。

いずれにせよこの闘いは敗北に終わるだろうと思っていた。ソウル駅前広場でがんばっても負けるだろし、大学に戻っても負けるだろう。市民があんなふうに見物しているだけなのに、どんな手を使って新軍部の暴力に打ち勝てるというのか。そんなときに撤収の決定が出されたので胸の奥底から安堵感が湧きあがった。明日かあさって死ぬかもしれなくとも、とりあえず今日は死ぬのを免れた。あの新入生たちは死なずに済む。徒歩で漢江大橋を渡ったが、隊伍の真ん中から誰かが罵詈雑言を交えて学生会指導部を非難する声が聞こえた。街灯の明かりに照らし出された声の主は、きりりとした顔立ちの女子学生だった。名を尋ねた。沈相奵《シムサンジョン》。ああ、この人が複数の勉強会の女子学生を集めて別個にサークルをつくり、ソウル大学の学生運動指導部に殴り込みをかけてやると言い放って「地下指導部」の男たちを憤慨させたという、例の沈相奵なんだ。「かわいい唇からずいぶんな言葉が出てくるんですね！」、笑いながらそう言い返した。その後6年間、沈相奵の姿を見かけることはなかった。

人類の歴史は数々の反乱、蜂起、内戦、革命、戦争によって綴られてきた。ことの発端や契機、展開の過程や結果はそれぞれ異なるが、少なくともひとつだけ同じものがあった。事件の真っただ中にいる人々に襲いかかってきたのは混沌だったという事実だ。群れをなして暴力でぶつかりあう激動の瞬間には、人々はそれぞれの動機や目指すところに従って思い思いに行動する。誰にとっても身になじんだ日常のコミュニケーションのやり方が崩壊した状況では、冷徹な論理や理性ではなく感情と衝動とが行動を支配する。どこで何がどんなふうに起きているのか、誰も全体像を把握することはできない。すべてが終わって長い時間が過ぎたあとになってようやく、歴史家たちがことの全貌を明瞭に整理し解釈する。そのときはじめて人々はあれが何だったのかはっきりと知るのだ。民族の歴史、韓国現代史も例外ではない。済州《チェジュ》4・3事件、朝鮮戦争、4・19、5・16、光州民衆抗争、6月民主抗争の真っただ中にいた人々の目にしたものは混沌だった。

1980年5月15日にソウル駅前広場で僕が見たものも同じだった。5月14日と15日にソウルをはじめとする大都市で起きた大学生の街頭集会は、誰かが綿密に企画したものではなかった。あれは偶然と必然がないまぜになって惹き起こされた事件だった。5月13日の夜、延世大学と韓国外国語大学の学生たちがそれぞれに自校の周辺で街頭デモをおこなった。誰がいかなる意図でそうしたのか、僕は当時も知らなかったし今も知らない。当時大学生のあいだには、維新体制をそのまま続けていこうとしていた新軍部に対していかに闘争すべきかをめぐって考え方を異にする二つの流れがあった。ひとつは新軍部との全面的政治闘争を展開すべきだと主張する、自然発生的に生まれたさまざまな学生組織だった。もうひとつは政治情勢や国民世論、「三金〔金鍾泌・金泳三・金大中〕」の率いる各政党の動きと歩調を合わせて漸進的に闘争のレベルを引き上げていこうという、主流派の学生運動組織だった。5月13日の夜に街頭デモをおこなったのは、おそらく全面闘争論を主張する急進的な学生組織だったようだ。

13日から14日へと日付が変わるころになって高麗大学の学生会館に集まったソウルの総学生会代表たち

が大規模な街頭集会を開くことを決めた。徴兵を済ませて大学に戻ったばかりの高麗大学総学生会長の申渓輪《シンゲリュン》が会議をリードした。ソウル大学からは総学生会長の沈在哲に代わって僕がこの会議に出席した。学生代表たちは政府が休校令を発する名分を手にしたと判断した。学生たちのあいだでは全面闘争を求める声が急速に高まっており、街頭集会はもはや押しとどめることはできないように思われた。準備不足だということはわかっていたが、座して先制攻撃を受けるわけにはいかなかった。全国の大学の総学生会に決定事項を知らせた。5月14日の朝、大学生はキャンパスを出て、校門前の警察のバリケードを突破し、歩いて都心へと結集した。混沌はこのとき始まった。ソウルではどの大学の総学生会も街頭デモを先導することができなかった。スピーカーなどの機材もなく、戦闘組織も整っていなかった。学科別の隊伍はことごとくバラけてしまった。学生たちはあちこちから光化門を目指して歩を進めてきたが、世宗路の交差点と南大門一帯に築かれた警察の分厚いガードを突き破ることはできなかった。休校令は出されなかったが、新軍部は全国各地の学生デモを一気に制圧するために軍兵力を移動配置している最中だった。

「ソウル駅の回軍」から2日後の5月17日午後、梨花女子大学のキャンパスでは全国の大学の総学生会長が今後の闘争方針について話し合っていた。そのとき警察兵力の一団が会議の場を急襲した。ソウル大学の総学生会長沈在哲が逮捕されたかどうかはわからなかった。一方、僕らの詰めていたソウル大学総学生会長室には大学側の学生部長李壽成《イスソン》教授から電話が入り、今夜は楽にして休めと言われた。戒厳軍が突入するから逃げろという意味だった。李壽成はその1本の電話を咎められて戒厳司令部合同捜査本部に連行され、たいへんな苦痛を味わうはめになった。徴兵帰りの復学組の先輩や友人たちがやってきて一緒に逃げようと言ったが、逃げるのはいやだった。僕は学生会館に泊まりこみを続けていた学生たちに解散を促してから、夜が更けるまで総学生会長室で電話を受けていた。学生たちの孤立したキャンパスを戒厳軍に踏みにじらせるわけにはいかなかった。全国のいくつもの大学の学生会から電話がかかってきた。状況を説明してから、休校令が発せられたら大学付近で街頭闘争をするとした計画のことを念押しした。夜10時半ころに非常戒厳令を済州島にまで拡大するというラジオニュースを聞いた。ガタイのいい男たちが鎖をかけて戸閉めにした学生会館4階廊下のドアを破壊していた。そのとき電話のベルが鳴った。公州《コンジュ》教育大学の総学生会からだった。「こっちも戒厳軍が突入したから早く逃げてください！」と叫んで振り向いた瞬間、二段蹴りをまともにくらった。足の付け根を踏みつけられた。額に当てられたピストルの銃口がひやりとした。僕は戒厳司令部合同捜査本部に編入されていた警察庁特殊捜査隊に連行された。戒厳軍はキャンパスと学生寮に残っていた全員を小銃と棍棒で押さえつけ、軍靴で踏みつけにした。すべての大学のキャンパスで似たような状況が繰り広げられ、「ソウルの春」はそうやって幕を閉じた。

振り返って考えるに、韓国国民はまだ民主主義を享受するうえで必要な勇気と意志とをじゅうぶんに持ち合わせていなかった。僕らは維新独裁を終えていなかった。中央情報部長金載圭が朴正熙大統領を殺しただけだった。大統領暗殺から光州民衆抗争まで、あの5か月間は霧の中だった。深い霧の向こうにあるのは維新の続きなのか新たな民主主義なのか知るすべもなかった。権力の心臓を失った政府共和党は「永遠なるナンバー2」金鍾泌を新総裁に選出した。金鍾泌は新民党の金泳三総裁と会って時局収拾策を話し合った。維新の時代には在野と呼ばれていた政治家金大中も長期にわたる自宅軟禁を解かれて政治活動を再開した。政治がふたたび息を吹き返すきざしが見えてきた。

政府は1979年12月6日に統一主体国民会議を招集し、大統領の権限を代行していた首相崔圭夏《チェギュハ》を新たな大統領に選出した。朴正煕大統領は亡くなったが、維新体制はなお生きていたのだ。崔圭夏新大統領の任務は維新体制を安楽死させることだろうと僕らは期待した。憲法改正と選挙管理をしっかりやって新たな政府がスタートすれば、維新体制は静かに崩れ去るはずだと信じた。崔圭夏政権は緊急措置9号を解除し、政治犯の一部を釈放した。だが全斗煥、盧泰愚、鄭鎬容ら陸軍士官学校11期生を中心とした新軍部は維新体制を守り抜くべしと決意した。12月12日夜、新軍部は首都警備司令部第30警備団に指揮部を設置し、首都警備司令部、特殊戦司令部、歩兵第9師団など自派の兵力を動員して陸軍参謀総長鄭昇和を逮捕するなど、穏健派の掌握する軍指揮部を除去することに成功した。戒厳司令部の徹底した報道統制のため国民にはその内幕はまったく知らされず、全斗煥が政権を握ろうと企図していることも知らされなかった。

春になって凍った大地がゆるみはじめると、あらゆる木々や草が一斉に芽を吹く。維新体制という冬の共和国が退くきざしをみせると、それまで押し込められていたあらゆる欲望がいっぺんに噴出した。1980年の新学期には全国の大学生が学生会の活動再開の準備に取りかかった。大学では戒厳令の解除要求、兵営集団訓練の拒否、御用教授の退任、経営陣の汚職追及などの闘争に立ち上がった。教授たちは教授協議会設立の準備を整え、ジャーナリストも検閲の廃止と言論の自由を求めるグループを相次いで立ち上げた。労働組合の結成ブームが起こり、各地で賃金引き上げや労働条件の改善を求めるストが決行された。物質的な豊かさ、自由、人間の尊厳への熱望が激しく表出されはじめたのだ。けれど事態は逆向きに動いた。4月21日には「舎北事態《サブク》」が起きた。江原道旌善郡《チョンソン》の東原《トンウォン》炭鉱の炭鉱労働者が御用労組委員長の辞任と賃金引き上げを求めて始めたストライキが、会社側と警察の強硬な対応に反発して暴動へと発展したのだ。炭鉱労働者が舎北邑一帯を占拠したこの事件は労使による協議が開かれて3日で幕を下ろしたが、メディアは「恐怖の炭鉱部落」、「無法地帯・舎北」「つるはしや斧で武装、破壊放火」といったセンセーショナルな見出しを掲げて大々的に報道し、国民の不安感情を煽った。九老工業団地や蔚山、釜山、仁川など大型工場の密集する地区では幾度となくストと労使衝突が繰り返された。

政治状況は不穏な方向へと流れていった。改憲案の公聴会が開かれるなど国会は慌ただしく動いたが、申鉉碻《シンヒョナク》首相は政府主導で改憲すると明言した。大統領直接選挙制ではなく内閣制または半大統領制へ移行する改憲論がささやかれはじめた。だが4月14日に保安司令官全斗煥が中央情報部長代理に就任するとの発表があった。保安司令官と戒厳司令部合同捜査本部長を兼任していた全斗煥が中央情報部長まで務めるのは、軍人による政権掌握の意思表示にほかならないと学生はみなした。大学周辺では全面闘争論が台頭した。5月初旬から、全国の主要大学の学生会は新入生の兵営集団訓練拒否闘争からいったん手を引き、非常戒厳令解除を要求する政治闘争を開始した。そして5月14日と15日に全国で同時多発的な街頭デモを繰り広げた。それはたしかに大学生のみの闘いだった。市民が積極的にかかわることはなかった。本隊も

1980年、光州民衆抗争で戒厳軍によって親を亡くした子ども

持たぬままひとり先鋒隊のみで闘ったのだ。5月17日の夜、ついに新軍部が全国の主要大学に戒厳軍を投入して学生たちの闘いは幕を下ろした。休校令が発せられたら連続的・同時多発的・全国的なデモを繰り広げるとした約束は守られなかった。唯一約束を守ったのが光州だった。光州でのみ市民もかかわった都市蜂起が起こったのだ。

光州民衆抗争の始まりは1979年10月の釜馬抗争と似ていた。金泳三への政治的迫害が釜馬抗争の起爆剤となったように、新軍部が金大中を逮捕したことが光州市民の猛烈な怒りを買ったのだ。5月18日午前、全南大学の前で学生と戒厳軍の衝突が始まった。市街地へと逃げこんだ学生たちを追いかけてボコボコに叩きのめす戒厳軍の姿を目の当たりにした市民がデモに合流し、街全体が決起した。そこまでは釜馬抗争と同じだった。だが光州市民は釜山や馬山の市民より差し迫った問題を抱えており、また勇敢だった。空挺部隊は市内各所で銃剣や「忠情棒」と呼ばれるオノオレカンバ材の棍棒を振り回して狼藉の限りを尽くした。死傷者が続出するとデモはさらに広がっていった。戒厳司令部はさらに多くの特殊戦司令部の兵力を光州に送った。

非暴力のデモが武装闘争へと変質したのは戒厳軍が発砲したからだ。5月21日午後1時、全羅南道庁正門前に配備されていた第11空挺旅団の兵士たちが不意に鳴り響きだした国歌の演奏に合わせて一斉にM16小銃とM60機関銃で威嚇発砲した。それでもデモ隊の隊列が崩れないとみると、ただちに水平射撃を始めた。全日《チョニル》〔全南日報＝現・光州日報〕ビル、尚武館《サンムグァン》、水産物協同組合全南支部ビルの屋上からは狙撃手が照準射撃を加えた。それは命令に従った組織的・計画的な集団発砲だった。19日と20日にも第11空挺旅団と第3空挺旅団の兵士たちが拳銃とM60を発砲して数十人の死傷者が出たが、それは散発的・突発的な事件だった。だが21日の道庁前での発砲は違っていた。街は瞬く間に血の海へと変わった。

憤慨した市民たちは光州市内のみならず羅州《ナジュ》、和順《ファスン》、長城《チャンソン》、霊光《ヨングァン》、潭陽《タミャン》といった近隣地域の交番や予備軍の武器庫を襲撃してカービン銃やM1小銃を確保し、和順炭鉱のダイナマイトを持ち出してきた。市民が先に銃を撃ったので自衛のために発砲したという新軍部の主張はウソだった。軍のあらゆる記録で最初に登場する武器奪取の事例は、光州戦闘教育司令部の「作戦状況日誌」に記載された5月21日午後1時35分の全羅南道「和順交番武器被奪」事件だった。特殊戦司令部の兵士たちが全羅南道庁の前で発砲したときには市民たちに銃はなかった。市民が武装抗戦を始めると、警官は私服に着替えて光州を出ていき、特殊戦司令部の兵力は外郭へと移動して光州の交通と通信を封鎖した。両者は近隣の町に向かう国道で光州から出ていく民間車両を狙撃し、駐屯地付近の民家に向けて銃を撃った。女性や子どもを含む多くの市民が命を落とした。別の町で大衆闘争が起きなかったことから、新軍部はあらゆる兵力を光州に集中した。特殊戦司令部の３旅団３５００人、歩兵20師団５０００人、光州戦闘教育司令部所属兵力１万２０００人など2万人を超える兵力を光州市一円に投入したのだ。

道庁を占領した市民軍は部隊を編成し、治安秩序を維持し、市民たちは彼らに食べ物と水を提供した。コミューンとなった光州市内は平穏で、犯罪はほとんど起きなかった。病院には献血希望者が並び、道庁職員もいつもどおり出勤した。地元の有力者が収拾対策委員会を立ち上げて光州尚武台《サンムデ》●13にあった全羅南北道戒厳分所を訪れた。だが戒厳司令部は交渉そのものを拒否した。光州民衆抗争のニュースは発生から５日たった5月22日になって東亜日報ではじめて報じられた。その５日のあいだ光州は完全に孤立した状態で、国民はそこで何が起きているのかまったく知らされずにいた。

新軍部は光州市民を暴徒と断じ、戒厳軍が光州市を包囲した。５月27日深夜、戒厳司令部は６０００人あまりの兵力を投入して光州を奪還する「尚武忠情作戦」を展開した。道庁を中心に最後の抗戦に備えていた市民軍はカービン銃やM１小銃を手にした１５７人のみだった。戒厳軍は道庁で尹祥源《ユンサンウォン》ら13人を射殺し、１００人あまりを逮捕した。もうひとつの拠点だった光州公園と全日ビルもあっけなく陥落した。戒厳軍は道庁前の尚武館に安置されていた犠牲者１２９人の遺体をトラックで運び、望月洞《マンウォルトン》の山腹に埋めた。５・18遺族会の集計によると、抗争当時の死者は１６６人、行方不明者は65人だった。その後死亡した負傷者は４００人を超える。軍と警察の死亡者は27人だったが、軍人どうしの誤認による発砲の死亡者が多かった。戒厳司令部は光州民衆抗争に関連して2500人を超える市民や大学生を逮捕し、600人以上を送検した。鄭東年《チョンドンニョン》、ペ・ヨンジュ、パク・ナムソは軍法会議および最高裁の最終審で死刑を言い渡された。洪南淳《ホンナムスン》、鄭祥容《チョンサンヨン》、ホ・ギュジョン、ユン・ソンヌら7人は無期懲役、金相允《キムサンユン》、キム・ソンヨン、明魯勤《ミョンノグン》、全玉珠《チョンオッチュ》、尹江鈺《ユンガンオク》ら11人は懲役20年から10年、152人が懲役10年から5年の刑を言い渡された。だが2年もしないうちに全員釈放された。

光州民衆抗争は、民主主義政治革命の可能性と当時の民主化運動の現状をはっきりと示す歴史的な事件だった。専制政治を打倒しうる唯一の方法は連続的・同時多発的・全国的な都市蜂起だということ、そしてまだ韓国国民はその課業を成しとげるうえで必要な準備ができていないという事実をまざまざと思い知らされたのだ。無残な敗北で幕を下ろした光州民衆抗争は、多くの国民の胸に深い自責の念を刻みつけた。新軍部が光州で凄まじい殺戮を犯すことができたのは、他の地域の市民が戒厳軍の暴力に屈服したからだった。それから7年たった1987年6月、民主憲法獲得国民運動本部はどこの地域をも孤立させない全国的な都市蜂起を緻密に企画し、準備を整えた。ひとり光州市民だけに孤立の痛みを味わわせた1980年5月の過ちを繰り返さないよう努めた。6月民主抗争は事実上光州民衆抗争の全国的な拡大版だった。

全斗煥の新軍部は、10月維新後に朴正煕大統領がほしいままにした独裁をもしのぐほどの鉄拳統治を断行した。金大中、文益煥、芮春浩《イエチュノ》、李海東《イヘドン》、チョ・ソンウ、李信範、李海瓚《イヘチャン》、薛勲《ソルフン》といった在野や学生運動の中心的メンバーに内乱陰謀罪の疑いをかけて軍法会議へと引きずり出した。金大中には死刑、他の面々には懲役10年以上の重刑を言い渡した。金泳三をはじめとする野党政治家には政治活動を禁止し、金鍾泌、李厚洛、金振晩《キムジンマン》ら維新政権の要人には不正蓄財のレッテルを貼って公職から追い落とした。政府の役人と公共機関の役職員９０００人あまりを粛清した。全斗煥は国家保衛非常対策委員会（国保委）を設立して委員長の座に就いた。メディア関係では何人もの記者を拘束して解雇させ、新聞・放送を統廃合し、「創作と批評」、「文学と知性」、「根の深い木」、「記者協会報」など定期刊行物１７２誌を廃刊とした。文化公報省が「報道指針」なるものを毎日発表して放送や新聞の内容ばかりか編集までもいちいち統制した。１９８６年になってようやく金周彦《キムジュオン》、金泰弘《キムテホン》といった勇敢な記者たちが報道指針の実像を暴露した。

新軍部は多くの大学生や大学教授を除籍・解職し、労働組合を解散させ、元豊《ウォンプン》毛紡、半島《パンド》商事、コントロールデータ、清溪《チョンゲ》被服の各労組幹部を解雇した。社会のゴロツキを一掃するとの名目で4万人以上の市民を不法に連行して三清《サムチョン》教育隊にほうりこんだ。三清教育隊では厳しい拷問や虐待で３００人以上が死亡し、３０００人近い人々に障害が残った。新軍部の執行した措置でそこそこ歓迎されたのは、せいぜい塾や家庭教師といった学校外教育の禁止、大学入試の本試験の廃止、卒業定員制を名分とした大学入学定員の大幅な拡大、夜間通行禁止令の解除くらいのものだった。

新軍部は１９８０年8月、崔圭夏大統領に詰め腹を切らせた。崔圭夏は維新憲法によって「合法的に」大統領に就任したものの、退陣を求められるとおとなしく身を引いた。全斗煥はただちに統一主体国民会議を招集し、１００％の賛成で大統領になった。すべての新聞と放送が全斗煥を美化し褒め称える特集報道、特集記事を伝えた。政府はすみやかに憲法改正案を作成した。１９８０年９月29日に発表された「第五共和国」憲法案は、大統領の任期を7年1期のみとした。統一主体国民会議の名称を大統領選挙人団に変更した。大統領が国会議員の３分の１を任命する制度を廃止する代わりに比例代表を議員定数の３分の1とし、第一党に比例議席の３分の２を配分する奇妙な制度を導入した。10月22日に実施された国民投票には95・5％の有権者が投票し、91・6％が賛成した。維新憲法の国民投票のときと似たような結果だった。国民はまたもや暴力の恐怖に屈したのだった。

僕はこのとき論山《ノンサン》市の新兵訓練所にいた。連隊本部の投票所に行ってみると、当直将校の見守るなか、さあここで記票したまえと言われた。「反対」に丸をつけた。当直将校はあきれたという表情で僕を見た。訓練生仲間はこの投票について何ひとつ文句を言わなかった。全斗煥大統領は国家保衛立法会議なるものを立ち上げて総選挙まで国会の機能を代行するとした。国家保衛立法会議は１５６日間存在し、２１５件の案件を可決した。野党政治家８３５人を政治活動禁止対象者と定める特別措置法、集会と示威活動を事実上禁じる「集会および示威に関する法律」、名称を国家安全企画部へと変更する中央情報部法、反共法を吸収統合した国家保安法などはすべてこの時期に制定された。

全斗煥大統領は１９８１年１月下旬に金大中の量刑を死刑から無期懲役に減刑し、戒厳令を解除した。米行政府と国際社会から認められるための「事大主義的融和策」だった。就任したばかりのレーガン米大統領はワシントンに赴いた全斗煥大統領に対して下にも置かぬ歓迎ぶりを示した。国家安全企画部へと看板を掛けかえた中央情報部は忠誠を誓った者たちを集めて民主正義党（民正党）という政権党を設立し、民主主義に取り組むとみせかけるために野党民主韓国党（民韓党、総裁柳致松《ユチソン》）と韓国国民党（国民党、総裁金鍾哲《キムジョンチョル》）も作った。そんな裏事情を知っている市民は民正党を全斗煥の第1中隊、官製野党の民韓党と国民党をそれぞれ第2中隊、第3中隊と呼んだ。2月25日、大統領選挙人団を体育館に呼び集めた全斗煥は、第2中隊の柳致松、第3中隊の金鍾哲を出馬させて形式を整えたうえで、90％という「わりあい素朴な」得票率をマークして大統領に当選した。1か月後に実施された総選挙で民正党は得票率36％を獲得し、比例議席の61人を含めて全議席数の54・7％に当たる151人が当選した。このとき僕は江原道華川《ファチョン》郡の前方部隊で兵役に就いていたが、投票用紙を受け取ることはなく、選挙公報の入った封筒だけを渡された。投票用紙は大隊本部の事務兵がすべて1番にハンコを押して送付した。当時の軍部隊での不在者投票とはそういうものだった。[14]

全斗煥政権は光州民衆抗争の全国への波及を恐れた。釜馬抗争も光州民衆抗争も学生運動が引き金となった。第五共和国という名を冠した新たな維新体制を安定的に維持するには、学生運動を根こそぎにして在野の民主化運動勢力を孤立させなければならなかった。だが80年後半の恐怖に支配された空気のもとでも大学生は散発的な抵抗を続けた。同年後半だけでも慶熙大学、延世大学、成均館大学をはじめとする全国20数校で全斗煥政権を糾弾するビラを撒いたり学内集会を開こうとしたりする試みが相次いだ。政府は学生運動を壊滅させると意を決した。

安企部と保安司令部、警察と検察は1980年12月にナム・ミョンスらソウル大学の学生が学内集会を開いたときに撒いた「反ファッショ学友闘争宣言」のビラを追跡する合同捜査を繰り広げた末に、維新体制期および１９８０年春にソウル大学で学生運動を主導した主要なサークルの活動家組織を一網打尽にした。多くの卒業生も含めて複雑に入り組んだ人間関係を「犯罪組織」に仕立てあげようとしたところ、霧のごとくつかみどころのない点が多いことから「霧林事件」というロマンチックな呼び名がつけられた。政府は金明仁《キムミョンイン》、韓洪九《ハンホング》ら数十人の学生を拘束し、または強制的に軍に入隊させた。

　大学生と労働者を全国規模で結びつけて力強い反政府闘争を展開しようとした組織も摘発された。全国民主労働者連盟を創設した李泰馥《イテボク》と、興士団《フンサダン》アカデミーを基盤に全国民主学生連盟を結成した李善根《イソングン》がその主役だった。彼らは各地に組織をつくって１９８１年に大学内で反政府集会を開催した。公安当局は１９８１年６月に両人と関係者を逮捕してソウル市南営洞《ナミョンドン》にある治安本部対共分室に監禁した。苛烈な拷問の末に「国家変乱を目的とした反国家団体」を結成したという容疑をでっちあげて無期懲役刑を宣告した。大学生が中心となったこの事件は「学林《ハンニム》事件」と呼ばれた。同じような時期に釜山でも、１９７９年10月の釜馬抗争の引き金となった人物をみつけだして除去する目的で、学生運動の活動家と良書協同組合の会員たちを２か月以上も不法に拘禁し、拷問して反国家団体事件をでっちあげたことがあったが、こちらは釜山の霧林事件ということで「釜林事件」と名づけられた。だがそんなさなかであっても、１９８１年１年間に全国各地で大学生は40回もの学内集会を開いていた。

　光州民衆抗争以降、学生運動の理念や運動方式は急激な変化を遂げた。徴兵で軍隊にいた僕に面会に来た友人たちが、はじめて耳にする軍歌調の「運動歌謡」を歌ってくれた。マルクスの「共産党宣言」、レーニンの「なにをなすべきか?」や「一歩前進、二歩後退」、毛沢東の「矛盾論」や「実践論」といった論文を読むのが基本だとも言った。労働者を組織しなければ革命は起こせないから、学内集会でパクられた者以外は身分を偽って工場に潜り込む準備をしていると言った。学生たちはみな他人の住民登録証の写真を自分の写真へと貼り替える技術を身につけていた。溶接や旋盤加工など製造業に就職するとき必要な技術を覚えようと学校に通う者もいた。若きインテリ層がたんなる民主化ではなく社会革命を目標に急進的大衆運動を展開しはじめたのだ。反米主義や社会主義が急速に広がりつつあった１９８２年3月、釜山で米文化院放火事件が起きた。文富軾《ムンブシク》、金恩淑《キムウンスク》、李美玉《イミオク》らが文化院[15]に火を放ち、柳承烈《ユスンニョル》、朴願植《パクウォンシク》らが近隣のビルから「米帝国主義反対」、「殺人魔全斗煥打倒」を主張するビラを撒いた。ところが同文化院で勉強していた学生ひとりが巻き添えとなって死亡し、数人の負傷者を出すという予想外の結果を招いた。裏で糸を引いたとされた金鉉奨《キムヒョンジャン》と実行犯の文富軾が死刑、金恩淑と李美玉は無期懲役刑を言い渡された。

　１９８３年5月に除隊したとき、僕は勉強不足の落ちこぼれだった。「共産党宣言」と「資本論」以外に読んだことのある本はほとんどなかった。マルクス、レーニン、毛沢東、スターリン、トロツキーといったヨーロッパや中国の社会主義革命家の著作や論文をカバンに詰めこんで聞慶《ムンギョン》セジェの山奥に引っこんで3か月間ひたすら読みふけった。どれも英語や日本語のコピー本だった。だが読み終わって町に戻ってみると、世の中はさらに先へと進んでいた。そんな論文はすっかり流行遅れになり、チュチェ思想の勉強が新たなトレンドになっていたのだ。後輩たちとなんとか約束を取りつけて討論の時間を持った。テーマは

「休戦ラインをいかに見るべきか」と「韓国社会の性格をいかに規定すべきか」だった。

僕は休戦ラインは事実上の国境線も同然だと考えていた。朝鮮半島には体制を異にする二つの国がある。南の革命は南の民衆が、北の革命は北の民衆がみずから取り組むべきことだ。それぞれ別の国なんだから二つの地域の革命が関係を結ぶべき特別な理由はない。北は社会主義を標榜する全体主義独裁国家であり、南は資本主義体制の軍事独裁国家だ。北は自主性が高いが、南は軍事・政治・経済の面で米国に依存する半分だけの主権国家だ。韓国をより自主的な民主主義国にすることが僕らのなすべきことだ。北の社会を変革するのは北の人々のなすべきことだ。そう話した。もう一度会って話し合おうといって別れたが、次の集まりには誰もやってこなかった。「切られた」のだ。僕が「救いようのない自由主義者」に見えたようだ。

80年代の革命運動家にとって全斗煥大統領は絶対悪の権化だった。光州の大虐殺と有無をいわせぬ人権弾圧を身をもって経験したのだから、そう考えざるをえなかった。全斗煥政権は若きインテリ層の魂に激震をもたらし、若者たちはみずからの魂の救いとなる理念を求めて立ち上がった。社会主義的な性向の強い人々は民衆民主主義（PD：People's Democracy）路線を受け入れた。モデルはロシア革命だった。資本主義の経済体制がすべての悪の根源だと信じ、マルクス主義イデオロギーとロシア革命史、レーニンの戦略・戦術を研究した。労働者階級を組織し、政治的に指導することによって社会主義革命を起こすことをみずからの任務だと思い定めた。彼らは民族主義を古びたブルジョア思想ととらえ、北朝鮮を民族主義を謳う全体主義独裁国家とみなした。そうした性向を帯びた人々はポスト民主化の時代になると北朝鮮に対して批判的な立場を取る革新政治勢力となった。

光州での虐殺の裏に米国の息がかかっていたことを重視した若きインテリたちは民族解放（NL：National Libration）路線のもとに結集した。すべての社会悪の根源は米国の帝国主義だ。分断も独裁も資本主義的悪徳もすべて米帝のせいで生じたのだ。したがって米国の支配と干渉をやめさせなければ民主化も社会正義も統一も成しとげられない。ロシア方式の革命は韓国の実情に合わない。労働者階級を組織するだけでは不十分で、中産層やプチブル階級をも含む各階層のすべての民衆を反米の旗のもとに結束させることによってのみ革命を成しとげることができる。彼らはそう判断した。北朝鮮は民族自主を最高の価値に掲げているのだから、北朝鮮政権の指導を受けるべきだと信じる者もいた。そうした人々は短波ラジオで北朝鮮の対南宣伝組織である韓国民族民主戦線（民民戦）の放送する「救国の声」を聴いては学習資料にした。韓国を「半植民地、半封建社会」と規定し、自分たちに必要な革命は「民族解放民主主義革命」だと主張した。

韓国社会の内部から自然発生的に生まれた社会主義革命運動と民族解放革命運動は、全斗煥政権の虐殺と独裁のつくりだした「イデオロギー的な熱病」だった。少なからぬ国民が若者たちの反政府闘争と反米闘争を心情的には支持した。けれどそれは彼らの主張がすべて正しいと考えたからではなく、彼らが独裁政権と勇敢に闘ったからだった。国民は経済面での豊かさとともに自由、人権、人間の尊厳を求めた。全斗煥政権がそうした欲望の表現を暴力で抑圧したから、反政府闘争を支持したのだ。6月民主抗争のとき、大衆の選択したシュプレヒコールは「独裁打倒、民主獲得」、「護憲撤廃、直選改憲」だった。あのとき街頭デモで若者たちは「憲法制定民衆会議」や「米軍撤収、ヤンキーゴーホーム」を叫ぶことができなかった。その掛け声に市民は応じず、ときには面と向かって反発したからだ。独裁政権が人々の欲望に抗うことができなかったように、80年代の「革命の戦士」たちもまた人々の欲望を無視することはできなかった。

１９８２年と１９８３年に全国の大学でそれぞれ60回以上の学内集会や小規模の街頭デモが行われた。この時期に政府を相手に闘うことができたのは大学生だけだった。だが維新体制のころと同様、デモの主導者はキャンパスに常駐していた私服刑事や警官によって5分ともたずに逮捕された。学生たちは少しでも時間を稼ごうと建物の屋上に縄をくくりつけて宙吊りの状態で宣言文を読んだり、包丁やたいまつを手に「武装」したりと、風変わりな戦術をあみだした。そうやって時間がたつうちに在野や野党の人々も恐怖を振り払って徐々に活動の幅を広げていった。１９８３年5月には政治活動を禁じられて自宅軟禁の状態にあった金泳三が民主化を求めて23日間に及ぶハンストを決行した。政府の報道指針に縛られて細ぼそと命脈を保っていた新聞各社の記者は、検閲にひっかからないように「在野人士の食事問題」という妙ちくりんな表現を考案した。１９８２年12月に刑の執行停止を受けて釈放され米国に亡命していた金大中が連帯闘争を始めた。２人が手を組むと在野や野党の人々も気力を取り戻した。

１９８３年9月には学生運動出身の若者たちが民主化運動青年連合（民青連、議長金槿泰）を結成した。光州民衆抗争以来はじめて独裁政権と闘う団体をおおっぴらに立ち上げたのだ。すると今度は政府が12月末に唐突に融和策を打ち出した。少しくらい気前よくしても権力維持はできるとの自信を得たからなのか、政府は除籍処分とした大学生１４００人あまりの復学を認め、学生を含む政治犯１７２人を釈放した。年が改まるとキャンパスに常駐していた警察兵力を撤収させ、野党政治家の政治活動に対する規制を一部緩和した。ところがこの融和措置は政治的安定をもたらすどころか反独裁闘争を拡大させるきっかけとなった。鉄拳統治の手綱がゆるむと、押さえこまれていた人々の欲望がバネのごとく跳び出したのだ。

学生たちはただちに学徒報国団の撤廃と学生会の復活を求める闘争に突入した。１９８４年には学園の自律化と社会の民主化を求める学内集会やデモが数えきれないほど広がっていった。３年間続いた厳しい公安統治のもとで強固な秘密組織を築きあげていた学生運動のイデオロギー的傾向がありのままに噴出した。最初はＰＤ系がトレンドをリードした。文龍植《ムンヨンシク》、安秉龍《アンビョンニョン》、尹聖柱《ユンソンジュ》ら青年活動家が「キッパル〔旗〕」という冊子を発行し、各大学に民主化推進委員会（民推委）という組織を作ってから、それらを糾合して民主化闘争学生連合を結成した。彼らは9月に清渓被服労働組合合法性獲得大会に結集してソウルの東大門《トンデムン》一帯で激烈な街頭デモを繰り広げた。ソウルの九老工業団地や仁川の富平《プピョン》駅周辺などの工場密集地域で労働悪法の改正を求めるデモを展開した。11月には民正党中央本部を占拠して２６４人の逮捕者を出した。

労働者の権利意識を目覚めさせ労働組合を組織するために、住民登録証を偽造したり経歴を偽ったりして工場に就職していた青年活動家たちが、１９８５年になるとはじめてその存在をあらわにした。いったい何人くらいいたのか正確な統計は存在しない。少なく見積もって５０００人、多く数えるなら2万人を超えていたと推定されている。70年代の闘いを代表する労働組合が強制的に解散させられたあとの抑圧的な状況にありながら、１９８４年の1年間に１３０を超える労働組合が新たに結成されたのは、彼ら偽装就労した学生たちの活動が深くかかわっていたからだ。１９８５年4月、大宇《テウ》自動車富平工場の労働者が御用労組と会社に対抗して10日間のストライキを打った。洪永杓《ホンヨンピョ》、宋炅平《ソンギョンピョン》ら学生運動出身の活動家がその主役だった。大宇グループ会長の金宇中《キムウジュン》はスト中の労働者の代表と直接面談して交渉したうえで問題を解決し、有罪判決を受けたスト指導部が懲役を終えると大宇自動車の直営ディーラーとして復職させてヨーロッパ諸国に派遣した。財閥トップでそんなことをしたのは金宇中だけだった。

6月には、ストライキ闘争で勝利を収めた九老工業団地内の大宇アパレル労働組合委員長キム・ジュニョンら幹部を警察が連行したことに抗議して、工業団地内の各会社の労組が連帯してストライキを打つ九老同盟ストが起こった。労働組合の連帯意識を示したまれに見るできごとだった。公安当局は沈相奵をこの連帯ストライキの首謀者と特定した。多くの大学生が「労学連帯」の旗を掲げて駆けつけ、民青連をはじめとする各種民主団体や人権団体が支援した。加里峰《カリボン》五叉路など九老工業団地一帯で大規模な街頭デモが行われた。九老同盟ストを主導した労働活動家たちがソウル労働運動連合（ソ労連）を結成して「労働者新聞」を発刊した。在野の人々は民主統一民衆運動連合（民統連、議長文益煥）に結集した。全斗煥政権の融和措置によって開かれた政治的空間に野党、在野、学生運動、労働運動といった勢力があっというまに根を張り、力量を伸ばして組織を築いていったのだ。

1985年に全斗煥政権は深刻な政治的危機を迎えた。2月12日に行われた総選挙で国民が全斗煥政権に対してノーの姿勢をはっきりと打ち出したからだ。1984年5月に民主化推進協議会（民推協）を設立して野党の復活作業に着手した「両金［金泳三・金大中］」は、投票日のわずか25日前になって李敏雨《イミヌ》を総裁に担いで新韓民主党（新民党）を結成した。1976年の総選挙では大学生は当時の旧新民党側の立会人として選挙にかかわったが、そのときと違って今回は遊説の場を全斗煥政権の独裁と不正腐敗を暴露する舞台として利用した。総裁李敏雨の出馬したソウル市鍾路・中区[16]の遊説には10万人の支援者が詰めかけ、全国各地の候補者の演説会場もおおぜいの人であふれた。新民党は得票率29％をマークし、35％だった民正党に迫る勢いだった。民青学連事件の際に全国に指名手配書が貼り出された「帰ってきた死刑囚・李哲」がソウル市城北区《ソンブク》で当選した。新民党は官製野党の民韓党と国民党を押しのけて一気に野党第一党になった。ソウル市では得票率42・7％と、27％の民正党を圧倒した。当選者が次々と新民党に鞍替えすると全斗煥の第2中隊と呼ばれた民韓党はあっというまに瓦解した。

民正党が総選挙で事実上の敗北を喫すると全斗煥政権は政局の主導権を失った。新民党、在野、学生運動勢力はさらに激しく政府を攻撃した。学生運動の主導権はPD系からNL系へと移った。学生運動は勉強サークルや秘密結社の次元を超え、自治組織のはずの総学生会が街頭デモの主体となる戦闘組織へと変質して全国規模の連帯をかたちづくった。全国学生総連合（全学連、議長金民錫《キムミンソク》）が誕生したのだ。全学連は傘下に「民族統一民主獲得民衆解放闘争委員会（三民闘、委員長許仁會《ホイネ》）」という「戦闘組織」を置いた。光州民衆抗争5周年を迎えて全学連は光州民衆抗争の真相究明と虐殺の元凶を処断せよとの要求を掲げ、全国でデモを繰り広げた。全国80大学の学生5万人あまりがデモに参加した。

5月23日にソウルの五つの大学の「5月闘争特委」に所属する大学生73人がソウル米文化院を占拠した。学生たちは韓国軍の作戦統制権を持つ米国が空挺特戦団と歩兵20師団の光州投入に対して謝罪し、独裁政権への支援を中断せよと要求した。4日間にわたって占拠を続けた学生たちは記者会見を開いたあと全員連行された。三民闘を国家保安法の定めによる利敵団体に指定した政府は、現場を指揮していた咸雲炅《ハムウンギョン》、高鎮和《コジナ》らを拘束し、全学連議長金民錫、三民闘委員長許仁會を指名手配した。さらに「キッパル」を発行していた民推委を足掛かりに、民青連を学生運動を背後で操る組織と決めつけた。この事件で民青連議長金槿泰はソウル市南営洞の治安本部対共分室で「拷問技術者」李根安《イグナン》らから水責め、電気責めの拷問を受けた。鄭智泳《チョンジヨン》監督の映画「南営洞１９８５」はこの事件を再現した作品だ。金槿泰はそんななかでも拷問した人物の顔、名前、方法、時間を詳細に記憶し、弁護人と家族に伝えた。

　大学生の反政府闘争をもてあました政府は「学園安定法」を制定しようとした。大学に善導教育委員会を設置し、学生運動にかかわる学生団体を大学当局の手で解散できるようにする法律だった。安企部長張世東と青瓦台政務第一秘書官許文道《ホムンド》がその旗振り役だった。野党、在野、学生団体が共同闘争委員会を立ち上げて強硬に反対し、政府の法制化の動きに歯止めをかけた。１９８５年11月、在野勢力が最後の手段に打って出た。在野の民主化運動の本丸的役割を果たしていた民統連が民主憲法獲得委員会を組織したのだ。それに賛同して全学連傘下の「軍部独裁打倒およびファッショ憲法撤廃闘争委員会（委員長キム・ウィギョム）」に所属するソウル市内の14大学の学生１９１人が民正党中央政治研修院を襲撃、占拠した。１９８６年２月から「両金」の連帯機関である民推協が「民主改憲１０００万人署名運動」を始めた。政府はそれを阻止するために新民党本部を封鎖した。全学連が汎国民改憲署名運動本部を開設し、金壽煥枢機卿、韓国キリスト教教会協議会、聖公会正義実践司祭団、大韓仏教曹渓宗《チョゲジョン》の僧侶１５２人、女性界代表、大学教授らの改憲要求声明や共同宣言が相次いだ。堰を切ったように一気に噴出したのだった。

ところが、民主化闘争に対する市民の共感が次第に高まりつつあったこの時期に、学生運動がイデオロギーの面で正常軌道から外れだした。ソウル大学の学生活動家金永煥《キムヨンファン》の記した「カン・チョルの書信」シリーズが地下出版され隠れたベストセラーになった。「スパイ朴憲永《パクホニョン》●17から何を学ぶか」といった刺激的なタイトルのパンフレットで、金永煥は金日成の立場から朴憲永を批判しつつ、チュチェ思想の「首領観」と「品性論」を広めた。学生運動の大勢を握ったNL系の組織には救国学生連盟、愛国学生会、救国学生同盟といったナショナリズム臭がプンプン漂う名前がつけられた。表立った組織には「反米自主化反ファッショ民主化闘争委員会」のように反米と民主化を結びつけた名称をつけるのがはやった。「救国」は日帝の植民地期に民族解放闘争に取り組む人々の使った用語だが、韓国を米帝の植民地とみなす人々にとってはなお魅力ある単語だった。

カン・チョル「鋼鉄と同音」というペンネームで名を売った金永煥は反帝青年同盟という秘密結社をつくって活動した。北から潜入したスパイと接触していた金永煥は、1991年に江華島《カンファ》の海岸から半潜水艇に乗り平壌《ピョンヤン》に赴いて金日成主席と面会し、1992年に河永沃《ハヨンオク》らとともにチュチェ思想を指導理念とする民族民主革命党（民革党）を結成し、地域組織をつくるために人々と接触した。けれども実際に見た北朝鮮の実情が思っていたのとは違っていたために悩んだ末、1997年初めにみずからの手で民革党を解散した。1998年の暮れに巨済島《コジェ》の南沖の海上で海軍の艦砲射撃を受けて沈没した北朝鮮の半潜水艇から北朝鮮との接触にかかわる証拠が発見されなかったなら、民革党は数人の若者が手を染めた「イデオロギーのままごと」で終わっただろう。公安当局は民革党のメンバーを拘束し事件を発表したが、この事件を契機に「反帝民族革命活動家」だった金永煥は「北朝鮮解放活動家」へと転向した。金永煥が「カン・チョルの書信」で学生運動界のスターになったとき、多くの先輩がその流行に乗っていこうとする後輩たちを必死に引き留めた。北朝鮮はうわべだけの社会主義国にすぎず、実際には個人崇拝と独裁が日常を支配する全体主義の王朝だということは、あえて行ってみるまでもなくわかることだった。ところが今では、かつてチュチェ思想を広めることに躍起になっていた者たちが「北朝鮮人権活動家」に転向し、当時北朝鮮とはかかわるなと引き留めた人々のことを「従北勢力」といって非難している。人間の付和雷同ぶりの行きつく先を示しているといえよう。

1986年3月から新民党が改憲推進委員会の地方支部結成大会および事務所開きを行い、学生や在野の人々はそうしたイベントを利用してキャンペーンを展開し、街頭デモを繰り広げた。大会そのものは屋内で行われたが、数万人の人々が会場近くに集まってデモをした。釜山から始まって光州、大邱、大田、清州《チョンジュ》を経て仁川で事務所開きが行われた5月3日の街頭デモがそのクライマックスだった。新民党と民統連、大学生ばかりかソ労連や仁川地域労働者連盟（仁労連）といった路線を異にする首都圏のすべての公式・非公式の運動団体がそれぞれ自分たちの主張を記したビラを手に仁川へとやってきた。それぞれが思い思いのシュプレヒコールを叫び、警察と衝突した。デモ隊は5万人を超えていた。正午から夜遅くまで仁川市内は催涙弾や石が飛び交い、ゲバ棒や火炎瓶の入り乱れる戦場と化し、仁川民正党の本部ビルは炎に包まれた。政府はこの「5・3仁川事態」を暴力蜂起とみなし、民統連の議長文益煥や政策室長張基杓を含む幹部全員を拘束した。保安指令部の要員がソウル市蚕室のマンションを急襲して金文洙《キムムンス》、ソ・ヘギョンらソ労連の中心メンバー13人を松坡分室に連行して過酷な拷問にかけた。かつて元豊毛紡労働組合で活動しソ労連では議長代行を務めていた李玉順《イオクスン》、70年代に労働者に身をやつして入社した韓一《ハニル》ドルコ労組で委員長となって学生出身の活動家の「ロールモデル」となった指導委員金文洙らが牽引してきたソ労連は、この事件を機に瓦解してしまった。5・3仁川事態にかかわった計129人が拘束され、60人あまりが指名手配された。ともに活動していた詩人朴労解《パクノヘ》は白泰雄《ペクテウン》らと社会主義労働者同盟（社労盟）を結成した。

1986年10月24日、安企部は「マルクス・レーニン主義党結成企図事件」の関係者100人あまりを逮捕し13人を起訴した。けれど1986年後半に学生運動を支配していたのはマルクス・レーニン主義ではなくチュチェ思想と民族解放革命論だった。公安当局は気が急いたあまり見当違いのシナリオで捜査したのだった。NL系は自分たちの路線を貫くための独自の全国組織「全国反外勢反独裁愛国学生闘争連合」を結成した。警察が結成式の会場だった建国《コングク》大学を包囲し催涙弾を撃って突入すると、学生たちは建物内に逃げ込んで3日間たてこもった。警察は武装ヘリに焼夷弾、催涙液を動員して建物内に突入し、1525人もの学生を逮捕、1288人を拘束して単一事件の拘束者数の最多記録を打ち立てた。「建大事態」として知られるこの事件は、全斗煥大統領の7年の任期中に繰り返された政権と学生運動との長い長い闘いのピークだった。

1987年になると政治に対する国民の関心は改憲があるか否かの一点に集中した。全斗煥大統領の任期があと1年しか残っていないため、憲法が改正されなければまた5000人の選挙人団が次期大統領を決めることになり、そうなったら政権交代も民主化も不可能だということを誰もが知っていた。民主化勢力の側は、民主化のための最低限の要求にして絶対条件である大統領直接選挙制の復活に焦点を絞った。ところが1月14日、見方によっては必然的ともいえるし、別の見方をすれば偶発的ともいえるような事件が持ちあがり、この運命的な事件が韓国の進路を一変させた。ソウル大学言語学科3年の朴鍾哲《パクチョンチョル》がソウル市南営洞の治安本部対共分室で水責めの拷問を受けているさなかに死亡したのだ。中央日報が大学生死亡の事実を最初に報道し、東亜日報がさらに多くの事実を取材して大々的に報じた。治安本部長姜玟昌《カンミンチャン》は、捜査官が犯罪の事実を追及している際に拳で机をドンと叩いたら朴鍾哲がウッといって死んだと発表した。事件初期の東亜日報の記者たちの活躍は歴史に記録しておく価値がある。東亜日報は遺体にアザがあったという解剖結果に関する記事に続き、ショックによる心臓麻痺ではなく水責めによる死亡だったことをほのめかす医師の解剖所見の内容を報じた。当時の東亜日報は今の東亜日報とはまるっきり違う新聞だった。非難の声で世論が沸騰すると検察は捜査官2人を拘束した。全斗煥大統領は遺憾の意を表明し、治安本部長と内務相を更迭した。

だがその程度で波風の治まるような事件ではなかった。学生運動で拘束された者の家族が集まって「民主化実践家族協議会（民家協）」が作られ、母親たちが南営洞の対共分室前に身を横たえて抗議の意を示した。民正党が国政調査権の発動を拒否すると、新民党の国会議員もこの座り込み闘争に同調した。民青連議長金槿泰拷問事件の真相糾明を求めて在野、宗教界、女性界、市民団体によって組織された「拷問および容共捏造阻止共同対策委員会」が活動を本格化させた。これがのちに「民主憲法獲得国民運動本部」へと発展して6月民主抗争の指導部となった。全国の大学で拷問殺人糾弾集会が開かれた。2月7日にソウルの明洞聖堂をはじめ全国で開かれた追悼大会が街頭デモへと拡大すると、一般市民が反政府デモに拍手を送って賛同の意を表した。光州民衆抗争以来なかったことだ。ソウルのタプコル公園で宗教団体による追悼行事の開かれた3月3日には全国の46大学で集会が行われた。

野党は戦闘モードに入った。新民党総裁李敏雨は雇われ社長にすぎず、党のいわば大株主は金泳三、金大中の「両金」だった。ところが雇われ社長が大株主の意に反して内閣制への改憲をタネに政府と妥協しようとすると、法的には対抗すべき手段を持たない大株主が投資したカネを回収してしまった。新民党議員の大半が電撃離党して統一民主党を結成したのだ。ところがおりしも新党の設立発起人大会の開かれた4月13日に全斗煥大統領が特別談話を発表した。怒気をあらわにした表情でテレビ画面に登場した全斗煥は、改憲するつもりはないし、いつまでも改憲を主張して不法行為を繰り返す輩は厳罰に処すと言い放った。いわゆる「4・13護憲宣言」である。ニュースを見て僕らは口笛を吹いた。「おまえはこれでもうお陀仏だ!」

護憲宣言は燃えあがる火に油を注ぐ行為だった。また7年を「体育館で決まる大統領」の独裁のもとで暮らすのはうんざりだと思っている国民が多かったからだ。その日から全国民を巻き込んだ「護憲撤廃闘争」に火がついた。野党、大学生、宗教者、大学教授といった従来から活動していた人々のワクを越え、女性団体、画家、文学者、演劇界、映画界、テレビ界、法曹界、医療界、教育界などから次々と護憲反対声明が発表された。あたかも燎原の火のごとき様相だった。護憲支持声明を出したのは大韓商工会議所、韓国貿易協会、韓国経営者総協会(経総)、以北五道民中央連合会、失郷民護国運動中央協議会、韓国反共連盟、大韓老人会、韓国労働組合総連盟（韓国労総）などわずかな団体のみだった。新聞の多くは護憲宣言を積極的であれ消極的であれ支持したが、国民世論はそれとは真逆の方向に流れた。

ふたたび5月がめぐってくると全国の62大学で光州民衆抗争追悼集会が開かれ、明洞聖堂では「光州民衆抗争7周忌ミサ」が行われた。ところがその席上でカトリック正義具現司祭団の金勝勲神父から爆弾発言があり真実が暴露された。すでに逮捕されている2人の捜査官以外にも朴鍾哲を死に追いやった犯人がいるというのだ。金勝勲は拷問殺人犯ファン・ジョンウン、パン・グムゴン、イ・ジョンオの3人の警察官が現職のまま勤務しており、治安本部のチョン・ソンニン、ユ・ジョンバンが事件を捏造し、治安本部長姜玟昌が事件の隠蔽と犯人隠避に関与したことを明かしたのだ。3日後には検察も拷問に加担した警官がさらに3人いることを認めた。東亜日報は法務相金聖基《キムソンギ》と検察庁長官徐東権《ソドングォン》が犯人隠避の事実を3か月も前から知りつつこれを伏せていたと報じた。政府は臨時閣議を開いて内閣総辞職を決めた。全斗煥大統領は全面的な内閣改造を断行した。検察は公安捜査のドンとして知られる治安本部治安監［韓国警察階級の序列3位］朴處源《パクチョウォン》を拘束した。治安本部長姜玟昌は6月民主抗争ののちに拘束された。

だが怒りの火の手は治まることを知らなかった。ついに政党、在野、学生、各界団体の代表が「民主憲法獲得国民運動本部（国本）」を結成した。計2191人の発起人の内訳は地域代表352人、宗教界683人、政治家213人、各界代表943人だった。顧問は咸錫憲、洪南淳、姜昔珠《カンソクチュ》、文益煥、尹恭熙《ユンゴンヒ》、金知吉《キムジギル》、金大中、金泳三の8人、常任共同代表は朴烱圭、金勝勲、知詵《チソン》、桂勲梯《ケフンジェ》、李愚貞、宋建鎬《ソンゴノ》、朴容《パクヨン》吉《ギル》、高銀《コウン》、梁純稙《ヤンスンシク》、金命潤《キムミョンユン》、韓勝憲の11人だった。獄中にあった民青連議長金槿泰は非常任共同代表を務

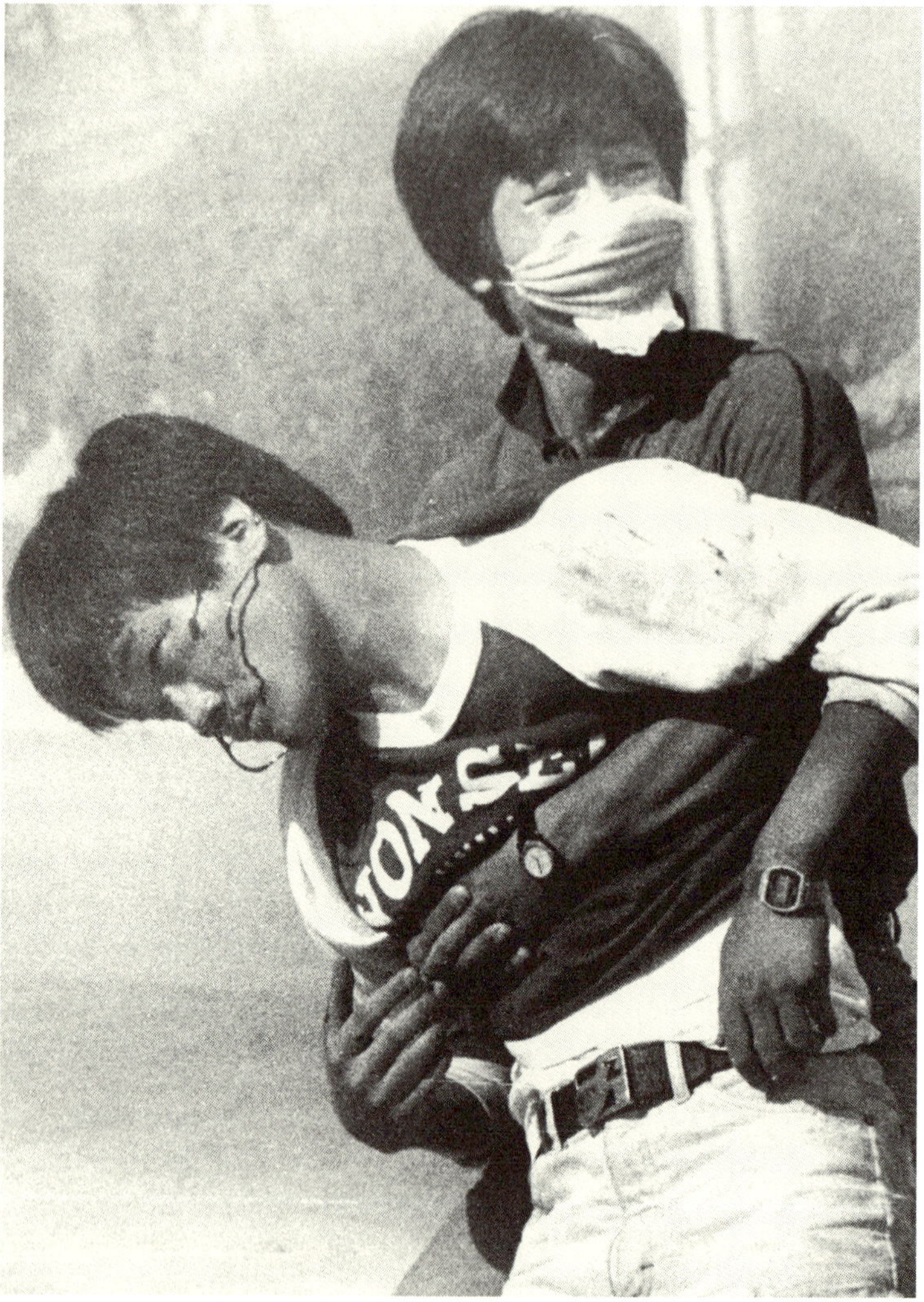

1987 年 6 月 9 日、警察の催涙弾に直撃された李韓烈　© 外信記者チョン・テウォン（李韓烈記念事業会提供）

めた。呉忠一《オチュンイル》が委員長を務めた常任執行委員会には李海瓚、林采正《イムチェジョン》、張永達《チャンヨンダル》、李美卿《イミギョン》、金富謙《キムブギョム》、李在伍、朴啓東《パクケドン》、李揆澤《イギュテク》といった若い活動家たちを配した。スポークスマンは牧師の印明鎮《インミョンジン》、人権委員長は弁護士の李相洙《イサンス》だった。盧武鉉は釜山国本の常任執行委員長だった。国本の主要メンバーから３人の大統領が生まれた。首相、閣僚、国会議員になった者は数えきれないほど多い。金泳三、李在伍、朴啓東、印明鎮などのちに保守陣営に鞍替えした者も一部にはいるが、大半は金大中・盧武鉉政権の時代に国家運営の重要な役割を担った。国本執行部の面々を見ると、金大中・盧武鉉政権が６月民主抗争の結実であることは間違いない。

１９８７年６月10日午前、民正党は全党大会を開いて盧泰愚を大統領候補に指名し、全斗煥大統領は盧泰愚を後継者と認めた。国本はこの全党大会を狙い、同じ日の午後６時を期して全国主要都市で「朴鍾哲拷問殺人隠蔽捏造糾弾および民主憲法獲得国民大会」を開催した。この日の国民の最大の関心は、延世大学の学生李韓烈《イハンニョル》の安否だった。６月９日、延世大学の学生たちが翌日の国民大会に向けての参加決議大会を終え、大学正門前でデモを繰り広げていた際、経営学科２年の李韓烈が後頭部に小銃擲弾（ＳＹ44）の直撃を受け、意識不明の重体に陥っていた。翌朝の新聞は流血して仲間に抱きかかえられる李韓烈の姿を大きく報じた。

６月10日午後６時、僕は数百枚のビラを懐に隠してソウル市庁舎前広場に立っていた。国本指導部のメンバーが大会の開幕を告げる場所としていたすぐ近くの聖公会本部は警察によって事前に封鎖されていたが、ミサに出席するピアノ伴奏者などになりすまして聖公会教会に忍び込むことに成功した何人かが午後6時に鐘楼に登った。鐘の音と同時にビラが撒かれて上空を舞い、シュプレヒコールが響いた。ソウル市庁前一帯の通りはあっというまにデモ隊で埋めつくされた。催涙弾が飛び、バス、タクシー、乗用車が一斉にクラクションを鳴らした。さほど離れていない南山《ナムサン》のふもとのヒルトンホテルで大統領候補指名祝賀会を開いていた民正党の国会議員たちは、催涙弾のガスに追われて散り散りになって逃げ帰った。街頭デモは夜が更けるまで続いた。全国22の都市で50万人の市民が参加し、4000人あまりが連行された。ソウルでは警察がデモ隊に押されて青瓦台と世宗路の政府総合庁舎付近まで後退させられた。デモ隊の一部が明洞聖堂に入って5日間たてこもり、闘争のムードを盛りあげた。明洞一帯は誰もが自由に壁新聞を掲示したり演説したりしてかまわない「解放区」となった。

僕は労働者や学生運動出身の活動家、若いインテリ層の中から自然発生的に結成された秘密結社に属していた。1時間ごとに3か所の中間集合場所を決めて進んでいった。何もかもがゴチャゴチャだった。ビラはたちまち底を突き、仲間は散り散りになってみつからなかった。僕らはそんなに大きなデモになるとは思ってもいなかった。1980年5月15日のソウル駅前広場のときがやはりそうだったように、1987年6月10日のソウル都心で僕が見たのも混沌だった。けれど今度は怖くなかった。ネクタイをした若いサラリーマンたち、もっと年輩の多くの市民が一緒に闘っていたからだ。そのうえ国本という指導部が存在し、両金の牽引する野党もあった。

6月18日、「催涙弾追放国民大会」でさらに大きな世論の波が押し寄せた。全国16の都市で150万人が参加したこの日の集会のハイライトは、ソウルではなく30万人が集まった釜山だった。釜山市民は街頭で交代で睡眠を取りながら徹夜で集会を続けた。連続的・同時多発的・全国的な都市蜂起が本格的に始まったのだ。警察は全国で１５００人あまりを連行したが、集会を抑えこむ能力は失っていた。政府が戒厳令を発するはずだという噂が流れ、在韓米軍放送（ＡＦＫＮ）では米軍の軍人・軍属・家族に外出を自粛するよう伝えていた。レーガン大統領が全斗煥大統領に緊急の親書を送り、米国務省の東アジア担当次官補がソウルにやってきた。６月24日に統一民主党総裁の金泳三が青瓦台を訪れ、全斗煥大統領と面談して国民の要求を受け入れるよう求めた。会談を終えて出てきた金泳三は交渉は決裂したと公表した。訥々とした釜山のお国ことばで「コーソーはケスレスしました」と言い切ったシーンは、僕の見た政治家金泳三のすべてのシーンでダントツ１位だと思うワンカットだ。

　第三の波は６月26日の「国民平和大行進」だった。全国33の都市と四つの郡で１８０万人が街頭デモに参加した。丸腰でデモをした６月10日の大会とは違い、市民たちはあちこちで投石戦を繰り広げ、大学生の投げる火炎瓶にもさほどの拒否反応は示されなかった。慎重にことの成り行きを見守っていた光州市民もついに決起した。光州市民は今度こそはけっして孤立しないはずだと確信していた。光州だけで20万人が街頭へと繰り出した。木浦《モッポ》、順天《スンチョン》、麗水《ヨス》、光陽《クァンヤン》といった全羅南道の各地でも数万人が行動を起こした。警察は全国で３５００人あまりを連行したものの押される一方だった。30か所を超す警察署や交番に火炎瓶が投げ込まれて火に包まれた。民正党の地方支部や複数の公共機関の建物も焼き打ちに遭った。20台あまりの警察車両が燃やされ、ひっくり返された。全国のほぼすべての都市で行われた大規模なデモを10万人あまりの警察力で鎮圧するなど不可能だということが明らかになった。誰も政府や警察を恐れてはいなかった。次の国民大会ではデモがどれほどの規模にふくれあがるか見当もつかなかった。

6月29日、民正党の大統領候補盧泰愚が8項目からなる時局収拾特別宣言を電撃発表した。いわゆる「6・29宣言」だ。大統領直接選挙制への改憲、金大中の赦免と政治犯の釈放、国民の基本権と言論の自由の保障、地方自治制の実施と教育の自律化、自由な政党活動の保障を盛りこんだこの宣言によって、全国的な都市蜂起は幕を閉じた。全斗煥政権は野党勢力を分裂させれば選挙をしてもそのまま権力を握りつづけられるはずだとの希望を胸に秘めて6・29宣言の発表に踏み切り、その希望は結果的に現実のものとなった。だが全斗煥とその一党が粛軍クーデターと光州での虐殺、さらに幾多の不正腐敗を犯した罪が完全に免責されたわけではなかった。

重体だった李韓烈は7月5日に息を引き取った。7月9日にソウル駅前広場で100万人の市民が集まって永訣式が行われた。この式典が6月民主抗争のエピローグだった。永訣式が終わり、警察が解散するよう促しつつペッパーガスと催涙弾を放つと、100万人の市民はそれぞれおとなしく家路についた。憲法を改正して選挙をすれば政権を変えることができ、民主化が実現できるはずだと期待していた市民の希望は5か月後に水泡に帰した。とはいえ6月民主抗争がいかなる実をも結ばなかったわけではなかった。市民による政治闘争が消滅して生まれた空間は労働者が埋めた。独裁政権の政治的抑圧が弱まると、すぐに全国各地で労働者が声を上げ労働組合の結成とストライキ、街頭デモが爆発した。

労働者は財閥グループの大工場で労働組合を結成した。7月5日の現代《ヒョンデ》エンジンを皮切りに現代尾浦《ミポ》造船などの大規模事業所から労組設立届が相次いで提出された。馬山、昌原、蔚山といった慶尚道《キョンサン》地方の重化学工業の大工場に一気呵成に広がった労組結成と賃金・労働条件改善闘争は、大型重機を動員した街頭デモへと展開していった。巨済島の大宇造船労働者李錫圭《イソッキュ》が8月22日の街頭デモのさなか、警察の撃った催涙弾に直撃されて死亡した。検察は労働者側についた盧武鉉と李相洙の両弁護士を「葬儀等の妨害」容疑で拘束した。この事件を契機に闘いは首都圏の中小企業へと広がり、政府の強硬な対応や世論の批判にもかかわらず、9月まで続けられた。１９８７年だけでも１５００近くの労働組合が新たに結成され、組合員数は23万人も増え、7月から9月までに３３００件を超える労働争議が起きた。だが秋になって憲法が改正され、大統領選が迫ってくると国民の関心は政治へと向かっていった。

ポスト民主化の民主主義

10月維新以降の民主化運動とは、連続的・同時多発的・全国的な都市蜂起を起こして民衆の力で独裁政権を打倒し、民主主義の制度を取り戻すことだった。そうした意味での民主化運動は１９８７年の6月民主抗争の勝利とともに幕を下ろした。韓国は多数の国民が望めば平和的・合法的に政権交代が可能な国になった。民主主義の政治制度をいかして現実の具体的な悪を取り除いたり緩和させたりして、社会を改良しつづけていくことができるようになった。そうした点から１９８７年以降は「ポスト民主化の民主主義」の時代ということができる。韓国の民主主義はより深まり、より広がった。けれどまだ成熟してはいない。民主的な制度があるからといって民主主義が行われるわけではない。それにふさわしい考え方をし、それにふさわしい行動を取らなければ成熟した民主社会へと進むことはできない。言い換えるならば、民主主義は制度と行動と意識のミクスチュアだ。もちろん制度が何よりも重要である。長期的に見るならばすべての制度は意識と行動の産物だが、短期的には特定の制度がそれに見合った意識と行動とを促進するからだ。「ポスト民主化の民主主義」は１９８７年秋に与野党が合意し、国民の承認した制度の枠組みの中で機能してきた。その制度の枠組みを「87年体制」と呼ぶことにする。87年体制は民主化以前から存在していた古い意識や文化と結びついて韓国の民主主義の成熟を遅らせてきた。

87年体制は特定の制度と意識と行動の結合である。この制度の中心は再任禁止で任期5年の大統領制、決選投票を行わない選挙法、国会議員の小選挙区制である。この制度は地域主義という古い意識、数をたのみとする後進的な政治文化と結合して「ポスト民主化の民主主義」の韓国特有の性格をかたちづくってきた。87年体制は現行憲法と選挙制度をつくった政治指導者「一盧三金〔盧泰愚・金鍾泌・金泳三・金大中〕」の同床異夢と利害打算の結果たる妥協の産物だった。この４人は誰が大統領になろうが5年でおしまいということで合意した。大統領の再任禁止規定は25年の軍事独裁に起因する「政治家のポスト詰まり」を解消するための方便だった。その趣旨を確かなものとするために、憲法第１２８条第2項には、任期を延長し、または再任を認める憲法改正を行う場合には改正条項は現職大統領には適用しない旨の安全弁まで盛りこんだ。

大統領選挙、国会議員選挙のいずれにも決選投票制は導入せず、国会議員選挙を小選挙区制としたのは、「一盧三金」の既得権を守り、政治的な射幸心を満足させる措置だった。国会議員選挙を小選挙区制とすれば、全国平均の得票率の高い政党より特定地域で大量票を獲得できる政党のほうが有利だ。「一盧三金」はそれぞれ大邱・慶尚北道〔盧泰愚〕、忠清《チュンチョン》南北道〔金鍾泌〕、釜山・慶尚南道〔金泳三〕、全羅南北道〔金大中〕で圧倒的な支持を得ていた。決選投票を排除したのも同じ脈絡だった。決選投票制を導入すれば最初の投票で何位になろうと両金のどちらかと盧泰愚の直接対決は避けられない。盧泰愚はそれを恐れたのだ。金鍾泌は決選投票まで残れる可能性はゼロだった。金大中と金泳三は野党統一候補の座を相手に譲るつもりはなかったし、票割りに成功すれば自分が大統領になれると判断した。

6月民主抗争も4・19と同様、新たな権力主体をつくりだすことはできなかった。在野や学生運動の勢力は民主主義政治革命を成しとげるために連続的・同時多発的・全国的な都市蜂起を組織するうえでは有能だったが、その勝利を自分たちのものとするだけの能力はなかった。街頭デモに参加して民主主義政治革命の本隊となった市民たちは、「一盧三金」の合意した87年体制がいかなる結果をもたらすのか知りうるはずもなかった。結局、6月民主抗争の後衛だった野党の2人の指導者が、事実上すべてを決定する力を手に入れたのだ。もちろん1987年に改正された現行憲法に大きな問題があるわけではない。権力構造に関する条項を除けば、現行憲法は国民の基本権を明確に保障した民主的な憲法である。

韓国の憲法は国民の抵抗権を認め、軍の政治的中立を明示している。第10条から第37条までは身体の自由、表現の自由、労働三権、集会・結社の自由をはじめとする市民の基本権を明確に保障している。大統領の権限を縮小し、国会と司法府の権限を大幅に拡大して権力の分散と相互牽制を強化した。国会の国政監査権を復活し、裁判官の独立性を高め、憲法裁判所を設置した。最低賃金制を明示し、成長、安定、適

1987年10月25日、高麗大学グラウンドで開催された「挙国中立内閣獲得実践大会」に出席した金大中と金泳三　©聯合ニュース

正な所得分配、独占・寡占の弊害の防止、経済の民主化のために国が規制・調整を行えるよう道を開いた。見方によっては批判の余地がないわけではないが、韓国憲法は民主主義の先進諸国の憲法と比べても遜色のないすばらしい憲法になった。僕はそれこそが憲法に反映された6月民主抗争の成果だと思う。

1987年10月27日の憲法改正国民投票には78％の有権者が投票し、93％が賛成した。12月16日に大統領選が実施された。17年ぶりに大統領をみずからの手で選ぶことになった国民は喜びに湧いた。けれど僕にとってこの選挙はほぞをかむような悪夢だった。僕は両金が候補一本化でまとまると信じて疑わなかった。候補の選出方法をめぐる綱引きの末、金大中がみずからに近いグループを統一民主党から離党させて平和民主党（平民党）を結成したが、紆余曲折はあっても大統領候補はひとりに絞られるものと思った。金大中のほうがちょっとだけ人格者だから最悪の場合は金大中が譲歩するだろうと内心期待していたのだ。だが大統領候補は一本化されなかった。在野の人々と大学生が統一民主・平和民主両党の本部に立てこもるまでして一本化するよう迫ったが、両金はあくまでも拒否した。平民党ではいわゆる「四者必勝論」[18]を展開した。客観的にみればサッカーくじに当たるのを望むようなものだったが、2人の指導者はそれぞれ出馬して最後まで選挙を戦った。野党が分裂し、在野が分裂し、結局は国民も分裂した。

民正党の盧泰愚候補が有効票の36・6%を得て大統領に当選した。統一民主党の金泳三候補は28・0%、平和民主党の金大中候補は27・1%を獲得した。新民主共和党の金鍾泌候補の得票率は8・1%だった。朴正熙の維新体制と全斗煥の第五共和国を同じ系列の保守政権ととらえれば、55・1%の有権者が政権交代を支持したにもかかわらず、結果的には全斗煥の側の政権が延長されたのだ。悔しく無念だったが、嘆くほかにやれることは何もなかった。あれほどの犠牲を払いながら民主化を成しとげたのに、結局は粛軍クーデターと光州の虐殺、第五共和国の強権統治と権力型不正腐敗のナンバー2である盧泰愚を大統領に選んだのだから、嘆かずにはいられなかった。

金大中は回顧録でこのとき候補を一本化しなかったことを悔いていた。さもありなん。金泳三はのちに盧泰愚、金鍾泌の2人と手を組んで民主自由党をつくり、保守政権の側に回って大統領になった。金大中は4浪した末にやっと大統領になり、「維新の本丸」金鍾泌と権力を分けあうはめになったため、思いどおりに国政運営に腕を振るうことができなかった。1997年の大統領選では、予備選で敗北したのに承服できずに離党して出馬したあげく保守票を500万票も分散させた李仁済《イインジェ》の存在がなかったら、金大中は李會昌《イフェチャン》に勝利できなかったろう。李仁済は善意がなくとも善行は為しうるという人生の逆説を身をもって示したわけだ。予備選敗退―離党―新党結成―独自出馬という李仁済の一連の反則行為は批判されてしかるべきだが、そのおかげで革新政権10年を経験できたわけだから、テレビに李仁済の顔が映るたびに僕は感謝の念をかみしめたものだ。

1987年の大統領選はけっして公正かつクリーンな選挙ではなかった。投票日を約半月後に控えたころ大韓航空機爆破事件が起きた。犯人の金賢姫《キムヒョニ》が投票日の前日に韓国政府に引き渡されて金浦《キンポ》空港に降り立ち、新聞もテレビもこのニュース一色で埋め尽くされて北朝鮮に対する激しい反発が湧き起こった。政府与党は自治体職員や町内会役員を動員して有権者にカネをばらまいた。自治体職員は市役所や区役所の地下会議室で徹夜でカネの封入作業に当たらされた。盧泰愚候補が国会議事堂のある漢江の中州汝矣島《ヨイド》で遊説したとき、汝矣島に通じる6車線1400メートルの麻浦《マポ》大橋が人波で埋まった。橋は車両の通行が禁止されたため、人々は徒歩で渡って遊説会場に行き、担当者から金一封を受け取ってまた徒歩で帰っていった。全斗煥大統領は財閥から莫大な額の政治資金を集めて盧泰愚候補を支援した。野党の候補もそれぞれにかき集められるだけの資金を集めて使った。だがいずれにせよ盧泰愚政権は国民の選択で成立した。盧泰愚大統領は両金の分裂が、そして北朝鮮への反発で熱くなり、腐敗選挙を容認した韓国国民の意識と行動が生んだ大統領だった。いったい誰を恨むことができようか。

1988年4月26日の総選挙では政権与党の民正党は125議席を獲得した。だが光州・全羅南北道ではただのひとりも当選できなかった。平民党は70議席を得て野党第一党になったが、首都圏と光州・全羅南北道でしか当選者を出せなかった。統一民主党は主として首都圏と釜山・慶尚南道で59議席を獲得した。共和党は35議席を得たが大半は忠清道で、慶尚道や全羅道では1議席も獲得できなかった。与野党4党の地域別の得票は前年12月の大統領選とほぼ同様の様相を呈した。80年代を通じて民主対独裁に二分されていた世論が大邱・慶尚北道、釜山・慶尚南道、光州・全羅南北道、大田・忠清南北道の四つの地域に分裂したのだ。ところが1990年の初めに盧泰愚・金泳三・金鍾泌が「3党合同」で民主自由党という巨大与党をつくった。すると地域の構図は全羅道対非全羅道へと単純化され、その構図は25年たった今もなお変わることなく韓国政治を支配している。

金泳三大統領のとき民主自由党は新韓国党へと名を変えた。のちに新韓国党総裁李會昌が党名をハンナラ［偉大なる国］党に変えた。さらにハンナラ党非常対策委員長朴槿恵が党名をセヌリ［新たなる世界］党に変えた。金鍾泌は金泳三と袂を分かって自由民主連合をつくり、しばし金大中大統領と手を結んで政権の一翼を担った。セヌリ党は1987年以降の韓国政治を引っぱってきたすべての保守政党を統合した政党である。平民党は在野勢力を吸収し、また3党合同を拒んだ統一民主党の残留組とも合流し、その後何度も名称を変えた。ヨルリン・ウリ党［開かれた我われの党、通称「ウリ党」］が結成された2004年に民主党は盧武鉉大統領の弾劾に踏み切ったが総選挙で惨敗した。だが結局はウリ党と再合同し、2014年には安哲秀《アンチョルス》のグループと統合して新政治民主連合へと名を変えた。同党は朴正熙時代の新民党の伝統を受け継ぐ革新的自由主義政党である。

労働者・農民に基盤を置く革新政党はまだ政界に定着できずにおり、他の第三の政党の実験も成功していない。1988年のハンギョレ［ひとつの民族］民主党、1992年に現代グループ会長鄭周永《チョンジュヨン》がつくった国民党、李基澤《イギテク》の「ミニ」民主党、[19] 2008年に登場した文國現《ムングキョン》の創造韓国党、2010年に地方選挙に候補者を出した国民参与党など、セヌリ、民主の2党体制に風穴を開けようとしたあらゆる試みは失敗に終わった。決選投票のない小選挙区制の国会議員選挙と地域的な構図というカベに阻まれているのだ。安哲秀の第三の党の試みもまたじゅうぶんな取り組みさえできぬまま幕を下ろした。結局、韓国の政治はなお87年体制から抜け出せずにいるのだ。2014年6月の統一地方選は保守―自由主義による二大政党制の完成されたかたちを示すものだった。

「ポスト民主化の民主主義」は民主化運動の前衛だった在野および学生運動、労働運動、女性運動、農民運動、各界の知識人の運動に変化を求めた。それらの運動の主体だった人々はそれぞれ政界、民衆運動、市民運動へと分岐し、やがて87年体制に統合された。政界進出の主たるルートは「金大中党」だった。金大中が大統領選で3位に終わって厳しい非難にさらされていた1987年12月、100人あまりの在野の人々が平民党に入党し、翌年の総選挙で多数が国会議員に当選した。金大中は1997年の大統領選を控えて新政治国民会議を結成するまで、何度もこうしたやり方で在野や学生運動出身の新人を自派に迎え入れた。李海瓚、林采正、韓明淑、張永達、朴英淑《パクヨンスク》、沈載権、禹元植《ウウォンシク》、金民錫、申渓輪、任鍾皙《イムジョンソク》、宋永《ソンヨン》吉《ギル》、禹相虎《ウサンホ》、李仁栄《イイニョン》、許仁會らはみなこのルートで政界に進出した。程度の差こそあれ「金泳三党」もそうした役割を果たした。盧武鉉、金光一《キムグァンイル》らは1988年に統一民主党から政界の門をくぐった。金泳三大統領は軍人出身の政治家集団ハナ会を粛清し、緊急命令によって金融実名制を導入して人気絶頂にあった1994年、民主自由党を新韓国党へと改編して民衆党出身の李在伍、金文洙や学生運動出身の沈在哲、孫鶴圭らを迎え入れた。1997年の大統領選直前には金大中の政界復帰に反発して野党統合推進委員会から飛び出した李富栄、金富謙、諸廷垢《チェジョング》らを受け入れた。2000年の総選挙では金栄春《キムヨンチュン》、元喜龍《ウォンヒリョン》、高鎮和らいわゆる386世代[20]の学生運動のリーダーの一部が李會昌率いるハンナラ党に入った。

もうひとつの流れは労働運動、農民運動、都市貧民運動といったいわゆる「底辺の運動」または民衆運動に身を投じた。彼らはさまざまな紆余曲折の末に大手企業の労働組合や金属労組などの産別連盟、全国教職員労働組合（全教組）、全国言論労働組合などの公共部門労組を結成した。それらを足掛かりに全国民主労働組合総連盟（民主労総）を立ち上げ、全国農民会総連合（全農）の誕生にも一役買った。全国各地のさまざまな貧民運動団体や零細商工業者団体が誕生するプロセスにもかかわった。これらの活動家には、さまざまな階層の人々が暮らしの中で感じる要求に基づいてみずからを組織し、政治的に目覚めなければ民主的にして不正腐敗のない社会をつくれないとの思いがあり、そこを土台に据えて革新政党を結成した。1987年の大統領選で「民衆候補白基玩《ペクキワン》」の選挙運動を契機に政治的な結集を試みたこれらの人々は、民衆党の実験を経て民主労総や全農を組織基盤とする民主労働党を設立した[21]。民主労働党は2004年の総選挙で10人の当選者、13％の政党得票率をマークして期待を集めた。だが内部の路線対立と民主的ならざる組織運営の問題を抱えて分裂と離合集散を重ねた末に、正義党、統合進歩党、労働党といった複数のミニ政党に分かれて政治的な影響力を失った。

第三の流れは市民運動だった。参与連帯、経済正義実践市民連合（経実連）、環境運動連合、みどりの連合、消費者生活協同組合、民族文学作家会議、民族芸術人総連合、人道主義実践医師会、健康実践薬剤師会、真の教育保護者会、人権運動サランパン、挺身隊問題協議会、女性民友会、民主言論市民連合、こども保育共同体、貧困層自活運動団体、地域の学童保育教室など、ポスト民主化の時代にはその数も種類も枚挙にいとまがないほど多くの市民団体が生まれた。1988年に市民が株主となってハンギョレ新聞が創刊されたのも一種の市民運動といえる。市民運動の第一世代の主役の大半が民主化運動の溶鉱炉で鍛えられた人々だった。この流れを汲む代表的な人物にはソウル市長朴元淳《パクウォンスン》、環境運動連合議長崔洌《チェヨル》らを挙げることができる。朴元淳のキャリアは広く知られているので省略するとして、ここでは大運河構想および4大河川事業反対闘争の最前線に立ったがために李明博政権の重箱の隅をほじくるような捜査に引っかかって無念の実刑を喰らった崔洌について記すことにしよう。

1983年に徴兵を終えて大学に戻った直後だった。1994年に惜しまれつつ夭折した「永遠なる青年運動家」イ・ボミョン先輩が、僕をソウル市恵化洞《フェファドン》の路地裏にある殺風景な事務所に連れていってくれた。「韓国公害問題研究所」という看板が掛かっていた。その所長が崔洌で、研究員は大学を卒業したばかりの若い女性ひとりだった。崔洌は農業化学専攻だった。僕らは嫌味を言った。「こんなご時世なのにのんきに公害問題なんか研究してるんだ、ジャージャー麺出前取って遊んでりゃいいとはね」。当時まだ僕らの世代には環境問題に対する認識はほとんどなかった。小学生のころには教室で水銀をおもちゃにして遊び、長じてからはアスベスト入りのスレートを鉄板代わりに豚バラで焼き肉をした。油がよく落ちるからうまかった。崔冽はレイチェル・カーソンの「沈黙の春」のことを話してくれた。僕はそんな本があることさえ知らなかった。１９８２年に発足した韓国初の民間の環境運動団体である韓国公害問題研究所は、公害追放運動連合を経て１９９３年に複数の環境団体を統合し、環境運動連合へと発展した。崔冽は民主化以前から環境運動に取り組んでいた先覚者であり、もっとも影響力のある市民運動家のひとりだ。

「ポスト民主化の民主主義」時代の民主化運動は、専制政治を打倒する抵抗運動から憲法の精神を実現する市民参加型の運動へと様変わりした。市民参加型の運動は往々にして激烈な反政府闘争を伴った。民主主義の制度は整ったものの、国家安保を名分に国民の自由と基本権を踏みにじる国家権力の公安統治のやり方はなお消えていなかったからだ。代表的な事件が１９８９年３月の文益煥牧師の北朝鮮訪問だった。文益煥は「統一論議の突破口となるために」政府の許可を受けずに平壌に行って金日成主席をはじめ北朝鮮首脳部と面会した。盧泰愚政権はこの事件にかこつけて公安統治へと傾いていった。

４・19の直後に大学生の手によって南北学生会談が企画されたように、６月民主抗争後の大学生たちも統一運動へと飛び込んでいった。ＮＬ系が主導権を握っていた学生運動は「反米自主化闘争」の一環として統一運動を展開した。もっともドラマチックな事件は韓国外国語大学の学生林琇卿《イ・スギョン》の北朝鮮訪問だった。林琇卿は日本からドイツの西ベルリン、東ベルリンを経て１９８９年６月30日に平壌国際空港に到着した。平壌で開かれた世界青年学生祝典に韓国の全国大学生代表者協議会（全大協）代表として参加した林琇卿を平壌市民は熱狂的に歓迎したが、韓国側は殺伐たる公安政治の空気に包まれた。全大協は１９９３年に韓国大学総学生会連合（韓総連）へと改編され、政府は韓総連を利敵団体に指定した。

１９９０年１月、盧泰愚、金泳三、金鍾泌による電撃的な３党合同により、国会は改憲が可能な議席数を確保した民自党が思いのまま振る舞える場と変わった。政府は「犯罪・暴力との戦争」を謳ったが、それは反政府勢力に対する政治的な宣戦布告でもあった。国会を完全掌握した盧泰愚政権は、力によって大学生の反政府闘争を制圧しようとした。そんなさなかの１９９１年４月、明知大学学生の姜慶大がデモの最中に警官に殴られて死亡する事件が発生した。大学周辺ではデモの旋風が吹き荒れた。２か月のあいだに全国で２３６１回もの反政府集会が開かれ、13件の焼身自殺および不審死が立て続けに起こった。安企部と検察は、焼身した青年活動家金基卨《キムギソル》の遺書を代筆して自殺を教唆したとして何の罪もない姜基勲《カンギフン》を逮捕するという「遺書代筆事件」をでっちあげた。詩人金芝河が朝鮮日報に「死の賛美、死の見世物扱いはやめよ」として在野や学生運動を批判する文章を寄稿して波紋を投げかけたのもこのときだった。

６月民主抗争当時に民統連を中心に結束していた在野の革新勢力は、全国民族民主運動連合（全民連、共同代表李富栄、李昌馥《イチャンボク》）を経て１９９１年に民主主義民族統一全国連合（全国連合）へと拡大改編された。労働者、農民、大学生など各界の14の運動団体と13の地域運動団体が結集した全国連合は、１９９７年に事実上休眠状態となり、２００８年の公式解散後には韓国進歩連帯に転換した。京畿東部、蔚山、仁川などのＬＮ系の地域運動団体は、全国連合が事実上活動を休止した１９９７年以降は組織的に民主労働党に結集して主導権を握った。京畿東部連合と蔚山連合は現在は統合進歩党に結集●[21]している。

誰の手によるいかなる行為であれ、民主主義にかかわる憲法の規定を実現しようとする行動は民主化運動とみなすことができる。僕らには、大統領に対しても、政治に対しても、統一問題に対しても、革命に対しても、それ以外の何に対しても自分の見解を自由に表現する権利がある。憲法が僕らすべてに表現の自由を保障しているからだ。表現の自由は政府が、あるいは圧倒的多数の国民が正しいと考える見解のためのものではない。大多数の人々がばかげていると判断する見解さえも制限を受けることなく表現できるとき、はじめて表現の自由が保障される。たとえ真理ではない見解であっても、それを表現する行為が他の人の自由や権利を不当に侵害するものでないならば、政府がそれを制約してはならない。それが憲法の精神であり、民主主義の基本原理だ。盧泰愚政権は南北関係と統一政策に対する人学生や市民の意思表示を弾圧した。

金泳三政権は労働法を強行採決した。1996年12月26日未明、新韓国党議員154人は野党に議会開催の事実さえ通知しないまま貸切バスを国会本会議場に乗りつけて秘密裏に入り、派遣勤務制、整理解雇制、パートタイム労働制、変形労働時間制といった労働者の地位に甚大な悪影響を及ぼす条項の盛りこまれた労働関連法案を可決した。民主労総は労働法制の強行採決の無効を求めるゼネストに突入した。公安当局は民主労総指導部に対する逮捕状を請求し、強制捜査に踏み切るなど強硬な対応に出たが、1日で最高35万人以上が参加するなどゼネストはいっそう広がりを見せた。カトリック司祭団の時局ミサを皮切りに大学教授、知識人、各界団体で労働法制の再改正を求める声明が続々と発表された。農民はコメや食料を運びこんでストライキを続ける労働者を激励し、大学生や市民の激励訪問やストライキを支持する新聞広告が次々と掲載された。海外在住の韓国人も政府を糾弾しストライキを支持する集会を開いた。当時僕の暮らしていたドイツでもマインツ大学の韓国人留学生がカネを出しあってハンギョレ新聞にゼネスト支持の意見広告を出した。

1か月近く続いた労働法制強行採決無効化闘争は、さながら6月民主抗争前夜のような雰囲気だった。改悪された労働関連法の内容もさることながら、それにもまして国会法の議決手続きを踏まずに採決したこと、憲法の保障する労働三権を尊重していないことのほうに問題があった。賃金と労働条件に深刻な悪影響を及ぼす法律改悪を阻止するために労働者にはストライキ権がある。ストライキをすると生産が中断して企業が打撃を被る。だからこそ企業は労働者がストライキをしないように誠意をもって交渉に臨まなければならない。もし国民経済に悪影響を及ぼし企業経営に損失をもたらしたことを理由にスト行為を処罰するのであれば、労働組合そのものが意味をなさなくなり、労働三権を保障した憲法の条項は効力を失ってしまう。労働者ならぬ宗教者、知識人、農民、大学生、市民が労働法制強行採決の無効を求めるゼネストを支持し連帯したのは、憲法の精神と民主主義を実現するためだった。とうとう金泳三大統領は強行採決に対して謝罪し、臨時国会を開いて労働関連法を従来のかたちに戻した。

1997年に初の平和的な政権交代を実現し、韓国の民主主義は一歩成熟した。金大中大統領は公安統治を行わない最初の大統領だった。金大中は野党やメディアの口を封じたり市民の基本権の行使を制限したりすることはなかった。むしろ国家人権委員会を設立し、政府や国の機関が市民の自由や人権を不当に抑圧できないように監視、牽制した。だがそんな金大中大統領が整理解雇制を導入するなど労働法を改悪して労働者の地位を著しく不安定にさせた。1996年に政府与党が強行採決したのとほぼ似たような内容だった。政府は整理解雇制に反対するストライキを警察力を動員して解散させ、主導者を逮捕したが、大規模なストライキや市民の連帯闘争は起こらなかった。その理由は二つある。第一に、救済金融を提供したIMFが労働市場の弾力化という名分を掲げて整理解雇制の導入を強制したからだ。第二に、金大中大統領は政労使委員会を立ち上げて労働界と協議しようと努め、雇用を維持する企業を支援するなどリストラの衝撃を抑えようと努めた。そのため国民は、崖っぷちに追い詰められてストライキに突入した労働者の心情に共感しつつも、政府を激しく非難することはなかったのだ。

盧武鉉大統領はみずから権力に伴う権威主義を打ち壊した。若手検事たちとの公開討論で激論を戦わせることで、大統領は検察を政治的に利用したりしないという意志をはっきりと示し、国情院長から一対一で報告を受けるシステムを廃止した。みずからの大統領選挙資金の一部が違法に集めたものだったことが明らかになったとき国民に謝罪した。チリとの自由貿易協定（FTA）の破棄を主張してソウル中心部でデモをしていた農民が警察の鎮圧で死亡する事故があったときは公に謝罪して警察庁長官を更迭した。ハンナラ党と民主党が手を組んで大統領の弾劾を推進したときは、与党ウリ党の議員に実力行使による阻止はしてくれるなと訴えた。国会には大統領弾劾権があり、弾劾が可決されても憲法裁判所の裁定が残っているから、憲法の手続きに従って争うのが筋だと言ったのだ。イラク派兵などの重要な問題について国家人権委員会が大統領と異なる見解を明らかにしても問題にすることはなかった。

けれどそんな大統領の率いる政府でも民主主義の原理にもとる行動を取った。代表的な例が2003年に核廃棄物貯蔵施設の立地をめぐって起きた「扶安《プアン》事件」だ。産業資源省と韓国水力原子力（韓水原）はそれが使用済み核燃料も含む貯蔵施設なのか、あるいは中低レベルの放射性廃棄物のみの貯蔵施設なのかについて正確な情報を提供しなかった。そのうえ扶安郡知事は扶安郡や隣接地域の住民の意見を取りまとめることなく誘致を決めて申請した。大統領はそうした事実についてじゅうぶんな報告を受けないまま政策決定を下した。結果的に政府が国民をだまし、民主的な手続きを無視したかっこうになってしまった。環境運動団体が中心となって繰り広げられた扶安核廃棄物貯蔵施設反対運動は全国へと拡大し、デモ隊と警察との激しい衝突へと発展した。ついに政府は過失を認めて立地自治体をあらためて公募し、住民投票で賛成率のもっとも高かった慶州《キョンジュ》市に設置することで決着した。対チリFTAと米韓FTAの締結、イラク派兵、ソウル市の米軍龍山基地の平澤《ピョンテク》市への移転に関しても似たような衝突が起こった。だが政府は政府なりに手続きを守ろうと努力し、それぞれの案件に反対するいわゆる「汎国民本部」もそれぞれに憲法の保障する基本権をしっかりと行使しつつ意思表示をした。民主主義国であるならどこでもふつうに起こりうるあたりまえのプロセスだった。

2004年春の弾劾糾弾キャンドル集会はきわめて異例な事件だった。韓国現代史において、市民が現職大統領の側に立って自発的に連続的・同時多発的・全国的な集会を繰り広げたことはそれ以前にもなかったし、その後もなかった。弾劾糾弾キャンドル集会の闘いの相手は野党だった。任期が4か月しか残っていないハンナラ党と民主党の国会議員が、国民の選出した任期5年の大統領の職務をたった1年で停止させたことに対して国民が憤慨したのだ。4月の総選挙でウリ党が議席の過半数を獲得し、憲法裁判所が弾劾訴追を棄却したことで、大統領に対する弾劾は憲法の定める国会の権限を野党が濫用した行為だったと結論づけられた。このキャンドル集会を、国会が国民の主権を不当に侵害したことに対する抗議だったと考えれば、憲法を守るための民主化運動と解釈してかまわないだろう。

2008年の米国産牛肉輸入反対キャンドル集会にはまた違った意味あいがある。客観的に見て米国産牛肉によってBSEが発生する確率はきわめて低い。問題は米国産牛肉を輸入する際の衛生条件の緩和を決定するプロセスだった。ひとことの予告もなく世論に諮るだけの最低限の手続きも経ずに、国民のまったくあずかり知らないところで大統領と政府が決定を下したのだ。国民は李明博政権が他の政策もすべてそういうやり方でことを進めるのではないかと懸念した。女子中学生たちが光化門付近でささやかなキャンドル集会を始めたとき、それが国民運動へと広がっていくと思った者はほとんどいなかった。ところがキャンドル集会は在野、学生運動、市民団体、野党といった従来の民主化運動の勢力とはまったく無関係に、若い母親や働く人たちに広がり、巨大な連続的・同時多発的・全国的な集会へと拡大していった。放水銃や催涙液を動員した警察の鎮圧や「明博山城」と呼ばれた大型警察車両を並べて築かれた巨大な力べにも屈しなかった。大統領のうわべだけの謝罪のほかにはこれといった成果を収めることなく終わったが、キャンドル集会は自発的に行動しつつヨコに連帯することを知った新たな政治主体の出現を予告していた。

2013年、市民はふたたびキャンドルを手に取った。今回は2012年の大統領選に国情院と国軍機務司令部、国家報勲庁といった国家機関が不法に介入したことを糾弾し、真相究明と責任者の処罰を求める集会だった。カトリック正義具現司祭団が朴槿恵大統領の下野を求める時局ミサを開いた。国の機関による大統領選への介入は、李明博大統領が国家機関を政治的に私有化して同じ党に所属する朴槿恵候補を当選させるために国民を対象にオンラインで心理戦をしかけた組織的犯罪だった。

現代は成熟した民主主義を具現するために市民がかかわる時代だ。２００８年以降は民主主義が危機を迎えているとの見解も見られるが、韓国の民主主義はそれなりに機能している。大統領と政府が憲法を無視して法の支配を破壊する動きを見せてはいるが、権力の制限と分散、相互牽制によって国の機関が市民の自由と権利を不当に侵害できないようにする制度はなお健在である。李明博政権に続いて朴槿恵政権もまた国政運営のさまざまな分野で民主化の歴史に逆行する政策や態度を見せているが、その基盤は不合理な制度や警察、軍隊の暴力ではない。民主主義とは何なのかをじゅうぶんに理解できないままに、巨大な保守メディア、財閥、公安勢力によって繰り返し喧伝される反共イデオロギーに取りこまれている市民の意識がその基盤なのである。

●１　「アンニョン？」は「元気？」という挨拶のことば。２０１３年12月に高麗大学の通用門に国の現状を憂える手書きの壁新聞が貼り出され、「（こんな状況で）元気だなどと言っていられますか」という意味を込めてこの挨拶のことばが使われた。この壁新聞がSNSを通じて話題を呼び、またたくまに各大学へ、街へと広がって各所に壁新聞があふれた。アナログな壁新聞とデジタルなSNSの融合だった。

●２　１９８９年５月、東義大学の入試不正問題の真相究明を求める大会への過剰鎮圧に対する抗議から暴徒化した学生が機動隊員を拉致監禁し、その救出の過程で別の機動隊員7人が死亡した事件。学生31人が起訴され判決は懲役2年から無期懲役までだった。有罪となった31人を含む46人が2002年に民主化運動関連者と認められて補償金が支払われた。

●3 前身は陸軍保安指令部。国情院とともに検察・警察と並んで公安統治の尖兵の役割を果たした。

※4 セウォル号沈没事故およびその対応の不手際から引責辞任した首相の後任問題［相次ぐ不祥事で二転三転］が現在進行中の2014年6月下旬のギャラップ、リアルメーターなど複数の世論調査で、朴槿恵大統領の国政運営に対して否定的な評価がはじめて肯定的な評価を上回った。

※5 大統領選挙戦における思想論争は、朴正熙と秘密交渉をするために1961年8月にソウルにやってきた北朝鮮政府の密使黄泰《ファンテ》成《ソン》をスパイだとして処刑する驚くべき事件にまで発展した。黄泰成は朴正熙の親しい友人だった。若いころ朴正熙は大邱師範学校、満洲軍官学校に志願する際に黄泰成にアドバイスを求めた。また南朝鮮労働党に入党するに当たって保証人になったのも黄泰成だった。抗日独立運動に身を投じた黄泰成は分断後は北朝鮮で副貿易相を務め、金日成主席の密使として朴正熙国家再建最高会議議長と話し合うためにソウルにやってきた。その黄泰成をスパイ容疑で捕えて死刑にしたのだ。

●6 ここに名の挙がった12人のうち、鄭大哲、金景梓は一貫して革新政党に身を置き、孫鶴圭、李富栄は一時期保守政党に所属したのちに革新政党に出戻った。残り8人は90年代半ば以降に保守政党に鞍替えしてこんにちに至る。

※7 金鍾泰《キムジョンテ》、李文奎《イムンギュ》らが死刑となり、陸軍士官学校教官だった申栄福《シンヨンボク》は無期懲役刑を言い渡され、20年服役した。著書「監獄からの思索」や焼酎チョウムチョロムのロゴに使われているフォントでおなじみの聖公会大学特任教授申栄福その人である。

●8 「民の声」と訳される例が多い。「씨알」に「民」という意味はなく、誌名はメタファーと解釈すべきである。

※9 大統領選投票日を数日後に控えた1992年12月11日、法務相を辞してほどない金淇春は釜山にある「チョウォンふぐ店」に釜山市長金英煥《キムヨンファン》、釜山地方検察庁長朴一龍《パクイリョン》、国軍機務司令部釜山隊長キム・デギュン、国家安全企画部釜山支部長イ・ギュサム、釜山市教育監禹明洙《ウミョンス》、釜山地方検察庁検事長鄭京植《チョンギョンシク》ら地方の要職にある面々を招き、民主自由党の金泳三候補を当選させるために「人々のあいだに地域感情を盛り上げなければならない」と伝えた。統一国民党の現代グループ会長鄭周永候補陣営側がこのときの会話を盗聴し暴露したため波紋を呼んだが、かえって危機感を募らせた釜山・慶尚南道地域の有権者はこぞって金泳三に投票した。この事件は国の機関による選挙への不法介入、地域感情の助長、有権者の理性的とはいえない投票行動など韓国政治の後進性を如実に表しており、20年以上たった現在なお韓国の国民はその後進性を克服できていない。

●10 駐韓大使辞任後は国務省で北朝鮮担当特別代表を務め、2015年10月現在、日本韓国担当次官補代理を兼務。

●11　若き盧武鉉をソン・ガンホが演じたこの映画は２０１３年末に封切られ、人口５０００万人の韓国で１１３７万人を動員、２０１４年のメガヒット「アナと雪の女王」の１０２９万人を上回った。日本未公開。

●12　２人の行状については第２章参照。５・16後の革命裁判で死刑判決を受け、１９６１年12月21日に処刑された。刑の執行は銃殺ではなく絞首刑。

●13　陸軍の軍事教育施設。現在は移転して跡地には５・18記念公園が造成されている。

●14　韓国は文盲率が高かったこともあり、投票は候補者の氏名を記入する方式ではなく、あらかじめ決められた候補者の番号欄に備え付けの専用スタンプを押す方法である。文盲率の下がった現在もこの方法は変わっていない。

●15　１９２２年に日本によって東洋拓殖会社釜山支店として建設されたもので、解放後48年に米文化院が設置され、朝鮮戦争時の50〜53年には米大使館としても使われた。現在は釜山近代歴史館。

●16　中選挙区制。この２区を１選挙区として２名選出する。

●17　朝鮮共産党黎明期を支えた抗日運動家として活躍するも、分断後は米国のスパイとされ金日成によって粛清された。

●18　金大中陣営は、野党候補一本化を図らず一盧三金の４人が同時出馬する場合、必ず野党側の候補（金泳三、金大中）が勝利すると主張した。

●19　野党第一党民主党で李基澤は金大中とともに共同代表を務めていたが、主導権争いの末に金大中一派が大挙離党して新政治国民会議を結党、民主党は少数派に転落したため、それまでの民主党と区別するためにこう呼ばれた。

●20　２０００年代当時、年齢が30代で80年代に学生時代をすごした60年代生まれが各分野で影響力を行使するようになり、こう呼ばれた。

●21　ある労働党員から聞いたところによると、強制解散された後の統合進歩党の元党員の多くは２０１５年現在も他の党派に吸収されることなく各地でまちまちな名称で（同じ名称にすると同一組織とみなされ再解散させられるおそれがあるため）結束を保っているとのこと。

第5章　社会文化の急激な変化

モノトーンの兵営から多様性の広場へ

老いてゆく韓国

過去55年のあいだに韓国は産業化と民主化を成しとげた。どちらも容易なことではなかったが、僕らは二つともやりとげた。経済の豊かさと政治における自由は人々の暮らし方と人間関係を大きく変えた。「反共の難民キャンプ」だった韓国は、社会全体がさながら「兵営」のようだった産業化の時代を通りぬけ、それぞれに個性と文化の多様性を表出していい民主化の時代という「広場」に変わった。過去55年間に韓国の経てきた社会文化的な変化をそう要約することができるだろう。

前述のとおり、僕は産業化と民主化を成しとげた原動力は大衆の欲望だったと主張した。社会や文化の変化をもたらしたものも欲望だったと考える。それは欲望の階層の最上部にある自己実現の欲望だった。自己実現を望むならみずから「生き方（ライフスタイル）」を選択し、それに伴う責任を負わなければならない。ライフスタイルとは信念や理想の選択といった抽象的・哲学的な問題はかりでなく、具体的な日常生活を設計する個人の好みとも密接にかかわっている。いつ眠りいつ起きるか、何を食べどんな服装をするか、どんな仕事を選び何をして余暇をすごすのか、結婚はするのかしないのか、どんな本を読みどんな歌を歌うのか、子どもを何人持つのか、宗教を信じるのか、信じるとしたらどんな宗教をどう信じるのか、隣人や職場の同僚とどんなふうに関係を結ぶのか、どの政党を支持し、どんなやり方で自分の政治的意思を表明するのか、それを決めるのは一人ひとりだ。ライフスタイルはその人の信念や好み、個性や欲望を表している。

僕は難民キャンプで生まれて兵営で幼年期と青年期をすごし、今は広場で暮らしている。兵営の時代に政府のやったことの目的と方法と結果のすべてがダメだったとは思っていない。なかなかの方法ですばらしい目的をじゅうぶんに達成したことも少なくなかった。最悪の方法でいい目的を達成したこともあった。目的と方法と結果がすべて醜悪な場合も多かった。国の命令に服従して兵営社会の日なたで暮らした人々もいたが、自由を手にするために兵営の塀を壊すことに人生を捧げた人々もいた。そんな人々は迫害され拷問され獄につながれた。丸腰で政府と闘うことは孤独でつらいことだったから、そちらの道を歩む人々は多くはなかった。ところがいつの日からか信じられないほど多くの人々が彼らとともに歩いていた。みな大統領の臣民ではなく民主共和国の主権者として、自由に望むとおりの人生を生きていきたいという欲望を抱いていた。塀はついに崩壊し、兵営は次第に広場へと変わっていった。

僕らはいま、その広場の住人として生きている。僕らは国の従属物ではなく大統領の部下でもない。僕らが韓国のために存在しているのではなく、韓国が僕らのために存在しているのだと信じている。人間は、偉大なイデオロギーや価値を実現する道具ではなく、それ自体が目的の存在だ。誰であれ自分の望む生を自分が正しいと信じるやり方で生きるとき幸せを感じる。僕らはみな幸せに生きる権利を有する尊厳ある人間だ。僕らは自分の尊厳を確信するのと同じ重みで他人の尊厳を尊重しなければならない。僕はこの考えを「リベラリズム的覚醒」と呼んでいる。

産業化と民主化を成しとげたまさにその期間に、韓国社会のもっとも深いところでこうした「リベラリズム的覚醒」へと呼び覚ます社会生物学的な変化が進行していた。「少子高齢化」という社会の人口構成の急激な変化だった。人間は限られた地理的空間で群れをつくって暮らす社会性動物だ。僕らは朝鮮半島の休戦ラインの南の地とその周辺にある島々からなる約10万平方キロメートルの空間で、70~80年ほどの時間をすごして死んでいく。韓国は半島の国ではなく三方を海に囲まれ北は鉄条網で遮断された島国だ。北へと向かう鉄道や道路、航路もすべて途絶している。そんな島国の人口が55年間に2倍に増えた。すべての種の生活は個体数の変化に大きな影響を受けるものだ。ホモサピエンスとて例外ではない。限られた地理的空間で起きた急速な人口の変化は、人々の生活環境や社会関係、考え方や行動様式をまたたくまに変えた。次の〈図5〉は1960年から現在までの人口増加の推移と2060年までの予想値を示したものだ。

60年代の10年間に韓国の人口はなんと723万人も増加した。その後も増加は続いたが、増加率は徐々

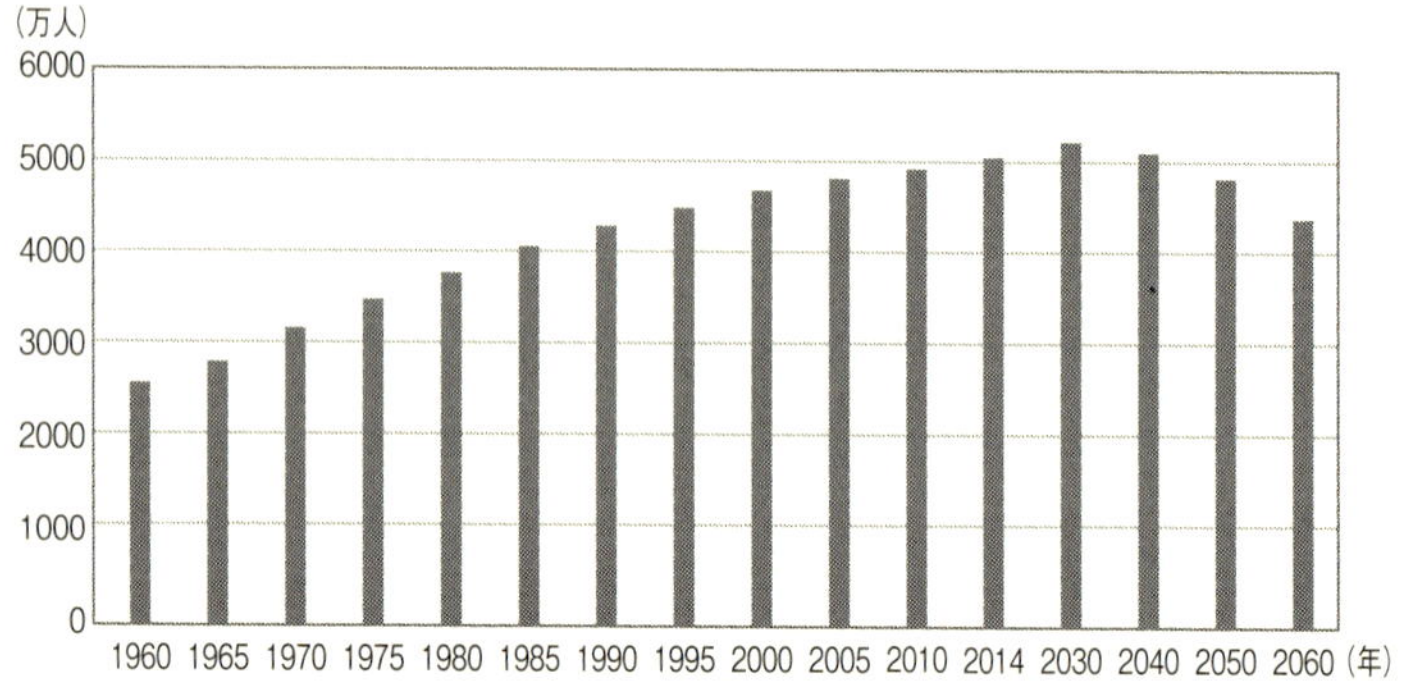

〈図5〉韓国の人口増加の推移と予想：年別人口

に落ち着いて70年代には588万人、80年代には475万人、90年代には414万人の増加だった。2000年代の最初の10年間の人口増加は240万人と60年代の3分の1、80年代の半分に落ち込んだ。2014年の推計人口は5042万人と2010年より100万人多いだけだ。特別なことが起きなければ韓国の人口は2030年の5216万人をピークに2060年には4396万人へと減少するだろう。

人口の変化そのものは特別なことではない。ヨーロッパ、北米、アジアの別なく、産業化と民主化を成しとげたすべての国が同じような人口の変化を経験している。海外への人口流出、海外からの人口流入を考慮しないならば、人口の増減は出生率と死亡率に左右される。出生率は人々の子どもを持ちたいという欲求と避妊の技術水準によって決まり、死亡率は生活環境によって変わってくる。古くから死亡率を押し上げる要素は飢饉、戦争、伝染病だった。産業革命後の西欧産業国や日本では死亡率がまず低下し、後を追って出生率が低下した。死亡率と出生率の低下にはタイムラグがあるので人口変化はおのずと四つの段階を示すことになる。

第1段階である伝統社会では出生率、死亡率ともに高く人口は急速に増加することはない。産業化とともに始まる第2段階では、出生率はなお高いが死亡率が急速に低下することによって人口が急増する。所得水準が上がれば人々の栄養状態が改善されて免疫力も強化される。上下水道の分離や予防接種の実施などの国の公共保健政策は伝染病の発生を抑制する。医療機関と医師の数が増え、医薬品と治療技術が発達してごくふつうの病気で死ぬことはなくなる。第3段階では死亡率が抑えられた状態で出生率も急速に減少する。産業化が高度な段階まで進み、多くの女性が経済活動にかかわって両性の平等意識が普及する。女性が出産、育児、家事にとらわれず自分の望む生き方を追求するようになる。さまざまな避妊技術を活用して子どもの数を計画的に管理する。人口増加は続くものの増加率は顕著に下がる。死亡率、出生率ともに低い水準に達すると第4段階に入る。もはや人口は増加しない。場合によっては減少することもある。西欧諸国は産業革命のあと300年あまりかけてこうした人口の変化を経験した。けれど韓国は朝鮮戦争後わずか60年、たった2世代で第1段階から始まって「少子高齢化」と呼ばれる第4段階に突入した。

変化のパターンは典型的だったが、スピードはあまりにも速すぎた。政府は出生率、死亡率ともに意図的に抑制した。まず死亡率を見てみよう。政府はコレラ、はしか、天然痘、結核、ポリオ、マラリアといった重症化しやすい伝染病と腸内寄生虫を効果的に退治した。国の主導による計画経済を実施して短期間で産業化を推進し、国民所得を増加させた。60年以上戦争をしていない。伝染病、戦争、飢餓という従来型の人口抑制要因が力を失ったのだ。1960年の韓国人の出生時の平均余命は55年程度だった。1960

年に生まれた赤ん坊は平均55年くらい生きるだろうと予想されていたということだ。当時は町ぐるみで還暦のお祝いをするのにはじゅうぶん理由があったわけだ。この出生時の平均余命は1970年に61・9年、1980年に65・7年、1990年に71・3年、2000年に76・0年、2010年には80・8年へと上昇していった。2014年の出生時の平均余命は83年だ。2014年生まれの男の子は平均80年、女の子は平均85年以上生きるということだ。

出生率は死亡率より急速に低下した。いくつか指標はあるが、ここでは合計特殊出生率を使うことにする。合計特殊出生率とはひとりの女性が生涯に産む子どもの数を表す数値だ。合計特殊出生率が2・1なら人口は増えも減りもしない。朝鮮戦争以降1973年までは合計特殊出生率は4・0以上で、年間の新生児の数は100万人を上回っていた。ところが1974年に合計特殊出生率がはじめて4・0以下に下がった。3年後の1977年には3・0を割り込んだ。それからさらに7年たった1984年には2・0以下へと落ち込んだ。これまでの最低値は2005年の1・08だ。この年の新生児の数は43万5000人にすぎなかった。人口減少時代が目前に迫っているという事実が明らかになり、人々は大きなショックを受けた。政府は出生率抑制政策を公式に放棄し、出産奨励政策へと舵を切った。合計特殊出生率はここ10年ほどは世界最低レベルの1・30前後で推移している。2013年は1・18だった。

韓国は世界じゅうの国でもっとも速いスピードで老いつつある〈図6〉~〈図6―4〉。1960年にはピラミッド型だった人口構成が2014年には壺型に変わった。2060年になると上は壺型、下は棒状になる。原爆のきのこ雲のようにも見える。20世紀生まれの人間がほぼいなくなる2100年にな

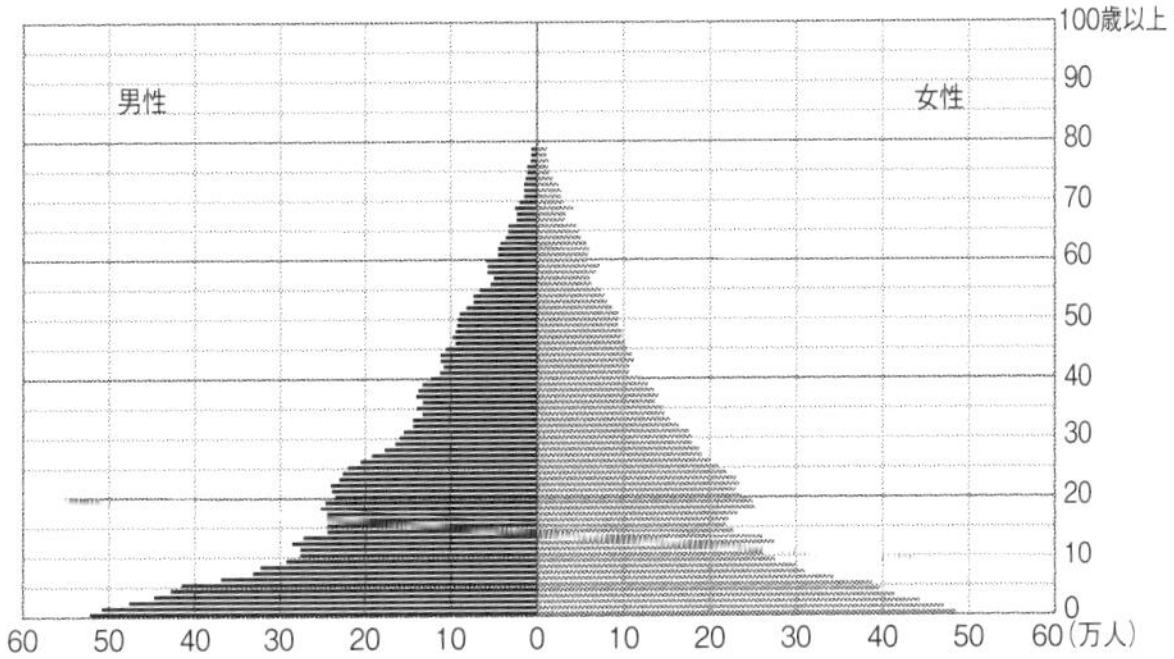

〈図 6〉1960 年の人口ピラミッド

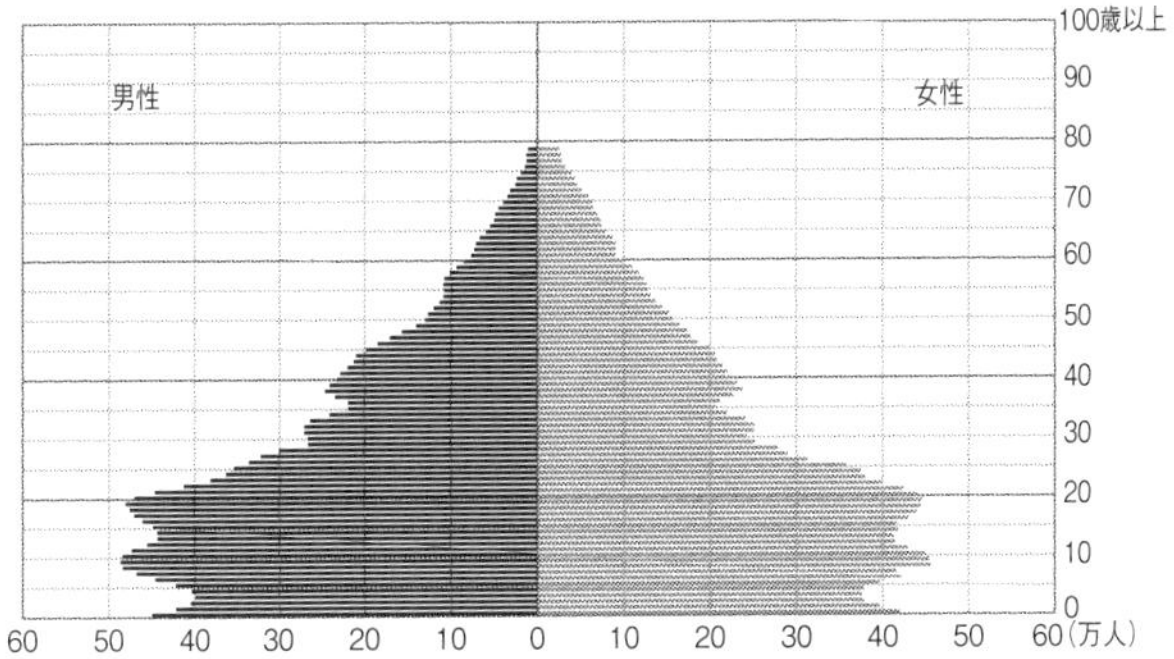

〈図 6-1〉1980 年の人口ピラミッド

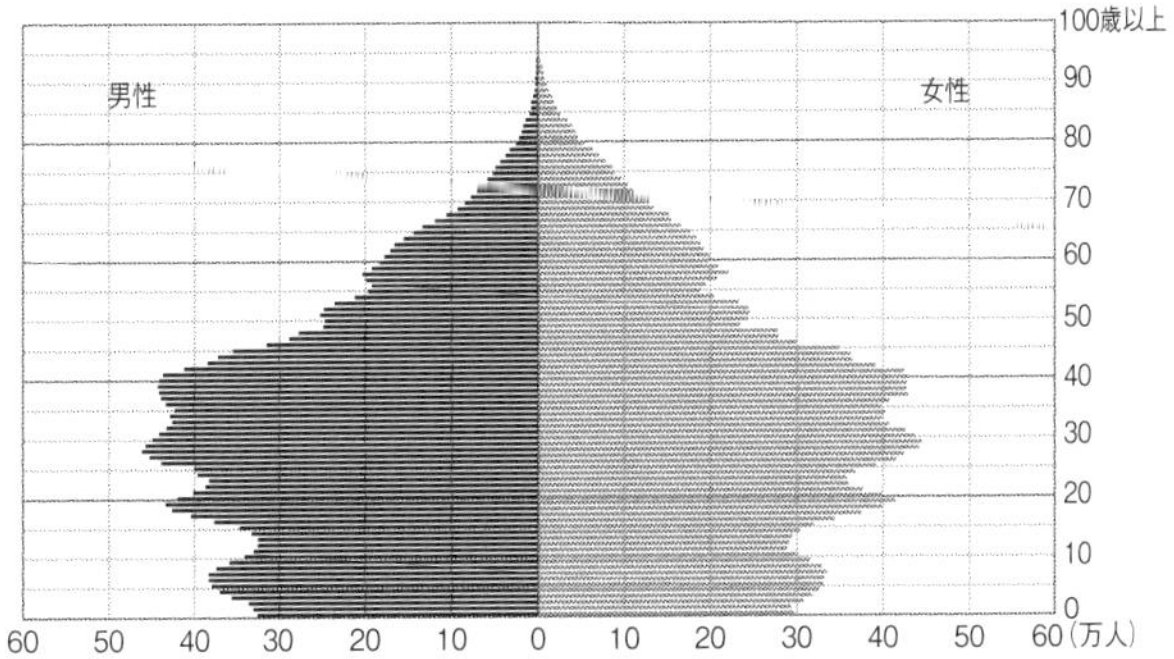

〈図 6-2〉2000 年の人口ピラミッド

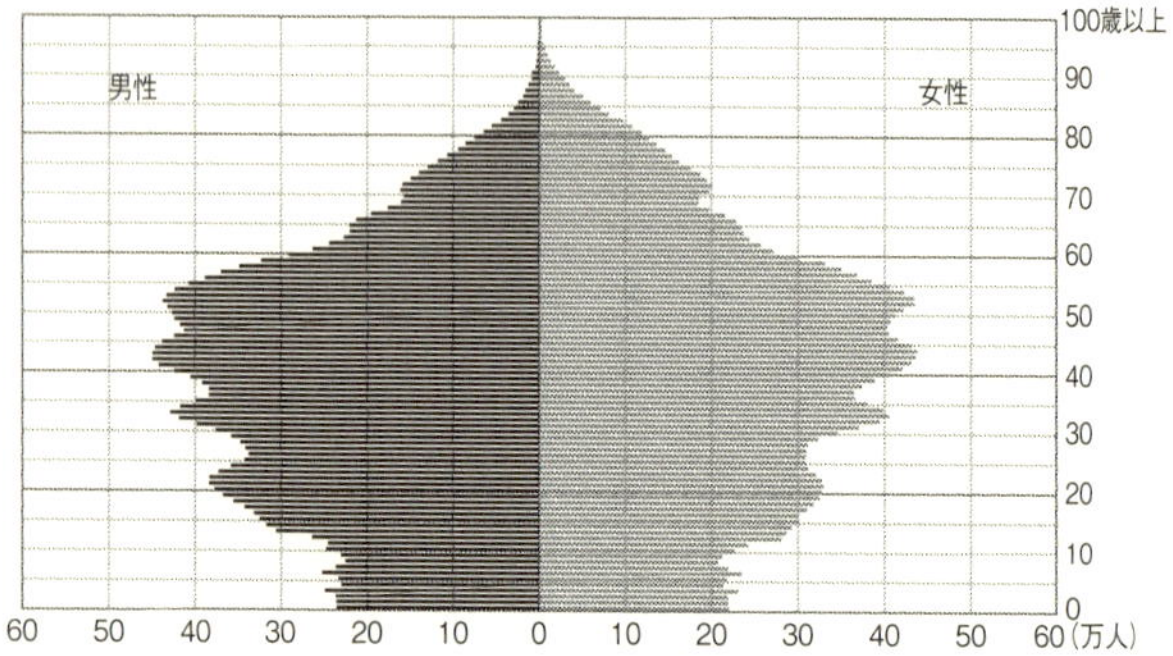

〈図 6-3〉2014 年の人口ピラミッド

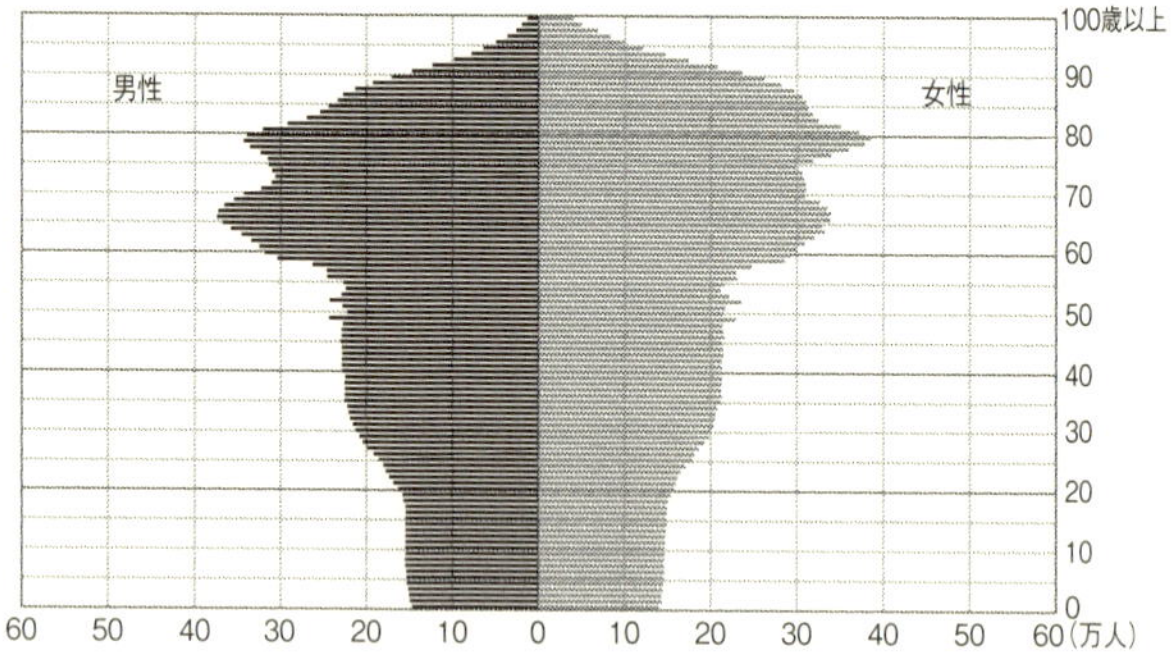

〈図 6-4〉2060 年の人口ピラミッド

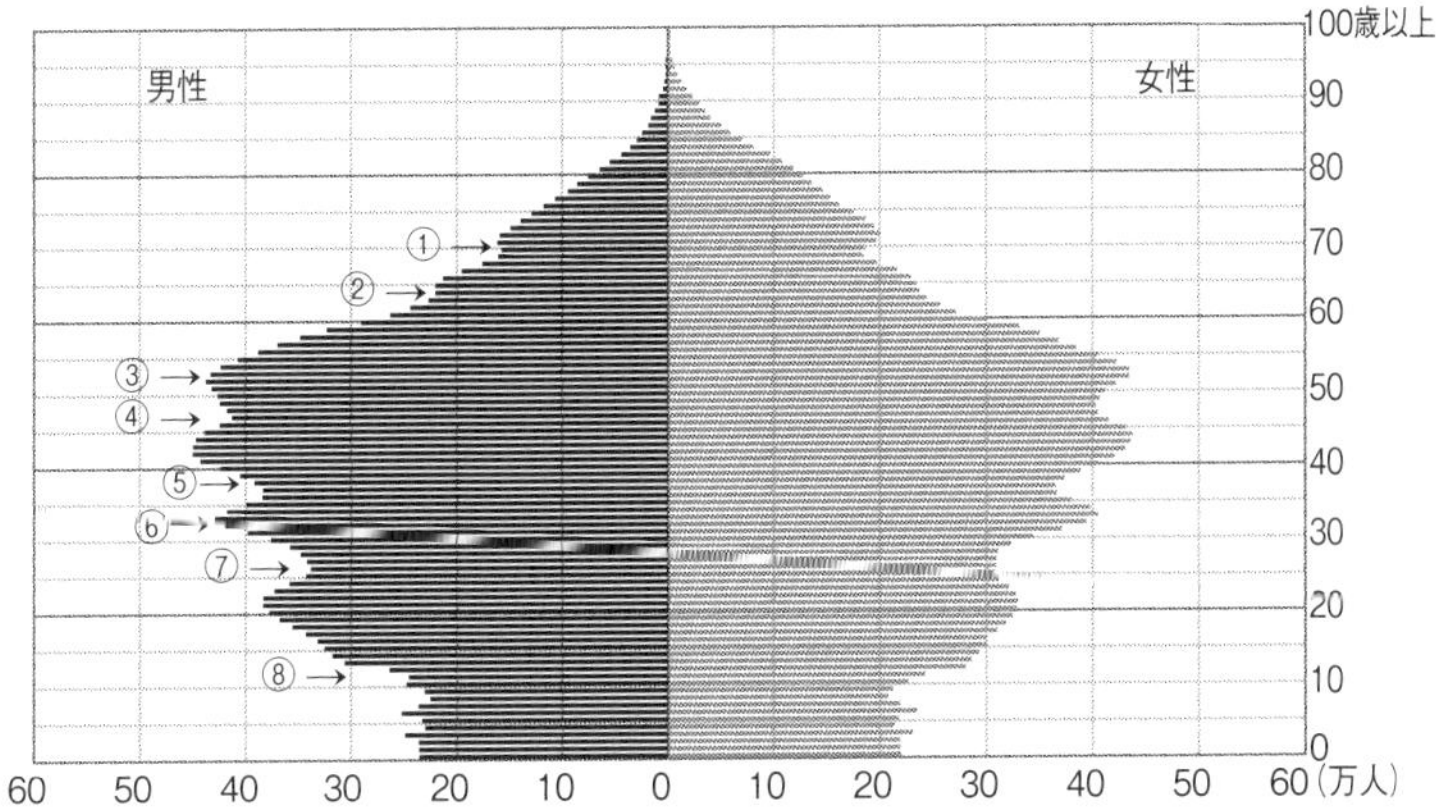

①解放前後の混乱期（43～46年生まれ）、②朝鮮戦争（50～53年生まれ）、
③ベビーブーム（55～63年生まれ）、④①の影響（64～67年生まれ）、
⑤②の影響（76～78年生まれ）、⑥③の影響、⑦④の影響および徹底した家族計画事業の影響、
⑧晩婚・非婚・産まない生き方

〈図7〉2014年の人口ピラミッド

るとすっかり棒状になってしまうだろう。〈図7〉には韓国の現代史が圧縮されたかたちで表れている。社会が混乱し戦争が起きると子どもの出生数が減り大人がおおぜい死ぬ。植民地期の徴兵・徴用と極端な収奪に続いて解放直後の政治・経済の混乱に見舞われた43～46年生まれはその数が少ない。朝鮮戦争期だった50～53年生まれも同様だ。親世代が少なければ子どもも少なくなるわけで、64～67年生まれと76～78年生まれも比較的少ない。朝鮮戦争後の第1次ベビーブーム世代の55～63年生まれと第2次ベビーブーム世代の68～75年生まれは人数が多く、その子ども世代である79～83年生まれと92～97年生まれも比較的多い。それでも全般的な少子化の影響でベビーブーム世代の親たちより子ども世代のほうがぐっと数が少ない。1997年の通貨危機を経て少子化は顕著になり、朝鮮戦争後のベビーブームの影響は跡形もなく消えてしまった。

少子化は産業化に伴って自然に生じた出生率の減少と、政府の徹底した出産抑制政策との相乗効果の産物だった。政府は出生率の抑制を政策目標に掲げ、強権的かつ露骨なやり方でその目標を達成した。僕らの親世代は身ごもったら産むのが当たりまえだったので、60年代には6人きょうだい、7人きょうだいがふつうだった。3人以下だと跡継ぎの大事な子と言われた。男の子をほしがる風潮が社会にはびこり、労働市場は高学歴の事務管理職と低学歴の生産職とにくっきり二分されており、勉強してこそ一人前という伝統的な儒教意識が今より強かった。貧しくて子どもたち全員を学校に行かせられない親は息子の教育にすべてをかけた。だが所得水準が上がって子どもの数が減ると、少なくとも教育に関する限りは娘と息子を差別しなくなった。きちんと教育を受けて社会に進出した女性たちは妻や母の立場にとどまることなく、ひとりの人間として自分の生き方を探し求めるようになった。それを人口増加を抑制する国の政策が後押しして出生率は激的に減少したのだ。

人口減少は悪いことだろうか。そういう面ばかりではない。地球全体でみても韓国に限ってみても、人口が減るのはむしろ望ましいことだ。ホモサピエンスは天敵の存在しない種だ。目に見えない細菌やウイルスまでほぼすべてを統制している。天敵のいない種はみずから個体増加を抑制しなければ生態系に災いをもたらしうる。ところがホモサピエンスは足ることを知らない動物だ。個体数が70億を超え、日々大量の自然エネルギーと資源を略奪し消費する。地球全体を破壊しうるだけの核物質を蓄積し、大量生産と大量消費によって地球大気の化学的組成や気候に変動をもたらすまでに至っている。地球にとって人間は癌細胞のごとき存在になった。癌患者が死ぬと癌細胞も死滅する。にもかかわらず癌細胞は人体の生死などおかまいなしではてしなく自己増殖する。ホモサピエンスの行動は癌細胞のそれとまったく同じように見える。

少子化現象は「リベラリズム的覚醒」に有利な社会生物学的環境をつくった。すべての人間には尊厳がある。人間の価値はカネに換算することはできない。僕らの道徳的直観はそう言っている。けれど現実はそうではない。人間の命や尊厳も「希少性」と「支払い能力」という経済の論理から完全に脱することはできない。人口があまりに多すぎると一人ひとりはかけがえのない存在として扱われにくくなる。一人ひとりをかけがえのない存在として扱える物質的余力のない場合も同様だ。多くの人々が貧しく悲惨な暮らしを強いられる社会では、人々がお互いを人間らしく遇することはなく、集団は個人を尊重しない。産業化の成功と少子化は人間の希少性を高めてくれた。カネがあって子どもが少ないなら、当然のことながら一人ひとりはかけがえのない存在だと思われるようになる。自分のことを大切な存在だと思うほどに、人間は富、名誉、地位、快楽の追求を超えて自分の生に意味を与えたいという欲望に惹かれるようになる。自分の尊厳に気づいた人間は他者の尊厳をも尊重する。人間の尊厳をかけがえのないものだと考えるところでは多様な個性が尊重される。出生率の低下は、韓国が多様性の広場へと向かううえで有利な条件を提供したのである。

家族計画と寄生虫撲滅

僕らの世代は兵営と広場の両方を体験した。鮮明に残っている記憶を振り返ってみよう。学校の検便で大便のサンプルを提出させられた。虫下しを一握りほども渡されて飲まされた。「セマウルの歌」を聞きながら早朝に町の掃除をさせられた。先生に叱りとばされたくなかったらこの掃除は必修だった。学校近くの山に松を食い荒らす毛虫を捕まえに行った。細い木の枝を箸代わりにして毛虫をつまむのだが、つまむ力が強すぎるとブチュッとつぶれて気持ち悪かった。4月5日の植樹の日には近所の山に木を植えた。水不足の年は水やりの水を小川まで行って汲んでくるのだが、水の入ったバケツを持って山道を登るのは一仕事だった。蔚珍《ウルチン》・三陟《サムチョク》武装ゲリラ浸透事件や「二重スパイ李《イ》穂根《スグン》」事件が起きたときは反共デモに参加するために町まで出かけた。

「国民教育憲章」を暗唱できないと立たされた。担任の先生が弁当検査をした。白米だけのごはんでは病気になるからと、雑穀ごはんでない弁当を持ってきた子はお目玉を喰らった。学校で預金通帳を作らされた。預金をいっぱいした子は校長先生から表彰状をもらった。僕はこづかいがもらえなくて預金できなかった。子どもたちはアメリカ製のコンドームを風船代わりにして遊んだ。「無計画に産んでは貧乏暮らしは免れぬ」という標語が流行した。

警官が街頭で長髪のお兄さんやミニスカートのお姉さんをしょっぴいて行った。宋昌植《ソンチャンシク》の歌「なぜ呼ぶの」が放送禁止になった。「オニオンズ」、「パールシスターズ」、「バニーガールズ」だった歌手の名前がいきなり「たまねぎたち」、「真珠姉妹」、「うさぎ少女」に変わった。「家庭儀礼準則」というのができて結婚式や葬式を派手に執り行ったら罰せられると教わった。学校では電気コードで成績の悪い子の足の裏を叩く先生もいた。中学のとき授業中に隣りの席の子とひそひそ話をしていたという理由で英語の先生

1970年代、出産率抑制政策にしたがって制作された避妊薬の広告（左）、家族計画事業のパンフレット（右、©ソウル特別市史編纂委員会）

軍事教練施行政策に合わせて登場した教練服の広告（左）、女子学生の教練実習風景（右）

にほっぺたを何十発も殴られたことがある。学校は日常的に暴力の飛び交う人権の死角地帯だった。高校時代はテストが終わると科目別の順位と点数が貼り出された。朴正熙《パクチョンヒ》夫人の陸英修《ユクヨンス》女史が射殺されたときはテレビ中継された葬儀の様子を見ながら涙と鼻水でぐちょぐちょになった。やさしい親戚のおばさんが亡くなったような感じだった。大統領や政府のことを悪く言うと誰にも知られぬままどこかに連れ去られるという噂を耳にした。大学入試の面接で試験官の教授にデモに参加するかどうか尋ねられた。デモをするのが正しいことなのかどうか今はまだわからないと答えたら厳しく叱責された。大学に入学してから全泰壱《チョンテイル》という名前をはじめて聞いた。大学に入ってから見たり経験したりしたことは当時もある程度は理解し解釈することができた。けれど10代のころの経験は、長い時間がたってからようやくそれがどういうことだったのかわかった。それは韓国が難民キャンプから兵営へ、兵営から広場へと進んでいく過程で僕らの世代が経験を余儀なくされたできごとだった。

難民キャンプを兵営へと作りかえる手段は軍事クーデター、公安統治、独裁といった暴力だった。だが暴力のみをもってして国を兵営たらしめたのではなかった。その兵営は少なくとも難民キャンプよりは暮らしやすかった。国を兵営のごとく作りかえるには国民の基本的な欲望を満たしてやらなければならない。何よりも人々がごはんを食べて清潔な水を飲み、服を着て屋根と壁のあるところでゆったりと眠れなければならない。親の面倒を見たり子どもを養ったりするのに必要な所得を手にできなければならない。病気にならないようにしなければならず、病気になったら治療を受けられなければならない。たとえ現実は厳しくとも頑張って働けばもっと豊かになれるという希望を抱けなければならない。

けれどそれだけでは不十分だ。兵営には軍紀がなければならない。国民に北朝鮮への敵愾心を抱かせ、祖国の近代化という国家目標と個人の人生目標とを一致させられるような「健全な価値観」を植えつけ、思想とイデオロギーを統一しなければならない。服従する者に褒賞を与え、抵抗する者を厳罰に処することで国と大統領を恐れるよう操縦しなければならない。「産業立国」、「輸出報国」、「豊かに暮らそう」、「為せば成る」、「国論統一」、「体力は国力」、「工場の仕事をわが仕事のように、労働者を家族のように」など、兵営国家の時代に流行したスローガンは、政府がそれらの課題をはっきりと認識していたことを示している。

韓国政府が出生率を抑制したのは地球を救うためではなく、1人当たり国民所得をすみやかに上昇させたかったからだ。第二次大戦の終結後、「貧困の悪循環」理論がもてはやされた。絶対貧困から抜け出すことが最大の課題だった韓国は当然その影響を受けた。1961年に張勉《チャンミョン》内閣が策定した最初の経済開発5カ年計画の目標がまさに「貧困の悪循環を打破」することだった。この理論のポイントをひとことでまとめるなら、貧しい国はその貧しさゆえにいつまでも貧しいということだ。

ミクロな視点から見ると、貧しい人は日々生き延びることもたいへんなので貯蓄することができない。貯蓄できなければ資産形成もできない。それでいてどんどん子どもを産むから食べていくことがよけいたいへんになる。子どもを学校に行かせるより何か仕事をさせてカネを稼ぐほうが先決だ。だが誰もがそうやって暮らしているので労働市場は労働力がダブついて賃金水準はどんどん下がり、いくら働いても貧しさから抜け出すことができない。この貧困の悪循環から抜け出すには産む子どもの数を減らして消費支出を抑え、生まれた子どもは学校に通わせて知識と技術を学ばせなければならない。

マクロな視点から見ても同じだ。貧しい国は人口ばかり多くて資本を持たない。資本を形成するにはGNPのなるべく多くを貯蓄に回さなければならない。貯蓄とは次の生産プロセスに投入すべき機械、原料、工場といった資本財の生産を意味する。国民を豊かにするには人々がより多くの物質的資本を元手にして働けるようにしなければならない。専門用語でいうならば資本装備率を高めて労働生産性を上げるわけだ。ところが人口が急増すると資本整備率を高めることが難しくなる。物質的な資本だけでなく教育訓練を通じてつくられる人的資本も蓄積しにくくなる。そういう国はいつまでも資本不足の国としてとどまりつづけることになる。

経済を発展させるには悪循環の輪をどこかで断ち切らなければならない。朴正熙大統領が選択した方法は、とりあえず外国から借り入れた資本をテコに産業を育成し、企業にカネを稼いでもらって資本を蓄積することだった。そのためには熟練した技術を有する労働力を資本と結びつけなければならない。熟練労働者を手に入れるには教育訓練を施さなければならない。だがみながボコボコ子どもを産むのでちゃんと勉強させることができず、国にも無償教育を受けさせるだけの財政力がなかった。こうした状況では子だくさんは国にとっても家庭にとってもけっして望ましくない。そう確信した「先覚者」たちが家族計画運動に取り組みはじめた。

人口問題に対処するために家族計画事業を保健政策として推進すべきだと主張した人々がいた。50年代後半に国立保健研究院長を務めた尹裕善《ユンユソン》、中央医療院長の李宗珍《イジョンジン》、保健社会省保健課長だった尹錫宇《ユンソグ》ら、医師の資格を有する保健関係の役人だ。彼らは人口対策なくして国民保健の向上はありえないと考え、政府に家族計画事業の推進を提案した。梁在謨《ヤンジェモ》、金学黙《キムハンムク》、黄泰植《ファンテシク》、申漢秀《シンハンス》らの大学教授によって１９６１年4月に設立された大韓家族計画協会がその中心を担った。国会議員であり張勉内閣で保健社会相を務めた独立運動家羅容均《ナヨンギュン》、米国医学博士にしてセブランス医専（現・延世《ヨンセ》大学）学長を務めた金鳴善《キムミョンソン》も外部から支援した。

大韓家族計画協会は政府の支援を受けて活動に邁進した。１９６２年から地方組織を置くとともに不妊手術を行うことのできる医師を養成した。１９６６年から子ども３人運動を展開した。１９７１年には２人っ子運動を始めた。コンドームの使用を推奨する広報活動を繰り広げ、女性の避妊手術を普及した。政府は経済開発計画に人口増加率の目標値を明示し、行政組織を挙げての出産抑制政策を推し進めた。人口妊娠中絶は堕胎と呼ばれ不法行為だったが、専門に行う産婦人科は大儲けした。１９６１年の「適切に産んで立派に育てよう」から始まる家族計画スローガンは、１９６３年の「隠れて産んだら貧乏暮らしを免れぬ」、１９７１年の「男女区別せず2人産んで元気に育てよう」を経て１９８０年の「いい子に育った一人娘には息子10人も適わない」までどんどんエスカレートした。男性不妊手術の専門チームが予備軍の訓練場を巡回し、そこでパイプカット手術を受けた予備役兵には残りの動員訓練を免除するという特典が与えられ、手術を受けた者は１９７４年から１９９０年までになんと48万人にものぼった。３人目の子どもからは所得税の扶養控除対象とされず、国民健康保険も適用除外になった。子どもが３人いると野蛮人扱いされた。１９８８年、政府は人口増加率１％の目標を早期達成したと発表した。合計特殊出生率が２・

0を割り込み、人口減少は時間の問題だという事実が明らかになった1984年以降も家族計画事業は推進されつづけたのだ。

大韓家族計画協会はわずか20年のあいだに韓国の出生率を世界最低レベルに低下させるという輝かしい成果を収めることにより、みずから消滅の危機を招いた。仕事ができすぎたせいで取り組むべき仕事がなくなり、社会から非難までされるはめになったのだ。経済の専門家は人口が減少すると経済成長のパワーが低下することになると主張した。メディアは出産奨励政策を強力に推進すべきとの記事を一斉に報じた。すると大韓家族計画協会は「コペルニクス的転回」を断行した。1999年に大韓家族保健福祉協会へと名称を変更し、性教育、性に関する相談、母乳授乳の広報、出産後の母子保健支援事業を開始し、やがて2005年には人口保健福祉協会へとふたたび改称した。現在は妊娠可能期の女性の健康増進、出産・子育て環境の改善、出産奨励キャンペーンなど、出生率向上国民運動を展開している。

少子化がそうであるように高齢化もまた病理現象ではない。高齢化は産業化と公共保健政策が功を奏した結果生じた自然な現象だ。国民所得が伸びれば食生活や住居環境、衛生状態がおのずと改善される。医療機関が増えて医療技術も発展したおかげで、国民の大半は病気になってもすみやかに適切な治療を受けることができるようになった。政府は1946年に国立中央保健所をはじめて設置し、1956年に国会では保健所法が、地方自治体では保健所条例が制定された。70年代末までに全国のほぼすべての市と郡に200か所あまりの保健所が設置され、農漁村、島嶼、山間部の集落に1300か所を超える保健支所が置かれた。保健所と保健支所には医師が送られ、医療施設のまったくない農漁村の小集落の保健診療所には看護師が保健診療員として採用されて常駐した。

　国民健康保険制度が存在せず、民間の医療機関も大幅に不足していた70年代後半まで、全国の主要都市の大学病院および保健所─保健支所─保健診療所という国の保健行政システムは、衛生観念と公衆保健の啓蒙および広報、食品衛生の監視・監督、保健統計の作成、各種伝染病の予防および管理、急性疾患患者への応急処置といったさまざまな面で重要な役割を担った。2000年以降、政府は保健所を都市型と農村型に分けてそれぞれに異なる役割を担当させ、老朽化した保健所・保健支所の改築事業を進めてきた。民間の医療機関が存在せず高齢者の多い農漁村地域の保健所は都市における病院と同じような役割を果たしており、都市型の保健所は地域保健事業および糖尿病などの非伝染性慢性疾患の管理や禁煙などの健康増進事業に取り組んでいる。

　韓国の公共保健政策は人きな成功を収めた。いくつものケースのうちもっとも興味深いのは寄生虫撲滅協会の活動だ。1964年、英字紙「コリアタイムス」にショッキングな写真が掲載された。腹部からなんと1063匹の各種寄生虫が出てきた9歳の少女の写真だった。寄生虫は取り除いたものの、少女は腸管壊死のため亡くなった。この写真を公開したのは「ク・バウル」という韓国名で1947年から20年以上にわたって全州《チョンジュ》イエス病院に奉職した米国人医師ポール・クレインだった。朴正熙大統領の訪米時にはケネディ、ジョンソン両人統領との会談の際に通訳を務めた人物でもあるク・バウルは、全国規模の寄生虫撲滅運動に着手した。そこに「韓国初の寄生虫学博士」林漢鐘《イムハンジョン》をはじめ李永春《イヨンチュン》、徐丙卨《ソビョンソル》ら韓国人専門家

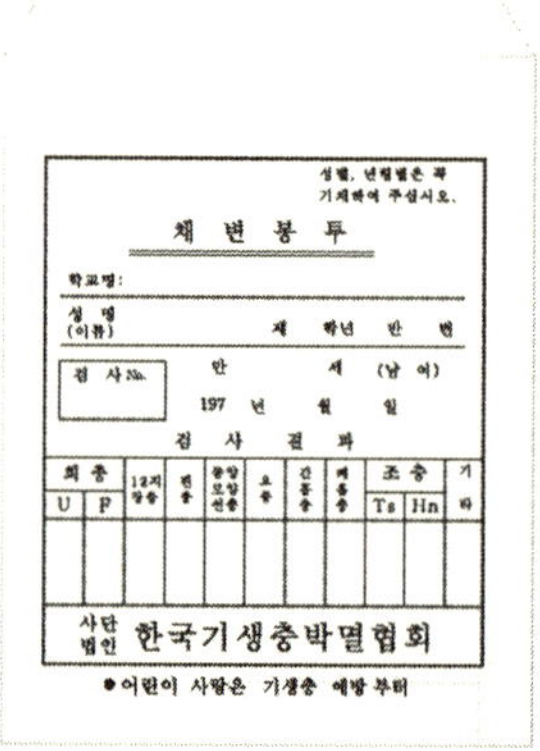

検便提出用封筒

が情熱をもって飛び込んだ。
1964年に寄生虫学の研究者、医師、保健専門家が手を携えて韓国寄生虫撲滅協会を創設した。彼らは絶対貧困に苦しむ国民が大切な栄養を寄生虫に奪われている現実への憤りと無念さを吐露した。政府と国会は同事業を支援するために寄生虫疾患予防法を制定した。韓国寄生虫撲滅協会は文教省と協力して1969年から児童生徒に対する検便と集団投薬事業を開始し、大成功を収めた。1995年までの26年間に延べ3億人以上が検査を受け、8000万人以上が投薬を受けた。政府は集団寄生虫検査の対象を地域、職場、軍へと拡大した。60年代までは寄生虫感染率についての確かな統計はない。1971年にはじめて実施した全国実態調査の結果82・6%だった寄生虫感染率は、1976年63・1%、1981年41・1%、1986年12・9%、1992年3・8%と激減した。保健福祉省疾病管理本部が発表した2013年の感染率は2・6%だった。

朝鮮戦争後のベビーブーム世代は韓国寄生虫撲滅協会のことは知らなくとも検便は知っている。彼らにとって検便は楽しくはないけれどほのぼのした思い出として記憶に残っている。僕がはじめて検便用の封筒を手渡されたのは、韓国寄生虫撲滅協会と文教省とで学校での集団寄生虫検査に着手した1969年、小学校4年生のときだったと思う。小さな白い紙の封筒の中にさらに小さなビニール袋が入っていた。小枝に大便をくっつけてビニール袋に入れ、氏名や生年月日を記入した紙の封筒に入れて提出した。結果が出ると担任と養護の先生が各教室を回って寄生虫の種類に応じて少しずつ種類の違う薬を手渡してくれた。クラスの子の大半が先生の目の前で薬を飲まされた。僕は回虫の薬を渡されたが、一握りもあるほど量が多くて全部飲むのに一苦労した。最近の虫下しはチョコレート味の丸薬1錠でさまざまな寄生虫を駆除することができる。

韓国の寄生虫撲滅事業は世界保健機関（ＷＨＯ）からも認められたモデルケースだった。韓国の製薬会社は安価でよく効く寄生虫駆除剤を生産している。ところが韓国寄生虫撲滅協会も大韓家族計画協会と同様「みずからの成功の犠牲者」になってしまった。全国13の道と市に立派な庁舎を備えた地方組織を置いていたが、いざ寄生虫を撲滅してしまったら取り組むべき仕事がなくなったのだ。すると同協会は新たな課題をみつけだした。国民所得の向上とともに「後進国型の問題」である寄生虫とはまったく別の「先進国型の問題」が浮上してきたのだ。１９８２年に韓国健康管理協会が設立され、当時は成人病といっていた生活習慣病の予防事業と働く人向けの健康診断事業を開始し、１９８６年に韓国寄生虫撲滅協会を韓国健康管理協会に統合した。韓国健康管理協会は現在は健康診断、肥満や高脂血症などの慢性疾患と癌の予防、青少年の健康増進、禁煙といった疾病予防活動に集中的に取り組んでいる。一方で寄生虫撲滅協会時代の業務も引き継いでいる健康管理協会は、90年代半ばには中国をはじめ北朝鮮、ラオス、カンボジア、スーダンといった寄生虫退治事業を必要としている国々に事業のノウハウを教え、駆除剤を支援している。

妊娠、出産はあくまでも個人の実存的な決断による問題である。そこに国が介入すべき哲学的根拠はない。けれど国の介入が必ずしも悪いことだとはいいにくい。もし国の出産抑制政策が悪いことならば、このところの出産奨励政策もまたしかりのはずだ。寄生虫撲滅に反対する人はそうはいないだろう。だが国が広報や支援をするだけにとどまらず強制的に検便を実施して駆除剤を飲ませることには反対の人もいるはずだ。この二つのケースは僕らの世代が経験した国による統制のうち賛成すべき根拠のはっきり存在している例といえる。昼休みに生徒たちを校庭に集めて保健体操をさせたのも、すこぶる強制的ではあったものの立派な保健政策だったといえよう。

だがそれがいいことなのか否かについて見解の分かれるケースも多い。朝6時に町内放送で朴正熙大統領が作詞作曲したという「セマウルの歌」を流して全国民を叩き起こしたこと、子どもたちの弁当に雑穀ごはんを強制したこと、マッコリの製造・流通を禁止したこと、街頭で長髪やミニスカートの若者を取り締まったこと、「不健全な歌謡曲」を放送禁止にしたこと、迷信の打破を名分に神降ろしなどの習俗や伝統文化を封じ込めたこと、家庭儀礼準則を定めて個人の消費生活を規制したこと、「不穏図書」を販売禁止にしたこと、「猥褻映画」を検閲して国の権限でカットしたこと、成人映画上映館でも国旗に敬礼して国歌を歌わせ「大韓ニュース」の上映を強制したことについては、賛否両論あるはずだ。僕個人としては、他人に不当な被害を与えない個人の好みや選択の自由に国家権力が制約をかけたり侵害したりするのは、不合理であるばかりでなく憲法の趣旨にも反すると考えている。

はげ山を錦の山河へ

朝鮮戦争後の韓国は古くから朝鮮半島を指していう「三千里の錦の山河」どころではなかった。人が足を踏み入れることのできる近場の山はどこも木１本生えていないはげ山だった。60年代の全国のはげ山の面積は３３２万ヘクタールに及んだ。けれど現在、はげ山の面積は当時の５％足らずで山林の木の密度は当時の10倍にも達する。話を山林に限っていうならば、韓国の国土ははげ山から錦の山河へと一変した。

朝鮮半島では人口の増加にともなって朝鮮時代後期ごろから森林の破壊が始まり、植民地期の収奪と解放前後の混乱、朝鮮戦争を経て取り返しのつかない水準にまで荒廃した。直接の原因は家庭の暖房・炊事用の燃料に薪や木炭を使っていたことだった。全国どこへ行っても「スッコゲ〔炭峠〕」、「炭峴《タニョン》〔峴は峠の意〕」という地名がある。主要な燃料が薪と木炭だっただけに炭焼き窯もあちこちにあった。焼き畑も大きな問題だった。政府が大々的に治山緑化10カ年事業に着手した１９７３年には全国の農家の13％を超える30万戸が焼き畑農業を営んでおり、焼き畑農地は12万５０００ヘクタールにも及んだ。山に火を放って草木を焼き、そこで耕作をおこなう焼き畑農業は朝鮮時代に限った昔話ではなかった。さらに盗伐も深刻だった。貧しい農漁民は燃料用として若木を伐り、葉を落としてかき集める「生計型の盗伐」を犯した。大きく育った木を大量に伐採して木材用に売り飛ばす「商業型の盗伐」も到るところで横行していた。

政府は李承晩《イスンマン》政権のころから焼き畑農業を禁止し盗伐を防止するために苦心惨憺してきた。朝鮮戦争さなかの１９５１年、政府は避難先の臨時首都である釜山《プサン》で山林保護臨時措置法を制定して造林事業を実施したが、たいした成果は上げられなかった。朴正煕大統領も国家再建最高会議議長として山林法、砂防事業法、国土緑化促進に関する臨時措置法などを制定して焼き畑と盗伐に歯止めをかけ、造林に取り組もうとした。1966年には焼き畑の整理に関する法律を制定して徹底した取り締まりを実施した。だが「賦役」と称して国民を強制動員してまで取り組んだ造林事業は失敗に終わった。貧困と人口増加、それに脆弱な行政力という山林荒廃の根本的な原因を解消できなかったからだ。焼き畑農民だって好きこのんで焼き畑をしているわけではない。薪や炭を燃料に使うことにしても同じだ。彼らは土地を持っていなかったし、他の燃料を買うカネもなかった。商業型の盗伐を防止するには山林行政にかける人手も予算もまるで足りなかった。

林が甦りはじめたのは70年代半ばからだった。1972年の10月維新直後、政府は非常閣議で山林開発法を制定したのに次いで治山緑化10カ年計画を実施した。これはそれ以前のものよりはるかに効果的かつ総合的な計画だった。焼き畑農業の1年分の収益に当たる金額を生計支援金として支給して焼き畑農民を別の場所に強制移住させ、山林監視のための組織と人員を大幅に拡充して生計型・商業型の盗伐を徹底的に取り締まった。そうやって山林荒廃の直接原因の多くを取り除いた。だがこの政策が成功を収めたのは根本的な原因が解消したからだった。同期間に人口増加率の鈍化傾向が強まり、人口の45%だった農村人口が10年間で28%へと激減した。都市の家庭の大半は燃料に薪や木炭ではなく石炭、石油、電気を使っていた。国民所得が右肩上がりで伸びていくと生計のために盗伐をする必要がなくなっていった。政府は国有林と私有林を明確に区分して森林の所有権を確立し、行政力を拡充して大規模な造林事業を展開した。

1970年代、第1次治山緑化10カ年計画にそって燃料用木材の植樹作業に動員された住民たち
© 国家記録院

1973年の森林面積は国土の67%だった。林野全体の39%の264万ヘクタールが造林の必要な状況だった。政府はまずそのうちの100万ヘクタールで造林を行うことにした。だがこの計画を実施するには莫大な経費と人材が必要だった。政府は支出を抑えるために国民を動員する方法を利用した。大統領は「国土を鬱蒼と茂らせることこそもっとも純粋な愛国の道」という特別談話を発表し、政府は「国歌を歌いながら山に行こう」というスローガンを広めた。山間地域の住民だけでなく、すべての国民が地域、職場、家庭、各種団体や機関、学校などを通じて造林事業に駆り出される「国民植樹運動」を繰り広げたのだ。農村集落から半径2キロメートル以内の山は地元住民の責任で木を植え育てなければいけ

なかった。都市部の公共機関や学校はそれぞれ割り当てられた地域を自分たちの責任で植林した。自治体職員、公共機関の職員、児童生徒は随時造林事業に動員され、民間企業の「自発的参加」を「強制」した。そんなふうにして1979年までの6年間で100万ヘクタールの造林という目標を早期に達成した。だが山の斜面や渓谷、海岸などで土砂が流出するのを防ぐ砂防事業のほうは目標の半分程度しか達成できなかった。

60年代以降でもっとも多く植えられた木はイタリアポプラ、改良ポプラ、カラマツ、リギダマツ、ニセアカシア、ヤマハンノキ、チョウセンゴヨウ、ヒノキ、クロマツ、スギ、クリなどだった。韓国の土壌や気候に適応すること、農家の所得向上に資すること、木材や燃料として利用可能なことを考慮して樹種を選んだ。時間がたつにつれ、あまり儲からないニセアカシア、ヤマハンノキ、クロマツなどは手入れがおろそかになったり伐り倒されたりしたために次第に姿を消し、アカマツ、クヌギといった在来種の木々がその空白を埋めていった。こんにち、韓国の林には針葉樹、広葉樹が似たような割合で生えている。立木密度が高すぎて間伐しなければ立ち入るのも難しいところが多い。全国各地の林に自然休養林やキャンプ場が設置されている。

特別に記憶しておく価値のある山林緑化の事例もある。もっとも有名なのは迎日《ヨンイル》地区砂防事業だ。植民地期から山肌がむきだしになっていた慶尚《キョンサン》北道浦項《ポハン》市迎日邑《ウプ》（当時は迎日郡興海《フンヘ》邑）烏島《オド》里《リ》一帯の4538ヘクタールを1973年からの5年間で林に生まれ変わらせることに成功したこの事業は、朴正熙大統領の特別指示によって実施された。朴正熙はヘリコプターで上空を通りかかったときに目にしたこの荒地を緑化することに特段の関心を注いだ。この地域は泥岩と頁岩からなる地質で岩も崩れやすく、土壌は雨水ですぐに流されてしまうため草も生えていなかった。山林庁は山の斜面にコンクリートを打ってパイルを打ち込み地盤を固めたあと、穴をうがって肥料を混入した土で埋め戻すという特殊工法を用いた。急斜面では命綱を伝って降りながら作業した。この事業には5年間に当時としては異例の38億ウォンという莫大な予算がつぎこまれた。林学の専門家、自治体職員、登山家、軍の特殊部隊員を含む延べ３５５万人を動員し、石２３０万個、芝生マット２２４１万枚、客土および肥料２１３万トンを運び入れて２３８９万本の苗木を植えた。あらゆる悪条件を乗り越えて緑化に成功したこの事業は「迎日湾の戦闘」、「迎日湾の血闘」などと呼ばれた。興海邑龍泉《ヨンチョン》集落にはこの事業の成功を記念する「迎日砂防竣工記念碑」が建っている。

そうやって甦った林野は、数十年間にわたって全国を吹き荒れた不動産投機ブームにもなんとかもちこたえて生き残った。それにはさまざまな理由があろうが、グリーンベルトと呼ばれる都市計画法の開発制限区域制度に注目する必要がある。産業化が本格的に始動した60年代後半から、韓国社会は大規模な離農と人口の都市集中の弊害が次々と表面化した。人口が急増すると人々は都市周辺部の林や農地をあたりかまわず破壊しはじめた。政府は１９７１年に大都市の膨張を抑制し都市近郊の農地と林野を保全する目的で、都市計画法に開発制限区域指定の根拠を盛りこんだ。この政策は、政府が何ら補償することなく広域のグリーンベルトを指定できるようにすることによって全国の土地開発権を事実上国有化した、１９４７

年の英国の「都市農村計画法」を手本にしたものだった。政府は1971から1997年までに8度にわたって国土面積の5・5％に当たる5397平方キロメートルをグリーンベルトに指定した。韓国の5大都市であるソウル、釜山、大田《テジョン》、光州《クァンジュ》、大邱《テグ》、市街地の膨張が予想される道庁所在地である春川《チュンチョン》、清州《チョンジュ》、全州、済州《チェジュ》、重化学工業団地のある馬山《マサン》・昌原《チャンウォン》・鎮海《チネ》、蔚山《ウルサン》、麗川《ヨチョン》、観光資源や自然環境を保全する必要のある忠武《チュンム》、晋州《チンジュ》の各周辺圏に位置する計14の区域だった。当初のグリーンベルトは60％以上が山林であり、農地は27％ほどで95万人の土地所有者が財産権の行使に制約を受けた。

　グリーンベルト規制はきわめて厳しかった。開発制限区域では指定目的に違反する建築物を設置することはできず、指定当時すでにあった建築物の増改築は可能だが、公益目的の建築物でなければ新築することができない。建築資材を搬入したり木を伐採して形質を変更することも許されない。土地を売却するには政府の許可を受けなければならない。周辺地域の地価が高騰してもグリーンベルト内の地価は地を這う水準だった。だが土地所有者は何の補償ももらえなかった。建設交通相が地図を広げて線を引けばそれで決まりだった。いまなら政府がそんなふうに一方的に行政権を行使することはできない。土地所有者が被害者の全国組織を結成して反対デモをしたり、地元選出の国会議員の事務所前で座り込みをしたりするだろう。国会で攻防が繰り広げられて国土交通相が攻撃の矢面に立たされるだろう。それでも指定すべき意味があるというのなら、個人の財産権の行使を制約することに伴う金銭的補償はある程度否まなければならない。

　こんにちでは政府の都合で市民の財産権の行使を勝手に制約することはできない。2003年、政府は全羅《チョルラ》北道扶安《プアン》郡に放射性廃棄物処理場を建設するとしていた計画を取り消さざるをえなかった。ソウル外郭循環高速道路の賜杯山《サペサン》トンネル工事や京釜《キョンブ》高速鉄道の慶尚南道梁山《ヤンサン》市千聖山《チョンソンサン》トンネル工事は、生態系破壊への懸念と仏教界をはじめ市民の激烈な反対運動のため長期にわたって遅延した。ソウル市の真ん中にあった米軍龍山《ヨンサン》基地の移転先である平澤《ピョンテク》市大秋里《テチュリ》、海軍基地建設予定地の済州島の江汀《カンジョン》集落、韓国電力が高圧電線用鉄塔を設置した慶尚南道密陽《ミリャン》市上東面《サンドンミョン》でも地域住民や市民団体が息の長い反対闘争を繰り広げた。だが兵営時代の韓国ではそうではなかった。国の政策に表立って反対するのは兵士が司令官の命令に従わないのと同じだった。中央情報部の地下室に連行される危険を冒してまで大統領に楯突く勇気のある土地所有者はまずいなかった。政府は世論に諮ることなくグリーンベルトを指定した。国の政策の「効率的執行」のために人権や正義を踏みにじる独裁体制の一般的な特性をはっきりと示したのである。

「ポスト民主化の民主主義」の時代を迎えたグリーンベルト内の土地所有者たちは、押し込められていた怒りを遅ればせながら爆発させた。政府と国会に陳情書を提出し、メディアに無念さを訴えた。けれど無駄だった。どんな制度であれいったん定着してしまったら変更は難しい。グリーンベルト内に土地を持たない国民の多くはグリーンベルト制度を支持した。土地所有者のみが損をしてそれ以外の国民は恩恵に浴す制度だったからだ。グリーンベルト内に居住する人々でさえ全面的な解除には賛成しなかった。民主主義体制では少数が多数に勝つことはできない。政府も国会も誠意ある態度を示さなかった。

1988年9月の憲法改正にともなって憲法裁判所が設置された。グリーンベルト内の土地所有者たちは憲法裁判所に都市計画法の開発制限区域指定条項に対する違憲審判を申し立てた。憲法裁判所は政府や国会ほどには多数派の顔色をうかがいはしない。世論に鑑みることはするが、基本的には憲法の条項および法理の解釈に基づいて判断し決定する。ただ、憲法裁判所はフットワークがすこぶる重く、なんと10年後の1998年に政権交代があったあとで、ようやくグリーンベルトは憲法に合致しないとの決定を下した。とはいえきっぱりと土地所有者に軍配を上げたわけでもなかった。憲法裁判所は開発制限区域の指定そのものは公益のために財産権の行使を制限したのだから違憲ではないと判断した。だが財産権を行使して収益を得る機会を奪われた土地所有者に何の補償もしないことは違憲だとの判断だった。国会に早急に補償に関する法律を制定せよと要請し、法律制定までは政府が新たに開発制限区域を指定してはならないとした。

国会は2000年に別途開発制限区域法を制定して土地所有者と当該自治体が経済上の補償を受けられる根拠を整備し、2002年には「国土の計画および利用に関する法律」へと関連条項を移転した。グリーンベルトの区画調整と制度改善が事実上はじめて図られたのは1998年だった。金大中《キムデジュン》大統領の選挙公約に沿って、2002年に地方の七つの中小都市周辺地域に設定されていたグリーンベルトがまず解除された。その後、大都市近隣地域のグリーンベルトでも部分的に調整、解除の手続きが数度にわたって行われた。グリーンベルトを維持する場合にも休養林、キャンプ場、福祉施設、庶民向け住宅、公共機関の設置を許容して、土地所有者の不利益を軽減した。

現在グリーンベルトは京畿《キョンギ》道を中心に当初の約半分程度の面積が指定されている。山林緑化事業とグリーンベルト制度は、産業化と環境保護との複雑な関係を垣間見せてくれる。産業化の拡大に生態系と環境の破壊はつきものだ。けれど産業化によってもたらされた経済上の資源と能力を適切に活用するならば、破壊された環境をある程度復元し保護することもできる。現在、グリーンベルトは首都圏および釜山、大邱、光州、大田、蔚山、昌原の周辺地域に３９００平方キロメートルほど残されている。うち74％が私有地であり、84％は林野と農地である。

禁書、禁止曲、国民教育憲章

一方で食べ物を与え、もう一方で脅しをかけて国民を服従させることもできる。だがそれだけでは長期にわたって権力を維持することは難しい。国民がみずから服従するように仕向けるほうが賢いやり方だ。それには教育とメディアを握って大衆をマインドコントロールすることによって思想を統一し、価値観を統制しなければならない。国家の目標と個人の人生の目標を一致させることに成功すれば、人は脅さなくとも自発的に協力し服従する。このことを誰よりも巧みにやってみせた国こそ北朝鮮だ。ヒトラーやスターリンが教育とメディアを握ったのも同じ理由からだった。朴正熙大統領もそのやり方をそっくり試してみた。だがせいぜい半分くらい、それもつかのま成功したにすぎなかった。

僕は国民教育憲章を暗唱させられた世代だ。教室の黒板のすぐ横にそれは掲げられていた。反共主義と国家主義を植えつけた国民教育憲章の冒頭の一節はこうだ。「我らは民族中興の歴史的使命を帯びてこの地に生まれた」。これは人間を国家的存在とみなす全体主義的「存在論」だ。国民教育憲章は１９６８年に宣布されたが、ちょうどこの時期は、再選に成功した朴正熙大統領が長期政権を築こうと３選改憲に向けての作業をひそかに準備していたころと重なる。帝国主義の時代に日本政府が天皇と国家に対する忠誠心を国民に植えつけるために宣布した「教育勅語」によく似た国民教育憲章の要点は次の一節だった。「我らの創意と協力とを基盤に国が発展し、国の隆盛がみずからの発展の根本であることに思いを致し、自由と権利に伴う責任と義務を果たし、みずから国家建設に参加し奉仕する国民精神を奮起せしむ」。僕らは民族中興という使命に服するために生まれた存在だから、進んで国の命令に従い協力せよということだ。

　国民教育憲章は何ぴとも異議を唱えたり批判したりしてはならない「神聖なる御言葉」だった。政府は国民教育憲章を批判することとイコール国家を否定する行為とみなした。１９７８年に宋基淑《ソンギスク》、明魯勤《ミョンノグン》、イ・ホンギル、ホン・スンギら全南《チョンナム》大学教授11人は「我らが教育指標」という声明を発表し、モノより人を尊重し、真実を学び教える教育を実践するために学校を人間化・民主化すべきだと主張した。国民教育憲章は制定の経緯、宣布の手続き、内容のいずれも民主教育の根本精神に反しており、軍国主義日本の教育勅語を連想させると批判した。草案はソウル大学教授の白楽晴《ペクナッチョン》が作成した。政府はこの声明にかかわった教授全員を解職し、宋基淑と、声明書を外信記者に配布した延世大学教授成来運《ソンネウン》を逮捕した。そんなことで大学教授を逮捕するなんてムチャクチャだと思われるかもしれないが、当時はそうではなかった。恐れ多くも国のすることに反旗を翻すとは！　もちろん民族中興の歴史的使命などというのはそもそもからして嘘っぱちだった。そんな使命を帯びて生まれた人間などひとりとしていない。国民教育憲章は１９９３年に小学校の教科書と政府の公式行事から消えた。

　だが「国旗に対する誓い」は民主化の時代にも生き残った。忠清《チュンチョン》南道教育庁のある職員が１９６８年にはじめて作成した誓いの文言は「私は誇らしき太極旗を前に祖国の統一と繁栄のために正義と真実をもって忠誠を尽くすことを誓います」だった。この殊勝な心がけの教育公務員の自発的な努力を高く買った文教省は、字句を若干修正して全国の学校に通達した。「私は誇らしき太極旗を前に祖国と民族の無窮なる栄光のために身と心を捧げて忠誠を尽くすことを固く誓います」。政府が国民をして国家に対して公開の場で忠誠を誓わしめる行為を、いかなる法律的根拠もなく強制したのだ。その点が気になったのか、1980年に国旗に対して敬礼する際には国旗に対する誓いを朗読せよとの訓令を首相の名のもとに発布し、1984年には「大韓民国国旗に関する規定」という大統領令に関連条項を盛りこんだ。

「祖国と民族の無窮なる栄光」とは何なのか人それぞれ考えが違うだろう。ところでそれが何だと考えるにせよ、祖国と民族の無窮なる栄光のために身と心を捧げて忠誠を尽くすことに価値があるのだろうか。その判断も人それぞれだろう。憲法が国民一人ひとりに課したのは教育、勤労、納税、国防の義務だけだ。だが教育と勤労は権利に近いので、国民の義務はつまるところ所得を手にしたら法律に従って税金を納めること、国を守るために軍隊に行くこと、この二つしかなく、僕らはこの二つさえちゃんと果たせばいいはずだ。それとは違う方法で身と心を捧げて忠誠を尽くすかどうかは人それぞれで選択すべき問題だ。その気持ちはあってもおおっぴらに告白するのが照れくさいなら誓わなくてもいい。憲法は良心の自由という名のもとにそうしていい権利を保障している。なのに政府は国民に公開の場で国家に対する忠誠を誓わせる。僕はこれも憲法違反だと考える。

しかも国旗に対する誓いを含む国民儀礼はその誤用濫用の程度が実にはなはだしい。グラウンドでボールを蹴っていた子どもたちも、せかせかと通りを行き交っていた大人たちも、国旗降納式の国歌の演奏が鳴り響いたら一斉に「ぜんたい止まれ！」状態にならなければいけなかった。やりかけていたことを続けたらスパイだと疑われかねなかった。「愛麻《エマ》夫人」や「桑の葉」シリーズのような国産ピンク映画を見に行った映画館で国歌と国旗に対する誓いを聞かされるのはたまらなく気恥ずかしいものだった。公務員、軍人、政党や政治家の参加する行事では国民儀礼を適切に式次第に組み入れてもよかろう。けれど朝っぱらから豚肉を焼いて焼酎を酌み交わす小学校の同窓会を兼ねたスポーツ大会や、田舎の敬老の日の祝賀会でまで国民儀礼をせよというのはやりすぎではなかろうか。だがそういう異議を唱えたらすぐさま誰かから怒声が飛び指弾される。「北朝鮮に行って暮らせよ！」、「おまえほんとに韓国人か！」。

ポスト民主化の時代になっても国家主義の文化スタイルは消えなかった。革新政権も最終盤の２００７年になってようやく、国旗に対する誓いの文言が「私は誇らしき太極旗を前に自由かつ正義に満ちた大韓民国の無窮なる栄光のために忠誠を尽くすことを固く誓います」へと多少変更されたにすぎない。「祖国と民族の無窮なる栄光」という国家主義的な表現が「自由かつ正義に満ちた大韓民国の無窮なる栄光」という「憲法にすり寄った」表現に修正され、「身と心を捧げて」が削除された。憲法の定める主権者である市民一人ひとりが国に従属しない社会をつくることはかくも至難の業なのだ。

学校生活の中に国民教育憲章があったなら、学校の外にはセマウル［新しい村］運動があった。公式記録によるとセマウル運動は１９７０年4月22日に朴正煕大統領が提唱して始まった。その契機は慶尚北道

農村セマウル運動の一環として行われた屋根改良事業（1973年）　© 国家記録院

清道《チョンド》郡清道邑新道《シンド》1里の住民の自助的な環境改善や果樹栽培による所得増収事業、河川整備、屋根の葺き替え事業だった。朴大統領はこの村の事業を全国に広めようと農村セマウル運動を展開した。1971年に国家施策の最優先課題に指定し、1972年には大統領令を制定してセマウル運動中央協議会を設置、公務員努力奉仕令まで発令した。セマウル運動の主要な事業内容は集落内の道路拡幅、農道整備、小橋梁と集会所の建設、倉庫・畜舎の改良、小河川と沼地の整備、住宅改良、簡易給水施設と下水道の設置、農漁村電話の普及、セマウル工場の設置、林地の整備などだった。この事業を推進するためにセマウル指導者、セマウル金庫、セマウル旗、セマウル指導者大会、セマウル帽、セマウル会館、セマウル事業所をつくった。1976年には公共機関の建物に国旗とともにセマウル旗を掲揚せよという指針が発表された。さらにセマウル研修院、都市セマウル運動が登場した。現在でもセマウル旗は風にはためき、政府や自治体はセマウル運動に資金を助成している。

セマウル運動中央会は韓国現代史の生きた化石だ。２００８年12月のセマウル指導者大会の祝辞で李明博《イミョンバク》大統領は、セマウル運動の精神を継承し実践する「先進化３大運動」を提唱した。朴槿惠《パククネ》大統領はセマウル運動のグローバル化を推進せよと指示し、２０１３年10月20日に全羅南道順天《スンチョン》で開かれた全国セマウル指導者大会で「第二の漢江《ハンガン》の奇跡を実現するためにセマウル運動の精神をいかして国民の力をひとつに結集する契機をふたたび用意すべきとき」だと強調した。安全行政省は自治体や国際機関と緊密に協力して「セマウル運動を世界じゅうに広め、第二の汎国民運動へと昇華させられるように」セマウル運動中央会を強力に支援するとの計画を発表した。農林畜産食品省は「ともに進める我らが農漁村運動」を第二のセマウル運動として拡大推進するとし、未来創造科学省は朴槿惠政権の核となる国政ビジョン「創造経済」を21世紀のセマウル運動として積極的に推進すべきだと主張した。

国家権力によって個人の考えやライフスタイルを統制するのはもっぱら軍人政治家の発明品だったわけではない。朝鮮時代、植民地期、米軍政期、李承晩政権のときにもそうした手法は使われていた。代表的な例が夜間通行禁止（通禁）制度だった。権力者は人々が夜間にうろつくことを好まないが、よからぬことをいろいろやった権力者ほどその傾向が強い。朝鮮時代には城壁や国境の周辺でのみ夜間の通行が禁止されていた。ところが１９４５年９月に米軍政庁が「布告第１号」でソウル・仁川《インチョン》地域全体を夜間通行禁止地区に指定し、午後８時から午前５時まで市民は外出がままならなくなった。李承晩政権は１９５４年に夜間通禁を全国へと拡大し、１９５５年には軽犯罪処罰法を制定して内務省に通禁の統制権を付与した。

その後、時間帯が何度か変更されて午前0時から午前4時までとなった夜間通禁制度は、徐々に緩和されていった。済州道は1964年、忠清北道は1965年に夜間通禁が解除され、1966年には輸出品を積載した貨物列車とトラックが、さらに主要な観光地も例外として解除された。資本主義社会ではカネがイデオロギーより力を持っている証拠だった。

人間の記憶は選択的であり主観的だ。夜間通禁は身体の自由に対する深刻な拘束だったが、多くの人々がそのことを楽しい思い出として胸に刻んでいる。あのころ、午前0時が近づくとバスや地下鉄が押すな押すなの混雑を呈した。家にたどりつく前に通禁のサイレンが鳴ると、自分から交番や警察署まで行って待たせてもらい、午前4時を過ぎてから家に帰ったものだ。飲み屋も進学塾も深夜営業はできず、企業は夜勤の夜間交代が難しかった。国際線旅客機が通禁にひっかかって金浦《キンポ》空港に着陸できず、日本や香港に引き返すこともあった。男性諸君のあいだでは郊外にデートに誘ってわざと終電に乗り遅れることが「ナンパの定石」だった。寺に詣でる花まつり、教会で祈るクリスマス、それに大晦日だけが例外だった。人々はたんに夜の街を歩きたい、それだけのために街なかに繰り出した。中学生のころクリスマスイブに大邱市内の東城路《トンソンノ》に遊びに行って、ごった返す大人たちに挟まれて地面から足が浮いた状態のままあちこちさまよい歩いたことを思い出す。

国民を虐殺して権力を手にした全斗煥政権は、そのコンプレックスのせいか国民を楽しませようと精を出した。「正義社会の具現」というスローガンを掲げて与党を「民主正義党」と命名したことについては、そう解釈したほうが気が楽だ。全斗煥政権はスポーツ、スクリーン、セックスを奨励する3S政策を展開した。政府がすさまじい人権蹂躙と公安統治で締めつけを強めているとき、「愛麻夫人」シリーズをはじめとするピンク映画が堰を切ったように次々と封切られた。1980年にカラー放送を開始したテレビにはバラエティ番組とドラマがあふれ、その2年後にはプロ野球がスタートした。1983年に朴鍾煥《パクチョンファン》監督率いる青少年サッカーの代表チームがメキシコの世界大会でベスト4になり、国民を熱狂させた。

夜間通禁を解除したのにはさまざまな理由があったろうが、表向きのきっかけはソウルオリンピックだった。1981年、韓国は1988年に開催されるオリンピックの誘致に成功した。次いで1986年のアジア大会も誘致した。だが植民地期も含めて50年以上も軍国主義・軍事政権の統治下にある独裁国家でのオリンピック開催となると、国際世論はかんばしくなかった。政府は韓国が安心安全な国だということを示すために、1982年1月5日を期して一部地域を除き通禁を解除した。1988年には例外とされていた地域もすべて解除した。深夜の作業交代が可能になった企業は二交代を三交代に変更し、工場を24時間稼働させた。劇場、飲み屋、進学塾が深夜営業を始め、映画館も週末の深夜上映に踏み切り、バスやタクシーの運行時間も延長された。夜間通禁の解除が経済成長率を押し上げるうえで一役買ったことはいうまでもない。

兵営の基本は個人の同定と区分だ。そこで政府は全国民に住民登録証を持たせた。大韓民国の国民なら誰しも満17歳になると自治体の窓口に行って10本の指すべての指紋を押捺し、住民登録証の発給を受けなければならない。住民登録証がなければ国民とは認められず、正常な社会生活を送ることはできない。住民登録証のかなめは住民登録番号と指紋、そして写真である。そもそも住民登録制度は1942年に朝鮮総督府が導入したものだ。日本の戸籍法に基礎を置く「朝鮮寄留令」を制定して徴用、徴兵といった植民地収奪の効率を図った。1962年に国家再建最高会議が制定した「住民登録法」の目的も軍国日本の寄留令とほぼ同じだった。現行の住民登録証、住民登録番号が生まれたのは1968年の秋だ。北朝鮮のスパイや工作員の侵入を防止し、すでに侵入しているスパイを容易にあぶり出すことができるようにするために、すべての国民に固有番号が付された。1970年に改正された住民登録法は「治安上特別な場合には住民登録証を提示させることにより間諜または不純分子を容易に識別・探知して反共態勢を強化」できるようにした。

施行初期の住民登録番号は12桁だったが、1975年から生年月日6桁＋数字7桁の13桁に変更された。後ろ7桁の数字の1番目は性別（男1、女2）の区分だ。次の5桁は出生届を提出した自治体窓口事務所の固有番号とその窓口事務所でその日に届出のあった順の一連番号だ。最後の数字は技術的なエラーの検証の必要性からつけられた番号である。在外韓国人は後ろの6桁はすべて0で統一されている。男性は1000000、女性は2000000だ。3か月以上韓国に滞在する場合には在外韓国人専用の臨時住民登録番号が与えられ、2年以上滞在すると韓国内の住所による届出番号が発給される。住民登録番号のせいで在外韓国人はインターネット上の実名確認を受けることができない。脱北者は京畿道安城《アンソン》市にある統一省所管の定着支援事務所ハナ院の住所を本籍地とする番号を交付される。そのため脱北者にはビザを発給しないことにしている中国当局が、ハナ院の住所を管轄する自治体窓口事務所のコード番号を含む住民登録番号を持つ者にもビザの発給を拒むという笑うに笑えない事件が起きたこともあった。朴正煕大統領と陸英修夫人の住民登録番号の後ろの7桁は1000001と2000001だった。固有番号が00という窓口事務所は存在しないが、特別なお方だということで特別な番号がつけられたのだった。

住民登録番号のおかげで国はラクラクと国民を管理することができる。住民登録番号は国が国民一人ひとりに発給した固有の識別番号だ。僕らは一生涯この番号から逃れられない。住民登録番号を見ればその人物の年齢、出生地、性別がすぐにわかる。子牛の耳に穴をあけてバーコードの識別票を付け、飼育、屠畜、流通の全プロセスで原産地を確認できるようにするのと何も違わない。原産地の証明できない精肉は輸入牛肉ではないのかと疑われるように、住民登録番号のない人間は北朝鮮のスパイだと疑われる。国が主権者である国民に固有の識別番号を付し、指紋を保管し、住民登録証に写真を貼って管理すれば、スパイの侵入防止や犯罪者の割り出しに便利な点が多い。未成年者の風俗店への立ち入りを取り締まるにも効果的だ。ところで、スマートフォンの申し込み、金融機関の口座開設、インターネットバンキングの申し込み、クレジットカードの発給、運転免許証の発給、不動産取引など、デジタル時代に生きる僕らの経済活動が住民登録番号という兵営時代の遺産を使って行われるようになると、深刻な問題が生じてくる。インターネット金融取引のセキュリティ情報の根本である住民登録番号が他の個人情報とともに流出して、インターネット金融犯罪の具として使われているのだ。

これは住民登録制度の導入当時には誰も想像しえなかった「デジタルの副作用」だ。2014年1月に起きた農協カード、ロッテカード、国民カードの個人情報流出事件を機に、政府と国会は住民登録番号を入力せずにインターネットで本人認証が行える方法を模索中だ。けれどネット上で使用された住民登録番号が他人のものかどうかチェックすることは技術的に非常に難しい。そこでこの際、住民登録番号を全とっかえして国の機関以外は住民登録番号の収集や保有ができないようにすべきだという主張も登場している。世界じゅうの文明国で韓国と同様の住民登録制度を有する国はほとんどない。住民登録番号は韓国の進化のプロセスに兵営国家の時代があったという事実を今に伝える化石だといえる。

兵営の思想的統一性を維持するには、「健全な」考え方と行動様式を喧伝すると同時に「不健全な」思想と文化を遮断することで、国民が精神的に「汚染」されないようにしなければならない。特に子どもや青少年をしっかり保護して「健全な国民」に育てなければならない。では、いかなる思想や文化が「不健全な」ものだろう。客観的な基準はない。権力者がすべてを判断し決定する。何よりも問題になるのは「不穏書籍」だ。健全な書物は心の糧になるが、不健全な本は魂を堕落させ社会を混乱させる。そんな本は販売できないようにすべきだ。そう確信した公安当局が「販売禁止図書目録」なるものを作成した。

２００６年、創立60周年を迎えたソウル大学が解放後60年間販売が禁止されていた書籍のうち歴史的意味のある20冊を発表した。「転換時代の論理」（李泳禧《リヨンヒ》）、「申東曄《シンドンヨプ》全集」（申東曄）、「順伊《スニ》おばさん」（玄基榮《ヒョンギヨン》）［金石範訳・新幹社刊］、「灼けつく渇きで」（金芝河《キムジハ》）、「リアリズム論」（ジェルジ・ルカーチ）、「パルチザンの娘」（鄭智我《チョンジア》）、「社会主義・ヒューマニズム」（エーリッヒ・フロム）、「武林破天荒」（朴永昌《パクヨンチャン》）、「光州5月民衆抗争の記録―死を越えて、時代の暗闇を越えて」（黄皙暎《ファンソギョン》）［光州義挙追慕会訳・日本カトリック正義と平和協議会刊〕、「朝鮮戦争の起源」（ブルース・カミングス）〔鄭敬謨他訳・影書房刊〕、「分断か統一か―韓国解放前後史の認識」（宋建鎬《ソンゴノ》他）〔青丘出版委員会訳・影書房刊〕などが含まれていた。「光州５月民衆抗争の記録―死を越えて、時代の暗闇を越えて」は光州民衆抗争を身をもって体験した人々の書いた抗争の記録を小説家黄皙暎が監修して出版したものだ。80年代半ばに「越え越え」と略されて人口に膾炙したこの本は、光州民衆抗争の真実に迫る本としてははじめて公式に出版されたもので、その内容が広く国民に伝えられた。禁書になったおかげでよけい名を売った武侠小説「武林破天荒」が不穏書籍に指定された理由はちょっと笑える。善玉と悪玉の対決を弁証法によって説明した、たった1ページのせいだった。当時の公安当局の連中は弁証法をマルクス主義と同列に見ていたのだ。

ハンギル社代表の金彦鎬《キムオノ》は、70年代半ばから出版の仕事を続けるなかで知った販売禁止図書のリストを日記にメモしておき、１９８７年５月にそれを公開したのだが、その作品数はなんと１４００冊にものぼった。民主化運動記念事業会が公開した出版禁止図書リストはさらに膨大だった。「不穏書籍」に対する規制は朝鮮時代からあった。朝鮮王朝はカトリック関係の書籍をはじめ当時の公式イデオロギーである性理学からはずれる書籍を禁止した。植民地期に朝鮮総督府は朝鮮の独立や社会革命を主張する書籍を禁じた。米軍政当局は朝鮮労働党に関連する政治思想書の販売を禁止した。李承晩政権はイデオロギーに関連する外国図書の国内での出版そのものを禁止した。だがそのころは出版事情がまだ発達していなかったこともあり、禁書になるような本はさほど多くはなかった。４・19で生まれた第二共和国では図書の販売禁止制度は事実上なくなった。だが朴正熙政権になると共産主義、社会主義系の書籍と越北した作家の作品、外国の社会主義傾向のある作家の作品を禁止した。公安当局が本格的に販売禁止図書リストを作成したのは1972年の10月維新後だった。出版産業が成長して発行される本の種類と部数が急増し、出版市場の勢いが国家権力の思想統制に挑戦するようになると、禁書リストも大幅にふくらんだのだ。

維新時代には中央情報部の指揮のもと、法務省、文教省、文化公報省、国防省、内務省などの関係機関が有機的に協力して禁書リストを作成した。名分は国家安保を脅かす不穏書籍および公序良俗を害する猥褻書籍を規制するというものだったが、政府を批判する書籍、当局者の気に障るような書籍はすべて販売禁止対象になった。代表的な例をあげてみよう。「道を尋ねるあなたに」(金東吉《キムドンギル》)、「知性と反知性」(金炳翼《キムビョンイク》)、「理性と革命―ヘーゲルと社会理論の興隆」(ヘルベルト・マルクーゼ)、「転換時代の論理」(李泳禧)、「学校は死んでいる」(エヴァレット・ライマー)、「死なば生きる」(張俊河《チャンジュナ》)、「ある石ころの叫び」(柳東右《ユドンウ》)、「順伊おばさん」(玄基榮)、「解放の途上にて」(朴炯圭《パクヒョンギュ》)などなど。エッセイ、文学評論、哲学、ルポルタージュ、小説、社会批評など、ジャンルを問わず気にくわない本を販売禁止にしたのだ。

誰がどんな手続きを経て販売禁止と決めるのか、その決定に不服な場合は誰にどんな方法で異議を申し立てることができるのか誰も知らなかった。あげくには永登浦《ヨンドゥンポ》拘置所保安課の刑務官までも気まぐれに禁止を決めた。1979年に学内集会の主導者として連行された先輩に、科学哲学者トーマス・クーンの古典「科学革命の構造」の英文版「Structure of Scientific Revolutions」を差し入れようとして拒否された。「『革命の科学的構造』などという本が政治犯に許されるはずないでしょう」。刑務官はそう言った。それは英語の読み間違いだと抗議しても無駄だった。「革命」という単語があったら絶対ダメだと言われた。

でも米国のマルクス主義経済学者ポール・スウィージーの「資本主義発展の理論」は、資本主義が発展すると礼賛するアメリカ人学者の本だとウソをついてまんまと差し入れに成功した。

全斗煥政権は維新時代に作成した販売禁止図書リストに「金炯旭《キムヒョンウク》回顧録」（朴思越《パクサウォル》）、「革命の研究」（E・H・カー）、「朝鮮戦争の起源」（ブルース・カミングス）、「おはなし経済学」（金秀桔《キムスギル》）、「弁証法とは何か」（ファン・セヨン）、「民族と子ども」（李五徳《イオドク》他）などさらに多くの本を追加した。民主化運動記念事業会が把握している販売禁止図書リストは盧泰愚《ノテウ》政権までだ。このときはレーニン、毛沢東、スターリンなどの社会主義革命家の本、ソ連と東欧社会主義国で出版された歴史書、北朝鮮のチュチェ思想に関する本がごっそり販売禁止になった。80年代の革命的な雰囲気の中で大学時代をすごしたいわゆる386世代の若者たちがそれらの本を耽読していたからだ。金泳三《キムヨンサム》・金大中・盧武鉉《ノムヒョン》の時代には政府で作成したリストは存在しなかったものと思われる。だが2008年の李明博政権の初期に公開された国防省の将兵向けの禁書リストに見られるように、国の個々の機関ではリストはなお生きていた。計23冊を指定した国防省の禁書リストには「地上に匙ひとつ」（玄基榮）〔中村福治訳・平凡社刊〕、「北朝鮮の我われ式文化」（朱剛玄《チュガンヒョン》）、「統一——我が民族の最後のブルーオーシャン」（チョン・サンボン）、「アメリカが本当に望んでいること」（ノーム・チョムスキー）、「米軍犯罪と韓米SOFA」（駐韓米軍犯罪根絶運動本部）、「塩花の木」（金鎮淑《キムジンスク》）〔裵姈美他訳・耕文社刊〕、「悪しきサマリア人」（張俊河）、「金南柱《キムナムジュ》評伝」（姜大石《カンデソク》）、「韓洪九《ハンホング》の韓国現代史——韓国とはどういう国か」（韓洪九）〔高崎宗司訳・平凡社刊〕、「グローバル化の陥穽」（ハラルド・シューマン他）、「サムスン王国のゲリラたち」（プレシアン）などが含まれていた。ところが国防省の禁書リストに選ばれた本は飛ぶように売れた。国の思想統制に対する市場の反撃だった。

政府は書籍のみならず文化芸術分野全般を検閲し統制した。歌謡曲に対する統制はとりわけ重要だった。１９６２年６月に発足した民間の「放送倫理委員会」を１９６４年に法定機関に変更した。１９６６年には他の文化芸術ジャンルを規制するために「韓国芸術文化倫理委員会」なる機関も発足させた。これが１９７６年に「公演倫理委員会（公倫）」と改称し、１９９９年に「映像物等級委員会（映等委）」に変わって現在まで存続している。この委員会は放送台本、映画の脚本、歌詞、楽譜、ゲームなどすべての文化コンテンツを審議する事実上の検閲機関だった。形式上はここで審査して放送を認めるかどうかを決定していたが、軍事独裁の時代には実際の検閲主体は中央情報部、国家安全企画部といった公安機関だった。

放送倫理委員会から韓国芸術文化倫理委員会を経て公倫に至るまで、音楽放送の審議規定は大同小異だ。国論を二分したり社会の公共秩序を乱したりするおそれのあるもの、公序良俗に反したり退廃的な風潮を助長したりするおそれのある内容、国民の生活倫理に混乱をきたしたり青少年の善導にそぐわなかったりするもの、外来文化の無分別な導入や模倣、敗北的・自虐的・悲嘆的な作品、扇情的・退廃的な内容を放送禁止にしたのだ。そうやって放送禁止処分とされた歌の累積件数は１９７６年に７７１曲、１９８３年に８３４曲、ポスト民主化の時代に入った１９９６年でも３０１曲にものぼった。

兵営国家の時代の放送禁止曲には興味深いものが多い。国民歌手李美子《イミジャ》のデビュー曲にして最大のヒット曲「トンベクアガシ〔椿娘〕」は「倭色〔日本的〕」だという理由で、吉屋潤《キルオギュン》〔日本名吉屋潤《よしやじゅん》〕の「愛するマリア」

放送禁止曲に指定された申重鉉のアルバム「雨の中の女」(左)、李章熙のアルバム「それはお前」(右)

は盗作だとして禁止された。裴湖《ペホ》の「0時の別れ」は歌詞のせいで禁止になった。午前0時に別れるのは夜間通禁違反という理由だった。「雨の中の女」、「1杯のコーヒー」、「美人」、「あなたは遠くに」などは、歌っていた韓国ロック界の父申重鉉《シンジュンヒョン》が大麻事件で逮捕された1975年からしばらくは放送禁止の縛りがかかった。歌そのものではなく歌手を問題視したのだ。李章熙《イジャンヒ》の「それはおまえ」は退廃的、金秋子《キムチュジャ》の「ウソよ」は不信感情を煽る、金敏基《キムミンギ》が作詞作曲して楊姫銀《ヤンヒウン》が歌った「老いた軍人の歌」や宋昌植《ソンチャンシク》の「なぜ呼ぶの」は歌詞が不健全だという理由で禁じられた。1966年に「熱いさよなら」をタイトルロールとしたジャニー・リーのアルバムは35万枚を売り上げる大成功を収めた。このアルバムにキム・ムヌン作詞・吉屋潤作曲の「明日は日が昇る」という曲が収録されていた。どういうわけかこの曲が禁止曲に指定された。「生きてればいつかいい日もくるさ」という歌詞に権力者どもが気分を害したからだった。「じゃあ今は悪いってのか!」というわけだ。のちにこの歌は学生運動にかかわる若者たちのあいだで「生きていれば」というタイトルで歌い継がれるようになり、長いあいだ作者不詳だと思われていた。1983年には韓日関係に悪影響をきたすとの理由からコメディアン鄭光泰《チョングァンテ》の「独島《トット》はわが地」が一時的に放送禁止になった。

作者、歌手、歌詞になんの問題もないのに時代の空気のせいで放送禁止になった曲もある。もっとも珍なるケースが60年代後半に空前のヒットを記録した羅勲児《ナフナ》の「愛は涙の種」だ。この歌は鄭仁淑《チョンインスク》殺害事件のせいで禁止曲になった。1970年3月17日午後11時、ソウル市麻浦《マポ》区合井洞《ハプチョンドン》の切頭山《チョルトウサン》付近の漢江沿いの道で、高級料亭仙雲閣《ソヌンガク》のホステスにしてモデル・女優として知られる美貌の25歳、鄭仁淑が死亡する事件が起きた。驚いたことに死因は銃で撃たれたことだった。運転席で発見されたのは鄭仁淑の実兄の鄭宗旭《チョンジョンウク》で、大腿部を銃で撃たれていた。韓国ではきわめてまれな射殺事件が起きたのだ。鄭仁淑には3歳になる男の子がおり、その子の存在がナゾを呼んだ。巷ではこの子の父親は時の首相丁一権《チョンイルグォン》、大統領朴正煕、あるいは青瓦台《チョンワデ》秘書室長李厚洛《イフラク》のいずれかであり、その秘密を隠蔽するために鄭仁淑は殺されたのだという噂が流れた。稀代の「セックス・スキャンダル」または「請負殺人事件」ということだ。

検察は鄭宗旭を犯人として逮捕した。だが騒動は治まらなかった。新民党が政府高官の介入疑惑を言い立て、国会本会議で金相賢《キムサンヒョン》がこの事件は殺し屋の仕業の疑いがあると主張した。すると共和党の車智澈《チャジチョル》が大声で野次を飛ばしたため与野党の議員でもみ合いになり、国会本会議場は騒然とした。とうとう朴正煕大統領は丁一権首相を解任した。鄭仁淑の自宅からは朴正煕、丁一権、中央情報部長金炯旭、大統領警護室長朴鐘圭《パクチョンギュ》をはじめ、数十人にも及ぶ閣僚、次官、軍将校、財閥トップ、国会議員の氏名、連絡先、会った日時と場所の記された手帳と帳簿が発見され、その名簿が流出して一部がマスコミで報じられた。世間では「肉薄〔韓国語の発音はユクパク〕戦」という表現が流行語のように使われた。陸《ユク》英修夫人が鄭仁淑との関係について夫を問い詰めて夫婦ゲンカになり、朴《パク》正熙の投げた灰皿が当たって目に青タンができたという噂だった。

歌手羅勲児がとばっちりを受けたのは替え歌のせいだった。人々は「愛が何かと尋ねるならば／涙の種と答えましょう」という歌詞を「パパが誰かと尋ねるならば／青瓦台のミスターと答えましょう」にして歌った。鄭仁淑事件はついに真相が明らかになることはなかった。警察は凶器のピストルを発見できず、犯行現場をじゅうぶんに鑑識したり保存したりすることもないまま事故車両をさっさと廃車にしてしまった。19年という長い刑期を終えて釈放された鄭宗旭は、妹を殺したのは狙撃手であり、自分は濡れ衣で刑務所送りになったと主張した。鄭宗旭によれば、近いうちに息子をつれて米国に向かう予定だった鄭仁淑は、タワーホテルで何者かと会ったあと帰宅途中に西橋洞《ソギョドン》の自宅付近の路地で銃撃され、鄭宗旭はその狙撃手に拉致されて切頭山付近の漢江沿いの道まで連れていかれ、そこで足の付け根を撃たれた。裁判所は現場で押収した証拠品を遺族に返却したが、そこには1・7カラットのダイヤの指輪、ロレックスの時計、米ドル2000ドル、300万ウォンの定期預金証書、180万円と200万円の日本銀行小切手、少額の韓国商業銀行の自己宛小切手と現金が含まれていた。鄭仁淑の息子は成人してから親子確認の訴訟を起こしたが、丁一権が死亡したため実子かどうかはついに確認されなかった。

ポスト民主化の時代になっても放送の事前審議制度は廃止されなかった。1993年に歌手鄭泰春《チョンテチュン》が記憶にとどめておく価値のある闘いを始めた。鄭泰春は公倫の事前審議を受けずにアルバムを制作発表することで、文化観光省に自身を告発させるように仕向けた。そして法廷闘争をするなかで、事前審議を強制する「レコードおよびビデオ物に関する法律」に対する違憲審査を裁判所に申し立てた。おりしも人気ロックユニットのソテジワアイドゥルの発表した4枚目のアルバム「カムバックホーム」に収録された「時代遺憾」に対して公倫が歌詞を修正するよう指示したところ、リーダーのソ・テジが歌詞をすべて削除したインストルメンタル曲として収録することで公倫の検閲に対抗するという一件が起きた。「文化大統領」の異名を持つソ・テジだけに、表現の自由を奪った公倫にはファンからの非難が殺到した。ついに公倫は1996年6月に事前審議制を廃止し、4か月後に憲法裁判所は事前審議制度が表現の自由を定めた憲法第21条に違反するとの決定を下した。アーティストが粘り強い闘いを繰り広げて植民地期から90年代まで存続してきた事前検閲制度を廃止させたのだ。

朴正熙大統領は若いころ小学校の教師だった。朴正熙自身は教養ある人間ではなかったが、教養ある人間を尊重する気持ちはあったようだ。もしそうでなかったならば全国の学校の児童生徒および教師を動員した自由教養大会のようなものは実施しなかったはずだ。僕は小学生のときはじめて地区予選に参加した。4年生だったか5年生だったかはっきりしない。担任の先生がある孝行息子についての物語を読み聞かせてくれて、クイズ番組「挑戦ゴールデンベル」みたいなやり方でペーパーテストを受けた。「主人公の孝行息子は死にそうな母親を命を救おうと自分の指を噛んでその血を母親の口に滴らせました。孝行息子の噛んだ指は何指でしたか」。そんな感じの記憶力テストだったが、血を飲ませることが危篤状態の病人を救うのに役立つかなんてことは知ったことではなかった。僕はクラスの代表になり、似たようなテストで他のクラスの代表とも競って学校の代表メンバーに選ばれた。夏休みのあいだじゅう学校に通わされて古典を読み、感想文を書き、ペーパーテストを受けて準備したが、大邱の地区予選で落選した。中学のときも同じことをやらされたが、当時わけもわからぬまま読まされた本の数々を思い出す。「論語」、「新約聖書」、「ギリシャ・ローマ神話」、「三国遺事」、「朴氏夫人伝」、「懲毖《ちょうひ》録」、「乱中日記」なんかだ。知識を扱う仕事に従事する50代なら誰もみな「大統領旗争奪全国自由教養大会」の思い出が胸のどこかに眠っていると思う。

　国の品格は国民の教養の水準が左右する。教養水準をアップさせるには人類文明の偉大な成果が盛りこまれている古今東西の古典を読むべきだ。そこに異議を唱える必要はないはずだ。そう確信した知識人が60年代の初めころから団体を結成して古典読書運動を展開したのだが、そんな団体のひとつに韓国自由教養協会があった。この団体は１９６６年から東亜日報とともに古典読書国民運動を展開し、政府の財政支援を受けることに成功した。同協会は古今東西の古典１００冊を翻訳普及し、中学、高校、大学に関連の講義を開設し、企業や農漁村に読書クラブをつくる事業に着手した。古典１００冊は「三国遺事」、「懲毖録」、「三国史記」、「退渓《テゲ》思想文選」、「栗谷《ユルゴク》思想文選」、「牧民心書」、「大東野乗」をはじめとする朝鮮の古典と、孔子、孟子、荘子、老子、墨子、司馬遷、アリストテレス、プラトン、マキャベリ、ルソー、アダム・スミス、デカルト、ヘーゲル、カント、ダーウィン、フロイト、スピノザ、ニーチェなど古今東西の偉大な哲学者たちの記した著作を網羅していた。

李御寧《イオリョン》、玄勝鍾《ヒョンスンジョン》、梁柱東《ヤンジュドン》、具常《クサン》、朴鐘鴻《パクチョンホン》といった当代の著名な知識人や文人たちが古典読書運動を後押しした。知識人として当然の行いをしたまでだ。ところが政府の支援が始まったころから古典読書運動は暗記能力をテストする競技大会へと変わってしまった。1968年11月に第1回大統領旗争奪全国自由教養大会が開催され、丁一権首相から賞が授与された。まるで高校野球や高校総体のように全国の学校や自治体から選抜された代表選手が出場し、感想文を書き筆記試験を受けた。全盛期の1974年には全国の児童生徒の90%が地区予選に参加した。大統領夫人陸英修は毎年入賞者を青瓦台に招いて茶菓をふるまった。1975年に開かれた最後の大会までに延べ1900万人が参加し、協会は132作品800万部の古典を寄贈した。この大会が消えたのは暗記式の競争の過熱、図書普及にかかわる汚職、スパルタ教育の副作用が問題になったからだという。だが根本的な原因は古典の読書が兵営型の社会にとって都合の悪いことだったからだろう。

全泰壱、文松勉《ムンソンミョン》、SHARPS《パノルリム》

兵営国家の最大の被害者は労働者だった。国が特定の価値観と生き方を強制すれば、国民はつらく窮屈な思いをする。自分の望む生き方を自由に選択できなければ人生に対する懐疑が生まれる。兵営国家韓国の敵は北朝鮮ばかりではなかった。ソ連、中国、東欧社会主義諸国など、いわゆる「国外共産系列」も敵だった。それらの国々の標榜するイデオロギーがマルクス主義だったからだ。マルクスは万国のプロレタリアートに団結を呼びかけ、ブルジョアジーの支配する資本主義体制を打倒せよとけしかけた。ゆえに兵営国家の権力者は労働者を北朝鮮や「国外共産系列」の潜在的協力者とみなし、労働者が階級に目覚めたり団結したりすることのないように格別の関心を注いだ。ここでいう格別の関心とは徹底した監視と容赦なき抑圧を意味する。労働者は心理的な苦痛のみならず生存権や人権まで奪われる「物理的な苦痛」をも味わわされることになった。

政府は労働者が国際的連帯意識を持つことを封じようと、世界共通の5月1日のメーデーの代わりに3月10日を「勤労者の日」と定めた。労働三権をできる限り抑えつけ、労働組合の結成は企業単位でのみ許され、ナショナルセンターもひとつだけ認めた。保守色の強い韓国労総以外に自主的な連盟をつくることができないようにしたのだ。韓国労総は、解放直後の社会主義路線の朝鮮労働組合全国評議会（全評）に対抗するために、トップダウン式に急ごしらえで結成された大韓独立促成労働総連盟を母体とする組織だ。長きにわたって政府寄り、または御用労組の役割を果たしており、1960年に韓国労総に改称してこんにちまで存続している。その既得権を守るために韓国労総は政府と手を組んで自主的な労働組合を弾圧し、全斗煥大統領の護憲宣言を支持する声明を発表し、1987年の労働者大闘争のときは何ひとつ行動を起こさなかった。ポスト民主化の時代になると選挙に際しては都合によって与党にくっついたり野党にくっついたりしている。

自主的な労働組合の連合組織は広場の時代が開かれてからはじめて誕生した。1995年11月に発足した全国民主労働組合総連盟（民主労総）である。１９９６年の労働関連法案の強行採決に抗議してゼネストを組織するなかで世論を背景に基盤を築いた民主労総は、傘下に16の産別労組を擁しており、大手自動車メーカーの巨大労組の属する全国金属労働組合、全国教職員労働組合、全国公共運輸労働組合などが中心メンバーだ。民主労総は１９９７年の史上初の平和的政権交代から10年あまりのあいだに組織的・政治的影響力を拡大させ、民主労働党の国会進出を実現させた。けれど慢性的な派閥争いや大企業労組の自己中心的なやり方などのために世論の信望は大きく損なわれ、２００８年以降は政府による常態化した露骨な弾圧にも直面している。

権力者は歴史にみずからの人格を刻む。韓国現代史にもっとも鮮明な人格の刻印を残した指導者は朴正熙大統領と金大中大統領ではなかったかと思う。だがときに、いかなる地位も権力も持たない人物が歴史にみずからの人格を刻むこともある。「永遠なる青年労働者」または「労働烈士」と呼ばれる全泰壱その人である。金壽煥《キムスファン》枢機卿や法頂《ポプチョン》和尚も権力者ではなかったが韓国現代史に人格を刻んだ。けれど彼らにはカトリックや仏教という宗教的バックグラウンドがあった。全泰壱には何ひとつなかった。22歳の青年労働者全泰壱は、１９７０年11月13日にソウル清渓川《チョンゲチョン》地区の平和《ピョンファ》市場で勤労基準法の冊子を抱えたままガソリンをかぶってみずからの体に火を放った。全身が燃えあがる苦痛の中で全泰壱は叫んだ。「我われは機械ではない！」、「勤労基準法を遵守せよ！」。全身にⅢ度の火傷を負った全泰壱は母親李小仙《イソソン》の胸に抱かれて息を引き取り、李小仙は２０１１年に他界するまでの40年間を「すべての労働者の母」として生きた。

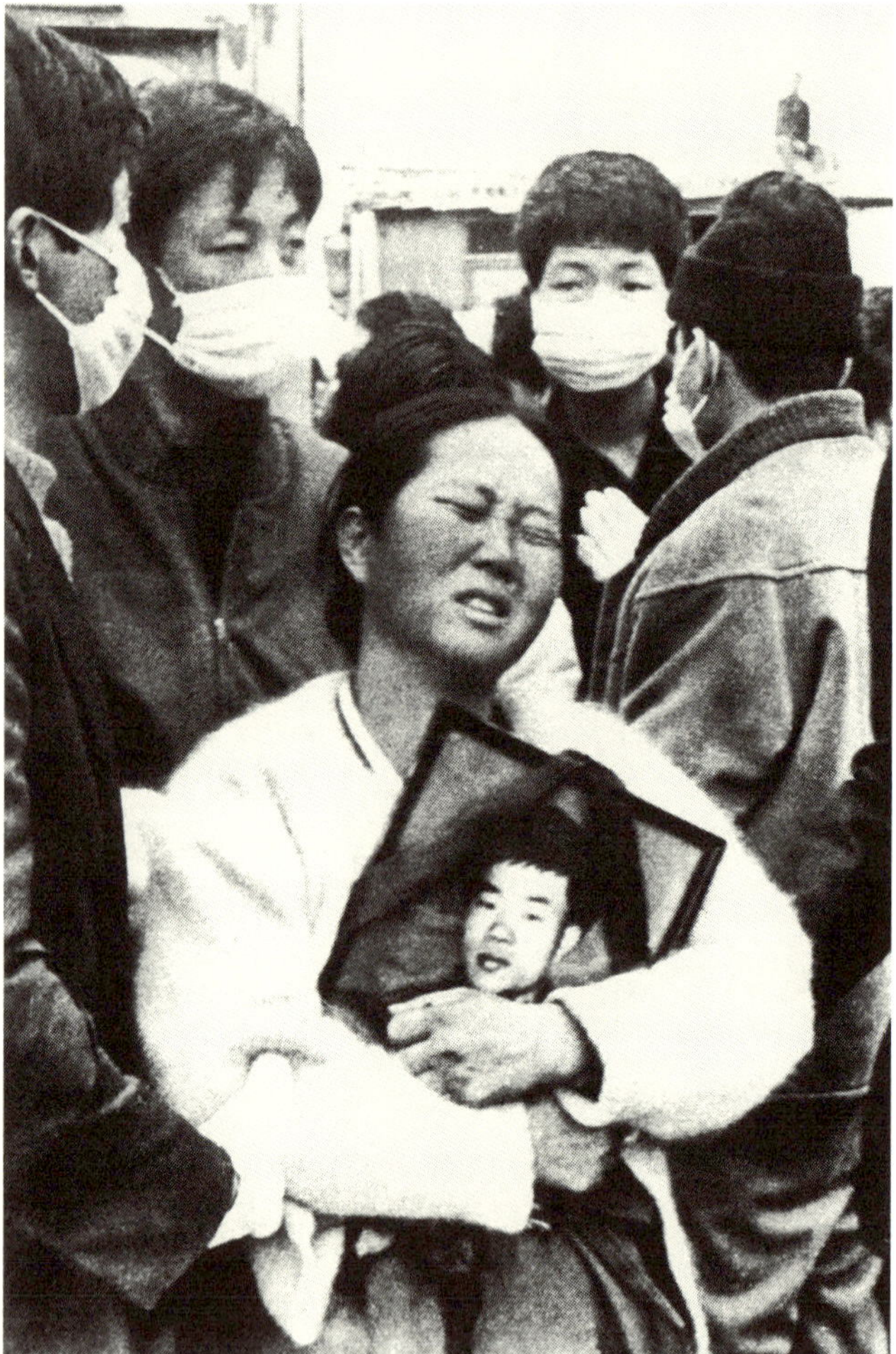

1970年11月18日、わが子全泰壱の遺影を抱えて悲しみにくれる母・李小仙

全泰壱は17歳のとき平和市場の縫製工場で「シタ（裁断補助職）」として働きはじめた。その後技術を身につけてけっこう給料のいい裁断士になったが、同じ職場で強制労働となんら変わらない状況で酷使され、さまざまな職業病に苦しんで疲弊していく年端もゆかぬ女性労働者の姿に目を背けることができなかった。全泰壱は女性労働者の負担を軽減する方法はないものかと独学で勤労基準法を学んだ。だが小学校中退の身では漢字がずらずら並ぶ法文を読むこともままならず、自分が大学に通っていたならば、自分に大学生の友人がいたならばどれほどよかったかと嘆いた。「バカの会」という労働者のグループを立ち上げて労働条件を改善させようとしたところ逆に解雇された全泰壱は、清渓川地区の縫製工場の労働者の生活実態を調査して報告書を作成し、労働庁に訴えた。だが政府も雇用主も社会主義のレッテルを貼って迫害するばかりで、この青年労働者の切なる訴えに耳を貸そうとはしなかった。

全泰壱は労働庁長官に宛てて書いた陳情書で、平和市場の実態を次のように要約している。平和市場の労働者は2万人、ひとつの工場に平均30人が働いている。労働者の90％以上が平均18歳の女性である。労働者の40％を占めるシタは平均15歳の少年少女だ。彼らは１００ウォンにも満たない日当で1日16時間も働かされている。休日は1か月に2日のみ。平均経験年数は6年で、平均年齢20歳の女性熟練労働者は狭く薄暗い工場で働いているために目を傷め、神経痛や胃腸炎、肺炎に苦しんでいる。勤労基準法に基づく健康診断はフィルムなしで撮影したふりをする見せかけのレントゲン検査が関の山である。全泰壱は朴正煕大統領に宛てた嘆願書で大統領のことをこの国の父と呼び、父親に恨みごとを言う前にどこが苦しいのか知らせるのが子としての務めだと書いた。全泰壱の請願した内容は1日の作業時間を10～12時間に短縮し、毎週日曜日を休日にし、健康診断をきちんと受けさせ、シタの給料を50％引き上げてほしいというものだった。全泰壱はそれを「人間としての最低限の要求」だと語った。だが政府も使用者側も無情にもその要求を顧みることなく踏みにじった。全泰壱はもうほかに道はないと考えて焼身を決意した。

全泰壱以前にも全泰壱以降にも抑圧と搾取に抗してみずから命を絶った労働者たちがいた。だがいずれも全泰壱ほど鮮明な刻印を歴史に残していない。全泰壱は自分自身のためではなく若い女性労働者の労働条件を改善するために焼身を図った。彼は平和市場の労働者としては給与水準のもっとも高い裁断士だった。他の有能な裁断士はカネを貯め独立して洋裁店を開くことを夢見て働き、実際にその夢をかなえた者も多かった。他人の命と健康と福祉のためにみずからの命をなげうつのは、人間のなしうるもっとも高潔な行為である。全泰壱を焼身へと駆り立てたものは何らかのイデオロギーではなく、弱く幼き隣人への憐みだった。彼の残した日記を見ると、全泰壱自身も弱く不完全な存在だったことがわかる。弱く不完全な22歳の青年労働者が、より弱くより幼い女性労働者のためにとった命を捨てて顧みない行動が、多くの人々の魂に響いた。全泰壱は、韓国社会が貧困と抑圧、搾取と人権蹂躙に苦しむ無数の労働者を生み出しているという事実を劇的に暴いてみせ、韓国社会がどこに向かいつつあり、どこに向かうべきなのかを教えてくれた。

労働者焼身の一報を耳にした大学生は平和市場へと駆けつけた。趙英来《チョヨンネ》、張基杓《チャンギピョ》らの面々だ。反独裁・民主化闘争に明け暮れていた大学生や知識人は、労働者の悲惨な現実に大きな衝撃を受けた。70年代以降の労働運動、すなわち労働者と学生の連帯、若き知識人の労働現場への進出、労働運動の政治への進出、民主労総の誕生といった一連のできごとは、すべて全泰壱の焼身から始まったのだ。平和市場の労働者たちはただちに清渓被服労働組合を結成した。数多くの大学生が夜学をつくって労働者に寄り添った。大学を終えた若者には、技術を学んで資格を取り工場に就職する者も現れた。全泰壱の死に勇気を得た労働者は自主的な労働組合を結成した。民主労組の代表格ともいえる東一《トンイル》紡織、コントロールデータ、半島《パンド》商事、元豊《ウォンプン》毛紡、ＹＨ貿易をはじめ、70年代に２５００以上の労働組合が新たに生まれたのだ。１９８５年の大宇《テウ》自動車労組のストライキと九老《クロ》同盟スト闘争を経て１９８７年夏の労働者大闘争へ、現代《ヒョンデ》グループ、大宇グループといった財閥系の大企業で巨大労組が結成される過程でも、全泰壱の精神に影響を受けた学生出身の活動家と都市産業宣教会のような宗教系の支援組織の活動が大きな役割を果たした。

全泰壱の死から18年たった１９８８年７月、文松勉《ムンソンミョン》という15歳の少年が亡くなった。文松勉は家庭が貧しく中学を終えることができなかった。夜間学校に通わせてくれる工場があると聞き、故郷の忠清南道瑞山《ソサン》市を離れてひとりソウルにやってきた。ところが永登浦区楊坪洞《ヤンピョンドン》の工場に就職して温度計に水銀を充塡する業務に携わってわずか２か月、手足のしびれを訴えて家に戻された。いくつかの病院を訪ねたが原因ははっきりしなかった。結局、ソウル大学病院で水銀中毒だという診断結果を知らされたが、その４か月後に息を引き取った。この事件は当時の韓国の産業保健の現実と労働行政のお粗末さをありていにさらけ出した。当時は職業病専門病院など存在しなかった。会社側は、文松勉の病気はまったくあずかり知らぬことと主張して労災申請書への捺印を拒否した。労働省はソウル大学病院が労災保険指定医療機関でないという理由から療養費支給申請書を突き返した。

文松勉事件に刺激を受けた源進《ウォンジン》レーヨンの職業病被害者が対策委員会を結成した。源進レーヨンはソウル市近郊の渼金邑《ミグムプ》［現南楊州市《ナミャンジュ》］陶農洞《トノンドン》にあった。１９６６年に日本の中古設備を導入してビスコースとレーヨンの独占生産を始めたこの会社には１５００人あまりの労働者が働いていた。いくつもの製造工程のうちレーヨンを紡ぐ最終工程で初期に投入した二硫化炭素が再放出される。ところが会社は適切な安全装置を備えないまま20年以上もこの工程を続けてきた。労働者は二硫化炭素の危険性を知らされないまま月間３００時間を超える長時間労働を強いられていた。多くの労働者が身体マヒや言語障害、精神障害などの症状に苦しんでいたが、それが職業病だとは気づかずにいた。１９８８年に二硫化炭素中毒の実態が明らかになる直前、労働省はこの会社に2万５０００時間無災害記録認定証を発行し、会社は中毒症状のため退社した労働者の労災申請書への捺印を拒否した。１９９８年までに勤労福祉公団が療養費支給を承認した被害者は８３０人、うち38人は死亡した。

文松勉が亡くなった直後の１９８８年7月に「源進レーヨン職業病被害者家族協議会」が発足した。韓国公害問題研究所をはじめ環境団体と保健医療の専門家がそこに結集した。朴英淑《パクヨンスク》、盧武鉉ら野党議員が真相調査に乗り出した。だが政府の無関心に憤慨した源進レーヨン被害者がソウルオリンピック聖火リレーの妨害を企てるという一件が発覚するまで、労働省は交渉のテーブルに着こうとしなかった。源進レーヨンは数年後に廃業したが、闘いはその後さらに10年あまり続けられた。問題の設備は中国企業に売り払ったという噂も流れた。１９９３年に設立された非営利公益法人の源進財団は、被害者に慰労金を支払い、治療やリハビリを支援するために近隣の九里《クリ》市に源進みどり病院と源進福祉館を建設した。

そのころ、僕は短い期間ではあったが李海瓚《イヘチャン》議員の補佐官として働いていた。国会労働委員会では李海瓚、盧武鉉、李相洙《イサンス》のいわば「労働委三銃士」や李仁済《イインジェ》らそうそうたる若手政治家が活躍していた。1988年夏以降、国会では文松勉事件、源進レーヨン事件が論議の的となった。1986年に設立された九老医院、労災相談室など少数の保健専門機関が細々と続けていた労災被害者の診療・相談・教育活動が世間の関心を集めるようになり、労働団体、市民団体ばかりか一般の人々が労災追放運動の重要性を理解し、かかわるようになった。国会は1989年に有名無実の状態だった産業安全保健法を改正し、産業災害予防基金を設置した。産業安全保健委員会への労働者の代表の出席を保証し、労災予防教育を義務化し、1995年には緊急作業中止権と産業保健に関する情報公開、産業医学専門の制度導入などの追加的な制度改善を実施した。2002年には筋骨格系疾患、ストレス、室内空気汚染から労働者の健康を守るうえで必要な措置は企業の責任で講じるよう法律を改正した。

文松勉の死から19年たった2007年11月に「サムスン半導体集団白血病の真相究明と労働基本権確保のための対策委員会」が発足した。23歳の女性労働者ファン・ユミの死がきっかけだった。2003年からサムスン半導体器興《キフン》工場で働いていたファン・ユミは、入社2年後に急性骨髄性白血病と診断されて闘病生活を送っていたが、2007年に亡くなった。1年前にも同じ工場で働いていた同僚のひとりが急性リンパ性白血病と判明して2か月後に亡くなる事件があった。サムスン半導体器興工場では2000年以降に少なくとも6人の白血病患者が発生している。華城《ファソン》工場、温陽《オニャン》工場でも白血病患者が発生していた事実が明らかになった。サムスン半導体は白血病と業務との因果関係を否定した。産業安全保健公団はごく形式的な疫学調査を実施してまるで意味のない報告書を発表した。２００９年5月、勤労福祉公団は白血病にかかったサムスン半導体の労働者5人の労災申請の承認を拒否した。白血病が職業病だという医学的根拠がないというのが拒否の理由だった。２０１１年、ソウル行政裁判所は被害者家族が勤労福祉公団の労災不承認を取り消すよう求めて起こした訴訟で、一部の原告にのみ部分勝訴の判決を言い渡した。勤労福祉公団は合同対策会議を持つなどサムスン側とともにこの不十分な判決さえ受け入れず、控訴した。

ファン・ユミ事件から始まった対策委員会は、２００８年以降は他の半導体メーカーの職業病被害者の問題をも扱うべく「半導体労働者の健康と人権の守り人ＳＨＡＲＰＳ《パノルリム》●1 [Supporters for the Health And Rights of People in the Semiconductor industry]」という名称で活動している。ＳＨＡＲＰＳに職業病だと申し出た人は２０１３年までで１７１人おり、うち70人あまりがすでにこの世を去った。白血病、脳腫瘍、乳癌、筋萎縮性側索硬化症（ＡＬＳ）、多発性硬化症など病名はさまざまだが、いずれも癌または難病であり患者の大半が若い人たちだ。39人が労災保険による補償を申請したが、勤労福祉公団が労災認定したのはわずか3人で、あとは「疾病の原因を立証することが困難」としてすべて棄却した。ＳＨＡＲＰＳの闘いは現在進行形である。これまでのところ、１９８８年の文松勉事件や源進レーヨン事件とほぼ似たような経過をたどっているように見える。もっとも大きな違いは闘う相手がグローバル企業集団であるサムスングループ傘下の最先端企業だという事実、そして民主労総、さまざまな市民団体、個々に支援を申し出た市民一人ひとりが息の長い活動をともに続けていることだ。2014年5月にサムスン電子会長の李健熙《イゴニ》が心臓麻痺で倒れて意識不明のまま現在も集中治療室に入院中だが、そんななか、会社側はようやく重い腰を上げて被害者に謝罪し、補償のための協議を始めるとの立場を明らかにした。

安保国家から福祉国家へ

難民キャンプの住民には他人に配慮したりする余裕がない。兵営国家の国民もまた与えられた役割を忠実にこなすことで精いっぱいだ。当時は心ある人々も厳しい状況に置かれ、閉塞した社会の雰囲気のせいもあって思いの丈を表現できずにいた。絶対貧困から抜け出して自由な広場にやってきて、はじめて人々はあたりを見回して他人に配慮するようになった。それにともなって国の機能も次第に変わっていった。国民を監視し命令し処罰するだけではなく、市民を保護し支援することにも力を注ぐようになったのだ。大韓民国は福祉国家に向かって少しずつ歩んできた。

福祉国家とは市民を社会のさまざまなリスクから守ってくれる国のことだ。市民の暮らしを脅かす社会のリスクはいろいろある。仕事を失うこと、重い病気にかかること、労災に遭って障害を負うこと、財産も所得もなく老いること、認知症や脳血管障害のせいで独力で日常生活を送れなくなることなどだ。こうしたリスクに見舞われると人生は地獄になりかねない。当事者と家族だけでなく周囲の人々まで苦しむことになる。国民はこうしたリスクから逃れたいという望みを国の制度に託した。公務員年金、軍人年金、国民年金といった老後に備える公的年金、労災や職業病に備える産業災害補償保険［労災保険］、治療費負担を軽減する国民健康保険、失業給付を提供する雇用保険、そして老人性疾患にかかった場合に面倒を見てくれる老人長期療養保険〔介護保険〕という社会保険制度を整備したのだ。

社会保険は加入者が所得の一部を保険料として納め、必要に応じてサービスを受ける社会的なセーフティネットだ。韓国の社会保険の歴史には、安保国家から産業化国家、そして民主国家を経て福祉国家に向かって歩んできた現代史のせわしない道程がそっくり投影されている。政府は60年代初めに公務員年金と軍人年金を制度化した。兵営を運営するには将校や幹部を掌握し、彼らの協力を仰がねばならない。中央情報部、検察、裁判所、経済官庁といった国の日常業務を処理する国家公務員、地方自治体で国の命令に従って働く地方公務員、下士官から将校まで大統領が命令すれば市民に銃口を向けることもいとわない職業軍人、治安を維持して国民の日常生活を監視・統制する警察官、子どもたちを教育する教師と大学の教職員、そういった人々の忠誠を確保することが兵営国家の基本的な課題だ。政府があらゆる社会保険のうち公務員と軍人の老後のための年金制度を最優先して導入したのはまさにそのためだった。

公務員年金と軍人年金は、納付する保険料に比べてきわめて手厚い年金を受給できるように設計されていたため、赤字になるのは必定だった。そのため基金の積立金はかなり前からすでに底をついており、国民の税金である政府一般会計から必要に応じて毎年資金を繰り入れている。２０１３年に公務員年金、軍人年金の支給のために政府が支出した金額は2兆ウォンを軽く超えている。ところで、小中高校の教育機関は私立が圧倒的に多く、私立学校も事実上は国公立の学校と同等の社会的機能を果たしている。そこで私立学校の教職員に対しても公務員に準じた私立学校教職員年金制度が導入されている。私学年金は今のところまだ基金の積立金は残っている。けれどこれもまた遠からず底をついて公務員年金と同じように国の財政から年金を支給しなければならない日がやってくる見通しだ。2014年5月、政府は公務員年金の支給額を20％一括削減する法律改正案の論議に入った。

一般国民を対象とした国民福祉年金法は1973年に制定されたものの、ついに施行されることはなかった。1986年になってようやく全斗煥政権のもと国民年金法が制定され、盧泰愚大統領の就任直前の1988年1月に施行された。この制度は公共機関と大企業から導入が始まり、1992年に従業員5人以上の事業所に、1995年に農漁村地域へと拡大され、1999年の金大中政権のもとで都市地域まで拡大適用されて、ようやく国民皆年金の時代を迎えた。国民年金も公務員年金と同様で、導入初期に国民の支持と協力を得るために保険料に比べて年金額がはるかに多くなるように設計されている。ところが平均寿命が急速に伸びているのに対して、少子化の影響で新規加入者はどんどん減少している。経済成長率と金利も下がり基金運用収益率は下降の一途をたどっている。基金の積立金は当初予想していたよりずっと早く枯渇するとの見通しが報じられると、政府および国会は2007年7月に国民年金法を改正した。給付水準を2028年まで所得代替率の60％から40％へと引き下げ、年金の受給開始年齢を60歳から65歳へと引き上げたのだ。同時に低所得高齢者の老後の収入を補うために、所得下位70％の高齢者に若干の基礎老齢年金を支給する新たな制度も導入した。けれど国民年金の収益率が民間保険会社の終身年金保険よりはるかに高いという事実は現在も変わっていない。朴槿恵政権は2014年に基礎老齢年金法を廃止し、「基礎年金法」を制定して支給金額を一時的に引き上げた。

医療保険法は１９６３年に制定されたが、実際に施行されたのは１９７７年だった。この制度もまた公務員と公共機関の職員、大企業の社員から適用され、中小企業、零細企業へと拡大された。最初に従業員５００人以上の大企業の正社員のみ加入する職域医療保険を設け、次いで公務員、教職員の医療保険組合をつくった。１９７９年には医療機関は医療保険加入者の診療を拒否してはならないとする当然指定制を導入した。１９８１年には加入義務対象企業を従業員１００人以上へと引き下げ、職場または職種別組合を設けることができるようにした。１９８７年には韓方〔漢方〕医療保険を開始した。１９８８年に従業員５人以上の事業所まで加入義務を拡大し、農漁村医療保険を導入した。１９８９年には都市の自営業者にも加入を義務付けることですべての国民が医療保険に加入することとなった。１９９９年に医療保険の名称が国民健康保険に改められ、２０００年には職場、地域のすべての医療保険組合を国民健康保険ひとつに統合して医薬分業を実施した。このとき、制度改正に反対する医師たちによる大規模な診療拒否運動と個別医療保険組合労組のストライキが相次いだ。

２００７年には、健康保険加入者が少額の保険料を上乗せして納付することで自動的に老人長期療養保険に加入することを骨子とする老人長期療養保険法が制定された。認知症、脳血管障害など老人性疾患で独力で生活を営めない高齢者が、施設や家庭で介護サービスを受けられるようになった。この法案を作成したのは、ソウル市南営洞《ナミョンドン》の治安本部対共分室で受けた拷問の後遺症のためあまりにも早くこの世を去った当時の保健福祉相金槿泰《キムグンテ》である。その後任を務めた僕は、金槿泰の手によってすっかり完成していた法案を国会に提出し、すみやかに可決されるようがんばった。国民健康保険の一部といえる老人長期療養保険は２００８年に施行された。

１９７７年の発足当時、国民健康保険の加入者は３２０万人と全人口の８・８％にすぎなかったが、30年目の２００６年には４７４１万人と国民の98％を上回った。韓方医や薬局も健康保険システムの枠内に入った。ＣＴ（コンピュータ断層撮影）やＭＲＩ（磁気共鳴画像撮影）、ＰＥＴ（陽電子放射断層撮影）など新たな医療技術や先端技術を駆使した診断装置についても保険が適用されるようになった。癌をはじめとする重症患者の診療費の本人負担率を10％以下に抑え、子どもや妊産婦の無料診療サービスを大幅に拡大した。だが国民健康保険はまだ未完成だ。本人負担額の引き下げ、給付範囲の拡大を続けてきたが、なお保障率は60％にとどまっている。総合病院での自由診療費や入院患者の差額ベッド代、付添い人の費用があるからだ。だが韓国が現在のような国民健康保険制度を持てるまでになるのだってけっして容易なことではなかった。米国のオバマ大統領は韓国にはるかに及ばない医療保険制度を導入しようとしてコミュニスト呼ばわりされたではないか。

１９７７年に初期の国民健康保険の制度設計を担当しスタートさせたのは、保健分野の専門家ではなく経済官僚出身の保険社会相申鉉碻《シンヒョナク》だった。朴正熙大統領が北朝鮮の医療費無償制度に刺激されて医療保険制度をつくると決めたのだという未確認情報もある。だがたとえそうだとしても、張起呂《チャンギリョ》博士のように国より先に医療保険組合を立ち上げた先覚者たちの献身を記憶にとどめるのが道理というものだろう。張起呂は現在は北朝鮮に位置する平安《ピョンアン》北道龍川《リョンチョン》の生まれで、ソウル大学医学部の前身である京城医専と日本の名古屋大学で学んだ。植民地期末期に平壌《ピョンヤン》で道立病院長を務めていた張起呂は、朝鮮戦争中の１９５１

年、ソウル陥落の際に次男ひとりをつれて釜山に避難した。戦時中は負傷者や避難民の治療に専念し、戦後は大学教授として無料で診療活動を行い、1968年に韓国初の民間医療保険組合「青十字運動」を立ち上げた。張起呂は生涯かけて貧しい患者、行き倒れの病人、障がい者に寄り添い、てんかんやうつ病といった完治の難しい病を抱える人々の友となった。

医療保険制度のない時代には、重症患者が入院保証金を支払えないために病院から追い出されることがままあった。時宜にかなった適切な治療が受けられず、軽い病気が致命的なところまで悪化してしまうことも無数にあった。病院との治療費をめぐる駆け引きでは患者側はつねに弱者にならざるをえなかった。重い病気にかかったらじっと座して死を待つか、一家の破産を覚悟して完治可能かどうかもわからない手術を受けるか、そのいずれかだった。国民健康保険は国民をそうした苦痛や悲劇から救った。それは何よりも、国に重い腰を上げさせようと批判し訴え刺激しつづけた先覚者たちの苦労の賜物だと僕は思う。

産業災害補償保険は、労働者が働くなかで事故に遭ったり健康を損なったりしたときに、その被害を補償し再起を支援する制度だ。労災は一事業者の責任で補償するにはリスクが大きすぎる。そこで法律によってすべての事業者が労災保険に加入するよう義務付けたのだ。産業災害補償保険法は1963年に制定されたのち、1969年までに従業員500人以上の事業所から16人以上の事業所まで順次拡大適用されたが、全泰壱が焼身自殺した当時の平和市場の状況からもわかるように、70年代までは実効性のないものだった。この制度は1987年に従業員5人以上の事業所まで適用対象が拡大されたのち、文松勉事件と源進レーヨン事件を機にさらに一歩前進した。政府は1994年に勤労福祉公団を設立し、適用事業所の範囲を拡大するなど労災保険制度を拡充すべく努めた。2000年には1人以上のすべての事業所に適用するうえで必要な法的根拠を整備し、療養給付、休業給付を大幅に引き上げた。2007年には法定職業リハビリ給付を導入し、特殊勤務形態の従事者のための特例制度を導入した。

雇用保険は1990年の第7次経済社会発展5カ年計画で検討が始まり、1993年の金泳三政権のもとで制定された。金泳三大統領のお気に入りだった労働相李仁済は、全経連、経総、保守メディアから浴びせられたごうごうたる非難に屈することなく、1995年7月から従業員30人以上のすべての企業の常勤従業員を被保険者とする施行令を確定して雇用保険制度をスタートさせた。このときが政治家李仁済の人生でもっとも輝かしい瞬間だった。彼はアカだと罵られてもひるまずに信念を貫いた。大統領予備選の敗北を不服として新党を立ち上げたり、党籍をコロコロ変えたりという身の処し方から李仁済のことを嘲る者は多いが、雇用保険制度を制定させたという実績ひとつだけで、彼の政治人生はじゅうぶん意味あるものだったと僕は考えている。

雇用保険は一義的には仕事を失った労働者に生活費を支給する制度だ。解雇抑制策として企業を助成し、失業者には職業教育の機会を提供して働き口を斡旋する。1998年と1999年の二度にわたって法律を改正し、失業給付の最低支給額と最低支給期間を大幅に拡大した。2002年には高齢労働者、日雇い労働者、4人以下の小規模事業所にも雇用保険を適用した。2005年には企業の雇用維持を支援し、労働者の職業能力を向上させるための事業を大幅に拡充した。

ポスト民主化時代の韓国は老人長期療養保険を含む五つの社会保険制度を有する国になった。だが社会保険制度だけでは人々に安心安全を提供する福祉国家はつくれない。極度の貧困のため保険料を支払えない人々もいるからだ。1961年12月に国家再建最高会議は「老齢・疾病等による労働能力喪失のため生活維持能力のない者を保護」するとして「生活保護法」を制定した。19世紀英国で長く激烈な論争を繰り広げた「救貧法」と似たような水準の法律だった。だが1997年以前の政府がこの法律の保護を受けるべき「生活保護対象者」に差し伸べた支援といえば、たかだか救護糧穀の配給と保健所、保健支所、道立・市立病院の医療救護くらいのものだった。1982年に全斗煥政権は「零細民総合対策」を策定し、生活保護対象者への職業訓練を実施して就職を斡旋するとしたが、実効性ゼロだった。政府のもっぱらの関心事は地方の零細民が大都市に流入しないように手を打つことだけだった。

福祉国家へと向かう大きな一歩を踏み出したのは金大中政権だった。アジア通貨危機で100万人を超える失業者がいちどきに発生し、ソウル駅がホームレスであふれかえるのを見て、人々は本人の自己責任だけでは貧困に太刀打ちできないという事実を痛いほど実感した。90年代に飛躍的な成長をとげた各種市民団体が、社会的貧困に対する国の責任を指摘して対策を講じることを要求した。1998年7月に参与連帯、民主労総、経実連、韓国女性団体連合など26の市民団体が国民基礎生活保障法の制定を求める立法請願を発表した。この請願を国会へと橋渡ししたのは80年代に小説「人間市場」〔西門啓訳・朝日出版社刊〕で洛陽の紙価を高からしめた作家の金洪信《キムホンシン》議員だった。与党新政治国民会議が「国民基礎生活保障法案」を発議したが、国会はそれを審議することなく半年以上も塩漬けにした。憤慨した市民団体は激烈な批判を浴びせた。ついに金大中大統領が1999年6月21日に蔚山市を訪れた席上で、国民基礎生活保障法を必ずや制定するという力強い意志を表明し、2か月もせずに法案は国会で可決され、2000年10月1日を期して国民基礎生活保障制度が施行された。

国民基礎生活保障制度は、憲法の定めにあるとおりすべての国民に人間らしい生活を送る最低限の権利を保障している。いかなる理由であれ最低限の生活費を稼げない者に、国に対して最低生活費の支給を要求する権利を付与した。そのためこの法律の保護を受ける者のことを「受給者」ではなく「受給権者」と呼ぶ。受給権者は生活費の給付とともに、疾病にかかったときは国民健康保険の加入者と同一の医療サービスを無償で受けることができる。働く能力のある受給権者が職業能力を身につけて就職できるようにサポートする自立支援事業も同時にスタートした。こうして韓国は誰もが道端で物乞いをせずとも生きる道をみつけることのできる国になった。もちろんホームレスの問題は残っている。だがホームレスについては別の対策があってしかるべきだ。彼らはたんにカネがないという理由だけでホームレス生活をしているわけではないからだ。

金大中政権は「生産的福祉」というスローガンを掲げて福祉国家への第一歩を踏み出した。社会保険制度の行き届かない死角地帯にも光を当てた。国民基礎生活保障制度を導入しただけでなく、電動車いすを支援して家の中に閉じ込められて生きてきた重度障がい者を社会に招き入れた。市民運動団体やボランティアが親の保護を受けられない子どもたちの面倒を見ていた学童保育施設を、国の政策でカバーして地域児童センターへと発展させた。盧武鉉政権はさらに老人長期療養保険を新たに導入して社会保険制度を拡充し、子育てへの大規模な財政支援を始めた。重度障がい者の介護者制度を導入し、障害手当を大幅に引き上げ、自立支援事業を育成した。さらに施設に入所している子どもや里親家庭で暮らす子どもと国がともに貯蓄する預金口座を設けた。こんにち、地域児童センターは全国に４０００か所以上を数え、１日11万人の子どもたちが利用している。６万人あまりの施設や里親家庭の子ども、貧困層の子どもたちが「ティディムシアッ［一歩を踏み出すための種］通帳」に月平均３万３０００ウォンを貯蓄している。これらすべては李明博政権を経て朴槿惠政権まで予算不足に苦戦を強いられながらも大枠では揺るぎなく成長してきた。

兵営社会では集団の目標を達成するために国家権力が個人の価値観や文化の様式を統制していた。広場の社会にやってきたこんにちの韓国では、個人がみずから人生の目標を決めて生きていく。もちろん２０１４年の韓国が、あらゆる社会悪や不当な差別を克服した理想の社会になったわけではけっしてない。だが僕ら一人ひとりが哲学的な意味での主体として、自己実現という最高の欲望を自由に追求するうえで必要な社会経済的・文化的条件をある程度手にした社会であることは確かだ。

僕らは建国の祖・檀君《タングン》以来これまで一度も経験したことのなかった物質的な豊かさを享受している。韓国の中産層の市民は朝鮮時代の閣僚クラスにもひけをとらないほどおいしいものを食べ、いい服を着ている。はるかにあたたかく冬をすごし、はるかに涼しく夏を送っている。欧米の都市や名所を旅行する。アフリカを探検し、アジアの奥地でボランティアをする。イタリアやフランスの会社がつくったブランド品の服やバッグを身に着ける。30年前には想像もできなかったようなＩＴ革命の果実を味わう。若者はプレミアリーグやブンデスリーガ、リーガ・エスパニョーラのビッグゲームを生中継で観戦する。欧米のヒットチャートを席巻するポップスをダウンロードする。韓国の歌手だってＹｏｕ Ｔｕｂｅを通じてあっというまに世界のスターダムにのし上がる。

僕らはまた、人類の歴史にかつてなかった自由を謳歌し、自分の欲望と個性をためらうことなく表現して生きている。大統領や国会議員、道知事や市長、地方議会の議員も自分たちの手で選出する。自分で政党をつくることもできるし、公職の選挙に出馬することもできる。政府のやることが正しくないと思ったら、オンラインであれオフラインであれ誰はばかることなく批判することができる。僕らは身体の自由、思想と表現の自由、職業選択の自由、居住と移転の自由を享受している。

僕らにはこれらすべてに対してプライドを覚える資格がある。誰から与えられたものでもなく、僕らが己の意志と力とで、多くの苦しみに耐え試練を乗り越えて手に入れたものだからだ。だが僕らは憲法の保障する自由と権利を完全に享受しているわけではない。例外がひとつある。北朝鮮と国家保安法という冷戦時代の遺物だ。それは広場の片隅にある「立入禁止区域」だ。この禁止区域には『関係者以外立入禁止」という貼り紙がしてある。韓国社会はまだ完全に自由な広場になれずにいる。

●1 英語名称のイニシャルがＳＨＡＲＰＳであることから、韓国では音楽記号のシャープの「半音上げ」を意味する韓国語「반올림：パノルリム」と通称される。

●2 正確には、京城医学専門学校↓京城帝国大学医学部↓ソウル大学医学部。

第6章　南北関係70年

偽りの革命と偽りの恐怖の敵対的共存

レッド・コンプレックス

韓国国民の情緒と意識の奥底には、分断と戦争の痛ましい記憶が、そして南北朝鮮のイデオロギー的・軍事的対立のもとで醸成された恐怖の感情がずっしりとわだかまっている。多くの市民はその恐怖心ゆえに自由と尊厳を踏みにじり冒涜した権力の暴挙を支持し、または黙認した。いまなお消えぬその恐怖の根源は155マイルに及ぶ休戦ラインの向こう側に存在する北朝鮮だ。

恐怖はもっとも強く本能的な感情である。人は自分と家族の命が脅威にさらされたとき恐怖を感じる。北朝鮮は戦争を起こし、休戦後も武装兵力を送りこんでは罪もない市民を殺傷し、大統領を亡き者にしようとした。ミサイルを発射し、核実験をしてソウルを火の海にしてやるなどと縁起でもないことを口走る。北朝鮮は韓国が集団として直面している現実的なリスクだ。僕らはこのリスクに対処する方法を知っている。国民が信じあい協力しあって国防力を増強し、揺るぎない安保態勢を確立することだ。北朝鮮がふたたび攻め入ってくるとするなら、今度は朝鮮戦争のときとは違って韓国が早期に戦争に決着をつけ、統一を成しとげるという意志を持って備えることだ。

だが分断以来70年にわたって韓国国民を不安にさせてきた脅威はそれだけではない。北朝鮮の侵略や挑発よりも恐ろしいことがある。北朝鮮の味方をする裏切り者というレッテルを貼られることだ。こちらは集団的なリスクではなく、市民一人ひとりが対応を迫られる個別のリスクだからより恐ろしい。「北朝鮮の侵略や挑発をはねつけるには韓国内部に『イデオロギーの裏切り者』が存在してはならない。裏切り者は北朝鮮より危険な『内なる敵』である。我われの内なる敵を徹底して暴き出し処断しなければならない」。政府は長年そう主張しつづけてきたし、市民の多くがそれを疑うことの許されない国是と受けとめてきた。

裏切り者を指すことばは時代とともに移り変わった。初めは「共産党」、「アカ」、「スパイ」だった。やがて「左傾」、「親北」、「容共」勢力と呼ばれた。最近では「従北」がトレンドだ。韓国には裏切り者を暴き出し処罰することをもっぱらの任務とする国家機関が複数ある。警察庁対共課、国軍機務司令部、検察公安部、国情院とその傘下機関だ。それらの機関で誰かのことを北朝鮮の味方と決めつけた瞬間、その人物はクモの巣に引っかかった蝶のごとき身となる。いくらじたばたしても抜け出すことはできない。テレビも新聞も公安機関の発表を確定した事実であるかのように報道し、反共精神に燃える知識人や団体が寄ってたかって厳罰に処すべしと騒ぎたてる。同類にされるかもしれないとの恐怖から、その人物を擁護する者はほとんど現れない。はては家族や親戚さえも背を向ける。

クモの巣に引っかからないためには、ことあるごとに人目につくかたちで北朝鮮を非難することに加担しなければならない。北朝鮮に関することなら政府の発表を無条件に信じなければならず、疑念を抱いても口をつぐまなければならない。国情院、公安検事、対共警察、愛国団体、保守メディアや保守知識人らと異なる見解を口にしようものなら「北に行って勲章でももらってろ」、「金正恩《キムジョンウン》が喜ぶぞ」などと言われる。そうした非難はただの非難では終わらない。韓国には北朝鮮を利する言動を処罰する国家保安法が存在する。かつては目をつけられた者はひそかに連行されて激しい拷問にかけられた。拷問に耐えきれずに虚偽の自白をしたが最後、有罪を宣告されて本人のみならず家族まで職場を追われた。

裏切り者のレッテルを貼られたら時に命さえも危うい。もっともおぞましいできごとは国民保導連盟事件だった。国民保導連盟は１９４９年に李承晩《イスンマン》政権の設立した反共団体で、その設立目的は大韓民国政府の成立以前に社会主義的な活動をしていたが、その後転向した人々の支援だった。主として南朝鮮労働党と北朝鮮労働党の党員、全国労働者評議会や民主学生同盟、農民会、文化芸術団体の関係者が加入した。国民保導連盟は「大韓民国政府の絶対支持」、「北朝鮮政権の絶対反対」、「共産主義思想の排撃」を綱領に掲げていた。内務相が総裁を務め、顧問は国防相、指導委員は李太煕《イテヒ》、張載甲《チャンジェガプ》、呉制道《オジェド》、鮮于宗源《ソヌジョンウォン》、金泰善《キムテソン》、崔雲霞《チェウナ》ら検察・警察の幹部だった。左翼からの転向者だけでなく南朝鮮労働党員や北に渡った者の家族も加入させられた。加入実績を稼ぐために加入すればコメをやると宣伝した役人にだまされて加入した平凡な農民も多かった。加入しなければ命はないと警察や役人に脅されて加入した者もいた。国民保導連盟の加入者は最大で30万人近かったとの主張もあるが、信頼するに足る統計資料はまったく存在しない。

朝鮮戦争勃発2日後の1950年6月27日の朝、李承晩大統領はソウルから脱出した。だが大統領がソウルを離れた後も、政府は大統領が首都を守るとのラジオ放送を続けた。ソウル市民はそのことばを信じて避難を先延ばししてソウルに留まっていたが、そんなさなかに韓国軍は、北朝鮮人民軍の南下を阻止する目的でソウル漢江《ハンガン》に架かる橋を予告なく爆破した。ソウル市民はソウルから脱出するすべを失った。そのとき李承晩大統領は脱出先の大田《テジョン》で閣議を開いて「非常事態下における犯罪処罰に関する特別措置令」を公布した。李承晩は「左翼の前歴者」どもが人民軍に協力することを恐れた。国民保導連盟の加入者には人民軍が占領したソウルで実際にそうした行為に及んだ人々もいた。最初から「偽装転向」だった者もいたが、人民軍の占領下で生き延びるために協力した者もいた。政府が特別措置令を公布すると、陸軍特務部隊と警察査察課の要員が国民保導連盟会員の即決処分を開始した。全国各地の刑務所、渓谷、井戸、鉱山の坑道といった人目につかない場所で大量虐殺が行われた。10月初旬に米軍がその事実を把握し、国際世論では批判の声が澎湃《ほうはい》とした。李承晩大統領は遅ればせながら中止命令を出したが、虐殺はすでに行われた後だった。どれほどの人々が命を落としたのか誰にもわからない。政府は生存者や犠牲者の遺族が真相を漏らさないように監視し弾圧した。4・19直後に全国各地で犠牲者の遺族が合同慰霊祭を行い、政府に真相究明を要求した。国会で真相の調査を始めたものの5・16が起きてすべてが水泡に帰してしまった。軍事政権は遺骨収集に携わった遺族をアカと決めつけ、警察組織を動員して挙手一投足を監視し、子どもたちの就職までも妨害した。若干なりとも残っていた政府の関連記録もすべて処分してしまった。

事件から57年もたって真実と和解のための過去史整理委員会（真実和解委員会）が全羅南道求礼《チョルラ　クレ》、大田、忠清北道清原《チュンチョン　チョンウォン》、慶尚北道慶山《キョンサン　キョンサン》などで遺体の発掘調査に着手した。カービン銃の弾丸と遺骨が大量に発見された。２００９年までに真実和解委員会が身元を確認した被害者は全国71の市と郡で４９３４人だった。大田市・忠清南北道と慶尚南北道、全羅南北道がもっとも多かった。犠牲者の総数は20万人という説もあるが、規模を推定しうるいかなる根拠も残っていない。軍や警察は保導連盟会員を奥まったところに連れていき、穴を掘らせたうえで一列に並ばせて銃殺した。人民軍が近くまで迫っていた地域では倉庫に閉じこめて機関銃を乱射した。老人、女性、青少年とて容赦しなかった。

国民保導連盟事件は戦争によってもたらされた人間の「狂気」を余すことなく示している。国民保導連盟会員はたんにその団体に加入していたというだけで殺害され、生存者と遺族は50年という年月を暗闇の中で暮らすことを強いられた。朝鮮半島はいまなお平和の地ではない。軍事停戦の状態がいつ終わるのかは誰にもわからない。もしまたふたたび戦争が起きるなら、軍や警察は反政府闘争や統一運動、北朝鮮住民の支援運動にかかわった経歴のある市民を北朝鮮の潜在的協力者とみなし、事前に即決処分の対象とするかもしれない。僕自身に北朝鮮を好きだと思う気持ちは微塵もないのに、そういう恐怖は感じる。「レッド・コンプレックス」は単純な反共主義ではない。それは共産主義に反対するイデオロギーでなく、みずからの生存と安全を守ろうとする生きるための方便だ。北朝鮮の味方だと思われるリスクを避けるために良心の自由を放棄し、自由と権利の剥奪を黙認する精神的な病理現象だ。レッド・コンプレックスは韓国現代史と国民の生の営みをすっかり歪めてしまった。こんにちに至ってもなお政府や公安機関は、民族の和解と共存を追求し民主主義を求める市民を「共産党」、「アカ」、「左傾」、「容共」、「親北」、「従北」だとして指弾し貶める。多くの市民が沈黙し、またはそれに同調するふりをする。必ずしもそうだと信じてそんな態度を取っているのではない。自分や家族の身の安全を守るためにそうしているのだ。

張成澤《チャンソンテク》と李石基《イソッキ》

北朝鮮は僕らに背中合わせの感情を抱かせる。憎悪と憐憫、憤りと恐れといった具合だ。2013年12月、北朝鮮当局は権力の座のナンバー2だった張成澤《チャンソンテク》を処刑した。韓国メディアはありとあらゆる噂や情報を流した。だが確実で意味のある事実は張成澤が粛清されたという、そのことだけだった。人々はそのできごとに憤慨した。だがいったいなぜ、なにゆえに憤慨したのだろうか。張成澤は朝鮮労働党中央政治局委員にして国防委員会副委員長だった。金日成《キムイルソン》主席の女婿、金正日《キムジョンイル》総書記の義弟、金正恩第一書記の叔父であり、数十年のあいだ特権を享受してきた。飢え、病み、命を落とした北朝鮮の人民に対して相応の責任を負うべき人物だった。張成澤が議場から連行されて特別軍事裁判を受けている写真を見て、僕は同情とか人間的な憐憫をさほど感じなかった。あの事件は社会主義を標榜する王朝国家で起きた権力内部の骨肉の争いでしかなかった。悪いやつが悪いやつを悪いやり方で殺したともいえるだろう。

僕は憐憫よりは憤りを覚えた。僕らの道徳的直観は、いくら凶悪な犯罪者であろうとも人をそんなふうに殺してはならないと訴える。北朝鮮当局の主張によると張成澤は権力濫用と腐敗の容疑をかけられていた。新しい権力者金正恩のいるところで、後ろ手を組んでいたり気がなさそうに拍手したりするなどの「不敬罪」も犯したという。けれどそれは問題の核心ではない。本当に罪を犯したのか、はたして死刑が妥当な量刑だったのか、公正な裁判を実施して犯罪の内容と程度を合理的な疑いが残らなくなるまで確認する手続きを経ることのないまま断罪し処刑したことが問題だった。それは戦時中の即決処刑と同じだった。北朝鮮当局は朝鮮中央通信や労働新聞といった官製メディアを動員して張成澤を犯罪者に仕立てあげる人民裁判を行い、特別軍事裁判というかたちばかりの手続きを経てさっさと処刑した。あの事件は、北朝鮮に人権や法の支配といった文明的な規範が存在しないことをあらためて確認させてくれた。

張成澤処刑の報に触れて感じた憤りは何度も味わったことのある感情だった。政治家曺奉岩《チョボンアム》、民族日報社長趙鏞壽《チョヨンス》、「二重スパイ」として知られた李穂根《イスグン》、いわゆる人革党再建委事件の関係者たちはみなそんなふうにして死んだ。程度や様相の差こそあれ、国会議員李石基《イソッキ》の「内乱陰謀事件」にも似たような点がある。国情院と検察が法廷に提出した証拠は、李石基のいわゆる「RO（Revolution Organization：革命組織）会合」での講演の採録と、それを録音して国情院に渡した「協力者」の証言が全部だった。この事件を扱った政府のやり方は、北朝鮮当局が張成澤事件を扱ったやり方とはかなり違っていた。李石基の逮捕起訴は国情院の公開捜査、検察の逮捕状請求、国会の逮捕同意決議、裁判所の逮捕状発行に至るまで、韓国の憲法と法律の定める手続きにのっとって行われた。民主社会のための弁護士会（民弁）の弁護団は、国情院と検察が採録を著しく歪曲、捏造した事実を明らかにするなど、被告人のために誠意をもって弁論に当たった。

だが国情院、検察、与党、メディアの取った態度は北朝鮮当局やメディアの取った態度ときわめてよく似ていた。李石基とその一味は北朝鮮の指令を受けて韓国を転覆しようとした連中だとの結論ありきだった。憲法の推定無罪原則や関連法令の条項を挙げて慎重な取り扱いを要求する者、国情院と検察の示した証拠は不十分だと指摘する者は十把一絡げで「従北」と片づけた。ジャーナリスト、政治家、知識人はほとんど沈黙したままだった。統合進歩党をめぐる一連の混乱の際[1]に李石基や党関係者の見せた非民主的・暴力的な態度のせいもあったろうが、北朝鮮の味方だと誤解されるかもしれないという恐れもあったはずだ。朴槿恵《パククネ》政権の公安当局と保守勢力は相変わらず恐怖感を煽る「安保マーケティング」で権力を維持している。それは北朝鮮の権力集団が独裁体制を守る手口と本質的に同じものだ。

僕は李石基のことをNL路線を内面化した「社会運動業界の事業家」だと思っている。イデオロギーの権威に寄りかかりつつ、同時に組織のメンバーに生活に必要な物質的基盤を用意してやることによってリーダーシップを打ち立てた。けれど大衆的な政治家としてすばらしい資質と能力を有しているとは考えにくい。大義名分に献身する情熱にはあふれているが、バランス感覚や責任意識は不足しており、自分のやってきたことに対して過大なプライドを持っていた。小さな秘密結社の指導者にはなれるかもしれないが、合法的な大衆政党のリーダーになるのは難しい人物だ。彼の率いた組織は革新政党、民主労総、全国農民会などの大衆団体内で細胞を増殖して力をつけたが、それらの団体の生命力を減衰させた。他の細胞と交信することはなく、自己増殖にばかり没頭していたという点で癌細胞にも似た存在だった。

だが、人間的な短所や理念的な誤謬を抱えて生きていくことは犯罪ではない。国が処罰していいのは他者の自由や権利を不当に侵害する行為であるはずだ。それが憲法の精神だ。「李石基内乱陰謀事件」は国情院が恐怖マーケティングを煽ろうと急ごしらえした「韓国版人民裁判」だった。国情院は蚊を相手に大砲をぶっぱなした。蚊を撃退するためではなく人々を驚かして萎縮させるために撃ったのだ。その意味では目的を達成した。内乱陰謀事件は、国情院の大統領選への不法な介入、朴槿惠選挙対策本部の幹部による2007年南北首脳会談対話録の流出、大統領選の公約破棄、大統領と閣僚のコミュニケーションギャップ疑惑、閣僚人事ミスといった政府与党の失点とされる政治問題をまるごと呑みこんでしまった。

僕らの世代は反共作文大会に参加し、反共ポスターを描き、反共標語をつくり、反共弁論大会や反共決起大会に出席して成長した。小学生のころからスパイを見分ける方法を教わった。朝方によれよれの背広姿で山から下りてきたやつ、長いこと音沙汰なかったのに急に訪ねてきた親戚、深夜に北朝鮮のラジオを聞いているやつ、仕事をしているふうでもないのに高級タバコを吸っているやつを見かけたら通報するんだぞと言い聞かされた。ひとり安宿に泊まって夜の相手を呼ばないやつ、などという「18禁の見分け方」もあった。もっとも広く流布した反共標語は「やっつけよう金日成、ぶっつぶそう共産党」だったが、いちばん印象に残っているのは「お隣りに来たお客さん、スパイかどうかもう一度」だった。僕らは平凡な市民に隣人をスパイだと疑うことを奨励するような世の中を生きていたのだ。子どもたちを反共決起大会に強制動員することこそなくなったが、反共ポスターは相変わらず描かせているらしい。少し前にある小学生の描いた反共ポスターがふるっていると話題になった。「ポスター描くのウンザリ、統一しろ」。

ラジオではスパイ事件を扱ったドラマがひっきりなしに流された。もっとも有名なのは70年代後半に大ヒットしたMBCラジオ反共ドラマシリーズ「影」だった。僕と同世代の50代が今もカラオケでよく歌う徐西錫《ソユソク》の「影」は、この反共ドラマの主題歌だった。大学でサークルの新入生歓迎会のとき、ある学生がこの歌を本家の徐西錫よりみごとに歌うのを聞いてビックリしたことがある。後に「ノチャッサ〔歌を探し求める人々〕」創立メンバーとして名を馳せ、現在は音楽評論家として広く知られる聖公会《ソンゴンフェ》大学教授金昌南《キムチャンナム》その人である。この「影」の歌詞にある「夜のとばり降りる街角さまよい、灯りともる窓見上げ（中略）孤独なこころ癒やすすべなき白き影」とは北朝鮮の工作員のことだ。メタファーのような歌詞とどこか哀愁ただようメロディのせいか、反共ドラマの主題歌という印象は感じられなかった。

ほかのことはさておき、こと北朝鮮に関しては政府のいうことを信じなければならず、合理的な疑問があったとしてもとやかく口を挟むべきではない。疑問を口にしたら「従北」と決めつけられるからだ。2010年の哨戒艇天安《チョナン》沈没事件についても人々はほぼ同じような態度をとった。強いられた沈黙の支配する時代に数多くの人々が血の涙を流し、無念の死をとげた。代表的なケースが「女スパイ金壽任《キムスイム》」と「二重スパイ李穂根」だ。梨花《イファ》女子大学の前身である梨花女子専門学校出身で米軍政庁の通訳官を務め、在韓米軍司令部憲兵隊長ジョン・ベアード大佐と同棲していた金壽任は、京畿《キョンギ》道楊平《ヤンピョン》郡の名家の御曹司にして京城帝国大学法科を卒業しドイツのベルリン大学に留学していた朝鮮共産党中央委員李康國《イガングク》と恋に堕ちた。39歳の金壽任はベアード大佐から入手した機密を李康國に差し出したうえ、北朝鮮への越境にも手を貸したとの容疑で朝鮮戦争勃発の直前に銃殺された。当局は国防警備法第32条の「間諜利敵行為」の条項を適用した。だが、1996年に米国立公文書館の公開した報告書によると、米国防総省の前身である陸軍省でベアード大佐を調査した結果、金壽任の自白以外にスパイ行為をはたらいた証拠は存在しなかった。死刑を宣告した軍事法廷の裁判記録は残っていない。銃殺の執行された日時や場所さえも明らかではない。

話が出たついでに北に渡った李康國の悲運についても少し述べておこう。李康國は北朝鮮で人民委員会外務局長という、いわば初代外相に相当する地位にあった。だが1953年3月に北朝鮮当局によって李承燁《イスンヨプ》、林和《イムファ》ら十数人の南朝鮮労働党の主要メンバーとともに逮捕され、スパイ罪および反逆罪に問われた。その2年後に副首相朴憲永《パクホニョン》も同じ運命をたどった。朴憲永は戦争になれば韓国内にいる数十万人の党員が暴動を起こすから短期間で統一できると主張したが、そんなことにはならなかった。金日成はみずからの地位を脅かす潜在的な挑戦者である南朝鮮労働党系の派閥を除去するとともに、戦争に勝利できなかったことの腹いせをした。朴憲永は法廷で南朝鮮労働党の同志の命を救うべくこみあげる怒りを押し殺して必死で訴えたが、政権側に聞く耳などなかった。

1955年秋に朴憲永の裁判が結審すると、金日成は南朝鮮労働党の関係者を次から次へと粛清し、翌年7月には朴憲永も銃殺した。「文章講話」という本で韓国でも名高い作家李泰俊《イテジュン》は金日成を褒め称えなかった罪でペンを奪われ、一労働者として印刷工場に送られた。小説家金南天《キムナムチョン》は反動とされて獄死し、天才作曲家と謳われた金順男《キムスンナム》は楽譜を奪われて地方へ追放されたのちに亡くなった。駐ソ大使だった朱寧河《チュヨンハ》は粛清されて炭鉱送りとなったのちに銃殺された。中国大使だった権五稷《クォンオジク》、ヘーゲル研究の哲学者申南澈《シンナムチョル》、延安派の最高指導者だった最高人民会議常任委員長金枓奉《キムドゥボン》、詩人李陸史《イユクサ》の実弟李源朝《イウォンジョ》も似たような運命をたどった。ひたすら金日成にひれ伏していた者だけが生きながらえることができたのだ。

「二重スパイ李穂根」もスパイではなかった。朝鮮中央通信の副社長だった李穂根は1967年3月に板門店《パンムンジョム》で開かれた軍事停戦委員会の機に乗じて韓国に帰順した。政府は自由大韓の懐に飛びこんできた北の大物を大歓迎した。ところが1969年1月31日、李穂根はベトナムのサイゴン（ホーチミン）空港で中央情報部の要員に逮捕され、韓国に強制送還された。政府は李穂根を帰順したふりをして潜入した二重スパイだとして処刑した。逮捕から死刑執行までに要した時間はたったの5か月だった。この作戦を指揮した中央情報部長金炯旭《キムヒョンウク》は、のちに朴正熙《パクチョンヒ》に見限られて国外に逃れたが、1979年10月初めにパリで後任の中央情報部長金載圭《キムジェギュ》の命を受けた要員の手にかかって殺害された。遺体はついに発見されず、袋詰めされてセーヌ川に沈められたとか養鶏場の飼料粉砕機にほうりこまれたとかという身の毛のよだつような噂が飛び交った。李穂根は二重スパイではなかった。自由人として生きたいと願って韓国に帰順したのに、中央情報部が「反共の戦士」として生きることを強要したため、中立国に向かうために韓国を脱出しようとしただけだった。

李穂根がスパイではなかったという事実を最初にスクープしたのはジャーナリスト趙甲済《チョガプチェ》だった。「月刊朝鮮」1989年3月号で趙甲済は李穂根事件について深く掘り下げて報じた。朴正熙大統領の熱烈な信奉者となった「極右知識人」趙甲済が、無念の死をとげた死刑囚の人間としての真実を探る敏腕記者だったという事実は信じがたいかもしれないが、当時、僕はドライでスタイリッシュな趙甲済記者の筆致と鋭い視点がたまらなく好きだった。2007年に真実和解委員会は李穂根事件を「南北の体制争いによって個人の生存権が奪われた代表的な非人道的・反民主的人権蹂躙事件」と結論づけ、関係する被害者と遺族に対して国の謝罪と被害の救済、名誉回復のための再審を勧告した。共犯に問われて無期懲役を宣告され、21年間も服役した姻戚裵慶玉《ペギョンオク》ら関係者の再審で裁判所は無罪を言い渡した。

全体主義国家または兵営国家は、一点に集中することばかり追い求める権力の本性を極限まで推し進めていく。そのときもっとも重要なのはイデオロギーの統一だ。思想とイデオロギーの統一をはかるために「不穏思想」や「危険思想」は「撲滅」し、確かな「味方」でなければすべて「敵」とみなす。権力の集中を妨害するすべての個人、勢力は敵のスパイまたは敵に同調する者と決めつけて抹殺する。北朝鮮政府は「反動」、「ブルジョア」、「自由主義者」、「米帝の手先」を徹底的に除去した。韓国政府は「左傾」、「容共」、「親北」を根こそぎにしようとした。休戦ラインを挟んだ南と北の二つの体制は「共産党の傀儡」、「米帝の傀儡」と互いに相手のことを非難しつつ、それぞれ権力の集中に奔走した。北朝鮮の住民と韓国の国民は、敵の一味とされてしまうかもしれないという恐怖から権力の横暴に屈服した。南と北の権力はそうやって揺るぎなき「敵対的共存関係」を築いた。北朝鮮ではそうした敵対的共存関係がなお絶対的な威力を発揮している。韓国では半分くらい力を失った。だが残りの半分の力はいまだに残っている。

スパイ、メイドイン韓国《コリア》

北朝鮮は、朝鮮戦争のことを民族解放戦争であり祖国統一戦争であったと主張する。停戦協定締結後にも韓国のことを米国帝国主義の植民地とみなし、繰り返し敵対的な軍事行動に及んできた。地上の非武装地帯（DMZ：Demilitarized Zone）と海上の北方限界線（NLL：Northern Limit Line）の付近で繰り広げられた小規模な銃撃戦、漢江や臨津江《イムジンガン》の河口域、黄海や朝鮮半島南岸の島嶼部における武装ゲリラ侵入事件は枚挙にいとまがない。米朝関係や南北関係を極度に悪化させ、韓国国民を恐怖のどん底に陥れたおぞましい事件をいくつか挙げてみよう。

１９５８年２月、釜山《プサン》からソウルに向かっていた航空機滄浪《チャンナン》号がハイジャックされて平壌《ピョンヤン》空港に強制着陸させられた。乗客乗員26人は送還されたが機体は返還されなかった。１９６７年１月、朝鮮半島東岸でスケトウダラ漁を操業中の北朝鮮漁船に対して哨戒活動をおこなっていた韓国海軍戦闘艦唐浦《タンポ》号が北朝鮮の沿岸砲によって撃沈された。１９６８年１月21日には朝鮮人民軍１２４部隊の武装兵力31人が青瓦台《チョンワデ》を襲撃すべくソウルに侵入して韓国軍および警察と銃撃戦を繰り広げ、その２日後には東海岸沖で米海軍情報収集艦プエブロ号が北朝鮮に拿捕された。このときも乗員82人と1人の遺体は送還されたが船体は返還されなかった。同年秋から冬にかけて北朝鮮の武装兵力１２６人が江原道《カンウォン》蔚珍《ウルチン》・三陟《サムチョク》一帯に侵入してゲリラ戦を繰り広げた。１０９人を射殺、７人を逮捕したが、韓国側の軍人・警官も戦闘によって38人が死亡、64人が負傷し、民間人23人が巻き添えとなって死亡した。

１９７４年８月15日、光復節記念式典の会場で在日韓国人文世光《ムンセグァン》が朴正煕大統領を狙撃し、大統領夫人陸英修《ユクヨンス》が命を落とした。１９７６年８月には板門店付近の軍事境界線地域で朝鮮人民軍兵士が２人の米兵を斧で殺害した。１９８３年10月、ビルマ［現ミャンマー］のアウンサン廟で同国訪問中の全斗煥《チョンドゥファン》大統領一行を狙った爆弾テロが発生、随行員17人が死亡し、14人が重軽傷を負った［ラングーン事件］。１９８７年11

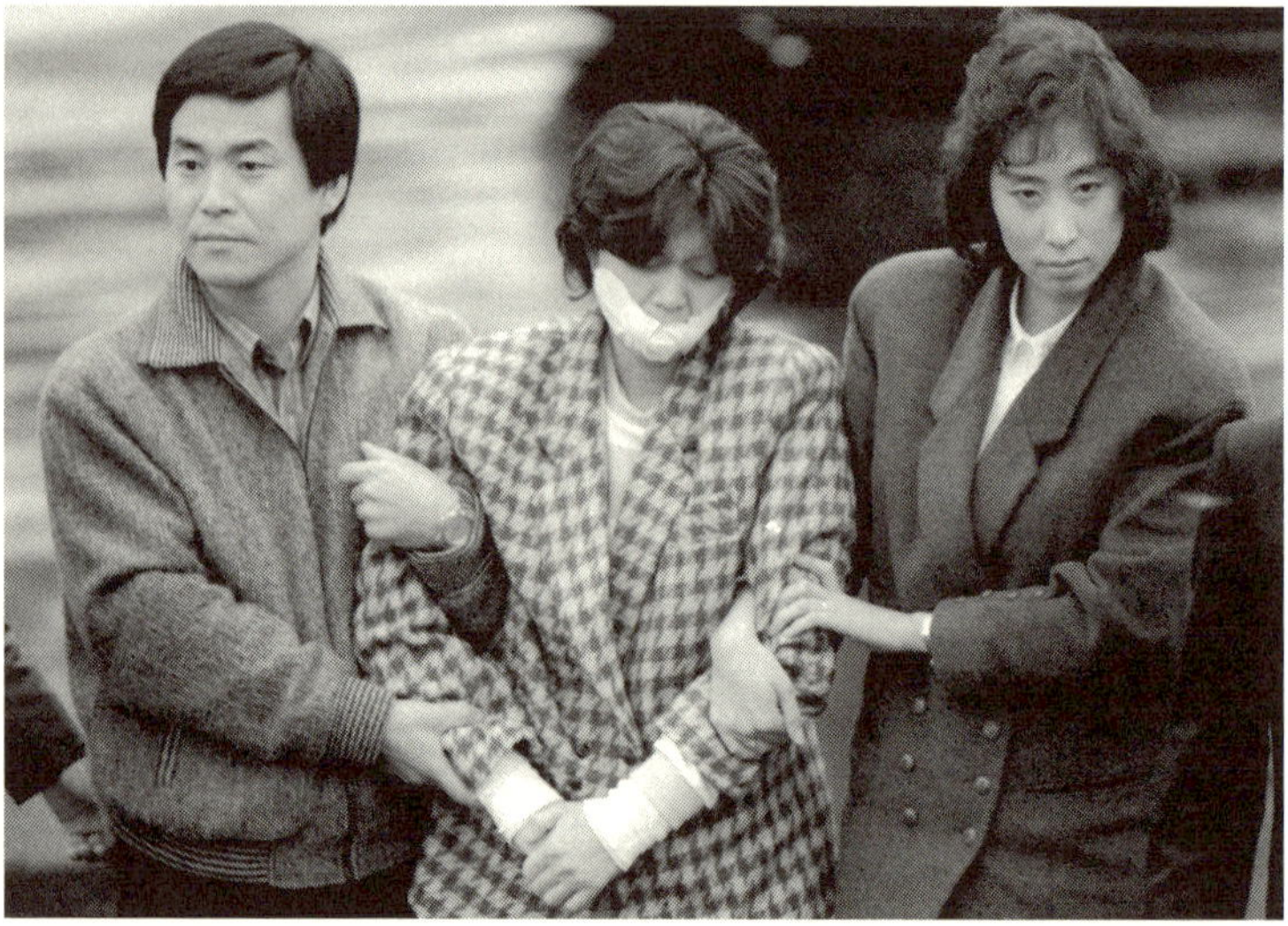

1987年12月15日、大韓航空機爆破の容疑で逮捕された金賢姫（中央）

月29日にバグダッドを発ってソウルに向かっていた大韓航空８５８便がインド洋上空で消息を絶った。遺体や遺留品、ブラックボックスは回収できなかったが、韓国政府は北朝鮮工作員が航空機を爆破したもので、乗客乗員１１５人全員が死亡したと結論づけた。１９９６年９月には江陵《カンヌン》沖で北朝鮮の潜水艦が座礁した。韓国軍・警察が乗員25人を射殺したが、韓国側も11人が死亡、41人が負傷した。１９９８年６月、束草《ソッチョ》沖合いで漁網にからまった北朝鮮の潜水艇が発見された。船内には自爆した北朝鮮の武装兵士９人の遺体があった。

　１９９９年６月に北朝鮮艦艇数十隻が黄海の延《ヨン》坪《ピョン》島付近のＮＬＬを越えて韓国海軍の高速艇に砲撃を加え、韓国海軍２艦隊が応戦して北朝鮮艦艇２隻を沈没させた。この交戦で北朝鮮海軍は数十人が死亡、退却した。２００２年６月にも同海域で北朝鮮艦艇が奇襲砲撃を加え、韓国海軍６人が死亡、数十人が負傷した。２００７年７月には北朝鮮の金剛山《クムガンサン》で北朝鮮哨戒兵の銃撃によって女性観光客が死亡する事件が発生し、同地域の観光事業が中断した。２００９年11月、韓国海軍は大青島《テチョン》付近の海上で砲撃してきた北朝鮮艦艇と交戦し、撃退した。２０１０年３月にはやはり大青島近海で韓国海軍哨戒艇天安が船体がまっぷたつに切断されて沈没し、海軍将兵46人が死亡または行方不明となった。[※2] 同年11月には北朝鮮が延坪島と近隣の海岸に沿岸砲数十発を撃ち込み、韓国軍兵士と民間人の計４人が死亡した。また、北朝鮮は２００６年、２００９年、２０１３年に地下核実験を行い、長距離ミサイルの発射、人工衛星の打ち上げ実験も続けている。

北朝鮮の敵対的な軍事行動にはいくつかのタイプがある。意図的に起こした事件が多かったが、偶発的に起きた衝突も少なくなかった。１９６８年の青瓦台襲撃未遂事件やプエブロ号事件、蔚珍・三陟武装ゲリラ侵入事件などは争う余地なく意図的な軍事的挑発だった。このとき北朝鮮は、社会主義の国際連帯の精神にのっとって在韓米軍の戦力を朝鮮半島に貼りつけておくべく韓国に対してゲリラ戦を繰り広げたという見方がある。米国がベトナムに戦争をしかけたのは不当かつ愚かな行為だった。だが、ベトナムの社会主義勢力を支援するためと称して同じ民族である韓国を攻撃した北朝鮮の行為もまた米国に劣らず愚かである。江陵沖の潜水艦座礁事件や黄海での軍事衝突、金剛山の観光客射殺事件などは偶発的な面がある。朴正熙暗殺未遂事件やラングーン事件は北朝鮮当局が否定しているにもかかわらず、関与ありと疑うに足る根拠がある。だが、大韓航空機爆破事件と哨戒艇沈没事件は北朝鮮は関与を否定し、韓国政府も北朝鮮の仕業であることを明白に証明できずにいる。

そう判断する根拠についてはいちいち言及しないことにする。ただ、合理的な疑問点の残る事件でも韓国国民の多くは北朝鮮の仕業だと信じ、または北朝鮮の仕業だと語るという事実に留意すべきである。理由はいくつかあるだろう。北朝鮮はもっとひどいことだってやってのけるはずだという確信、北朝鮮でなくて誰にそんなことができるだろうという状況論がはたらく。もし北朝鮮の仕業でないなら、と考えるにはおぞましすぎるから、いっそ韓国政府の発表を信じたほうがましだと思う者もいる。だがもっとも大きな理由は、北朝鮮の味方だと疑われるかもしれないという恐れである。

憲法裁判所判事に指名された弁護士趙庸煥《チョヨンファン》は、適任かどうかを判断するために開かれた２０１１年6月の国会人事聴聞会で、哨戒艇沈没事件は北朝鮮の仕業だと「確信できないのか」との質問に「政府の発表は受け入れるが、この目で見たわけではないので確信という表現は適切ではない」と答弁した。ハンナラ党はこの答弁を問題視し、結論を6か月も先送りしたうえに承認案を否決した。政府の発表を信頼していると言っているにもかかわらず、北朝鮮の仕業だと「確信する」と言わなかったがために公職に就けなかったのだ。哨戒艇沈没事件の疑惑に迫ったドキュメンタリー映画「天安艦プロジェクト」は封切り後わずか2日で上映打ち切りとなった。ＩＰテレビやケーブルテレビでの放映も許可されなかった。インターネットの動画配信サービスを試みたが、これも容易ではなかった。[3] 政府が憲法裁判所に統合進歩党の解散審判を請求したことも同じ脈絡だ。革新的民主主義を謳った綱領や李石基の内乱陰謀事件を問題視していたが、実のところ統合進歩党の「罪」は北朝鮮の核実験や権力世襲をあからさまに批判しなかったことであり、政府が政党解散審判を請求した動機は統合進歩党が大韓民国に忠誠を誓わず北朝鮮に追従していると疑ったことにあった。

北朝鮮をあからさまに非難しなければ憲法裁判所判事になれない。映画を上映できない。政党は解散させられる。内乱陰謀を企てた人物にされてしまうこともある。けれどそうした不利益も以前に比べればずいぶん軽くなったように思える。少なくとも夜中に頭にすっぽりと布をかぶせられて連行されたり拷問にかけられたりすることはなくなった。以前だったらひとり残らず拷問室で逆さ吊りにされていたはずだ。情報機関と検察は実際におびただしい数の市民をスパイにでっちあげてきた。植民地期から朝鮮戦争を経て民主化の時代に至るまでに国家権力の暴力によって無辜なる犠牲となった人々について、2005年に真実和解委員会が陳情を受け付けたとき、真相究明を求める陳情が8600件あまりも寄せられたというが、うち200件あまりがスパイ事件、反共法および国家保安法違反事件に関連するものだった。

真実和解委員会は被害者が真相究明を求めた事件の大半で不法監禁、拷問、証拠捏造が行われた事実を確認し、裁判所の再審と国による賠償を勧告し、被害者は真実和解委員会の調査結果を根拠に再審を請求した。裁判所はほぼすべての再審事件で無罪を言い渡すとともに国に賠償を命じる判決を下した。以下は最近最高裁で再審無罪の確定した事件である。再審が進行中の事件も多く、さらにどれほど無罪判決が出されるか今のところまだわからない。「でっちあげ、スパイ、再審、無罪」をキーワードにインターネットで検索してみた。すべてがスパイ罪を適用した事件ではなかった。だが情報機関と検察と裁判所が、北朝鮮の差し金で、または北朝鮮と連絡を取りあって、もしくは北朝鮮を利する目的で活動したという濡れ衣を着せたうえで捜査し、起訴し、有罪判決を下したという事実に例外はない。

平和統一論を主張したことが災いして死刑になった政治家曺奉岩（59年）、朴正熙軍事政権によって北朝鮮の手先とされ処刑された民族日報発行人趙鏞壽（61年）、スパイ罪で13人が起訴された第1次人革党事件（64年）、作曲家尹伊桑《ユンイサン》、画家李応魯《イウンノ》らヨーロッパ在住の知識人を一斉摘発した東ベルリン事件（67年）、二重スパイ李穂根（67年）、北朝鮮に拉致されたのちに帰国してスパイ活動をしたとされた漁師徐昌徳《ソチャンドク》（67年）、朝鮮総連のスパイとされたキム・ボッチェ（70年）、拉致後スパイに転じたとされた漁師パク・チュナン（71年）、ヨーロッパを拠点とするスパイ団事件への関与で取り調べ中に中央情報部で死亡したソウル大学法学部教授崔鐘吉《チェジョンギル》（73年）、民青学連事件の李哲《イチョル》ら（74年）、鬱陵《ウルルン》島スパイ団事件のソン・ドゥイク、チョン・グクスルら（74年）、文人スパイ団事件のキム・ウジョン教授ら（74年）、兄弟スパイ団事件のキム・ウチョルら（75年）、拉致後スパイに転じたとされた漁師チョン・ギュヨン（76年）、在日韓国人留学生スパイ団事件の金整司《キムジョンサ》ら（77年）、珍島《チンド》スパイ団事件のソク・タリュン、キム・ジョンインら（80年）、家族スパイ団事件のシン・グィヨン、シン・チュンソクら（80年）、韓国電力検針員でスパイとされたキム・ギサム（80年）、在日韓国人政治犯李宗樹《イジョンス》（82年）、姉弟がスパイ罪に問われたナ・スヨン、ナ・ジン（81年）、在日韓国人政治犯李憲治《イホンチ》（81年）、朝鮮総連のスパイとされたチェ・ヤンジュン（82年）、弥法島《ミボプ》スパイ団（82年）、日本で就労して諜報活動をしたとされた車豊吉《チャプンギル》（82年）、拉致後スパイに転じたとされた漁師イ・サンチョル、キム・チュンサム、ユン・ジルギュ（83年）、朝鮮総連のスパイとされたチョ・ボンス（84年）、母子がスパイとされたペ・ビョンヒ、イ・ジュノ（85年）、済州《チェジュ》島スパイ事件のカン・ヒチョル（86年）、朝鮮総連のスパイとされたキム・ヤンギ（86年）といった人々が最高裁の再審無罪判決によって国家賠償を勝ち取った。

これらはすべて一時は新聞やテレビニュースのヘッドラインを飾ったスパイ事件だ。ある者は拷問されて命を落とし、別のある者は刑場に引き出され、またある者は獄中で亡くなり、さらにある者は釈放後に拷問の後遺症で死亡した。生き残った者と家族は長くは50年、短くても30年の日々をスパイ、スパイの家族と後ろ指をさされてすごした。これらすべての再審で無罪となったスパイ事件には共通する特徴があった。令状なき逮捕、長期間の不法拘禁、殴打と拷問、虚偽の自白、証拠捏造などなど。対共事件の捜査要員は被疑者を過酷な拷問にかけて虚偽の自白を引き出し、証拠を捏造し、検事はそれらを根拠に起訴した。被告人の自白以外にはなんら証拠がないにもかかわらず、判事は死刑や無期懲役を言い渡した。公安機関からの依頼で朝鮮総連の関係者と接触した情報員をスパイに仕立てあげた事件も少なからずあった。

長期間の不法拘禁や拷問によって無実の人々をスパイにでっちあげた対共捜査官は褒賞金をもらって昇進した。起訴した検事、有罪判決を下した判事も昇進して検察庁長官や最高裁判事、憲法裁判所判事、法務相になった。悪行の数々が明らかになって裁かれた拷問技術者李根安《イグナン》はきわめてまれな例外だった。罪なき市民をスパイにでっちあげ有罪宣告を下すことに加担したすべての者は、なんら問題なく公務員として勤めあげ、退職したのちは公務員年金をもらって経済面でも安定した老後を送っている。裁判所は再審での無罪判決に続いて民事訴訟でも被害者側に軍配を上げた。国はそれぞれの事件で少なくとも数億ウォン、多い場合は数十億ウォンの損害賠償に応じなければならない。国家権力の犯した罪の被害を税金で賠償するのは当然のことだ。だがその犯罪を実行した者たちに国民の収めた税金から公務員年金が支給されるのは、納税者として怒り心頭に発してもあまりある。でっちあげられたスパイ事件の被害者にとっては遅きに失したとはいえ正義が行われたかもしれないが、つまるところ国の正義など存在しないのだ。検事や判事は、拷問を繰り返して証拠を捏造した捜査官に勝るとも劣らない悪を犯した。彼らは、被疑者による犯罪の否認が無罪の証拠になりえないのと同様に被疑者の自白が有罪の証拠にもなりえないという法の常識を踏みにじった。だが誰ひとりとして謝罪していない。

すべてのスパイ事件のいずれもがでっちあげられた事件というわけではなかった。本当のスパイ事件も多々あった。だが1972年の南北共同声明発表以降は北朝鮮から送りこまれるスパイが以前と比べて少なくなり、でっちあげ事件のほうが多かった。なぜだろうか。独裁体制を築いた朴正熙大統領、全斗煥大統領にはスパイが必要だったのだ。北朝鮮の脅威を利用して国民を震えあがらせ民主化運動を孤立させるには、一定期間ごとに、あるいは必要に応じてスパイ事件が起こらなければならなかった。経済の論理で説明するならば以下のとおり。スパイの「需要」は増加したのに本物のスパイの「供給」は減少した。供給不足だからもっとスパイを送りこんでくれと北朝鮮に頼むわけにはいかない。そこで供給不足を解消するには自前でスパイを「生産」しなければならなかった。というわけで韓国政府の手によってつくられたのが「メイドイン韓国《コリア》のスパイ」または「DIYのスパイ」だった。スパイを生産するなら安上がりなほうがいい。それには加工しやすい「原材料」を探さなければならない。そこで朝鮮総連関係者とつながりのある在日韓国人留学生、北朝鮮に拉致されたのちに帰国した漁師、離島に暮らす力なき漁民、東欧社会主義国への入国経験のあるヨーロッパ在住の韓国人や留学生、反政府民主化運動をするなかで「不穏書籍」を読んでいる韓国内の知識人をスパイに仕立てあげたのだ。

わりあい広く知られたケースをひとつ紹介しよう。在日韓国人二世の徐俊植《ソジュンシク》は１９６８年に高校を卒業してすぐにソウル大学に留学した。兄の徐勝《ソスン》もソウル大学社会学科に留学中だった。２人とも初めは韓国語もできないまま留学にやってきた。兄弟は１９７０年の夏休みを利用して北朝鮮を訪問した。すると１９７１年４月に国軍保安指令部が２人を連行して「学園浸透留学生スパイ団事件」を発表した。徐俊植は国家保安法違反で懲役７年を言い渡され、刑期を終えるも社会安全法による保護処分を受けて青松《チョンソン》保護監護所にさらに10年監禁され、１９８８年５月にようやく釈放された。徐勝は19年間を獄中ですごした。徐勝は保安指令部で厳しい拷問にかけられ、虚偽の自白をさせられることを恐れてストーブ用の軽油をかぶって自殺を図り、重度の火傷を負った。

徐俊植が社会安全法による保護処分を受けたのは転向書を書かなかったからだ。徐俊植は、自分は「処分対象」ではなく人間であり、人間の内なる思いは法的規制の対象になりえないという信念を守るために10年余計に獄中にいた。社会安全法の廃止を要求して51日間におよぶハンスト闘争を繰り広げ、ついに転向書を書かないまま釈放された。その後も日本に戻らずに自分に過酷な迫害を加えた韓国にとどまって社会安全法廃止運動に取り組んだ。１９９３年に人権運動サランパンを立ち上げ、こんにちでは代表的な人権運動団体となっている。１９９７年には韓国キリスト教会協議会の人権賞を受賞した。徐勝は日本に戻って立命館大学教授となり、東アジア平和問題の研究に取り組んでいる。「私の西洋美術巡礼」〔みすず書房刊〕、「ディアスポラ紀行　追放された者のまなざし」〔岩波書店刊〕、「私の西洋音楽巡礼」〔みすず書房刊〕などの著書で韓国でも広く知られる東京経済大学教授徐京植《ソギョンシク》は2人の実弟である。

盧武鉉《ノムヒョン》政権が創設した国防省過去史真相究明委員会は70年代、80年代に国軍保安指令部の捜査した73件の在日韓国人スパイ事件から無作為に抽出した12件について書類調査を行い、陳情のあった4件については聞き取り調査を実施した。調査結果によれば、保安指令部は最短で9日間、最長では43日間も被疑者を不法に拘禁していた。もっとも早く弁護人との接見が行われた例でも逮捕から1か月半後だった。保安指令部の捜査期間中に弁護人と面会できた者はただのひとりもいなかった。もっとも早く行われた家族との面会は拘禁されて2か月後だった。共通して行われていたのは長期に及ぶ不法な電話の盗聴、安企部の捜査官名義による逮捕状の請求だった。保安指令部は法律上は民間人を対象とする捜査は認められていないからだ。あらかじめ逮捕状の交付を受けたうえで逮捕拘禁した例は1件もなかった。委員会は殴打、拷問などの過酷行為があったと訴えた被害者の陳述には信憑性があると判断した。ところで、何よりも興味を引いたのは「領事証明書」だ。被告人の自白以外にいかなる証拠もない状況で、裁判所は中央情報部や安企部の職員が日本で作成して送ってきた「領事証明書」を有罪の証拠と認定していた。

「領事証明書」なるものは当時の外務省であれ、現在の外交省であれ、法令規定に存在しない。国情院側は「国家情報院法」に基づいて外交省に領事証明を要請することができると主張したが、委員会は「在外公館公証法」によって任外公館の領事の発給するものは駐在国政府の発行した公文書に対する「領事確認」、私文書に対する「領事認証」のみだという事実をはっきりと確認した。「領事証明書」なる制度そのものがないのである。にもかかわらず外交省の公式なルートを経ることなく、駐日韓国大使館に派遣されていた当時の安企部の職員が本部から指示されて作成した文書を、検察と裁判所がスパイ事件の有罪の証拠と認めたのだ。そうした事実が国防省の過去史真相究明委員会の調査した16件の大半で共通していたことが明らかになった。２０１３年に起きたソウル市公務員スパイ捏造事件もまったく同じ構図だった。同事件で国情院と検察は、一審で無罪となった後に、中国の瀋陽総領事館に派遣されていた職員に指示して作成させた「領事証明書」を証拠として裁判所に提出した。軍事政権時代に保安指令部がスパイをでっちあげたのとまったく同じ手口を使ったのだ。

韓国の国民はふつう、北朝鮮が加害者で韓国は被害者だと考えている。大きな枠組みでとらえれば間違いではないが、それが一から十まで妥当なわけではない。北朝鮮だけがスパイを送り込んでいたわけではなく、韓国からもスパイを送り込んでいたからだ。僕らは北朝鮮のスパイや武装ゲリラがどんなことをしたかよく知っている。けれど韓国が北朝鮮に送った者たちのやったことは国家機密として封印されているため、知りようがない。そのため韓国が一方的にやられてばかりの被害者だと思うのだ。もし実尾島《シルミド》事件[4]が起きなかったら、民主化後に姿をあらわにした対北工作員集団の猛活躍がなかったら、僕らは韓国も北朝鮮に向けてゲリラ戦を展開していたという事実を知らずにいただろう。もちろん程度の差はある。北朝鮮は徹底した全体主義独裁国家だからその気になりさえすれば人間であれ資源であれ無制限に対南ゲリラ戦につぎ込むことができる。一方、韓国はかたちのうえとはいえ民主的な憲法があり、国会、野党、メディア、市民社会、宗教団体、国際人権機関が政府を監視・牽制しているのでさまざまな制約があった。北朝鮮の「対南挑発」と韓国の「対北挑発」は量的にも質的にも開きがあったと見るほうが妥当だろう。

ポスト民主化の時代にはでっちあげによるスパイ事件は格段に減少した。「DIYのスパイ」を仕立てあげるのに伴う費用とリスクが膨れあがったからだ。国民の人権意識が高まり、言論の自由は拡大した。ハンギョレ新聞やオーマイニュースのように政府による直接間接の統制を拒否するメディアが生まれたうえに、人権団体や市民団体の監視や批判もあるため、公安機関も不法拘禁、拷問、証拠捏造がやりたい放題というわけにはいかなくなった。裁判所の独立性が高まり、起訴しても判事がかつてのように政府の望みどおりの判決を下してくれる保証はない。そのうえ北朝鮮が外交的に孤立し財政難に陥ったせいで、以前のように武装兵力を侵入させてゲリラ戦を展開したり何人ものスパイを送り込んだりできなくなった。だが北朝鮮は「祖国統一事業」または「対南赤化工作」を諦めたわけではない。武装ゲリラ戦の代わりに情勢に合わせて政治工作を展開するほうに事業方針を修正した。そんなことから起こったのがポスト民主化の時代になって最大のスパイ事件といえる「李善実《イソンシル》事件」だった。

大統領選を2か月後に控えた1992年10月6日、北朝鮮の指令に従って地下政党を組織しスパイ活動を続けてきたとして、安企部は「南韓朝鮮労働党中部地域党」総責任者黄仁五《ファンイノ》、民衆党「地下指導部」孫炳善《ソンビョンソン》ら62人をスパイ行為と国家保安法違反の疑いで拘束し、300人あまりを指名手配した。金洛中《キムナッチュン》、張基杓《チャンギピョ》をはじめとする民衆党関係者にはスパイだと知りながら通報しなかったという不告知罪を適用し、さらに李善実から500万ウォンを受け取った疑いで民主党副報道官金富謙《キムブギョム》を拘束した。安企部はまた、消音拳銃3丁、実弾88発、米ドル100万ドル、無線装置4台、毒薬アンプル6本、乱数表などの「七つ道具」を押収したと発表した。

李善実は興味深い人物だ。安企部は彼女が北朝鮮で序列22位の政治局候補委員だと発表した。本名はイ・ファソンであり、1916年に済州道西帰浦《ソグィポ》市大静邑《テジョンウプ》で生まれ、朝鮮戦争の直前に北に渡ったという。国情院が事件を発表したとき、李善実の94歳になる母親と実弟は済州島で暮らしていた。李善実は1980年に在日韓国人の母国訪問団の一員になりすまして韓国を訪れ、全羅北道完州《ワンジュ》郡出身の「シン・スンニョ」という名を使っていた。自分は済州4・3事件の遺族だといって民衆党や民主化実践家族運動協議会（民家協）などの野党、市民団体の関係者と交流し、いくばくかの活動費をカンパした。李善実は三つのスパイ組織ネットワークを束ね、京畿・仁川《インチョン》地区、慶尚道地区、全羅道地区に党の地域支部を組織するなど10年間も暗躍し、1990年に江華《カンファ》島を経由して北朝鮮に戻った。李善実は1990年7月に黄仁五をスパイのクォン・ジュンヒョンと引き合わせて仲間に引き入れた。黄仁五は江華島から半潜水艇に乗って黄海《ファンヘ》道の海岸に上陸し、平壌に向かった。朝鮮労働党に入党して工作資金と装備を受け取り、南韓朝鮮労働党中部地域党の総責任者になった。だが北朝鮮の祖国平和統一委員会は、李善実事件は韓国の政治謀略劇だと主張した。そのため前年に南北基本合意書を採択して追い風を得たかに思えた南北関係は急激に冷えこんだ。

事件の公表から3年たった1995年10月、忠清南道扶余《プヨ》郡で安企部の要員が北朝鮮スパイのキム・ドンシクを逮捕した。キム・ドンシクは李善実を北側に寝返らせた人物で、安企部によってすでに摘発済みだった定住スパイに接触しようとして捕まったのだ。80年代に主要大学の総学生会長を務めたいわゆる386世代の代表的人物をリクルートする目的で李仁栄《イイニョン》、許仁會《ホイネ》、咸雲炅《ハムウンギョン》、禹相虎《ウサンホ》らと接触したこともあったという。だが誰ひとりゲットすることができなかった。ある者は安企部の回し者じゃないかと詰め寄り、またある者はどなりつけた。李仁栄はキム・ドンシクが北の工作員だと明かすと、自首しろと言って席を蹴ってその場を後にした。咸雲炅と禹相虎は頭のおかしなやつだと思って相手にしなかった。だが誰もそのことを通報しなかった。なぜ通報しなかったのだろうか。いくつかの理由があるだろう。何よりもキム・ドンシクが北のスパイなのか安企部の送りこんだニセのスパイなのかわからなかった。そのころ、蔚山のある在野関係者が自分に近づいてきた北のスパイを安企部の回し者だと思って通報した事件があったが、調べてみたところ本物のスパイだった。だが政府はその在野関係者にスパイ通報の褒賞金を支払わなかった。

安企部は1992年の大統領選の直前に李善実事件を、1996年の総選挙を控えてキム・ドンシク事件を発表した。スパイが接触を試みた野党関係者や在野の人々があたかもスパイに同調し協力したかのようなデタラメの情報をリークした。おかげで大統領候補金泳三《キムヨンサム》と与党新韓国党の国会議員候補は選挙に楽勝した。そのころ僕はドイツ留学中で、個人的に親交のある先輩や後輩がこの二つの事件に巻き込まれてたいへんな目に遭っているのを遠くから見守りつつ、嘆き祈った。彼らもツイてなかったなあ！　どうか僕のところまでスパイが訪ねてきたりしませんように！

けれど僕の身にも似たようなできごとが起こった。１９９６年にちょっとしたアルバイトのつもりでハンギョレ新聞のドイツ通信員の仕事を引き受け、ビーレフェルトで開かれた南北朝鮮学者会談を取材した。北朝鮮社会科学院教授の発題を聞き、統一問題に関心を寄せるドイツ各地の韓国人留学生や在留民と交流した。しばらくしてドイツ在住のある人物が訪ねてきた。北から来ている仲間が祖国統一事業について話し合いたいとのことで、東欧のどこそこで待っているという。僕は断った。その手の接触は民族統一の一助となるどころか南北関係を悪化させ韓国内部の対立を生むだけだから、統一したいなら北朝鮮当局が韓国政府と直接対話し、協力して信頼を築くべく努力すべきだと伝言を頼んだ。その人物はがっかりした顔で帰っていった。

僕は悩んだ。怖かった。ホンモノだろうか？　もしかしたら安企部が僕をはめようとして送ったニセモノじゃないのか？　李善実事件のことが頭をよぎった。ホンモノであれニセモノであれ朝鮮労働党員を名乗る者が「接触」を試みたんだから、通報しなければ不告知罪にひっかかる。東ベルリン事件のとき、ドイツ留学生や在留民がこれとまったく同じ状況でスパイ罪に問われることになったではないか。ある大手新聞社のドイツ特派員として当地に住む先輩、それからソウルにいる知人に電話した。総領事館に通報するつもりだが、それさえも工作の一環かもしれないから、これから僕の言うことをメモしておいて万一のちのち僕がこの件で厳しい状況に置かれることになったときには証言してほしいと頼んだ。それから総領事館に出向している国防省関係者に電話で通報した。

2006年1月に保健福祉相に指名されたとき、国会保健福祉委員会の人事聴聞会で、公安事情に精通した野党議員が僕にドイツ留学時代に北朝鮮のスパイと接触した事実があると暴露するらしいとの情報が入った。それでなくとも「偏向人事」だと非難ごうごうなのに、そんなことまで持ちあがって「スパイ論争」やら「思想論争」やらが始まったら大統領に迷惑をかけると思った。かつて電話した人たちに必要とあらば公開証言に応じてもらえるよう頼んだ。国情院長金満福《キムマンボク》に記録を確認し、その野党議員が事実関係をしっかり把握できるようにしてほしいとお願いした。国情院がどう対応したかはわからないが、さいわい人事聴聞会でその件が話題にされることはなかった。僕を訪ねてきたあのドイツ在住の人物がその後なんらかのスパイ事件に関与したというような話は耳にしない。あの人物が北朝鮮のスパイだったのか安企部の工作員だったのかは今もってわからない。

再審で次々と無罪判決が出ている冤罪スパイ事件は、韓国で半世紀にわたって繰り広げられてきた恐怖政治の生きた証拠だ。民主化の時代を迎えて30年近くの月日が流れた今でも、スパイ事件をでっちあげる恐怖政治の遺産は消え去ってはいない。ソウル市公務員スパイ捏造事件を見ていると、国情院と公安検事との「DIYのスパイ」製造事業が再開されたのではないかとも思える。証拠捏造とスパイ事件とは別物であり、かのソウル市職員はたしかにスパイだと主張する法務相黄教安《ファンギョアン》［2015年11月現在、首相］の弁を聞いて、この人物は人間ではないのかもしれないと疑念を抱いた。人間なら証拠を見て判断する。ある人物をスパイと判断するには、そう信じるに足る証拠がなければならない。もし問題の偽造された中国の公文書以外に信じるに足る証拠があったのなら、いったい何のために国情院はその書類を偽造したのか。国情院と検察は証拠もないままにソウル市職員がスパイだと判断した。それからその判断を裏付ける証拠を捏造した。証拠もなく誰かを北朝鮮のスパイだと判断することは、無から有を生み出すのと同じだ。人間に許される行為ではけっしてない。

三つのターニングポイント

朝鮮戦争後の南北関係には三つのターニングポイントがあった。ひとつめは1972年の「7・4南北共同声明」だ。70年代初め、米国はソ連や中国といった社会主義陣営との平和共存を模索するデタント政策に舵を切った。そのころ韓国の1人当たり国民所得が北朝鮮と肩を並べる水準になった。朴正熙大統領は中央情報部長李厚洛《イフラク》を平壌に送り、北朝鮮の国家副主席朴成哲《パクソンチョル》がソウルにやってきた。李厚洛と金日成の弟で組織指導部長の金英柱《キムヨンジュ》が南北首脳に代わって署名したうえで南北当局が1972年7月4日に電撃的に発表した共同声明の要旨は、自主的・平和的な方法によって統一を実現し、思想、理念、制度の違いを越えて民族の大団結を図るというものだった。相互に誹謗することを中断し、軍事衝突の防止、南北交流の実施、南北赤十字会談の開催、ソウル・平壌間の常設ホットラインの開設、南北調節委員会の設置にも合意した。国民は驚いたが、希望に湧きかえった。すぐにでも平和統一が実現するはずだと期待する者もいた。

けれどそれははかない望みだった。朴正熙大統領はわずか3か月後に「10月維新」を宣布して終身権力体制を構築した。金日成主席も新たな社会主義憲法を採択し、個人崇拝と全体主義独裁体制をさらに確固たるものとした。南北の権力者はそれぞれ「7・4南北共同声明」をおのれの権力を強化する手段に利用したのだ。だがそれにはまったく意味がなかったわけではない。国家元首の代理人が公式文書に署名したということは、南北がお互いを国と認めたことを意味する。自主・平和・民族の大団結という祖国統一の原則は、その後の南北関係を切り拓いていくうえでの大原則になった。

韓国は消費財産業ひとつで北朝鮮の所得水準に追いついた。70年代には鉄鋼、造船、化学、建設、自動車、電力産業など従来型の重化学工業を確立し、輸出によって外貨を獲得し、そのカネで原材料やエネルギーを輸入した。国防費支出を急ピッチで伸ばし、先端兵器を導入した。そのうえ国民の力で軍事独裁を克服し、民主化を成しとげて国際社会の堂々たる一員となった。だが北朝鮮は慢性的な経済不振を経験することとなった。その結果、冷戦体制の崩壊した90年代初めまでの20年間で南北の経済力はすっかり逆転した。北朝鮮ばかりか中央統制式の計画経済を推進していたすべての社会主義国が同じ困難に直面した。そのためベトナムと中国は部分的に市場経済を受け入れる漸進的な改革開放路線を採用することとなった。ソ連と東欧社会主義国は劇的な政治的混乱を経て体制を大きく転換させた。イデオロギーや理論的な側面がどうであれ、現実面において社会主義は個人の欲望を去勢する体制だった。欲望の実現を追求するすべての思想と行為のありようを「ブルジョア反動」と決めつけて抑圧した。人間解放と階級なき理想社会の建設という理念に個人を従属させた。短期的には成果を挙げたように見えたが、すべての人々を長期にわたってそのやり方に従わせることはできないため、経済の衰退は避けようのない結果だった。

社会主義陣営が崩壊した後もなお北朝鮮は思い切った変化を遂げられずにいた。そのうえ１９８７年11月の大韓航空機爆破事件後は、米国が北朝鮮をテロ支援国家に指定して対外貿易の道が閉ざされたため、北朝鮮は事実上自給自足の経済体制を強いられることとなった。中国以外に安定した貿易のパートナーがいなくなったのだ。それは韓国の経験した通貨危機とはまったく異なる実体経済の危機だった。国際分業体制から離脱して対外貿易が途絶えると、エネルギーや原材料、中間財を調達することができなくなる。そうなると製造業の生産サイクルも破綻してしまう。実体経済の危機が目前に迫り、金日成は変化を模索した。そこで南北関係の二つめのターニングポイントとなる１９９１年の「南北基本合意書」が登場したのである。

よく言われるのは金大中《キムデジュン》大統領が南北関係の枠組みを変えたという話だ。金大中大統領の個人史から見ても、歴史的な初の南北首脳会談の実現という点から見ても、それだけの根拠はじゅうぶんにある。その功績が国際社会で広く認められたからこそノーベル平和賞を受賞した。けれど南北関係の枠組みを変えた最初の人物は盧泰愚《ノテウ》大統領だったというほうが客観的かつフェアな評価だ。盧泰愚政権は南北関係を改善し、旧社会主義国と経済・外交関係を構築するために懸命に努力し、少なからぬ成果を残した。

盧泰愚大統領は１９８８年に「民族の自尊と統一繁栄のための大統領特別宣言（7・7宣言）」を発表して南北同胞の相互交流、海外同胞の南北との自由往来、離散家族の生死確認、南北交易の門戸開放を提案した。軍事物資でなければ友邦国と北朝鮮との貿易も容認し、南北対決外交を終結させ、北朝鮮と米国・

日本との関係改善に協力するとした。これに対して北朝鮮は特段の反応を示さなかったが、韓国政府は北朝鮮向けに流していた誹謗放送を一方的に停止した。北朝鮮が1990年5月に「朝鮮半島の平和のための軍縮方策」を発表すると、南北当局者の高官級会談に着手した。1991年7月、北朝鮮が南北当局による朝鮮半島の非核化を提案した。盧泰愚大統領は9月24日の国連総会の演説で在韓米軍の核兵器撤収問題について協議する用意があると語り、次いで米国政府が朝鮮半島からの核兵器の撤収を決定した旨を発表した。11月8日、盧泰愚大統領は「朝鮮半島の非核化と平和構築のための宣言」において核兵器を製造・保有・貯蔵・配備・使用せず、国内の核施設および核物質を公開し、核燃料再処理施設を保有しないと約束した。そしてついに南の鄭元植《チョンウォンシク》首相と北の延亨黙《ヨンヒョンムク》首相が1991年12月13日、相互尊重、交流、経済協力、平和に関する原則的合意を盛りこんだ「南北基本合意書」に署名した。

金日成主席は南北関係の改善をテコに米朝関係、日朝関係を正常化して体制の安定化を図ろうとした。盧泰愚大統領は南北の体制争いが韓国の圧勝に終わったことを確信し、北朝鮮のことを除去すべき敵ではなくきちんと管理すべきリスクとみなし、米軍の戦術核は北朝鮮を管理するうえで役立つツールではなく北朝鮮を刺激する兵器だと判断した。盧泰愚は南北関係の基調をイデオロギー的・軍事的な対決から平和共存と交流協力へと転換させることによって朝鮮半島の局地的な冷戦体制を解体しようとした。

「南北基本合意書」で南と北は民族の和解のために相互の体制の容認、内政不干渉、誹謗中傷の禁止、体制に対する破壊転覆行為の禁止、停戦協定の遵守、平和状態への転換を目指す共同の努力、国際舞台での対決の終息と協力、板門店への南北連絡事務所の設置、合意内容の履行と遵守のための政治分科委員会の設置に合意した。不可侵に向けては武力行使と侵略の禁止、平和的な方法による紛争の解決、停戦協定による軍事境界線およびそれまで双方が管轄してきた区域を境界線とする相互不可侵、軍事面における信頼の醸成・構築を実現するための南北軍事共同委員会の設置、偶発的な武力衝突を防止するための軍事当局者間のホットラインの開設、不可侵に関する合意の履行および遵守、軍事的対決状態を解消するための分科委員会の設置にも合意した。交流・協力のためには資源の共同開発と物資の交流、合作投資などの経済交流と協力、科学技術・教育・文化芸術・保健・体育・環境分野における協力、新聞・ラジオ・テレビおよび出版物をはじめとする出版・報道など多方面の交流・協力、自由な往来と接触の実現、離散家族の自由な書信のやりとり・往来・面会と自由意思による共同生活の実現、鉄道・道路の開通と航路・航空路の開設、郵便と電気通信施設の接続、郵便・電気通信交流の秘密の保障、国際舞台での協力、南北経済交流協力共同委員会をはじめとする各部門の共同委員会の設置、南北交流・協力に関する合意の履行と遵守のための交流協力分科委員会の設置に合意した。

3件の付属合意書も締結された。「南北基本合意書」と「不可侵付属合意書」にはNLL関連の条項がある。要約すると、海上境界線に関しては南北が引き続き協議していくが、新たな合意に至るまではこれまで双方が管轄してきた区域を不可侵の境界線とするというものだ。「これまで双方が管轄してきた区域」とは海上のNLLを指す。海上境界線の問題を継続協議としたのは、国際法上は確固たる地位を有する海上境界線は存在しないという事実を韓国が認め、それを前提に北朝鮮が従来のNLLを暫定的に認めて尊重するものとする、ということだ。

2000 年 6 月 15 日、南北首脳会談のため平壌空港に到着した金大中大統領を迎える金正日総書記
© 聯合ニュース

1991年以降現在までに行われたあらゆる南北交流および経済協力事業は「南北基本合意書」のごく一部を実現したものにすぎない。「7・4南北共同声明」とは違って「南北基本合意書」は、推進段階から南北の国連同時加盟、非政治的・人道的な交流支援および協力の拡大が図られるなど、いくつかの成果を収めた。金泳三が大統領に当選した1992年12月までに和解・不可侵・交流協力の問題を扱う三つの分科委員会でそれぞれ10回ほどの会議が開かれて合意を実現する具体的な方策を話し合った。もし1994年7月4日に金日成主席が急死しなかったならば金泳三大統領が初の南北首脳会談に臨んで南北関係を飛躍的に改善させたかもしれない。そうなっていたら金泳三がノーベル平和賞の受賞者になっていた可能性もあったはずだ。

ところが金日成の死後に米朝間で核問題をめぐる対立が持ちあがると、金泳三大統領は掌を返すように態度を変えて強硬路線を突き進んだ。だが1997年12月に金大中が大統領に当選すると、南北関係にはふたたび薫風が吹いた。アジア通貨危機の渦中にあっても、韓国は国際社会と足並みをそろえて北朝鮮に食糧や医薬品といった人道支援物資を提供した。現代《ヒョンデ》グループ会長の鄭周永《チョンジュヨン》をはじめとする財界人が金剛山観光や開城《ケソン》工業団地の開発など民間レベルの経済協力事業を推進した。深刻な経済難と国際的孤立の中で「苦難の行軍」を強いられていた北朝鮮は、「南朝鮮の解放」ではなくみずからの国体護持にこだわった。米国に対抗する目的で核兵器と長距離弾道ミサイルの開発をひそかに推進したのである。そのような状況で金大中大統領が平壌を訪問して金正日総書記と首脳会談を行い、「6・15南北共同宣言」を発表することによって南北関係の三つめのターニングポイントを切り拓いた。

「6・15南北共同宣言」では「7・4南北共同声明」の祖国統一のための3大原則を再確認し、離散家族の再会と非転向長期囚問題の解決、経済協力と社会・文化・体育・保健・環境分野の協力と交流の活性化、合意事項を早期に実現するための南北当局の対話に合意した。南北首脳はまた、「国の統一に向けて南側の連合案と北側の低い段階の連邦案に相互に共通性があると認め、今後その方向で統一を目指していくこととする」という内容を宣言に盛りこんだ。それは金大中大統領の信念だった。金大中は南と北が異なる体制にあってただちに統一するのは難しいだけに、相互に相手の体制を認めつつひとつの国家を構成する「一国二体制国家連合」という統一策が現実的だと考えていた。そこでその構想と北朝鮮の主張する連邦制による統一策とで共通点を探って合意事項に取り入れたのだ。

金剛山観光や開城工業団地は現代グループ会長の鄭周永が1998年から金正日総書記と「取引」して

実現した事業だった。同事業は軍事衝突の回避と多様な南北交流の実施を宣言した「7・4南北共同声明」および資源の共同開発と物資の交流、合作投資を推進するとした「南北基本合意書」を実現したものだった。金大中政権は南北の閣僚級会談を開いて二重課税が行われないようにし、投資の安定性を保障するための覚書を締結した。南北協力基金を整備して民間団体や財界人の交流を支援した。

２００７年には盧武鉉大統領が2度目の南北首脳会談を開いて「10・4南北共同宣言」に合意した。これは「6・15南北共同宣言」をさらに具体化したものだった。南北の経済協力を大幅に拡大・強化し、黄海に共同漁労区域を含む平和協力特別地帯を設けることとした。そこには経済協力事業を安定的に展開するうえで必要な軍事協力や平和保障システムが含まれていた。２００７年11月にソウルで南北首相が3件の付属合意書を締結した。開城工業団地の通行・通信・通関の大幅な改善と海州《ヘジュ》経済特区の開設、海州港の活用、漢江河口区域の共同利用、民間船舶の海州への直行航路の開設、共同漁労区域および平和水域の設定のための細部事業計画とその推進日程も調整した。だが共同漁労区域の確定のしかたについては合意に至らなかった。ところが李明博が大統領に当選したことによって「10・4南北共同宣言」の履行計画はそっくり水泡に帰してしまった。

北朝鮮が核を廃棄し改革開放を推進するならば、北朝鮮の1人当たり国民所得が３０００ドルになるよう韓国が経済支援策を講じるという「非核開放３０００」構想を南北関係の基本政策に掲げた李明博政権の5年間、南北はただの一度も国防相会談を開催しなかった。南北首脳会談に向けての当局間の水面下の接触はあったものの、南北関係は殺伐とした対立へと突き進んだ。李明博大統領には「10・4南北共同宣言」の合意を履行する意思は毛頭なかった。観光客射殺事件で金剛山観光事業は中断し、食糧・医薬品などの人道支援も凍結された。さらに2010年3月に発生した哨戒艇沈没事件を理由に対北制裁措置が講じられ、開城工業団地を除く南北の経済協力は全面的にストップした。南北の交易と民間の経済協力事業、人道支援、航空路と航路はすべて閉ざされた。同措置によって韓国は北朝鮮よりはるかに大きな経済損失を被り、北朝鮮では韓国企業の去った空白を中国企業が埋めることとなった。2010年11月には北朝鮮が沿岸砲で延坪島を砲撃する事件が起こり、南北関係はほぼ完全に断絶した。

朴槿恵大統領は「朝鮮半島の信頼プロセス」なる、その内容がいかなるものなのかよくわからない対北政策を掲げているが、南北関係はまったく変わっていない。朴槿恵政権発足直後の2013年初頭に、北朝鮮は政治的・軍事的な理由をタテに開城工業団地への通行を制限するなど、それまでの政経分離の原則を無視する措置を講じるに及んだ。そのため韓国政府は開城工業団地の閉鎖をも辞さない強硬策で対抗した。1年にわたる紆余曲折を経て幸いなことに開城工業団地はふたたび操業を開始し、2014年2月には金剛山で離散家族の再会行事が開かれた。だが金剛山と開城の観光事業はいまなお再開の見通しが立っておらず、韓国政府は北朝鮮側からの制裁措置の解除要求を拒みつづけている。一部に南北関係改善のきざしが見えるのは望ましい傾向だ。だがそれは李明博政権が発足する以前の、盧武鉉政権の時代にすでに行われていた南北交流や経済協力事業の一部を再開した程度にすぎない。

停戦協定体制と北朝鮮の核問題

２０１１年に金正日総書記が死亡すると、北朝鮮は3代目の金正恩世襲体制へと移行した。２０１３年以降の朝鮮半島では、北朝鮮の核実験、米韓合同軍事訓練、北朝鮮に向けてのビラ散布、韓国の国軍の日の市街パレード、張成澤の粛清、李石基の内乱陰謀事件、離散家族の再会、北朝鮮のミサイル発射実験等々、民主化以前の時代に目にしたおなじみのシーンがふたたび繰り広げられている。開城工業団地を唯一の例外として南北関係は盧泰愚政権以前の時代に逆戻りしたように見える。

北朝鮮は２００６年10月、２００９年5月、そして２０１３年2月の3度にわたって地下核実験を実施した。国際社会に核保有国であることを認めさせようとして長距離・短距離ミサイルの発射と人工衛星の打ち上げ実験を続けている。核弾頭を小型化して針路を精密に誘導できる大陸間弾道ミサイルへの搭載に成功すれば、北朝鮮は米国本土をも攻撃しうる能力を持つことになる。そうした行為はこれまでの非核化に向けてのあらゆる合意に反するものだ。いったい何のために北朝鮮は核兵器やミサイルの実験にそこまで執着するのだろうか。米国から国体護持を保障する旨の言質を取るためだ。核兵器が「自衛のため」だという北朝鮮の主張は嘘ではない。核兵器という「非対称能力」を強化しようとするのは、イラク戦争で米国が見せつけたハイテク兵器の威力や、通常兵器では韓国軍に及ばないことに対抗するための苦肉の策だ。

北朝鮮の核開発問題は、１９８９年初頭に米国の偵察衛星が北朝鮮の寧辺《ニョンビョン》にプルトニウム再処理施設の存在を探知したことから水面下で動きだし、9月にフランスの衛星の撮影した写真が公開されると一気に問題化した。米国がこの施設を問題視して問いただすと、北朝鮮は1993年に核拡散防止条約（NPT）からの脱退を表明した。米国が軍事攻撃の可能性について触れたことから第一次核危機が訪れた。この危機は米国のジミー・カーター元大統領の仲介によってなんとか乗り切った。ところが1994年夏に金日成主席が死亡して南北首脳会談が立ち消えになると、金泳三大統領が急に路線を変更して南北関係を対決ムードへと推し進め、公式の弔問団を送ることを提案した野党政治家をイデオロギー論を持ち出して攻撃するに至った。首脳会談はOKなのに弔問はNGというのはなぜなのか、論理的にはまるで説明のつかないできごとだった。北朝鮮は金正日に権力を継承させる作業に取りかかった。一触即発の戦争危機説が朝鮮半島を覆った。

だが米国と北朝鮮は核問題でピークに達した朝鮮半島有事の危機を解消するために1994年10月にジュネーブで「核兵器開発に関する特別契約」を結んだ。いわゆる「米朝枠組み合意」だ。両国は北朝鮮国内の原子炉の建設中断、プルトニウムの生産が可能な黒鉛炉から軽水炉への転換、NPTへの残留、国際原子力機関（IAEA）の査察受け入れ、使用済み核燃料の廃棄、米朝関係の正常化、米国の核兵器の対北使用の禁止、暖房および発電用の重油の提供に合意した。この合意はほぼ順調に履行されていた。だが2001年に就任した米国のジョージ・ブッシュ大統領が北朝鮮のことを「悪の枢軸」、「ならずもの国家」と決めつけ、9・11同時多発テロの発生後は「ならずもの国家」に対して先制攻撃を加えることもありうると公言した。北朝鮮が遠心分離機を利用しての核開発推進を示唆すると、米国は軽水炉の建設と重油支援をストップした。そのため北朝鮮はふたたびNPTからの脱退を通告し、原子炉を再稼働した。2003年になると米国が北朝鮮の核施設に対する独自の軍事攻撃の検討を始めたため、朝鮮半島にはまたしても戦争の危機の切迫した気配がみなぎった。盧武鉉大統領が米国の対北軍事行動に強く反対して米韓のあいだにただならぬ不協和音が生じた。

2003年の核危機を平和的に解決したのは中国政府だった。中国が仲立ちとなって行われた南北と米国、中国、ロシア、日本による6か国協議では2005年9月に初の共同声明が発表された。北朝鮮のすべての核兵器と既存の核計画の放棄、NPTとIAEAへの復帰、米国の北朝鮮に対する不侵攻、核の平和利用に関する北朝鮮の権利の尊重、北朝鮮に対する軽水炉提供問題についての議論、米朝両国相互の主権の尊重、米朝・日朝関係の正常化、エネルギー・貿易・投資分野の経済協力の推進、北朝鮮へのエネルギー支援、韓国から北朝鮮への200万キロワットの電力供給など、核危機を解消するうえで必要な措置を網羅した合意だった。韓国からの電力供給提案の主役は統一相鄭東泳《チョンドンヨン》だった。200万キロワットは「米朝枠組み合意」で米国が北朝鮮に支援することにした軽水炉の発電量に相当するものだった。けれどこの共同声明は順調には実現しなかった。米国は北朝鮮に対する敵対政策を撤回せず、2006年7月5日（米国時間で7月4日＝独立記念日）に北朝鮮がテポドン2号やスカッドを含むミサイル発射実験を行うと、共同声明の精神に反すると批判し、声明の合意内容の履行見合わせもありうると予告した。北朝鮮は6か国協議で核廃棄について話し合いながらも一方では核兵器の開発を続け、2006年10月9日には初の核実験を実施した。

2007年2月の6か国協議では先の共同声明を履行するうえで必要な初期段階の措置に合意し、共同文書を採択した。北朝鮮の寧辺にある核施設を停止・封印し、監視および検証活動に向けてIAEAの査察団を復帰させ、すべての核開発計画のリストについて協議することを受け入れ、米国の北朝鮮へのテロ支援国家の指定を解除し、重油5万トン相当の緊急エネルギー支援を行い、朝鮮半島非核化・米朝関係正常化・日朝関係正常化などの作業部会を設置し、朝鮮半島の恒久的平和体制構築を協議するためのフォーラムを別途に置くことを内容としていた。だがこれも履行されることはなかった。2007年9月の会議を最後に6か国協議は道を見失ってしまったからだ。「非核開放3000」政策を掲げた李明博大統領は、前任者たちが北朝鮮当局と合意したすべてを実質無効とした。国体護持と安保を目的に核とミサイルを保有し、世界最強を誇る米国と何十年も丁々発止と渡りあってきた北朝鮮が「非核開放3000」ごときに応じるはずもなかった。結局、南北関係は最悪のところまで行ってしまった。南北対話も米朝対話も行き詰まってしまった。2014年現在まで6か国協議は再会されておらず、北朝鮮はこのところ「新たな形態の核実験」についても言及している。

北朝鮮は米国の敵対政策の廃止、朝鮮半島全体の非核化、核の平和利用の保障を要求している。もし米国がその保障を行動で示すなら6か国協議を通じて核施設、核計画、核物質の凍結・廃棄に応じる用意があるというのだ。だがすでに確保している核兵器は別問題だ。第2回南北首脳会談の席上、終えたばかりの6か国協議の結果を報告した北朝鮮代表キム・ゲグァンは、米国とは現在交戦状態にあり、交戦の相手国に兵器の状況を知らせるわけにはいかないと言った。すでに製造済みの核兵器の処理については6か国協議では扱うつもりはないという意思表示だ。逆に解釈すれば平和協定を締結して米国が北朝鮮の安全を明確に保障するなら、開発済みの核兵器を廃棄することもありうるということになる。

北朝鮮が核兵器の開発で手にしようとしている最終目標は朝鮮半島の平和体制だ。かつては口では平和を言いながら実際には軍事挑発を繰り返していたが、今はそうではない。北朝鮮は生存を保障してもらうために停戦協定に取って替わる平和協定の締結を望んでいる。米国と北朝鮮とは、しばし戦闘行為を見合わせている交戦国どうしだ。停戦協定は「最終的な平和的解決が達成されるまで敵対行為と武装行動の停止」を保障するための「軍事的措置」を盛りこんだものにすぎない。

平和統一への道

北朝鮮はきわめて取り扱いの厄介なリスクだ。北朝鮮を相手に考えうるアプローチは二つある。ひとつは除去すること、もうひとつは管理することだ。李承晩大統領から全斗煥大統領までの韓国政府は北朝鮮を除去すべきリスクとみなしていた。北朝鮮を管理すべきリスクとみなしたのは盧泰愚政権が最初だった。盧泰愚大統領が南北関係の枠組みを変えることができたのは、まさにこの視点の転換があったからであり、それを可能にした力は体制間の競争で圧勝したという自信だった。金大中政権と盧武鉉政権がその視点を引き継いで実践に移した。李明博大統領の就任後に南北関係が後戻りしたのは、政府の対北政策の視点が除去と管理のあいだで揺れ動き、迷走したからだ。

米韓連合司令部は「北朝鮮の急変」に備えた軍事作戦計画を有している。70年代半ばに北朝鮮が全面戦争を起こした場合を想定して作戦計画５０２７を策定した。朝鮮半島有事の際には米軍をすみやかに移動配置して北朝鮮の戦略施設を破壊し、大規模な上陸作戦を展開して北朝鮮地域を軍事的に統制し、最終的には韓国政府が主導して統一までもっていくという計画だ。そこにさしたる問題はない。戦争は絶対に避けなければならないが、万が一にも半島有事の際にはこのやり方でいち早くけりをつけてしまうのがいい。

ところが盧泰愚政権が「南北基本合意書」を締結したことで朝鮮半島の状況が別の方向に動きはじめた。金大中大統領は「太陽政策」なる北朝鮮との和解と平和共存を模索する政策を展開した。北朝鮮が全面戦争へと打って出るリスクは軽減したものの、かつては存在しなかった新たなリスクが頭をもたげることとなった。北朝鮮が外貨獲得のために米国に敵対する国々や反米テロ組織に大量破壊兵器を譲渡する可能性、北朝鮮の体制が崩壊して社会的・軍事的な混乱が生じる可能性である。米韓連合司令部はこの新たなリスクに備えて作戦計画５０２９を策定した。

「北朝鮮の急変」とは核やミサイルといった大量破壊兵器の外部への流出、権力継承の失敗、北朝鮮軍部のクーデター、脱北者の大量流出、北朝鮮内に居住する韓国人の人質化などを指す。米韓連合司令部はこうした想定されうる急変に備えて作戦計画５０２９を推進した。ところが盧武鉉大統領はそれを拒否し、軍事的対応措置を明示しない「概念計画」を策定することで米国と妥協した。２００７年の南北首脳会談の対話録にその内容が記されている。そうした背景には戦時作戦統制権の問題がからんでいる。米国政府は、それまで在韓米軍司令官が行使してきた戦時作戦統制権を2012年に韓国に返還することで盧武鉉政権と合意していた。戦時作戦統制権の返還計画を先に言いだしたのは米国政府であり、盧武鉉大統領がその計画を受け入れて合意が成立したのだ。

ところが李明博大統領に続いて朴槿恵大統領も米国に戦時作戦統制権の返還延期を要請したために、戦時作戦統制権はいまも在韓米軍司令官の手中にある。米韓両国は返還の適切な時期を決めるための協議を続けている。自国の軍隊の戦時作戦統制権を外国軍の司令官に委ねているのは主権国家として恥ずかしいのみならず、国益を大きく損なうおそれのある危険な行為だ。北朝鮮の大量破壊兵器が流出したという理由で米韓連合司令部が北朝鮮地域に兵力を投入すると仮定してみるといい。そうなったとき、どれほどの兵力と武器をいつどの地域に投入し、いかなる作戦を展開するか、在韓米軍司令官の指揮する米韓連合司令部が独自に決定することになる。米国は北朝鮮の大量破壊兵器が流出したら米国に対するテロのリスクが高まるから、在韓米軍が軍事力で対応する名分があると主張するだろう。ブッシュ大統領はそういう論理でイラクに戦争をしかけたのだ。

盧武鉉大統領は朝鮮半島の戦争のリスクを最小限にとどめるために作戦計画5029に反対した。盧武鉉は金正日総書記に韓国側は戦争状況そのものに同意しないと伝え、2012年になれば戦時作戦統制権を韓国が単独で行使することになると付け加えた。戦時作戦統制権を取り戻して米韓連合司令部の地位と

←2007年10月2日、南北首脳会談のため軍事境界線を歩いて越えて平壌へと出発する盧武鉉大統領夫妻
©盧武鉉財団

어서오십시오
여기서부터는 파주시 입니다
Welcome to Paju
후방10m

役割が変われば、政権を保守派に明け渡したとしても作戦計画5029とは異なるやり方で北朝鮮の急変に対応することになるはずだと期待した。後任の大統領が戦時作戦統制権の返還を延期するなどとは想像していなかったのだ。

作戦計画5029は北朝鮮を除去すべきリスクとみなす視点に立って策定された軍事作戦計画だ。北朝鮮側が「吸収統一を狙う侵略計画」と受けとめるのは当然だ。2008年以降、朝鮮半島の東西沿岸やDMZ近辺で米韓の陸海軍が合同演習を繰り返し、米軍が最新鋭の無人偵察機や爆撃機を投入して大規模な上陸訓練を続けていることについて、北朝鮮は激しく非難してきた。これらの訓練が作戦計画5029に沿った北朝鮮侵略作戦だと疑っているからだ。停戦状態にある朝鮮半島において交戦相手である米軍および韓国軍が、やられるかもしれないという恐怖感を北朝鮮の指導部に抱かせてしまったら、紛争と対立は避けられない。

2014年の年頭記者会見で朴槿惠大統領は「統一はカネの成る木」だと語った。就任1周年の談話では統一準備委員会を設置してみずからが委員長を務めると言った。3月に訪独した際にはベルリンの壁が崩壊したように休戦ラインも消滅するはずだと言い切った。北朝鮮の体制崩壊と吸収統一の可能性を考えているように思われる。それは歴史的にも政治的にもたいへんな後退だ。北朝鮮のことを管理すべきリスクではなく除去すべきリスクとみなす、盧泰愚政権以前の対北政策に戻ってしまったのだ。繰り返しになるが、北朝鮮とは韓国にとってつねにそこにある国家次元でのリスクだ。だが北朝鮮の体制の崩壊もまたそれに劣らぬリスクなのだ。韓国の憲法は朝鮮半島および付属する島嶼のすべてを大韓民国の領土と規定している。朝鮮民主主義人民共和国という「反国家団体」が不法占拠しているせいで韓国憲法の効力が及んでいないだけであって、朝鮮半島の休戦ラインの北側の地域も厳然たる大韓民国の領土なのである。そしてそこに暮らす住民はみな大韓民国の国民である。その「反国家団体」がいかなる理由であれ崩壊して北朝鮮地域が無政府状態に陥り、その気になりさえすれば北朝鮮地域でも韓国憲法が効力を有するようになったと仮定してみればいい。どんなことが起きるだろうか。

北朝鮮の住民は憲法上は大韓民国の国民だ。身体の自由、居住移転の自由といった基本権をみなが享受することになる。韓国政府に彼らの南への移動を制限する憲法上の根拠は存在しない。政府は国民基礎生活保障法に基づく生計費の支給や医療給付に対する請求権など社会権的基本権を例外なく認めなければならない。韓国憲法には特定の国民に対して基本権を留保できるよう許容する条項は存在しない。教育庁は北朝鮮地域からやってきた子どもたちを学校に受け入れなければならない。ソウルの通りは住む家のない人々があふれ、労働市場は賃金暴落の嵐に見舞われるだろう。僕らにこうした事態に毅然と耐えぬき、克服しうるだけの能力があるだろうか。そんな能力はないと断言することはできないが、持ちこたえられると豪語するわけにもいかないのが現実だ。

こういうことを言うと、北の体制崩壊と吸収統一を熱望する人々は僕のことを「反統一主義者」だと批判する。だがそれは的外れの非難だ。僕は統一を望んでいる。ただ違うやり方の統一を望んでいるだけだ。僕は北朝鮮が体制の安定を維持するなかで南北の経済協力を大幅に拡大し、早期に経済発展を成しとげることを期待している。南北朝鮮と米国、中国が停戦協定に取って替わる平和協定を締結することを願っている。北朝鮮が米国・日本と修好を結び、国際社会の一員となってアジア開発銀行や世界銀行などの国際金融機関の資金支援や韓国企業の投資を受け、崩壊した国民経済を立て直すことによって住民の暮らしを改善することを希望している。南北が合意のうえで軍備を縮小し、朝鮮半島の非核化を完全に実現することを望んでいる。南北の人々がよしみを通わせあい交流しコミュニケーションを取りあって相互理解を深め、統一に向けてのビジョンと希望を分かちあう日を待ちわびている。そうやってゆっくりとではあっても安定したかたちで統一に向かっていくほうがいいと考えている。ドイツもそうやって統一を成しとげた。

朴槿恵大統領はドイツ政府の関係者に統一の知恵を教えてほしいと言った。あれはいただけない質問だった。ドイツの統一の原因やプロセス、結果や教訓を精密に分析した本ならいくらでもある。さらに東西ドイツの関係は南北朝鮮の関係とはまったく違っていたので、ドイツ側にしてみても実際にアドバイスできることなどたいしてない。みな口々に西ドイツは東ドイツを「吸収統一」したといっては、韓国もそうすべきだとか韓国はそうすべきではないとか喧しい。どちらも誤解から生まれた主張だ。ドイツの統一は「吸収統一」ではなく「合意による統一」だった。李明博政権や朴槿恵政権のように考えていてはドイツ式の統一などできるわけがない。盧泰愚・金大中・盧武鉉大統領の対北政策をいかすことこそが合意による統一への道だ。東ドイツの社会主義体制はなすすべなく崩壊したわけではなかった。東ドイツ政府と国民が西ドイツの体制へと統合することを望み、西ドイツがそれを受け入れて秩序整然と統一を遂行したのだ。

ドイツ統一に決定的なきっかけを提供したのはハンガリーおよびオーストリア政府だった。両国は1989年5月2日に国境に張り巡らされていた鉄条網の撤去に着手した。直後にハンガリーが国連難民条約に加盟した。そのため東ドイツ国民がハンガリーを経てオーストリアに行けるようになった。オーストリアに行けるようになると、西ドイツに入ることには何の問題もなかった。1989年の夏、休暇で東欧諸国を訪れた200万人の東ドイツ国民の相当数が帰国せず、11月9日のベルリンの壁崩壊までに22万人がさまざまな手段で東ドイツを脱出して西ドイツに移り住んだ。エンジニア、建築家、医師、看護師、教授、教師といった東ドイツの産業施設や国家機関の運営に不可欠な仕事に携わる20～40代の若い人たちが中心だった。西ドイツ政府がそれらの人々に公共の賃貸住宅を提供したことから東ドイツ南西部の町々で賃貸住宅の家賃が高騰した。夏休みシーズンが明けてみると、生産施設を通常どおり稼働して国の組織を運営することができなくなっていることに東ドイツ政府当局は気づいた。東ドイツ国民はハンガリーとオーストリアを経て西ドイツへと脱出することによって西ドイツの体制で統一したいというみずからの政治的な意思を表明したのだ。

東西ドイツは南北朝鮮とは違った。1969年に西ドイツ政府の成立後はじめてとなる政権交代を成しとげた社会民主党のヴィリー・ブラント首相は、ソ連をはじめとする東欧社会主義国に対して平和共存と交流・協力を図る新たな東方外交を展開することによってドイツ統一の基礎を固めた。その後、個人秘書が東ドイツのスパイだったことが発覚する事件があってブラントは首相の座を退いたが、統一ドイツの初代首相を含めて16年間も政権トップを務めたヘルムート・コールや西ドイツの保守陣営の政治指導者もブラントの政策をそのまま引き継いだ。東西ドイツは住民に対して手紙のやりとり、親戚訪問、放送の視聴などを広く認めた。1989年秋に自由と民主主義を求める大規模デモを繰り広げた東ドイツ国民は、国際情勢の変化や西ドイツの実情についてよく知っていた。もっとも規模の大きなデモが行われたのは東ドイツの産業の中心地ライプチヒだった。広場に集まった市民は、手にした鍵束を高く掲げて振り回しながら民主主義と統一を求めるシュプレヒコールを叫んだ。それは完全なる非暴力のデモであり、東ドイツ政府も暴力を行使することはなかった。謹厳実直なマルクス主義者だった東ドイツ政府の中心人物たちは、そこに抗いがたいある種の歴史の法則が作用していると考えたのだ。

大衆の要求を受け入れる以外にはもはや打つ手はなかったので、東ドイツの政権担当者は銃弾1発撃つことなく権力を明け渡した。世界の歴史でもまれなできごとだった。東ドイツ共産党政治局は1989年11月9日夜、すべての国民の海外旅行の自由をただちに認めると急遽発表した。東ベルリン市民は西ベルリンに通じるブランデンブルク門近くの検問所に殺到した。上からの指示はなかったが、検問所の責任将校がみずからの判断で警備兵に武器の使用を禁じた。市民はブランデンブルク門を開き、東ベルリン市民の大量脱出を防ぐ目的で1961年に築かれた壁を打ち崩した。東西ドイツは、わずか1年もたたないうちに貨幣を統合するなど必要な準備を整え、周辺国の同意を得て統合を決定した。これが合意による統一でなければ、いったいどんなやり方を合意による平和的な統一といえるだろうか。

西ドイツが東ドイツを吸収統一しようとしたことはない。東ドイツ国民が望み、東ドイツ政府が決断するまで西ドイツは耐えて待ちながら交流・協力を重ねて支援しただけだ。東ドイツというリスクを除去しようとするのではなく、じゅうぶんな費用をかけて安定的に管理したのだ。西ドイツはそうすることによって東ドイツ市民の信頼を勝ちえたのであり、東ドイツ政府の武装を解除した。盧泰愚大統領の北方政策はブラント首相の展開した新たな東方政策の韓国バージョンだった。金大中大統領と盧武鉉大統領は同じ観点に立って平和共存と高い水準の交流・協力を実現させるために努力した。韓国憲法の規定するところによるならば、自由民主的な基本秩序に立脚した平和統一に至る道はまさにここにある。朴槿恵大統領はその道を探し求めてあえて遠方の地ドレスデンにまで赴く必要などなかったのである。

●1　2012年の総選挙後に候補者選定をめぐる不正疑惑や党内の路線の違いから内紛が噴出し、暴力沙汰にまで発展したあげく、大量の離党者が出て事実上分裂した。著者もこのとき同党を離党した。
※2　哨戒艇沈没事件については大韓航空機爆破事件よりも多くの「合理的な疑問点」が残る。北朝鮮当局は事件の起きた2010年3月から現在まで一貫して関与を否定し、北朝鮮側の検証団を受け入れよと韓国政府に要求している。
●3　劇場側の説明は反対派が実力で上映阻止の動きに出たため、観客の安全を期すためやむをえず打ち切るとのことだった。ロードショウは打ち切りになったが、小劇場での単館上映は全国13館で続けられた。2015年11月現在、映画ポータルサイトでダウンロード可能（韓国国内に限る）なほか動画共有サイトでも無料閲覧が可能（日本語字幕なし）。
●4　1971年、北朝鮮に送りこまれるために仁川市の実尾島で特殊訓練を受けていた特殊部隊の兵士らが処遇に不満を抱いて反乱を起こし、軍警によって鎮圧された。この事件を描いた映画「シルミド」は日本でも公開された。

エピローグ

セウォル号の悲劇、僕らの中の未来

この本は過去55年間の韓国の歴史を網羅的に収めた記録ではなく、僕がそれぞれの時代で注目する価値があると判断したことがらについての記録である。では僕は、その55年間の数えきれないほど多くの事実からどんなことに注目する価値があると判断したのだろう。２０１４年のいま韓国社会で起こっているさまざまなできごとを理解し、近い未来に繰り広げられるであろう状況を予測するうえで役立つと思われるような事実。それが僕が現代史のできごとについて選択した基準だ。

このところ韓国国民の関心を集めた「現在のできごと」を見てみよう。新聞やテレビでは年末になると「今年の10大ニュース」を発表する。各社多少の違いはあるが、だいたいは似通ったものになる。ここでは国民日報の選んだ「２０１３年韓国10大ニュース」を引用することにする。北朝鮮の張成澤《チャンソンテク》の処刑、大統領選関連での国情院職員によるＳＮＳ不正投稿問題・南北首脳会談対話録の公開など国家機関の政治介入疑惑、李石基《イソッキ》の内乱陰謀事件、青瓦台《チョンワデ》報道官尹昶重《ユンチャンジュン》のセクハラ事件、隠し子疑惑の暴露による検察庁長官蔡東旭《チェドンウク》の辞任、基礎年金問題と保健福祉相陳永《チンヨン》の辞任、財閥規制の強化・パワハラや優越的地位の濫用への改善策といった経済の民主化、不動産契約保証金の暴騰と住処を求めてさまよう人々の続出、原子力発電所の不良部品使用と電力不足への不安拡大、全斗煥《チョンドゥファン》一族の不正蓄財に対する検察の徹底捜査と追徴金の支払いといったところだ。

　では２０１４年はどうだろう。４月までだけでも想像しがたいような事件がいくつも起きた。ソウル市公務員スパイ事件に関連する国情院と検察の証拠捏造が事実だったことが確認された。高速鉄道ＫＴＸの新路線の民営化を無理強いする政府を相手取って韓国鉄道公社コレイル労働組合がストを打ったのに次いで、病院の営利子会社設立の許容や遠隔診療制度の導入など政府の医療サービスの市場化政策に反対する大韓医師協会が診療ボイコット闘争を繰り広げた。慶州《キョンジュ》マウナオーシャンリゾートの体育館の屋根が崩落して大学生10人が死亡、２００人が負傷する事故が起きた。生活苦にあえぐ母親が最後の家賃と光熱費だけを残して２人の子を道連れに無理心中するなど、貧困を苦にした自殺事件が相次いだ。第三の政党設立を進めていた国会議員安哲秀《アンチョルス》が電撃的に民主党との統合に踏み切った。そして仁川《インチョン》を発って済州《チェジュ》島に向かっていた大型旅客船セウォル号が珍島《チンド》沖で転覆して修学旅行に行くはずだった高校生をはじめ３００人以上の無辜の命が犠牲となる大惨事が起きた。これらすべての事件に目新しいところはない。読者のみなさんはこの本に、ほぼ同じような、あるいは様相は異なるにせよ因ってきたるところを同じくする過去の事件をいくつも見てきたはずだ。

２０１４年４月16日、昼食を摂りにでかけた飲食店でニュースを見て遅ればせながらセウォル号の悲劇を知った。救助の行われているあいだも、行方不明者の誰ひとりとして生きて返ってこないという事実が確実になったときも、年末に行われた犠牲者の永訣式が済んでからも、たまらなく悲しかった。怒りがこみあげた。申し訳なかった。あきれていた。傾いていく船室の片隅にうずくまってスマートフォンで家族や友人たちに大好きだと伝え、許しを乞う少年少女の姿が脳裏に浮かんでは消えた。彼らの感じた不安、恐怖、無念さ、最期に息絶える瞬間の苦しみが生々しく伝わってきた。食事ものどを通らず、なかなか眠りにつけず、幾度となく不意に嗚咽がこみあげた。

セウォル号事件は、臥牛《ワウ》アパート崩壊事故、大然閣《テヨンガク》ホテル火災、西海《ソヘ》フェリー沈没事故、聖水《ソンス》大橋崩落事故、三豊《サンプン》デパート崩壊事故、大邱《テグ》地下鉄火災と本質的に同じだ。船が転覆した根本的な原因は制御不能の貪欲さと不正腐敗だった。あそこまで多くの命が犠牲になった直接の原因は船長と乗員の無能さ無責任さだったが、その背後には根深い構造的原因が横たわっていた。人ではなくカネを最優先する制度や行動様式、風潮や慣行である。青海鎭海運《チョンヘジン》が、建造されて18年目の船を日本から買い受け仁川―済州航路に就航させることができたのは、政府が２００９年に船齢制限を20年から30年に延ばす規制緩和措置を講じたからだ。青海鎭海運の経営陣は旅客船を垂直増築したにもかかわらず船体の重心を補正する改修を行わず、船舶の復原力を維持するうえで欠かせない装置が故障しても修理しなかった。乗員の半数が短期契約の非正規職であり、業界最低水準の賃金で雇用していた。乗員は適正量の３倍もの貨物を積みこみ、大型コンテナを規則どおりに固定せず、過積載の事実を隠すためにバラスト水を抜いていた。

そうやって収入を増やしコストを削って手にした利潤は、青海鎮海運と系列会社の実質的オーナーとみられる兪炳彦《ユビョンオン》一族がロゴ使用権や経営コンサルティング、写真の購入といった姑息な名目で着服したものとみられる。青海鎮海運は当期純利益が計上できず法人税をビタ一文納めていない。同社が仁川―白翎《ペンニョン》島航路と仁川―済州航路の複数の船舶をすべてそういうやり方で運航していたにもかかわらず、現行法令および規定による安全管理がまったくなされていなかったのは不正腐敗あってこそだった。政府は海運会社の利益を守る海運組合に運航安全措置の監督を一任し、船舶構造の安全検査業務を社団法人韓国船級に独占させていた。海洋警察や海洋水産省の退職者は海運組合や韓国船級などかかわりのある安全管理組織や企業に天下りして監督機関へのロビー活動にいそしんでいる。そのため官と民とを問わずあらゆる組織や機関の安全管理機能がマヒしていた。要するに沿岸旅客船の安全を守るべき責任を負うすべての行為主体が、当然担わなければならない業務を放り出していたのだ。セウォル号の悲劇は、ポスト産業化時代の社会を支配してきた物質的な欲望がなお疾走を続けている韓国の「すっぴん」の顔を赤裸々にさらけだす事件だったというほかない。

李明博《イミョンバク》大統領は当選するやいなや鶴のひと声で工業団地の電柱を何本か撤去した。[1] あたかも規制が経済発展の敵であるかのごとく規制緩和に邁進した。そして朴槿恵《パククネ》大統領が規制を「討ち取らねばならない仇敵」、「増殖した癌細胞」と言ってほどなくセウォル号の悲劇が起きた。安全にかかわる規制や環境に対する規制は仇敵でもなければ癌細胞でもない。不合理で不必要な規制がいまなお残っているのは事実だが、革新政権10年のあいだもそうした規制を撤廃しようとひたむきに努力した。規制そのものが仇敵や癌細胞のごとく見えるのは、カネ儲けを最高の価値と考えているからにすぎない。規制は僕らの追求する価値や社会秩序を表している。環境に対する規制、財閥への規制、交通の規制、労働市場における規制は無秩序な欲望の表出を防止し管理するための手段だ。特に安全にかかわる規制は事故を予防して国民の命と健康を守るために定められたものだ。船舶の運航にかかわる安全のための規制を無分別に緩和した責任は、もちろん大統領や関係公務員、企業関係者にあるが、もっぱらそれらの人々の責任とばかりはいえない。規制を悪であるかのように扇動する一部メディアや知識人、規制緩和によって経済成長を目指すと公約する政党と政治家を信じた国民にも責任の一端がある。そう考えるとセウォル号が沈んだのは珍島沖ではなく欲望の海だったといえよう。檀園《タヌオン》高校の生徒たちをはじめとする多くの乗客の命を奪ったのは、人命よりカネを優先させた物神崇拝の意識と腐敗の文化だった。

すべての凄惨な悲劇には、制度欠陥とともに人の欲望と無能さと過失とが作用している。霧のせいで仁川港からの出航が遅れたため乗員は猛スピードで船を走らせた。船長は潮の流れの速い孟骨《メンゴル》水道の航行を経験の浅い航海士に任せきりにした。乗員は愚かにも、あるいは自分たちが助かりたいがためにわざと、すでに船が傾きつつあるのに船室で待機せよとアナウンスした。遭難を通報して乗客を救助せよという珍島管制センターからの指示があったのに、そのための努力は何ひとつせずに専用通路を通って先に脱出してしまった。事故発生の直後にいちはやく乗客を甲板に誘導していたならば、少なくとも船室で待機せよとアナウンスしなかったならば、あれほどまで多くの人々がライフジャケットを身につけたまま船室内で

2015年4月15日、セウォル号沈没事故で捜索拠点となった珍島・彭木（ペンモク）港の灯台前にしつらえられた供物台。台には「子どもたちよ！　よき世に生まれ変わり幸あれかし」とある。
© 朴準成

命を落とすことはなかったはずだ。乗員たちは、大邱の地下鉄火災のとき乗客をドアの閉まった車内に捨て置いたままマスターコントロールキーを抜いてひとり避難してしまった機関士と同じ行動をとった。船長と乗員の不手際、無能さ、卑怯さが何の罪もない生徒たちを死に追いやったのだ。

「国を信じて修学旅行に送り出したんだから、政府が責任を負うべきではありませんか！」。犠牲者の家族の臨時宿舎だった珍島室内体育館を訪れた大統領と首相に向かって、ある父親がそう訴えた。そのとおりだ。セウォル号の悲劇は国民の命と安全をろくに守ることもできない韓国政府の無能さをショッキングなかたちであらわにした。海洋警察は救助艇やヘリコプターを出動させたものの船内の状況をまるで把握できなかったし、船室で待機せよとの誤ったアナウンスを取り消して乗客の脱出を誘導する措置をとることさえしなかった。現場に急行した漁業指導船が命懸けで乗客救助に臨んだのに、海洋警察は遠巻きに見ていただけだった。

この本で僕は、国民の国に対する要求のウェイトが福祉国家へと移りつつあると書いた。福祉国家とは市民を社会的なリスクから保護するために努める国だ。韓国は企業を支援することに政府財政支出の20%を使っている。北朝鮮と争うこと、国民を統制し取り締まることにも同じくらいの国家財政を使っている。それがかつて西海フェリー沈没の惨事を経験してなおセウォル号の悲劇を防ぐことのできなかった重要な原因だった。その支出の一部でも国民の命と安全を守ることに振り向けるならば、セウォル号の命は救えなかったにせよ、次の悲劇を生むことは防げるのかもしれない。

セウォル号の悲劇は、ひょっとすると僕らに訪れるかもしれない今よりすばらしい未来の可能性を示してくれたのかもしれない。僕は国民がこんなにも悲しみ詫びる姿をはじめて見た。三豊デパート崩壊事故や盧武鉉《ノムヒョン》大統領逝去の際より悲しみは深く、憤りは激しく、苦痛は大きかった。人々はなぜ、地方選挙候補者の予備選のような政党のイベントはもとより、地域のお祭りや愛好家のイベントのようなものまで自主的に延期したり取りやめにしたりしたのだろうか。いたたまれなさ、罪の意識、申し訳なさといった感情と犠牲者の苦しみへの共鳴ではなかったかと僕は思う。何の落ち度もないのに死んでいった若者たちとその遺族を思いやる気持ち、彼らが最期の瞬間まで家族や友人に伝えようとしていた愛情や友情への共感、大人たちの生んだ貪欲と腐敗の泥沼で犠牲になった若者に対する罪の意識、彼らが最期の瞬間まで味わったであろう極度の恐怖と苦しみへの共鳴である。もし未来の子どもたちが今よりすばらしい、少なくとも今よりも醜くない韓国で暮らすようになるとするなら、そんな韓国をつくる力はそうした共感、共鳴から生まれるはずだと僕は信じている。

統計学者の作成した生命表によると、1959年亥年生まれの男性は平均してあと30年ほど生きるそうだ。すでに生きてしまった55年の韓国現代史の整理作業を終えるに当たって30年後について考えてみた。どんな変化が僕らを待っているだろうか。いくつかの個人的な展望とともに僕の韓国現代史55年の物語をしめくくろう。いま韓国で進行中のすべての変化のうちもっとも注目すべきは、人口構成の変化だ。韓国は国民の3人に1人が65歳以上の老人という「超高齢社会」になるだろう。僕らは産業、住宅、金融、労働市場、国民健康保険や国民年金といった社会保険などの経済構造と社会制度を全面的に調整しなければならない。第二の重大な変化はエネルギー価格の上昇だ。石油、石炭といった化石燃料の枯渇はすでに予定されている。原子力発電はひとたび点火してしまえば消すすべのない危険な火という事実が明らかになった。太陽光や地熱、風力を利用する再生可能エネルギーは生産コストが高い。韓国は住宅、産業などのあらゆる面でエネルギーを多く消費する構造になっている。高齢化と化石エネルギーの枯渇というリスクは僕らに目に見える変化と改革を要求している。僕らはこの二つのリスクを抱えて生きながら、経済における社会的格差を解消または緩和するための解決法を模索しなければならない。もし必要な改革をタイムリーに実行できなければ韓国社会は克服しがたい社会経済的危機に直面するだろう。

それが実行できるのは誰であり、どのようにしてだろう。「偉大なる指導者」を期待するわけにはいかない。高齢化とエネルギー危機、格差社会のリスクを克服するうえで必要な変化を実現するには、民主主義の制度と手続きによって国民の共感を味方につけなければならないが、それは産業化や民主化よりはるかに困難で複雑な課題だ。それぞれみずからの欲望や信念やエゴではなく、他者への思いやり、交感、共感に基づく相互理解と協力がなされない限り、この課題を乗り越えることはできない。そのとき要となるのは市民がみずからの欲望を客観的に認識し管理しつつ、優先順位を調整することだ。僕らはこの半世紀のあいだ欲望のピラミッドの下部にある「生理的欲求」と「安全の欲求」の充足にばかり執着して生きてきたため、「尊重の欲求」や「自己実現の欲求」を後回しにしてきた。もっと多くのカネ、もっと高い地位、もっと大きな権力を手にすることに汲々として自分自身と他者の尊厳をないがしろにし、捨て置いてきた。協力より競争に、原則と常識より反則と抜け駆けに、人間的な共感と連帯意識より自己中心的な利害と打算に引きずられて生きてきた。セウォル号の悲劇はそうやって走りつづけてきた欲望の韓国現代史の到達した場所がどんなところなのかを教えてくれた。あの若者たちのやりきれない死を前にして大人たちの感じた「申し訳なさ」は、そうした歴史に対する省察と反省からくる感情ではなかったか。

プロローグで僕は、2012年の大統領選で表出された世代間の投票傾向の違いは産業化勢力と民主化勢力の政治的対立以上の哲学的・文化的な乖離であり、歴史意識の対立だと主張した。大人たちをとりこにしたのは欲望、それも物質的な豊かさへの欲望と、南北分断という状況によって強要された北朝鮮への憎悪と恐怖だった。だが若い世代は大人たちより強く尊重と自己実現の欲求、そして他者の苦痛と悲しみへの共感に惹きつけられる。大韓民国という共同体の前途になにかしら革新的な変化がもたらされるとするなら、その原動力は彼ら若い世代の持つ「高いレベルの欲求」と共感の能力だろう。

もし現在の50代が10年後に今の60代と同じような行動をとり、現在の40代が10年後に今の50代と似たような考え方をするようだったら、大韓民国に希望はないと思う。現在の40代と50代は朝鮮戦争後の二度のベビーブーム期に生まれた世代だ。他の世代に比べて人数がずっと多い。彼らが変化と改革を好まない保守的または懐旧的な高齢の有権者になるなら、韓国は日本同様に事実上改革の不可能な社会になるだろう。韓国はいつまでもあれが欲しいこれが欲しいという物質への欲望と北朝鮮への感情的な憎悪の支配する醜い社会でありつづけるだろう。セウォル号の事故で犠牲となった若者の親の多くは40代だった。だから40代の市民はその悲しみや痛みにより敏感に共感し、共鳴することができたのかもしれない。僕はこの世代が2014年4月16日以降に感じた痛烈なやりきれなさと悲しみの共感をいつまでも忘れないでほしいと切に願う。

未来はまだやってきていないのではない。未来は僕ら一人ひとりの頭の中、胸の内にすでに入っている。今は存在しない何かが未来をつくるのではなく、いまこのとき僕らの内部に存在しているものが時間の波に乗って出現し、大韓民国の未来になる。歴史は歴史の外側に存在する何らかの法則や力によって動くものではない。歴史をつくるのは人間の欲望と意志だ。よりよい未来を望むならば、僕ら一人ひとりがいかなる一瞬一瞬にも自分の内に善なるものを積み重ねていかなければならない。僕らの内に書き込んでいくべき善なるもののリストには、歴史への共鳴も含まれている。僕らのつくった韓国現代史のそれぞれのインデックスには誰かの汗と涙、野望と挫折、希望と成功、煩悶と献身、愚かな悪行と無念の死が染み跡を残している。そうした55年の物語を終えるに当たり、僕はそのすべてに共鳴したいと望む同時代の友人たちにこう伝えたい。友よ、未来は僕らの内にすでにやってきているのです！

●1　大型トラックの曲がりにくい構造の交差点を改善してほしいと訴えつづけても5年間放置されていたのに、李明博が当選直後にひとこと触れたとたんに障害となる電柱が撤去された。政府側はそのことを対応の早さと規制緩和のシンボルとして喧伝したが、構造全体の改善を求めていた現場にとって数本の電柱の撤去だけでは問題は解決せず、政治ショーにすぎなかったとの声が上がった。

訳者あとがき

ユ・シミンの名を知る人は日本にはあまりいない。だが韓国ではテレビの討論番組のMCで顔を売り、政界に進出してからは盧武鉉の指さす先にユ・シミンあり、盧武鉉の運命共同体などと呼ばれていた。型破りな論客であり、それゆえつねに評価は分かれていた。

政界を辞してから感想を求められ、政界での10年間に報道された自分の写真を見るとひどい顔をしていて、もうこんな表情で日々をすごさなくてすむからホッとすると答えている。なるほど、ふたたび物書きに戻ったユ・シミンは生き生きと仕事を楽しんでいるように見える。特に若者からは絶大な支持を受け、著書はつねに書店の店頭に平積みされ、講演やゲストに招かれてのトークショーにもひっぱりだこ、若い世代のアニキ的存在だ。なぜこれまで日本で注目されなかったのか不思議なほどである。

ところで「市民」は韓国語でも「シミン」と発音する。「シミン」という名はリベラルの騎手にはうってつけだし、漢字で書くと「時敏」、これもまた「機を見て敏」なイメージだ。できすぎた名前のような気がして、ぶしつけながら自身の名前についてどう思うか質問を投げかけてみた。本名だそうだ。「時」は親戚じゅうで同じ代がきまって使う「行列字」で、後ろの1字は鈍重な性格になると占いに出たためそれを避けようと「敏」にしたのだという。そのせいか、かえってせっかちな性格になったとは本人の弁である。子どものころは「シミン、郡民、道民、国民」などとからかわれたりもしたとか。でも政界進出の際にはこの名前のおかげですぐに覚えてもらえたし、イメージ的にも金大中（「デジュン」）は「大衆」と同音）にも匹敵するいい名前だといわれたこともあったそうだ。だから「シミン」という名は自分でも気に入っていると快く答えてくれた。

そんなユ・シミンが自分史と重ねあわせて書いた韓国現代史である。訪韓して帰国する際に、帰りの飛行機の中で何か読もうかなと思って立ち寄った仁川空港内の小さなブックスタンドで本書を手にしたのがきっかけだった。さほど読書好きでもないので興味を惹かれて購入してもたいていは「積読」になってしまうのだが、今回ばかりは一気に読んでしまった。こんにちの韓国のありようがわかるうえに、いま現在の日本の状況と引き比べてみても示唆するところの多い刺激的な内容。日本の人たちにもぜひ読んでもらいたい、いや、読んでもらわねばと思った。するともう翻訳屋の性分というか、訳したくてうずうずする。がまんできずに見切り発車で訳しはじめてから、一面識もないままフェイスブックでたまたま友達になっていた三一書房の小番伊佐夫代表に持ちかけたところ、出版を快諾してもらえた。わがままを聞き入れてくださった代表と編集部の高秀美さん、ステキな装丁に仕上げてくださった野本卓司さん、ＤＴＰを担当してくださった野本淳子さん、また、監修を引き受けてくださった春名展生さん、快く写真を提供してくださった朴準成《パクチュンソン》さんに、あらためて感謝の意を表したい。

２０１５年12月　萩原恵美

※原著に収載されている参考文献は、大半が韓国語の文献のため訳出に当たっては著者の了解を得て割愛しました。

政権	年月	できごと
全斗煥	1982年3月	プロ野球の開始
	1983年5月	自宅軟禁中の金泳三によるハンスト抗議
	10月	ラングーン事件
	1985年5月	九老同盟ストライキ
	1986年2月	民主改憲1,000万人署名運動
	5月	5・3仁川事態
	1987年6月	6月民主化抗争
	7～8月	労働者大闘争
	11月	大韓航空機爆破事件
	12月	大統領直接選挙制の復活
盧泰愚	1988年1月	国民年金制度の施行（73年制定、86年改正）
	7月	民族の自尊と統一繁栄のための大統領特別宣言（7・7宣言）
		文松勉労災死事件
	8～9月	ソウルオリンピック
	1989年3月	文益煥が北朝鮮を訪問、帰国後に逮捕（6月には林琇卿が訪北、逮捕）
	9月	北朝鮮の核疑惑が浮上
	1990年1月	盧泰愚、金泳三、金鍾泌の3党合同で民主自由党結党
	1991年5月	労働者・学生の焼身自殺が相次ぐ「焼身政局」
	9月	南北朝鮮が国連に同時加盟
	12月	南北基本合意書
金泳三	1993年8月	金融実名制の実施
	1994年7月	金日成が死去
	10月	聖水大橋崩落事故
		米朝枠組み合意
	1995年1月	雇用保険制度の施行
		WTOの発足にともない加盟
	1996年	1人当たりGDPが1万ドルを達成
	1996年6月	三豊デパート崩壊事故
	11月	全国民主労働組合総連盟の結成
	12月	OECDに加盟
	1997年12月	アジア通貨危機
金大中	1999年6月	黄海上で南北の艦船が交戦
	2000年6月	初の南北首脳会談
	1月	国民基礎生活保障制度の施行
	2001年8月	IMFの救済金融を全額返済
	2003年2月	大邱地下鉄火災事故
盧武鉉	2004年2月	韓国軍のイラク派兵（～2008年12月）
	3月	大統領弾劾とそれを糾弾するキャンドル集会
	2005年9月	6か国協議で共同声明
	2006年10月	北朝鮮が初の地下核実験
	2007年3月	ファン・ユミ労災死事件
	10月	南北首脳会談
李明博	2008年6月	米国産牛肉輸入反対キャンドル集会
	7月	老人長期療養保険制度の施行
	2010年3月	哨戒艇天安が沈没
	11月	延坪島砲撃事件
	2011年12月	金正日が死去
	2012年12月	大統領選におけるネットやらせ投稿事件
	2013年2月	ソウル市公務員スパイ捏造事件
	12月	「アンニョン」壁新聞の流行
朴槿恵	2013年4月	開城工業団地の操業が一時停止
	9月	李石基内乱陰謀事件
	2014年4月	旅客船セウォル号沈没事故

政　権	年　月	で　き　ご　と
米軍政	1945 年 8 月	日本の植民地から解放
	9 月	ソウル、仁川で夜間通行禁止を実施（55 年に内務省に移管され全国に拡大、～ 82 年）
	1948 年 4 月	済州島で 4・3 事件
李承晩	8 月	朝鮮半島の南に大韓民国単独政府が成立（9 月には北に朝鮮民主主義人民共和国政府が成立）
	12 月	国家保安法の公布
	1950 年 6 月	朝鮮戦争が勃発（53 年に休戦協定調印）
	1955 年	第1次ベビーブーム（～ 63 年）
	1959 年 7 月	曺奉岩に死刑執行
	1960 年 4 月	4・19 革命によって李承晩大統領が退陣
尹潽善／張勉	6 月	尹潽善大統領・張勉首相による責任内閣制
	1961 年 4 月	大韓家族計画協会が設立（99 年に大韓家族保健福祉協会、2005 年に人口保健福祉協会と改称）
	5 月	朴正煕が 5・16 軍事クーデターを起こす
	6 月	中央情報部を設立（81 年に国家安全企画部、99 年に国家情報院と改称） 朴正煕、国家再建最高会議議長に就任
	7 月	第1次経済開発 5 ヵ年計画（～ 66）
	1963 年12 月	住民登録法の公布
朴正煕	12 月	朴正煕が大統領に就任
		西ドイツに炭鉱労働者を派遣（69 年には看護師を派遣）
	1964 年 4 月	韓国寄生虫撲滅協会設立（86 年に韓国健康管理協会へと改編）
	6 月	日韓条約反対運動（6・3 事態）
	8 月	人民革命党事件
	9 月	ベトナム戦争に韓国軍の派兵を開始（～ 66 年 4 月）
	1965 年 6 月	日韓基本条約に調印
	1967 年 7 月	東ベルリン事件
	1968 年	第 2 次ベビーブーム（～ 75 年）
	1968 年 1 月	北朝鮮ゲリラの青瓦台襲撃未遂事件
	12月	国民教育憲章宣布（93 年まで運用）
	1969 年 2 月	二重スパイ李穂根事件
	9 月	3 選改憲
	1970 年 4 月	セマウル運動の開始
	7 月	京釜高速道路開通
	11 月	全泰壱が勤労基準法遵守を訴えて焼身自殺
	1971 年 8 月	広州大団地事件
	12 月	グリーンベルトの指定を開始
	1972 年	第 3 次経済開発 5 ヵ年計画（～ 76）
	1972 年 7 月	7・4 南北共同声明
	10 月	10 月維新
	1973 年	中東において建設ブーム始まる
	1973 年 8 月	金大中拉致事件
	1974 年 1 月	大統領緊急措置 1 号（～ 75 年、9 号まで発動）
	4 月	民青学連事件
	5 月	第 2 次人民革命党事件
	8 月	大統領夫人陸英修殺害事件
	12 月	東亜日報白紙広告事件
	1976 年 1 月	初の国産乗用車ポニーの発売
	1977 年	輸出 100 億ドル、1 人当たり国民所得 1,000 ドルを達成
	1977 年 1 月	医療保険制度の施行（63 年制定、99 年に国民健康保険法と改称）
	1979 年10 月	釜馬抗争
		朴正煕暗殺事件
	12 月	全斗煥による粛軍クーデター
崔圭夏	1980 年 4 月	舎北事態
	5 月	「ソウル駅の回軍」
		光州民衆抗争

著者　ユ・シミン（柳時敏）
1959年慶尚北道慶州市生まれ。ソウル大学在学中から時事コラムニストとして活動。2000～2002年、MBCテレビ「100分討論」司会者。2002年から政治活動にかかわって盧武鉉政権を支え、2006～2007年には保健福祉相を務める。2013年に政界を引退したのちは執筆と講演を中心に精力的に活動している。

訳者　萩原 恵美（はぎわら・めぐみ）
韓国語翻訳家・教師。訳書にチョ・ヨンナム「殴り殺される覚悟で書いた親日宣言」（ランダムハウス講談社）、共訳書にチョン・ホイル「高句麗好太王」（ワニブックス）、キム・ヒョンギョン「四月の雪」（同）、パク・ミンナ「鉄条網に咲いたツルバラ」（同時代社）など。

ボクの韓国現代史 1959-2014

2016年1月15日 第1版 第1刷発行

発行者　小番 伊佐夫
発行所　株式会社 三一書房
〒101-0051 東京都千代田区神田神保町 3-1-6
電話：03-6268-9714
振替：00190-3-708251
Mai：info@31shobo.com
URL：http://31shobo.com/

装　丁　野本 卓司
DTP　野本 淳子
印刷製本　中央精版印刷

ISBN978-4-380-15009-8　C0036　Printed in Japan